权威·前沿·原创

皮书系列为
"十二五""十三五"国家重点图书出版规划项目

BLUE BOOK

智库成果出版与传播平台

建设用地蓝皮书
BLUE BOOK OF CONSTRUCTION LAND

中国城市建设用地节约集约利用报告 *No.2*
ANNUAL REPORT ON THE SAVING AND INTENSIVE USE OF THE URBAN
CONSTRUCTION LAND (No.2)

2015-2018 年回顾与总结

主　编／高延利　邓红蒂　杨冀红

社会科学文献出版社
SOCIAL SCIENCES ACADEMIC PRESS (CHINA)

图书在版编目(CIP)数据

中国城市建设用地节约集约利用报告. No.2, 2015-
2018年回顾与总结 / 高延利, 邓红蒂, 杨冀红主编. --
北京 : 社会科学文献出版社, 2021.12
（建设用地蓝皮书）
ISBN 978-7-5201-9325-2

Ⅰ.①中… Ⅱ.①高… ②邓… ③杨… Ⅲ.①城市土
地－土地利用－研究报告－中国 Ⅳ.①F299.22

中国版本图书馆CIP数据核字（2021）第221763号

建设用地蓝皮书
中国城市建设用地节约集约利用报告No.2
——2015-2018年回顾与总结

主　　编 / 高延利　邓红蒂　杨冀红
副 主 编 / 左玉强　王浩聪　王　萌

出 版 人 / 王利民
责任编辑 / 薛铭洁
文稿编辑 / 李惠惠　刘　燕　王　娇　等
责任印制 / 王京美

出　　　版 / 社会科学文献出版社·皮书出版分社（010）59367127
　　　　　　地址：北京市北三环中路甲29号院华龙大厦　邮编：100029
　　　　　　网址：www.ssap.com.cn
发　　　行 / 市场营销中心（010）59367081　59367083
印　　　装 / 三河市东方印刷有限公司

规　　　格 / 开本：787mm×1092mm　1/16
　　　　　　印 张：32　字 数：482千字
版　　　次 / 2021年12月第1版　2021年12月第1次印刷
审 图 号 / GS（2021）4499号
书　　　号 / ISBN 978-7-5201-9325-2
定　　　价 / 198.00元

《中国城市建设用地节约集约利用报告（No.2）》
编　委　会

主　编　高延利　邓红蒂　杨冀红

副主编　左玉强　王浩聪　王　萌

编　委　（按姓氏笔画排序）

于梦婵　王　恒　王晓莉　王维维　朱根华

刘炳良　孙亚楠　孙伟杰　苏　航　李　旸

李　冠　李　莉　李欣哲　李淑杰　吴克宁

张　勇　张　涛　陆春锋　陈立定　陈佩佩

陈俊华　武泽江　林　坚　欧阳安蛟　周小丹

郑新奇　胡业翠　柯为民　施海霞　耿浩博

贾文慧　徐晓绵　郭　艳　梁志卿　蒋明利

楚建群　蔡锋铭

主要编撰者简介

高延利　研究员，中国国土勘测规划院院长、中国土地学会副理事长兼秘书长，全国国土资源标准化技术委员会土地资源规划、调查、评价分技术委员会主任。全面参与第一次全国土地调查、组织完成了第二次全国土地调查、任第三次全国国土调查总体技术组组长。30多年来一直从事地籍调查、土地资源调查监测技术方法体系研究、标准规范制定、重大工程实施，以及业务技术管理工作，为推动我国土地调查，特别是土地资源调查监测技术的进步和发展做出了重要贡献。多年来发表联邦德国税收、新增建设用地遥感监测等论文15篇；主持编制《第二次全国土地调查技术规程》《第三次全国国土调查技术规程》等调查监测标准10部，其中国标1部；编写出版地籍调查、土地登记等专著21部，其中独著或主编7部；获10余项科学技术奖励，其中获省部级科学技术奖一等奖5项（三项排名第一）。2014年享受国务院政府特殊津贴。

邓红蒂　研究员，中国国土勘测规划院副院长，中国土地学会土地规划分会副主任委员、中国城市规划学会理事。长期从事国土空间规划、国土空间用途管制、土地评价、土地政策、自然资源与国土空间规划标准化等方面的研究和实践。主持完成国家科技攻关项目、国家社科基金专项、国土资源大调查重点项目、土地资源调查监测重大工程、国土资源部重点科研课题等30余项，先后参与三轮全国土地利用总体规划、全国国土空间规划、长江经济带国土空间规划、自然生态空间用途管制研究、生态保护红线评估调整和汶川、玉树灾后恢复重建土地利用规划等重点工作，主持和参与研制省市县乡级土地利用总体规划、城市建设用地节约集约利用评价、开发区土地集约利用评价等技术标准多项，出版学术著作多部、发表论文多篇，获国土资源科技奖、土地规划优秀成果奖多项。

杨冀红　研究员，中国国土勘测规划院土地利用规划评审中心主任。长期从事土地调查监测、土地评价、土地规划相关工作。主持和参与国土资源大调查土地监测调查工程、土地变更调查、第二次全国土地调查的多项重大工程项目及研究性课题。组织实施建设用地节约集约利用评价项目，参与技术规程的编制与技术指导，完成多轮城市建设用地和开发区节约集约评价国家级汇总。作为主要编写人完成《第二次全国土地调查技术规程》等多项技术标准的编制，获国土资源科学技术奖与国家测绘科技进步奖一、二等奖6项，获得"第二次全国土地调查先进工作者"称号，发表多篇核心期刊论文。

左玉强　研究员，中国国土勘测规划院土地利用规划评审中心副主任。长期从事土地利用规划、国土空间规划、土地利用评价等研究与实践，主持和参与多项国土资源大调查、土地资源调查评价、国家科技支撑计划等重大工程和科研项目，参与全国土地利用总体规划、全国国土空间规划、长江经济带国土空间规划和汶川、玉树灾后恢复重建土地利用规划等编制，参与《建设用地节约集约利用评价规程》《开发区土地集约利用评价规程》《开发区土地集约利用评价数据库标准》等行业标准研制，参与全国城市、开发区、高校教育用地等节约集约用地评价技术指导。获国土资源科学技术奖2项，2015年入选国土资源高层次创新型科技人才培养工程——杰出青年科技人才培养计划，2019年入选自然资源高层次科技创新人才第三梯队。

王浩聪　工程师，中国国土勘测规划院土地利用规划评审中心工程师，长期从事土地评价、土地规划相关工作。主持并全面参与了建设用地节约集约利用状况调查与评价，国土空间规划实施机制研究和实施评估等国家重大工程和科研项目，承担全国城市、开发区、村镇、高校教育用地等节约集约用地评价技术指导，完成了自然资源部"十四五"规划"建设用地节约集约利用评价"专题研究编制；参与起草部内重要文件、相关技术指南、工作方案和情况通报等10余项，出版、发表多部专著及学术论文。

王　萌　高级工程师，中国国土勘测规划院土地规划评审中心高级工程师。从事建设项目用地预审政策研究相关工作。组织实施建设用地节约集约利用评价项目，参与全国城市建设用地区域初始评价、全国城市建设用地中心城区初始评价、全国开发区土地集约利用评价、高校教育用地集约利用评价、农村建设用地集约利用评价等工作。承担多年度开发区土地节约集约利用评价技术方案编制与技术指导，完成全国开发区公告目录审核修订工作及多轮开发区建设节约集约评价国家级汇总。

前　言

　　节约资源是基本国策，也是推进生态文明建设、实现高质量发展的要求。发展是硬道理，节约是大战略。节约集约用地是促进经济发展方式转变的有效途径，也是保护耕地的根本出路。习近平总书记多次强调："必须坚定不移推进节约集约用地"，"坚决执行并不断健全最严格的节约用地制度，坚持走资源节约型的发展道路。"2019年8月，全国人大常委会通过的《中华人民共和国土地管理法》修正案强调非农业建设必须节约使用土地，并将提高土地节约集约利用水平作为土地利用总体规划编制原则之一。节约集约利用资源一直是自然资源管理的核心任务之一，也是落实中央新发展理念、实现可持续发展、推进土地供给侧改革的重要手段。

　　当前，虽然我国新型工业化、城镇化深入推进，但仍存在建设用地利用粗放低效、部分城市发展与资源环境承载能力不匹配、城市发展空间分布和规模结构不合理、产业升级缓慢、资源环境恶化等问题。未来城镇化发展面临"以人为本、四化同步、优化布局、生态文明、传承文化"的新挑战和新要求，建设用地作为经济发展的基本生产要素，其配置必须相应调整。城市建设用地节约集约利用状况评价，能够全面掌握节约集约用地现状和变化趋势，综合反映土地利用对经济社会发展的承载能力和水平，是新形势下落实自然资源管理任务的重要方面，也是加快实现资源节约集约和永续利用的一项重要基础性工作。自然资源部已经连续多年组织开展建设用地节约集约利用状况评价工作，一是全面掌握全国各地建设用地节约集约利用整体情况，二是为全国建设用地形势分析、政策制定、规划编制和落地实施等提供基础依据。

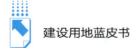

本书基于"全国城市建设用地节约集约利用状况评价"工作，通过构建城市建设用地节约集约利用评价指标体系，重点从土地利用强度、经济社会发展消耗建设用地状况、经济社会发展与建设用地变化匹配状况等三个方面对 2015~2018 年全国、四大区域、31 个省（区、市）、重点城市群、重点城市的建设用地节约集约利用的总体状况进行了综合分析，提出了政策建议。旨在从全国、区域、不同类型城市等角度反映评价内容及其研究结论，为我国国土资源管理提供参考借鉴，也为科研、社会提供数据服务。

全书包括 5 个部分 16 篇报告，分别为总报告、区域篇、城市篇、探索实践篇、附录。其中，总报告分析了 2015~2018 年全国 664 个城市土地利用现状及特征、建设用地节约集约利用总体状况，提出了主要结论与政策建议。区域篇分东部地区、中部地区、西部地区、东北部地区四部分，对各区域建设用地节约集约利用现状水平、动态变化、空间分异、总体特征等进行了分析。城市篇重点介绍了不同行政级别城市（直辖市、副省级城市、一般省会城市、一般地级市、县级市）、重点城市（36 个省会城市和计划单列市）、重点城市群（京津冀、长三角、珠三角、成渝、长江中游、哈长、辽中南、山东半岛、海峡西岸、关中平原、中原、山西中部、呼包鄂榆、北部湾、黔中、滇中、兰州－西宁、宁夏沿黄、天山北坡）的建设用地节约集约利用总体状况、现状格局与特征，并提出了政策建议。探索实践篇梳理了江苏、浙江、山东、广东、陕西 5 省建设用地节约集约利用的典型模式和先进经验。附录包括城市建设用地节约集约利用状况评价指标及评价体系和全国城市建设用地节约集约利用状况 2018 年度排序表。

摘　要

《中国城市建设用地节约集约利用报告（No.2）》，主要依托自然资源部部署开展的全国城市建设用地节约集约利用状况评价工作，以664个参与评价城市的经济社会发展和建设用地利用数据为基础，分别从全国、四大区域、各省（区、市）等多个维度，总结了2015~2018年城市建设用地节约集约利用的现状水平、动态变化、区域格局、总体特征等，结合各区域和城市的实际情况，研究提出了进一步优化节约集约用地现状的相关政策建议。全书包括总报告、区域篇、城市篇、探索实践篇和附录五大部分内容。

总报告，主要从土地利用现状、建设用地利用强度及变化情况、经济社会发展消耗建设用地状况、经济社会发展与建设用地变化匹配状况等方面，对2015~2018年全国参评城市的建设用地节约集约利用状况进行了综合分析，揭示全国城市建设用地节约集约利用现状水平、动态变化、区域差异、总体特征，结合实际情况，从全国宏观层面研究提出了促进节约集约用地的相关政策建议。

区域篇，分别对2015~2018年东部地区、中部地区、西部地区、东北部地区以及各省（区、市）的土地利用现状、建设用地利用强度及变化情况、经济社会发展消耗建设用地状况、经济社会发展与建设用地变化匹配状况等进行综合分析，揭示四大区域及各省（区、市）城市建设用地节约集约利用现状水平、动态变化、空间分异、总体特征。

城市篇，分别以参与评价的直辖市、副省级城市、一般省会城市、其他地级城市、县级市等不同行政级别城市，36个重点城市和19个城市群为评价

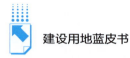

对象，分析了 2015~2018 年不同行政级别、重点城市和城市群的建设用地节约集约利用总体特征和分异规律等，重点对京津冀、长三角、珠三角、长江中游、成渝等重点城市群参评城市的建设用地节约集约利用状况和特征进行了评价分析，研究提出了不同级别城市和重点城市群节约集约用地的相关政策建议。

探索实践篇，梳理了全国建设用地节约集约利用状况评价工作部署及实施以来，江苏、浙江、山东、广东、陕西 5 省形成的可示范、可推广、可借鉴的典型模式和先进经验。

附录，对城市建设用地节约集约利用体系及指标进行说明；基于 2018 年建设用地节约集约利用水平，分别对地级以上城市、县级市进行了排序。

关键词： 城市　建设用地　节约集约利用　节地评价　区域格局

目 录 ⌐▶░

Ⅰ 总报告

Ⅱ 区域篇

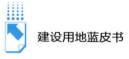
Ⅲ 城市篇

Ⅳ 探索实践篇

V　附录

皮书数据库阅读**使用指南**

总 报 告

General Report

2015~2018 年全国城市建设用地
节约集约利用总体状况分析

中国国土勘测规划院

摘　要：　本报告基于全国 309 个城市 2015~2018 年建设用地节约集约利用
状况整体评价基础数据，分析土地利用结构、建设用地利用强度
及变化情况、经济社会发展消耗建设用地状况、经济社会发展与
建设用地变化匹配状况，揭示全国城市建设用地节约集约利用现
状水平、动态变化趋势、区域差异、总体特征，提出促进城市节
约集约用地的相关对策建议。

关键词：　城市　建设用地　节约集约利用　节地评价

2018 年，全国共有 296 个地级以上城市完成建设用地节约集约利用状况整体评价（以下简称"整体评价"），除三沙市外，全国地级以上城市全部参评，涵盖全部 4 个直辖市、27 个省会城市和 5 个计划单列市。其中，东部地区 87 个，中部地区 80 个，西部地区 95 个，东北部地区 34 个。全国共有 368 个县级市[①] 完成整体评价，除霍尔果斯市、阿拉山口市、北屯市、铁门关市、双河市、可克达拉市、昆玉市外，全国县级市全部参评。其中，东部地区 126 个，中部地区 92 个，西部地区 94 个，东北部地区 56 个（见图 1）。

截至 2018 年底，全国参评城市建设用地总面积为 36.67 万平方公里，国土开发强度 6.38%。全国参评城市常住人口 13.20 亿人，其中城镇常住人口 7.99 亿人，城镇化率 60.51%，建设用地人口密度为 3599.53 人 / 公里^2，城乡建设用地人口密度为 4512.37 人 / 公里^2。全国参评城市地区生产总值 90.12 万亿元，建设用地地均 GDP 为 245.73 万元 / 公顷。

一　2015~2018 年土地利用现状及变化分析

（一）用地结构总体状况

截至 2018 年底，全国参评城市建设用地面积为 36.67 万平方公里，占土地总面积的 6.38%；农用地面积为 432.54 万平方公里，占土地总面积的 75.30%；其他用地面积为 105.23 万平方公里，占土地总面积的 18.32%（见图 2）。

从动态变化看，2015~2018 年，随着城镇化推进，全国参评城市建设用地面积逐年增长，年均增幅为 1.09%，农用地、其他用地逐年减少，年均降幅分别为 0.06% 和 0.12%。2015~2018 年，国土开发强度从 2015 年的 6.18% 提升到 2018 年的 6.38%，提升了 0.20 个百分点；建设用地增加 1.18 万平方公里，累计增幅 3.31%，建设用地年度增幅总体呈下降态势，从 2015 年的 1.20%

---

① 2019 年 6 月 19 日，自然资源部办公厅发布《关于做好 2019 年度建设用地节约集约利用状况评价有关工作的通知》（自然资办函〔2019〕1056 号），部署年度节地评价工作，并对有关技术体系进行了完善调整。2019 年度全国共 664 个城市完成整体评价工作，其中地级以上城市 296 个，县级市 368 个（13 个县级市独立参评，不隶属于参评的 296 个地级以上城市），评价时点为 2018 年 12 月 31 日。

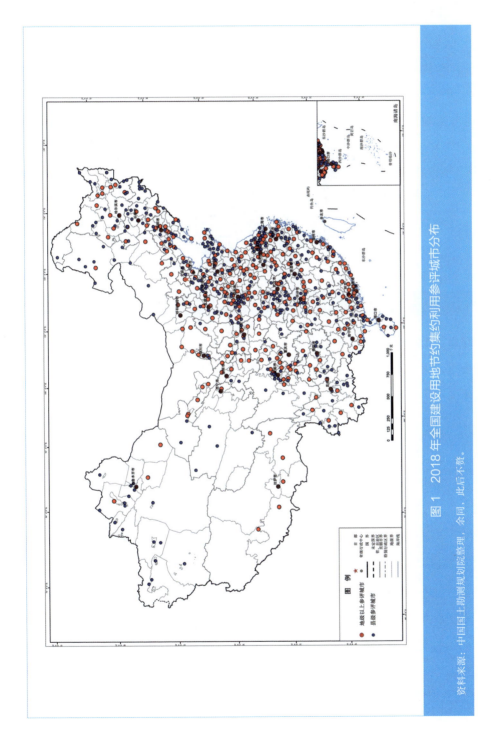

图 1 2018 年全国建设用地节约集约利用参评城市分布

资料来源：中国国土勘测规划院整理，余同，此后不赘。

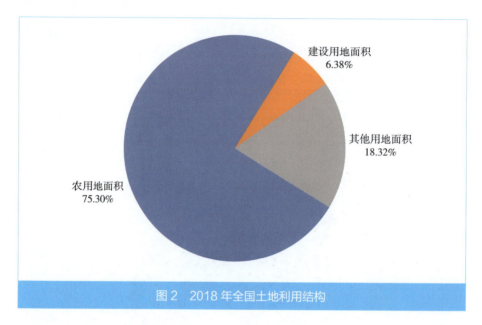

图2　2018年全国土地利用结构

降至2018年的0.90%（见图3）。2015~2018年，农用地减少了0.76万平方公里，累计下降幅度为0.17%；其他用地减少了0.39万平方公里，累计下降幅度为0.37%。

从区域分布看，国土开发强度东部地区最高，为14.33%，其次为中部地

图3　2015~2018年全国土地利用状况

区 10.48%、东北部地区 6.26%，西部地区最低，为 2.85%。农用地占比东北部地区最大，达 84.50%，西部地区最小，为 72.04%；其他用地占比西部地区最大，为 25.12%，东北部地区最小，为 9.24%（见图 4）。

图 4　2018 年全国土地利用现状结构

从区域动态变化看，2015~2018 年，西部地区建设用地面积增幅最大，年均增幅为 1.51%，其次为东部地区 1.13%、中部地区 0.92%，东北部地区年均增幅最小，为 0.54%（见图 5）。2015~2018 年，东部地区国土开发强度提升最多，累计提高了 0.47 个百分点，其次为中部地区和西部地区，分别提高了 0.28 个和 0.12 个百分点，东北部地区国土开发强度提升最少，为 0.10 个百分点（见图 6）。

（二）建设用地结构

截至 2018 年底，全国参评城市建设用地总面积为 36.67 万平方公里，其中，城乡建设用地面积为 29.25 万平方公里，占建设用地总面积的 79.77%；交通水利用地面积为 6.71 万平方公里，占建设用地总面积的 18.29%；其他建设用地面积为 0.71 万平方公里，占建设用地总面积的 1.94%。城乡建设用地

图5 2015~2018年全国及四大区域建设用地增幅

图6 2015~2018年全国及四大区域国土开发强度变化

中，城镇用地面积为9.25万平方公里，占城乡建设用地面积的31.63%；村庄用地面积为17.96万平方公里，占城乡建设用地面积的61.41%；采矿用地面积为2.04万平方公里，占城乡建设用地面积的6.97%（见图7）。

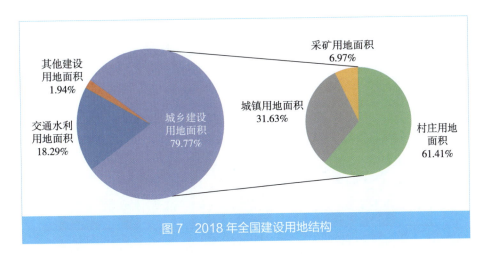

图 7　2018 年全国建设用地结构

从动态变化看，2015~2018 年，全国参评城市建设用地面积、城乡建设用地面积及交通水利用地面积均呈逐年增长态势，建设用地面积累计增加 1.18 万平方公里，增幅为 3.31%；城乡建设用地面积累计增加 0.86 万平方公里，增幅为 3.01%；交通水利用地面积累计增加 0.31 万平方公里，增幅为 4.88%。城乡建设用地中，城镇用地面积累计增加 0.60 万平方公里，增幅为 6.91%；村庄用地面积累计增加 0.26 万平方公里，增幅为 1.45%；采矿用地面积累计增加 7.37 平方公里，增幅为 0.04%（见图 8、图 9）。

图 8　2015~2018 年全国建设用地、交通水利用地、城乡建设用地面积年度变化

图9　2015~2018年城乡建设用地、村庄用地、城镇用地面积年度变化

从四大区域用地结构看，各区域均为城乡建设用地占比最高，其他建设用地占比最低。城乡建设用地占比方面，东部地区、中部地区和西部地区分别为80.32%、80.06%和80.00%，东北部地区为76.92%；交通水利用地占比方面，东北部地区最高，为21.16%，中部地区为18.40%，西部地区为17.82%，东部地区为17.57%；其他建设用地占比方面，西部地区最高，为2.18%，中部地区最低，为1.55%（见图10）。

从四大区域城乡建设用地内部结构看，均为村庄用地占比最多，城镇用地占比次之，采矿用地占比最少。村庄用地占比方面，中部地区最高，为67.25%，其次为东北部地区62.43%、西部地区61.38%，东部地区最小，为56.50%；城镇用地占比方面，东部地区最高，为36.65%，此后依次为西部地区30.55%、东北部地区27.97%、中部地区27.64%；采矿用地占比方面，东北部地区和西部地区较高，分别为9.60%和8.07%，东部地区为6.85%，中部地区为5.11%（见图11）。

从区域动态变化看，2015~2018年，城乡建设用地面积增幅最大的是西部地区，年均增幅为1.36%，其次为东部地区和中部地区，年均增幅分别为1.04%和0.85%，东北部地区年均增幅最小，为0.43%（见图12）；城镇建设

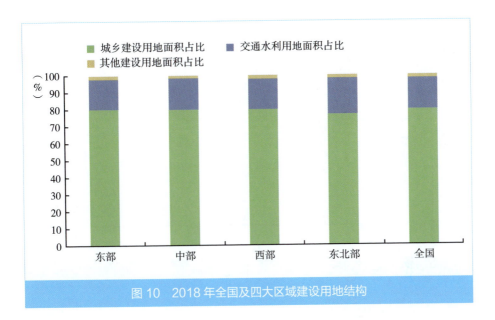

图 10　2018 年全国及四大区域建设用地结构

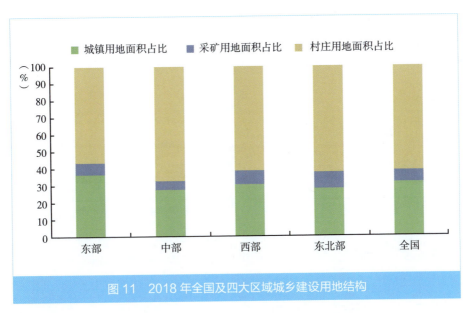

图 11　2018 年全国及四大区域城乡建设用地结构

用地面积增幅最大的是中部地区，年均增幅为 3.35%，西部地区年均增幅为 2.74%，东部地区年均增幅为 1.69%，东北部地区年均增幅最小，为 0.82%（见图 13）。

图 12　2015~2018 年全国及四大区域城乡建设用地面积增长率

图 13　2015~2018 年全国及四大区域城镇建设用地面积增长率

二　2015~2018 年建设用地利用强度及变化分析

（一）建设用地人口承载水平

截至 2018 年底，全国参评城市常住人口 13.20 亿人，相比 2015 年末增加了 2293.97 万人，增长幅度为 1.77%；城镇常住人口 7.99 亿人，城镇化率为 60.51%，相比 2015 年末提高了 1.75 个百分点。

截至 2018 年底，全国参评城市建设用地人口密度为 3599.53 人 / 公里²，城乡建设用地人口密度为 4512.37 人 / 公里²。从各城市情况看，地级以上城市中，建设用地人口密度和城乡建设用地人口密度最高的均为深圳市，分别为 12874.93 人 / 公里² 和 15275.81 人 / 公里²，最低的均为克拉玛依市，分别为 467.15 人 / 公里² 和 521.42 人 / 公里²；县级市中，普宁市建设用地人口密度最高，为 9544.82 人 / 公里²，阿拉尔市最低，为 335.09 人 / 公里²；陆丰市城乡建设用地人口密度最高，为 13069.91 人 / 公里²，格尔木市最低，为 558.79 人 / 公里²。

从动态变化看，2015~2018 年，全国建设用地人口密度、城乡建设用地人口密度总体呈下降态势。全国参评城市建设用地人口密度从 2015 年的 3654.22 人 / 公里² 下降至 2018 年的 3599.53 人 / 公里²，下降了 1.50%；城乡建设用地人口密度从 2015 年的 4567.46 人 / 公里² 下降至 2018 年的 4512.37 人 / 公里²，下降了 1.21%（见图 14）。

图 14　2015~2018 年全国建设用地、城乡建设用地人口密度

从区域分布看，截至 2018 年底，建设用地人口密度东部地区最高，为 4087.45 人 / 公里²，比全国平均水平高 487.92 人 / 公里²；东北部地区最低，为

2434.42 人 / 公里 ^{2}，比全国平均水平低 1165.10 人 / 公里 ^{2}。城乡建设用地人口密度东部地区最高，为 5088.80 人 / 公里 ^{2}，比全国平均水平高 576.43 人 / 公里 ^{2}；东北部地区最低，为 3164.86 人 / 公里 ^{2}，比全国平均水平低 1347.50 人 / 公里 ^{2}。

从区域动态变化看，2015~2018 年，建设用地人口密度中部地区下降最少，降幅为 1.05%，东部地区降幅为 1.08%，西部地区降幅为 2.44%，东北部地区下降最多，降幅为 3.11%。2015~2018 年，城乡建设用地人口密度东部地区下降最少，降幅为 0.80%，中部地区降幅为 0.85%，西部地区降幅为 2.01%，东北部地区下降最多，降幅为 2.78%（见图 15、图 16）。

从不同规模等级城市看，建设用地、城乡建设用地人口承载水平均总体呈现城市规模等级越高，人口密度越大的特点。截至 2018 年末，建设用地人口密度、城乡建设用地人口密度均是超大城市最高，分别为 6348.66 人 / 公里 ^{2} 和 7581.11 人 / 公里 ^{2}，分别比全国平均水平高出 2749.13 人 / 公里 ^{2} 和 3068.74 人 / 公里 ^{2}；而小城市建设用地人口密度、城乡建设用地人口密度分别仅为 3005.21 人 / 公里 ^{2} 和 3886.54 人 / 公里 ^{2}，分别比全国平均水平低 594.32 人 / 公里 ^{2} 和 625.82 人 / 公里 ^{2}。

从不同规模等级城市动态变化看，2015~2018 年，超大城市建设用地人

图 15　2015~2018 年全国及四大区域建设用地人口密度及其增长率

图 16　2015~2018 年全国及四大区域城乡建设用地人口密度及其增长率

口密度、城乡建设用地人口密度有一定程度的增长，增幅分别为 0.76% 和 1.04%，其他各规模等级城市均呈现小幅下降。其中，中等城市和小城市的降幅较明显，建设用地人口密度降幅分别为 2.19% 和 2.01%，城乡建设用地人口密度降幅分别为 1.77% 和 1.72%（见图 17、图 18）。

图 17　2015~2018 年全国及不同规模等级城市建设用地人口密度及其增长率

图 18　2015~2018 年全国及不同规模等级城市城乡建设用地人口密度及其增长率

（二）建设用地经济强度

截至 2018 年底，全国参评城市 GDP 为 90.12 万亿元，按 2015 年可比价计算，相比 2015 年增幅为 22.72%。截至 2018 年末，建设用地地均 GDP 为 245.73 万元 / 公顷，按 2015 年可比价计算，相比 2015 年提高了 38.27 万元 / 公顷，增幅为 18.78%（见图 19）。地级以上参评城市中，建设用地地均 GDP 最高的是深圳市，为 2407.47 万元 / 公顷，最低的是定西市，为 40.52 万元 / 公顷。县级市参评城市中，建设用地地均 GDP 最高的是江阴市，为 921.32 万元 / 公顷，最低的是阿拉尔市，为 17.38 万元 / 公顷。

从区域分布看，截至 2018 年底，东部地区城市建设用地地均 GDP 最高，为 371.98 万元 / 公顷，是全国平均水平的 1.51 倍；中部地区、西部地区、东北部地区均低于全国平均水平，分别为 187.75 万元 / 公顷、182.95 万元 / 公顷和 132.19 万元 / 公顷，东北部地区仅为全国平均水平的 53.80%。从区域动态变化看，2015~2018 年，中部地区建设用地地均 GDP 提升最多，按 2015 年可比价计算，年均增长率为 7.00%，东部地区、西部地区年均增长率分别为 5.99% 和 5.79%，东北部地区为 2.34%（见图 20）。

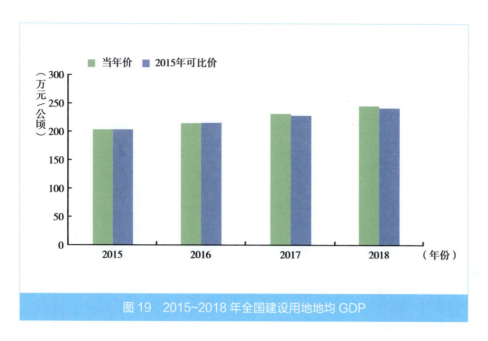

图 19 2015~2018 年全国建设用地地均 GDP

图 20 2015~2018 年全国及四大区域建设用地地均 GDP 及其增长率

从不同规模等级城市看，建设用地经济强度总体呈现城市规模等级越高，建设用地地均 GDP 越高的分异规律。截至 2018 年末，超大城市的建设用地地均 GDP 为 791.32 万元 / 公顷，比全国平均水平高出 545.59 万元 / 公顷；而小城市为 159.99 万元 / 公顷，仅为超大城市的 20.22%。从动态变化看，2015~2018 年，按 2015 年可比价计算，超大城市建设用地地均 GDP 年均增幅最高，为 6.39%；大城市增幅也较高，为 6.19%，中等城市增幅最低，为 5.31%（见图 21）。

图 21　2015~2018 年全国及不同规模等级城市建设用地地均 GDP 及其增长率

三　2015~2018 年经济社会发展耗地及变化分析

（一）人口增长耗地

2015~2018 年，全国参评城市新增城乡建设用地面积逐年下降，从 2015 年的 37.56 万公顷下降至 2018 年的 28.46 万公顷。2018 年，全国参评城市单位人口增长消耗新增城乡建设用地量为 399.54 米^2 / 人，较 2016 年减少了 13.37 米^2 / 人。

从区域分布看，2018 年东部地区、中部地区单位人口增长消耗新增城乡建设用地量较小，分别为 330.67 米²/ 人和 360.38 米²/ 人；西部地区人口增长较少，单位人口增长消耗新增城乡建设用地量较大，为 516.72 米²/ 人；而东北部地区人口减少，单位人口增长消耗新增城乡建设用地量为 −567.82 米²/ 人。从区域动态变化看，2016~2018 年东部地区单位人口增长消耗新增城乡建设用地量维持在较低水平，中部地区单位人口增长消耗新增城乡建设用地量逐年降低、趋势向好，西部地区 2018 年单位人口增长消耗新增城乡建设用地量为 2016~2018 年最高，而东北部地区 2016~2018 年常住总人口持续负增长，导致历年单位人口增长消耗新增城乡建设用地量均为负值（见图 22）。

图 22　2016~2018 年全国及四大区域单位人口增长消耗新增城乡建设用地量

从不同规模等级城市看，总体呈现城市规模等级越高，单位人口增长消耗新增城乡建设用地量越低的分异格局。2018 年，超大城市单位人口增长消耗新增城乡建设用地量最低，为 117.82 米²/ 人，小城市 2018 年由于人口较上年有所下降，单位人口增长消耗新增城乡建设用地量为 −803.78 米²/ 人。除小城市外，各规模等级城市 2018 年单位人口增长消耗新增城乡建设用地量均为 2016~2018 年最低（见图 23）。

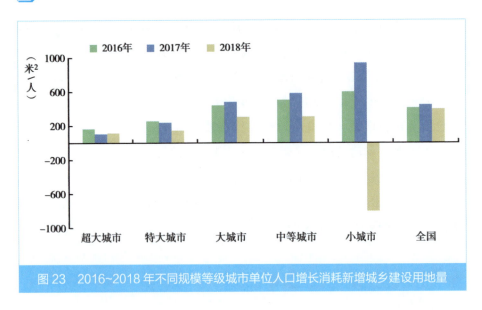

（二）经济增长耗地

近年来，全国各地积极推动土地利用方式转变，参评城市单位 GDP 建设用地使用面积有所下降，由 2015 年的 49.08 公顷 / 亿元下降至 2018 年的 41.32 公顷 / 亿元，下降了 7.76 公顷 / 亿元。从动态变化看，经济增长对建设用地的消耗持续降低，但降幅趋缓。2018 年，全国参评城市单位 GDP 增长消耗新增建设用地面积为 6.60 公顷 / 亿元，处于 2015~2018 年最低位，较 2016 年的 9.08 公顷 / 亿元降低了 2.48 公顷 / 亿元。

2015~2018 年全国参评城市单位 GDP 耗地下降率总体呈下降态势，2018 年为 5.48%，为 2015~2018 年最低。从区域分布看，2015~2018 年中部地区单位 GDP 耗地下降成效最为明显，年均下降率为 6.54%；东部地区次之，年均下降率为 5.65%；西部地区年均下降率为 5.47%；东北部地区年均下降率最低，为 2.28%（见图 24）。

从经济增长消耗新增建设用地量看，2016~2018 年西部地区和中部地区单位 GDP 增长消耗新增建设用地量较高，但逐年下降。西部地区从 2016 年的 15.68 公顷 / 亿元下降到 2018 年的 8.91 公顷 / 亿元；中部地区从 2016 年的

图 24　2015~2018 年四大区域单位 GDP 耗地下降率

9.98 公顷／亿元下降到 2018 年的 7.17 公顷／亿元；东部地区先升后降，2018 年达到最小值；东北部地区 2016 年出现 GDP 负增长，随后两年经济发展有所好转，经济增长消耗新增建设用地量相对较小（见图 25）。

图 25　2016~2018 年四大区域单位 GDP 增长消耗新增建设用地量

从不同规模等级城市看，总体呈现城市规模等级越高，单位 GDP 增长消耗新增建设用地量越低的规律。2018 年，超大城市、特大城市单位 GDP 增长

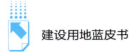

消耗新增建设用地量较低，分别为 2.05 公顷 / 亿元、3.82 公顷 / 亿元，小城市单位 GDP 增长消耗新增建设用地量最高，为 9.99 公顷 / 亿元。从动态变化看，2016~2018 年，各规模等级城市单位 GDP 增长消耗新增建设用地量总体呈下降态势，超大城市单位 GDP 耗地下降率一直处于各规模等级城市的较高水平，2018 年为 5.71%，中等城市 2018 年耗地下降率最低，为 4.73%（见图 26、图 27）。

图 26　2016~2018 年不同规模等级城市经济增长消耗新增建设用地量

图 27　2015~2018 年不同规模等级城市单位 GDP 耗地下降率

四 2015~2018 年经济社会发展与用地变化匹配分析

（一）人口增长与用地变化匹配程度

2015~2018 年，全国参评城市常住总人口增加 2293.97 万人，增幅为 1.77%，同期城乡建设用地面积增加 85.51 万公顷，增幅为 3.01%；常住总人口增长速度慢于城乡建设用地增长速度，常住总人口与城乡建设用地增长弹性系数为 0.59。从年度变化看，2016~2018 年常住总人口与城乡建设用地增长弹性系数总体呈上升趋势，从 2016 年的 0.59 增长到 2018 年的 0.64。2015~2018 年，全国参评城市城镇常住人口增加 5662.77 万人，增幅为 7.63%；城镇工矿用地面积增加 59.86 万公顷，增幅为 5.60%；城镇常住人口与城镇工矿用地增长弹性系数为 1.36，人口城镇化快于土地城镇化。从年度变化看，2016~2018 年城镇常住人口与城镇工矿用地增长弹性系数逐年提升，依次为 1.18、1.45 和 1.53，新型城镇化过程中人地关系协调程度持续向好。2015~2018 年，全国参评城市农村人口减少 3368.80 万人，降幅为 6.07%；村庄用地反而增加 25.65 万公顷，增幅为 1.45%；农村人口与村庄用地变化匹配程度总体较差（见图 28）。

图 28 2015~2018 年人口增长与用地变化匹配状况

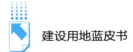

从区域分布看，常住总人口与城乡建设用地变化匹配程度方面，2016~2018 年，中部地区常住人口与城乡建设用地增长弹性系数逐年提升，常住总人口与用地变化匹配关系逐步好转，2018 年中部地区弹性系数为 0.98，城乡建设用地增长速度与常住总人口增长速度接近于持平；东部地区和西部地区弹性系数呈现先增长后下降的趋势；东北部地区常住总人口减少而城乡建设用地增长，人地关系协调状况不容乐观。城镇常住人口与城镇工矿用地变化匹配程度方面，2016~2018 年，东部地区和西部地区城镇常住人口与城镇工矿用地增长弹性系数均大于 1，2018 年弹性系数分别为 1.58 和 1.39；中部地区 2017 年和 2018 年弹性系数均大于 1，人口城镇化快于土地城镇化，2018 年弹性系数为 1.68，为四大区域最高；东北部地区 2017 年存在人减地增的现象，2018 年弹性系数为 1.05，人地协调关系有所好转。农村人口与村庄用地变化匹配程度方面，2015~2018 年，东部地区、西部地区和东北部地区呈现农村人口减少而村庄用地增加的现象，农村人口与村庄用地增长弹性系数为负值，人地协调关系较差；中部地区 2016~2018 年农村人口与村庄用地均减少，但 2017 年和 2018 年也存在人减地增的情况（见图 29 至图 31）。

图 29　2015~2018 年全国及四大区域常住人口与城乡建设用地增长弹性系数

图 30 2015~2018 年全国及四大区域城镇常住人口与城镇工矿用地增长弹性系数

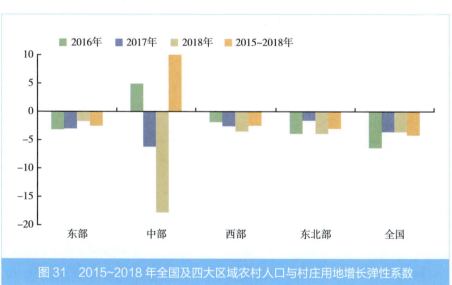

图 31 2015~2018 年全国及四大区域农村人口与村庄用地增长弹性系数

从不同规模等级城市看，常住人口与城乡建设用地变化匹配程度方面，总体呈现城市规模等级越高，常住总人口与城乡建设用地增长弹性系数越高的分布规律，2015~2018 年，超大城市弹性系数为 1.40，常住总人口增速快于城乡建设用地增速，其他规模等级城市弹性系数均小于 1。从年度变化看，

2016~2018 年，超大城市、特大城市、大城市弹性系数均有所提高；中等城市 2018 年弹性系数略低于 2016 年；小城市人地协调程度持续下降，2018 年常住总人口减少、城乡建设用地增加，弹性系数为负值（见图 32）。城镇人口与城镇工矿用地变化匹配程度方面，2015~2018 年，所有规模城市城镇人口与城镇工矿用地弹性系数均大于 1，人口城镇化速度快于土地城镇化速度。从年度变化看，特大城市人地关系协调程度提升最为显著，2018 年弹性系数达 2.39，较 2016 年提高了 1.22；超大城市、大城市、中等城市弹性系数也有不同程度提升，2018 年分别为 1.68、1.47 和 1.46，较 2016 年分别提高了 0.42、0.15 和 0.43；小城市 2018 年弹性系数较 2016 年有所回落，人地协调关系有待优化（见图 33）。农村人口与村庄用地变化匹配程度方面，2015~2018 年，各规模等级城市总体均呈人减地增的态势，人地协调关系较差（见图 34）。

图 32　2015~2018 年不同规模等级城市常住人口与城乡建设用地增长弹性系数

（二）经济发展与用地变化匹配程度

2015~2018 年，全国参评城市经济发展与建设用地变化匹配程度总体良好，地区生产总值与建设用地增长弹性系数为 6.85，经济增长速度明显快于

图 33   2015~2018 年不同规模等级城市城镇人口与城镇工矿用地增长弹性系数

图 34   2015~2018 年不同规模等级城市农村人口与村庄用地增长弹性系数

建设用地增长速度。从动态变化看，地区生产总值与建设用地增长弹性系数逐年提升，2016~2018年分别为5.91、6.24和7.49。

从区域分布看，2015~2018年，四大区域地区生产总值增速均大于建设用地增速，地区生产总值与建设用地增长弹性系数中部地区最高，为9.30，其次为东部地区6.75、东北部地区5.50，西部地区弹性系数最低，为5.19。从年度变化看，2016~2018年，中部地区、西部地区的地区生产总值与建设用地增长弹性系数均逐年上升，中部地区2018年弹性系数为11.78，居四大区域之首，是全国平均水平的1.57倍；西部地区2018年弹性系数为5.95，为四大区域最低；东部地区2018年弹性系数为6.25，略低于2016年；东北部地区2016年出现地区生产总值下降、建设用地增加的情况，之后两年有所好转，2018年弹性系数为10.93，居四大区域第二位（见图35）。

图35　2015~2018年四大区域地区生产总值与建设用地增长弹性系数

从不同规模等级城市看，2015~2018年，小城市、超大城市地区生产总值与建设用地增长弹性系数较高，分别为8.32和8.16，中等城市弹性系数最低，为5.40。从年度变化看，2016~2018年，除中等城市2018年弹性系数有所下降外，其余各规模等级城市弹性系数均逐年提升，2018年小城市弹性系数最高，为62.24，中等城市弹性系数最低，为4.05（见图36）。

图 36　2015~2018 年不同规模等级城市地区生产总值与建设用地增长弹性系数

五　主要结论和政策建议

（一）总体状况与主要特征

1. 建设用地增速放缓，国土开发强度稳中有升，用地结构不断优化

近年来，自然资源管理工作按照高质量发展要求，通过建设用地总量控制，不断优化用地结构，强化建设用地节约集约利用，全力落实国家城镇化发展要求，积极促进区域城乡发展、惠民生等政策的落地，取得了积极成效。一是建设用地总量增长得到有效控制。2015~2018 年，全国建设用地总规模年度增幅由 2015 年的 1.20% 下降至 2018 年的 0.90%，其中，东部地区由 2015 年的 1.19% 下降至 2018 年的 1.03%，中部地区由 2015 年的 1.06% 下降至 2018 年的 0.67%，西部地区由 2015 年的 1.61% 下降至 2018 年的 1.21%，东北部地区由 2015 年的 0.71% 下降至 2018 年的 0.43%；2018 年，北京、上海、安徽实现了建设用地负增长。二是在国土开发强度不断提升的基础上，建设用地内部结构持续优化。2015~2018 年，全国国土开发强度由 6.18% 提升到 6.38%。城镇建设用地占城乡建设用地的比例由 30.48% 提高到 31.63%，为

城镇化发展的合理用地需求提供了保障；村庄用地占城乡建设用地的比例由62.35%下降到61.41%，城乡用地内部结构持续优化；交通水利用地占建设用地总规模的比例由18.01%略微提升至18.29%，重大基础设施和民生工程项目建设用地保障能力得到进一步提升。

2. 建设用地经济承载能力显著提高，但建设用地人口承载水平趋于下降

按2015年可比价计算，全国参评城市建设用地地均GDP由2015年的203.72万元/公顷提高到2018年的245.73万元/公顷，累计增幅达20.62%，其中，中部地区建设用地地均GDP提升尤为明显，从2015年的149.34万元/公顷，提升至2018年的187.75万元/公顷，累计增幅25.72%；东部、西部地区也分别从2015年的302.35万元/公顷和154.94万元/公顷提升至2018年的371.98万元/公顷和182.95万元/公顷。

建设用地人口承载水平方面，由于当前我国人口增长明显趋缓，而工业化、城镇化快速推进，建设用地仍处于持续增长状态，建设用地人口承载水平总体处于持续小幅下降态势。此外，在农村常住人口逐年减少的同时，村庄用地扩张尚未得到根本遏制，成为制约建设用地人口承载水平提高的重要因素之一。2015~2018年，城乡建设用地人口密度由2015年的4567.46人/公里^{2}下降到2018年的4512.37人/公里^2，全国常住总人口与城乡建设用地增长弹性系数为0.59，城乡建设用地增长速度高于常住总人口增长速度，城乡建设用地人口承载水平、常住总人口与城乡建设用地变化协调关系仍具备较大的优化空间。2015~2018年，全国参评城市农村常住人口由5.55亿人减少至5.21亿人，减少了0.34亿人，而村庄用地不减反增，由17.71万平方公里增加至17.96万平方公里，增加了0.25万平方公里，人均村庄用地由319.04平方米增加到344.58平方米，城乡用地与人口流动之间尚未形成良性互通机制，成为影响建设用地人口承载水平和人地关系协调程度的主要制约因素。总体来看，在城镇化加速推进和"新常态"的宏观背景下，虽然推进实施了城乡建设用地增减挂钩、土地综合整治等政策措施，但城乡建设用地"双增"的局面尚未得到根本扭转，进一步统筹优化城乡用地结构、推进土地供给侧改革创新任重道远。

3. 建设用地利用效益不断提升，单位 GDP 消耗建设用地水平持续降低，但人口增长消耗新增城乡建设用地状况有待改善

近年来，各地顺应经济结构调整和产业转型升级趋势，以落实单位 GDP 建设用地使用面积目标为抓手，切实转变土地利用方式，使得建设用地产出效益显著提升，单位产出的土地资源消耗明显降低，建设用地经济承载能力持续提高。全国单位 GDP 建设用地使用面积由 2015 年的 49.08 公顷 / 亿元下降至 2018 年的 41.32 公顷 / 亿元，2015~2018 年年均单位 GDP 耗地下降率为 5.58%，其中，中部地区年均下降率最高，为 6.54%。2015~2018 年，全国参评城市单位 GDP 增长消耗新增建设用地量由 2015 年的 10.47 公顷 / 亿元下降到 2018 年的 6.60 公顷 / 亿元；其中，西部地区单位 GDP 增长耗地量减少最多，2018 年比 2015 年减少了 7.43 公顷 / 亿元。

人口增长消耗新增城乡建设用地方面，2018 年，全国参评城市单位人口增长消耗新增城乡建设用地量为 399.54 米² / 人，比 2015 年的 534.14 米² / 人降低 134.60 米² / 人，人口增长消耗新增城乡建设用地量整体呈下降趋势，但部分区域仍较高。四大区域中，仅中部地区 2016~2018 年人口增长耗地量逐年降低，东部地区、西部地区均为 2017 年最低，2018 年有所反弹，耗地量高于 2016 年，东北部地区近年来人口持续下降，导致单位人口增长消耗新增建设用地量为负值。新型城镇化过程中，虽然不断加大农业转移人口市民化推进力度，但仍有相当部分城镇常住人口暂时无法完全脱离农村生活，从而带来城镇、农村双重用地需求，在探索城乡融合发展的过程中更严格地控制新增建设用地仍是当前面临的一项挑战。

4. 人口与用地变化、经济发展与用地变化协调程度持续向好，为推动城镇化集约、高质量发展提供良好保障

2015~2018 年，全国参评城市城镇人口增长快于城镇工矿用地增长，人口城镇化总体快于土地城镇化，城镇人口与用地变化协调关系持续向好。2015~2018 年，全国参评城市城镇人口与城镇工矿用地增长弹性系数为 1.36，其中，东部地区、中部地区、西部地区弹性系数分别为 1.65、1.21 和 1.36；全国有 62% 的地级以上城市（185 个）和 57% 的县级市（210 个）弹性系数

大于 1，人口城镇化快于土地城镇化。2015~2018 年，全国参评城市城镇用地人口承载水平得到一定程度的提升，城镇工矿人口密度从 2015 年的 6940.76 人 / 公里 ^{2} 提升到 2018 年的 7074.30 人 / 公里 ^{2}，其中东部地区城镇工矿人口密度提高最多，从 2015 年的 7739.67 人 / 公里 ^{2} 提高到 2018 年的 7940.24 人 / 公里 ^{2}，提高了 200.57 人 / 公里 ^{2}。

从经济发展与建设用地变化匹配关系看，全国及四大区域经济增速远高于建设用地增速，全国参评城市 GDP 与建设用地增长弹性系数逐年提升，由 2016 年的 5.91 提升至 2018 年的 7.49，经济发展与建设用地变化匹配关系良好，2018 年北京、上海、安徽在建设用地减量化的同时实现了集约发展。

5. 建设用地集约利用水平分异较大，区域发展不均衡的矛盾仍然较为突出

从全国看，节约集约利用水平总体呈现"东部 > 中部 > 西部 > 东北部"的梯度格局，东部地区人口承载水平、经济社会发展与用地关系匹配程度均较好，而东北部地区近年来在经济下行、人口流出、产业升级转型压力下，集约用地水平持续处于低位，提升潜力较大。其中，2018 年东北部地区建设用地地均 GDP 仅为东部地区的 35.54%；人地关系方面，2015~2018 年，东北部地区常住总人口减少了 162.85 万人、城镇常住人口减少了 41.59 万人，而城乡建设用地面积和城镇工矿用地面积分别增加 417.53 平方公里和 238.32 平方公里，呈现人口持续减少但用地增加的特征，人地关系协调状况不容乐观。

（二）思考与启示

1. 探索并强化规划编制中节地因素所发挥的作用，持续推进土地资源的节约集约利用

规划科学是最大的效益，规划节地是最大的节地。随着国土空间规划体系的逐步建立与完善，在规划全周期管理中，整体评价成果可为规划编制、规划监测评估等提供科学依据。具体来说，整体评价成果可为资源环境承载力评价和国土空间开发适宜性评价提供参考；为规划方案制定中合理确定建设用地规模、划定城镇开发边界、优化建设用地结构与布局提供依据；为国土空间监测预警和绩效考核提供基础支撑。建议依据行政区建设用地节约集约利用状况定量评价集约度综合分值、建设用地利用强度指数等，以区域资源环境承载能力评价结果为底线，结合未来经济社会发展用地需求，确定各行政区建设用地规模、强度和效益目标。对于集约利用水平较高且用地需求较大的地区，在不超过区域承载力水平的前提下，给予规划规模倾斜；对于集约利用水平较低的地区，对其规划建设用地规模给予相对严格的限制，促使其加大存量用地盘活力度。结合人口、经济变化与用地变化匹配程度，合理确定城镇、工矿、村庄、基础设施用地比例，促进城乡统筹发展。研究制定规划节地评价指标标准体系，建立规划节地评价制度，将节约集约用地评价纳入规划全周期管理，作为规划编制、监测评估、调整修改的重要参考依据。

2. 实行区域差别化政策，促进城乡融合、人地和谐

根据各地节约集约用地状况，为土地利用计划差别化管理提供基础支撑，在推进以人为核心、以提高质量为导向的新型城镇化过程中，为提高政策针对性、灵活性和有效性提供决策依据。整体评价结果可作为配置土地利用计划指标的依据，也可作为土地利用计划实施评估、土地供应利用统计监测的重要内容。建议结合"批而未供"土地和闲置土地处置情况，将行政区建设用地节约集约利用状况定量评价集约度综合分值或建设用地利用强度指数作为配置计划指标的考虑因素。评价成果中常住总人口与城乡建设用地变化匹配情况、城镇人口与城镇工矿用地变化匹配情况、经济与建设用地变化匹配情况可为合理确定新增与存量供应比例、调整新增城乡建设用地结构、城乡增减挂钩规模提供依据，为推进城乡要素合理配置、推动公共资源由按城市行政等级配置向按实际服务管理人口规模配置转变、推进"人地钱"挂钩、促进人地和谐提供基础支撑。

3. 不断完善激励与约束并重的机制，扎实提升存量建设用地利用效率与质量

盘活存量建设用地是推进土地要素市场化配置、深化经济体制改革的重要内容，也是新增建设用地指标"增存挂钩"要求下的必然选择。整体评价

成果可为各地合理确定各类建设使用存量用地的比例提供依据。根据建设用地节约集约利用状况定量评价集约度综合分值、土地供应状况，充分运用市场机制盘活存量土地和低效用地，研究完善促进盘活存量建设用地的税费制度；在项目招商、选址阶段，引导项目优先在"批而未供"等存量建设用地选址；综合采取行政、经济、法律等措施，促进闲置土地尽快动工开发；研究建立存量资源整合利用机制，为推动供给侧结构性改革和经济高质量发展提供参考。

4. 加强评价考核体系的建设与实施，深入推进土地利用方式的转变

一是严格实行"十三五"时期单位 GDP 建设用地使用面积下降 20% 目标的评估考核，推动建设用地总量与强度双控，提升土地资源可持续发展保障能力，强化地方各级政府节约集约用地职责。二是研究制定节地考核评价标准体系，提炼定量评价中的关键指数，建立不同行政层级节地考核评价技术体系，成熟后纳入政府目标责任考核体系，构建节约集约用地共同责任机制。三是优化完善建设用地节约集约利用评价工作体系和技术体系，在简化工作程序、保障成果质量的基础上，充分应用大数据手段提高工作的效率和效益，为科学制定用地政策、深入推进节约集约用地等提供科学、必要的基础支撑。

区 域 篇

Regions

B.2

2015~2018 年东部地区城市建设用地
节约集约利用状况分析报告

中国国土勘测规划院

摘　要：　本报告基于东部地区 10 个省（市）92 个城市建设用地节约集约
　　　　　利用状况整体评价基础数据，分析东部地区土地利用现状、建设
　　　　　用地利用强度及变化情况、经济社会发展消耗建设用地状况、经
　　　　　济社会发展与建设用地变化匹配状况，揭示东部地区城市建设用
　　　　　地节约集约利用现状水平、变化趋势、区域差异和总体特征。

关键词：　建设用地　节约集约利用　东部地区

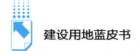

截至 2018 年底，东部地区 [①]92 个城市建设用地总面积 13.07 万平方公里，占全国建设用地总面积的 35.64%；国土开发强度为 14.33%，比全国平均水平高 7.94 个百分点；常住总人口 5.34 亿人，城镇常住人口 3.63 亿人，城镇化率为 67.98%，比全国平均水平高 7.47 个百分点；GDP 为 48.61 万亿元，常住人口人均 GDP 为 9.10 万元。

一 土地利用及变化状况

（一）用地结构总体状况

截至 2018 年底，东部地区 92 个城市土地总面积 91.22 万平方公里，其中建设用地总面积为 13.07 万平方公里，占土地总面积的 14.33%，比全国平均水平高 7.94 个百分点；农用地面积为 68.70 万平方公里，占土地总面积的 75.31%，其中耕地面积为 25.72 万平方公里，占农用地面积的 37.44%；其他土地面积为 9.45 万平方公里，占土地总面积的 10.36%。从各省（市）情况看，各省（市）均为农用地占比最大，除河北外，其余 9 省（市）建设用地占比次之，其他用地占比最少。2018 年末，东部地区 9 省（市）国土开发强度均超过全国平均水平，其中国土开发强度最高的是上海，为 36.84%，其次为天津，为 35.15%，最低的是福建，为 6.84%（见图 1、图 2）。

从动态变化看，2016~2018 年，东部地区建设用地呈增长趋势，增速逐年放缓，3 年累计增加 0.43 万平方公里，年均增长率为 1.13%。2018 年，东部地区建设用地增长率为 1.03%，增幅排名前三的省份为浙江、广东、山东，分别为 1.66%、1.46% 和 1.24%；北京和上海建设用地呈现负增长，分别减少 0.75% 和 0.16%（见图 3）。

---

① 东部地区包括北京、天津、河北、上海、江苏、浙江、福建、山东、广东、海南等 10 省（市），涉及 87 个地级以上城市和 126 个县级市（其中 5 个县级市独立参评，不隶属于参评的 87 个地级以上城市），除三沙市外，东部地区其他城市全部参评。

图 1　2018 年东部地区土地利用现状结构

图 2　2015~2018 年东部地区国土开发强度变化

图 3 2016~2018 年东部地区建设用地增长率变化

（二）建设用地结构

截至 2018 年底，东部地区 92 个城市建设用地总面积 13.07 万平方公里，其中城乡建设用地面积为 10.50 万平方公里，占建设用地总面积的 80.34%，比全国平均水平高 0.55 个百分点，具体来说，上海占比最高，为 87.93%，海南占比最低，为 65.30%；交通水利用地面积为 2.30 万平方公里，占比 17.60%，比全国平均水平低 0.71 个百分点，具体来说，海南占比最高，为 24.66%，上海占比最低，为 11.02%；其他建设用地面积为 0.27 万平方公里，占比 2.07%，比全国平均水平高 0.16 个百分点，具体来说，海南占比最高，为 10.04%，上海占比最低，为 1.05%（见图 4）。从城乡建设用地内部结构看，城镇用地面积为 3.85 万平方公里，占城乡建设用地面积的 36.67%，比全国平均水平高 5.03 个百分点，其中上海占比最高，为 70.81%，河北占比最低，为 20.47%；村庄用地面积为 5.93 万平方公里，占比 56.48%，比全国平均水平低 4.91 个百分点，其中河北占比最高，为 68.39%，上海占比最低，为 29.12%；

采矿用地面积为 0.72 万平方公里，占比 6.86%，比全国平均水平低 0.12 个百分点，其中天津占比最高，为 13.38%，上海占比最低，为 0.07%（见图 5）。

图 4 2018 年东部地区建设用地内部结构

图 5 2018 年东部地区城乡建设用地内部结构

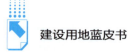
从动态变化看，2015~2018 年，东部地区城乡建设用地累计增加 0.32 万平方公里，增幅为 3.14%，其中广东增幅最大，为 4.70%，北京、上海城乡建设用地为负增长，分别减少 0.39% 和 0.03%。2015~2018 年，东部地区城乡建设用地增幅逐年下降，2018 年为 0.97%，比全国平均水平高 0.11 个百分点，省份间差异明显，浙江、广东和山东增幅较大，分别为 1.75%、1.51% 和 1.19%，北京和上海城乡建设用地为负增长，分别减少 1.22% 和 0.23%（见图 6）。2015~2018 年，东部地区城镇工矿用地面积增加 0.18 万平方公里，增幅为 4.15%，年均增长 1.36%，其中广东增幅最大，为 5.86%，北京增幅最小，为 0.08%。2018 年，东部地区城镇工矿用地增幅为 1.12%，其中浙江、广东增幅较大，分别为 1.91%、1.57%；北京出现负增长，为 -0.79%（见图 7）。2015~2018 年，东部地区城镇用地增加 0.19 万平方公里，增幅为 5.17%，年均增长 1.69%，其中江苏、福建、广东增幅较大，分别为 7.19%、6.53% 和 6.26%。2018 年，东部地区城镇用地增幅为 1.40%，其中浙江增幅最大，为 2.13%，北京为负增长，增幅为 -0.40%（见图 8）。2015~2018 年，东部地区村庄用地增加 0.14 万平方公里，增幅为 2.38%，年均增长 0.79%，其中浙江、河北、

图 6 2015~2018 年东部地区城乡建设用地增长率

广东增幅较大，分别为 4.09%、3.97% 和 3.61%。2018 年，东部地区村庄用地增幅为 0.85%，其中北京、上海、江苏等 3 省（市）呈现负增长，增幅分别为 −1.86%、−1.59% 和 −0.24%，浙江省增幅最大，为 1.62%（见图 9）。

图 7　2015~2018 年东部地区城镇工矿用地增长率

图 8　2015~2018 年东部地区城镇用地增长率

图 9　2015~2018 年东部地区村庄用地增长率

二　建设用地节约集约利用总体状况

（一）建设用地利用强度

1. 建设用地人口承载水平

截至 2018 年底，东部地区 92 个城市常住总人口 5.34 亿人，比 2015 年末增加 1209.81 万人，增幅 2.32%；城镇常住人口 3.63 亿人，比 2015 年末增加 2322.56 万人，增幅 6.84%；城镇化率为 67.98%，比 2015 年末提高了 2.88 个百分点。截至 2018 年底，东部地区建设用地人口密度和城乡建设用地人口密度分别为 4087.45 人 / 公里 ^{2} 和 5088.80 人 / 公里 ^{2}，比全国平均水平分别高 487.92 人 / 公里 ^{2} 和 576.43 人 / 公里 ^{2}；建设用地人口密度和城乡建设用地人口密度最高的均为上海，分别为 7860.64 人 / 公里 ^{2} 和 8939.32 人 / 公里 ^{2}；建设用地人口密度最低的是海南，为 2744.09 人 / 公里 ^{2}，城乡建设用地人口密度最低的为河北，为 3952.14 人 / 公里 ^{2}。

从动态变化看，2015~2018 年，东部地区建设用地人口密度、城乡建设用地人口密度均呈下降态势。建设用地人口密度方面，东部地区由 2015 年的

4131.91人/公里²下降到2018年的4087.45人/公里²，下降了44.46人/公里²，降幅为1.08%，各省（市）建设用地人口密度均呈下降态势，其中上海下降最少，降幅为0.05%，河北下降最多，降幅为1.69%（见图10）。城乡建设用地人口密度方面，东部地区从2015年的5129.75人/公里²下降到2018年的5088.80人/公里²，下降了40.95人/公里²，降幅为0.80%,其中上海、海南城乡建设用地人口密度有所提升，上海由2015年的8905.37人/公里²上升到2018年的8939.32人/公里²，上升了33.95人/公里²，增幅为0.38%，海南由2015年的4199.71人/公里²上升到2018年的4202.37人/公里²，上升了2.66人/公里²，增幅为0.06%；其余8个省（市）城乡建设用地人口密度呈下降态势，福建下降最少，降幅为0.17%，河北下降最多，降幅为1.67%（见图11）。

图10 2015~2018年东部地区建设用地人口承载水平及变化率

2. 建设用地经济强度

截至2018年底，东部地区92个城市GDP为48.61万亿元，建设用地地均GDP为371.98万元/公顷，比全国平均水平高126.25万元/公顷。其中建设用地地均GDP最高的是上海，为1059.85万元/公顷；最低的是河北，为

图 11　2015~2018 年东部地区城乡建设用地人口承载水平及变化率

155.58 万元／公顷。按 2015 年可比价进行计算，相较 2015 年，2018 年东部地区建设用地地均 GDP 提高了 57.69 万元／公顷，增幅为 18.36%，其中福建增幅最大，为 22.27%，河北增幅最小，为 11.92%（见图 12）。

图 12　2015~2018 年东部地区建设用地经济强度及变化率

（二）经济社会发展耗地

1. 人口增长耗地

截至 2018 年底，东部地区 92 个城市单位人口增长消耗新增城乡建设用地 330.67 米²/人，比 2016 年低 5.54 米²/人，比 2018 年全国平均水平低 68.87 米²/人。从各省（市）情况看，2018 年北京由于常住总人口减少，单位人口增长消耗新增城乡建设用地为负值；江苏 2016~2018 年单位人口增长耗地一直处于高位，2018 年为东部地区最高，达 1077.12 米²/人，上海、浙江、福建、广东、海南等 5 省（市）2016~2018 年单位人口增长耗地量相对较低，年均不到 300 米²/人（见图 13）。

图 13　2016~2018 年东部地区各省（市）单位人口增长消耗新增城乡建设用地状况

2. 经济增长耗地

2015~2018 年，东部地区 92 个城市经济增长耗地量总体呈下降趋势，单位 GDP 建设用地使用面积由 2015 年的 33.07 公顷/亿元下降至 2018 年的 27.77 公顷/亿元，累计下降了 5.30 公顷/亿元，累计降幅 16.03%。总体来看，各省（市）2016~2018 年经济增长耗地量均呈下降态势，2018 年，省份间单位 GDP 建设用地使用面积差异明显，上海、北京较低，分别为 9.87 公顷/亿元和 12.42 公顷 / 亿元，海南、河北较高，分别为 69.21 公顷 / 亿元和 64.73 公顷 / 亿元（见图 14）。2015~2018 年，东部地区年均单位 GDP 耗地下降率为 5.65%，受经济下行影响，2018 年下降速度有所减缓，下降率为 5.08%。从各省（市）情况看，2018 年北京、福建和上海单位 GDP 耗地下降较为显著，分别下降了 6.90%、6.66% 和 6.34%（见图 15）。

图 14 2015~2018 年东部地区单位 GDP 建设用地使用面积

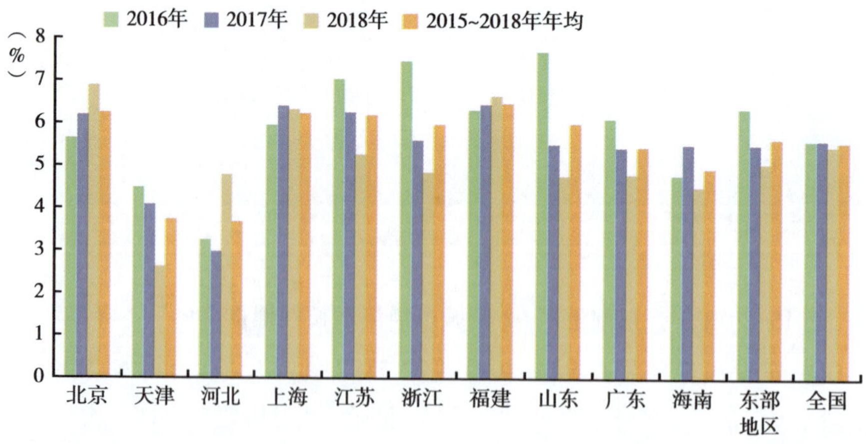

图 15 2015~2018 年东部地区单位 GDP 耗地下降率状况

从经济增长消耗新增建设用地量看，2016~2018 年，东部地区 92 个城市单位 GDP 增长消耗新增建设用地量总体维持在 6 公顷 / 亿元左右。从年度变化看，东部地区 2016~2018 年经济增长消耗新增建设用地量先增后降，2018 年为 5.54 公顷 / 亿元，为 2016~2018 年最低，比全国平均水平低 1.06 公顷 / 亿元；从各省（市）情况看，上海和北京 2016~2018 年耗地量一直处于低位，2018 年分别为 0.79 公顷 / 亿元和 1.64 公顷 / 亿元，海南和河北耗地量虽逐年降低，但仍持续处于区域高位，2018 年分别为 11.02 公顷 / 亿元和 9.75 公顷 / 亿元（见图 16）。

图 16　2016~2018 年东部地区单位 GDP 增长消耗新增建设用地量情况

（三）经济社会发展与用地变化匹配状况

1. 人口增长与用地变化匹配状况

2015~2018 年，东部地区 92 个城市常住总人口与城乡建设用地增长弹性系数为 0.74，比全国平均水平高 0.15，常住总人口增速低于城乡建设用地增速。其中，北京弹性系数为 1.94，常住总人口、城乡建设用地面积均减少；海南弹性系数为 1.02，常住总人口增速大于城乡建设用地增速；上海常住总人口增长而城乡建设地面积减少，弹性系数为 -12.22。从年度变化看，东部地区弹性系数先增后降，2018 年弹性系数为 0.72，为 2016~2018 年最低，比全国平均水平高 0.09。从各省（市）情况看，2018 年，上海常住总人口增加、城乡建设用地面积减少，呈现内涵发展态势，弹性系数为负值，为 -1.00；北京常住总人口和城乡建设用地面积均减少，弹性系数为 0.62；海南和广东弹性系数大于 1，分别为 1.68 和 1.01，常住总人口增速快于城乡建设用地增速；其余各省（市）常住总人口增速低于城乡建设用地增速（见图 17）。

图 17　2015~2018 年东部地区各省（市）常住总人口与城乡建设用地增长弹性系数

　　从城镇常住人口与用地变化匹配状况看，2015~2018 年，东部地区城镇常住人口与城镇工矿用地增长弹性系数为 1.65，人口城镇化总体快于土地城镇化。其中，河北、浙江、福建、山东、广东、海南等 6 省弹性系数均大于 1，人口城镇化快于土地城镇化；北京城镇常住人口减少、城镇工矿用地面积增加，弹性系数为 -9.82。从年度变化看，东部地区 2016~2018 年一直保持人口城镇化快于土地城镇化的状态，但 2018 年弹性系数稍低于 2016 年，为 1.58。从各省（市）情况看，2018 年，河北弹性系数最高，为 3.60，此外，上海、江苏、浙江、福建、山东、广东、海南等 7 省（市）弹性系数均大于 1，人口城镇化快于土地城镇化，天津弹性系数最低，为 0.50（见图 18）。

图 18　2015~2018 年东部地区各省（市）城镇常住人口与城镇工矿用地增长弹性系数

2. 经济发展与用地变化匹配状况

2015~2018 年，东部地区 92 个城市地区生产总值与建设用地增长弹性系数为 6.75，东部地区 10 省（市）地区生产总值增速均快于建设用地增速。其中北京弹性系数最高，为 174.08，河北最低，为 4.51。从动态变化看，东部地区 2016~2018 年地区生产总值与建设用地增长弹性系数先降后升，2018 年为 6.25，低于 2016 年水平，比 2018 年全国平均水平低 1.24。从各省（市）情况看，2018 年，北京、上海呈现 GDP 增长而建设用地减少的格局，弹性系数为负值，分别为 −8.75、−42.15；弹性系数较高的有江苏、福建和海南，分别为 11.76、7.77、6.87（见图 19）。

图 19　2016~2018 年东部地区经济发展与用地变化匹配状况

三　建设用地节约集约利用分异状况

（一）节约集约利用现状水平分异状况

1.　总体状况

2018 年，东部地区城市建设用地节约集约利用现状水平位列四大区域之首，节约集约利用现状水平指数为 71.60，比全国平均水平高 5.76。其中，上海、北京、广东、福建、浙江、天津等 6 省（市）居全国 31 个省（区、市）（不含港、澳、台地区，下同）的前 6 位，山东、海南和河北三省相对偏低，处于全国中下游水平，位序分别为第 14 位、第 21 位、第 22 位。相比 2015 年，山东位序上升 2 位，江苏位序上升 1 位，上海、北京、广东、福建、浙江、天津、河北和海南等 8 个省（市）位序维持不变（见表 1）。

2.　地级以上城市状况

2018 年，东部地区地级以上城市建设用地节约集约利用现状水平指数均值为 71.09，比全国平均水平高 6.22，占据全国 10 强城市的 9 席、50 强

表 1　2015 年、2018 年东部 10 省（市）城市建设用地节约集约利用现状水平指数

省（市）	2018 年			2015 年		
	指数值	排名	全国排名	指数值	排名	全国排名
北京	93.49	2	2	87.78	2	2
天津	73.03	6	6	71.73	6	6
河北	61.30	10	22	60.91	10	22
上海	97.84	1	1	97.58	1	1
江苏	70.38	7	8	67.65	7	9
浙江	74.80	5	5	72.10	5	5
福建	77.06	4	4	73.66	4	4
山东	65.86	8	14	64.59	8	16
广东	80.15	3	3	77.32	3	3
海南	62.07	9	21	60.97	9	21
东部地区	71.60	—	—	69.44	—	—
全国平均	65.84	—	—	64.62	—	—

城市的 36 席和百强城市的 55 席。从区域分异看，除河北外，其余 9 省（市）的指数均高于全国平均水平。其中上海和北京现状水平指数最高，分别为 97.84 和 93.49，明显高于其他省（市）；福建、广东、天津、浙江、江苏等 5 个省（市）的现状水平指数介于 70 和 80 之间；河北、山东和海南 3 省现状水平指数低于 70。广东占据 4 个 10 强城市和 11 个 50 强城市，为区域内数量最多（见表 2）。

表 2　2018 年东部 10 省（市）地级以上城市建设用地节约集约利用现状水平指数分异状况

省（市）	城市数量（个）	节约集约利用现状水平指数				入百强城市数量				
		均值	标准差	最大值	最小值	入百强数量（个）	区域城市中百强占比（%）	50 强数量（个）	区域城市中 50 强占比（%）	10 强城市数量（个）
北京	1	93.49	—	—	—	1	100.00	1	100.00	1
天津	1	73.03	—	—	—	1	100.00	1	100.00	0
河北	11	61.23	3.25	68.51	57.64	1	9.09	0	0.00	0

续表

| 省（市） | 城市数量（个） | 节约集约利用现状水平指数 | | | | 入百强城市数量 | | | | |
		均值	标准差	最大值	最小值	入百强数量（个）	区域城市中百强占比（%）	50强数量（个）	区域城市中50强占比（%）	10强城市数量（个）
上海	1	97.84	—	—	—	1	100.00	1	100.00	1
江苏	13	70.73	8.72	84.11	59.07	8	61.54	6	46.15	0
浙江	11	72.89	7.66	89.01	62.76	9	81.82	6	54.55	1
福建	9	76.99	10.75	99.42	66.66	9	100.00	6	66.67	2
山东	16	66.15	5.36	78.57	57.76	8	50.00	3	18.75	0
广东	21	74.83	11.58	100.00	62.35	15	71.43	11	52.38	4
海南	3	67.59	5.47	72.68	61.81	2	66.67	1	33.33	0
东部地区	87	71.09	10.27	100.00	57.64	55	63.22	36	41.38	9
全国平均	296	64.87	8.61	100.00	49.88	100	—	50	—	10

3. 县级市状况

2018 年，东部地区县级市建设用地节约集约利用现状水平指数均值为 67.73，比全国平均水平高 4.48，占据全国 10 强城市的 9 席、50 强城市的 37 席和百强城市的 57 席。从区域分异看，福建、浙江、江苏、广东 4 个省优势明显，囊括全国 10 强城市的 9 席；海南、河北两省指数值低于全国平均水平，河北仅有 2 个百强城市，海南省内无百强城市（见表 3）。

表 3　2018 年东部 7 省县级市建设用地节约集约利用现状水平指数分异状况

| 省 | 城市数量（个） | 节约集约利用现状水平指数 | | | | 入百强城市数量 | | | | |
		均值	标准差	最大值	最小值	入百强数量（个）	区域城市中百强占比（%）	50强数量（个）	区域城市中50强占比（%）	10强城市数量（个）
河北	21	61.72	3.34	67.29	52.29	2	9.52	0	0.00	0
江苏	22	70.46	7.61	86.58	58.60	14	63.64	9	40.91	3
浙江	19	73.31	8.48	91.75	62.02	15	78.95	13	68.42	2
福建	12	74.92	9.61	94.30	65.60	10	83.33	7	58.33	3

续表

省	城市数量（个）	节约集约利用现状水平指数				入百强城市数量				
		均值	标准差	最大值	最小值	入百强数量（个）	区域城市中百强占比（%）	50强数量（个）	区域城市中50强占比（%）	10强城市数量（个）
山东	27	65.92	4.67	74.06	56.58	10	37.04	6	22.22	0
广东	20	65.91	5.82	82.97	58.60	6	30.00	2	10.00	1
海南	5	59.54	1.27	61.34	57.75	0	0.00	0	0.00	0
东部地区	126	67.73	7.79	94.30	52.29	57	45.24	37	29.37	9
全国平均	368	63.25	7.54	94.30	48.52	100	—	50	—	10

（二）节约集约利用动态变化趋势分异状况

1. 总体状况

2018 年，东部地区城市建设用地节约集约利用动态变化趋势状况良好，节约集约利用动态变化趋势指数为 55.61，比全国平均水平高 0.71。其中上海、北京、福建位列全国 31 个省（区、市）前三，广东位序为第 6 位，浙江、海南、江苏分别为第 11 位、第 15 位和第 17 位，天津、山东和河北 3 省（市）相对偏低，处于全国中下游水平，位序分别为第 24 位、第 25 位和第 27 位。相比 2015 年，上海超过北京，位居第一，北京退居第 2 位；福建、广东和海南位序分别提升 7 位、5 位和 1 位；其余 5 省（市）位序有所下降，其中天津、山东和江苏位序下降明显，分别下降 21 位、11 位和 10 位（见表 4）。

表4 2015 年、2018 年东部 10 省（市）城市建设用地节约集约利用动态变化趋势指数

省（市）	2018 年			2015 年		
	指数值	排名	全国排名	指数值	排名	全国排名
北京	66.75	2	2	73.94	1	1
天津	53.52	8	24	62.37	3	3
河北	53.01	10	27	49.95	10	25

续表

省（市）	2018 年			2015 年		
	指数值	排名	全国排名	指数值	排名	全国排名
上海	70.09	1	1	67.68	2	2
江苏	54.65	7	17	55.45	5	7
浙江	55.35	5	11	56.56	4	4
福建	58.35	3	3	55.05	6	10
山东	53.30	9	25	53.36	8	14
广东	57.71	4	6	54.85	7	11
海南	54.85	6	15	52.81	9	16
东部地区	55.61	—	—	54.61	—	—
全国平均	54.90	—	—	52.62	—	—

2. 地级以上城市状况

2018 年，东部地区地级以上城市建设用地节约集约利用动态变化趋势指数均值为 55.50，比全国平均水平高 0.39，占据全国 10 强城市的 5 席、50 强城市的 16 席和百强城市的 30 席。从区域分异看，上海、北京指数较高，分别为 70.09 和 66.75；福建、广东、海南等 3 省指数也高于全国平均水平；其余 5 省（市）指数低于全国平均水平。广东占据 2 个 10 强城市和 6 个 50 强城市，为区域内最多（见表 5）。

表 5　2018 年东部 10 省（市）地级以上城市建设用地节约集约利用动态变化趋势指数分异状况

省（市）	城市数量（个）	节约集约利用动态变化趋势指数				入百强城市数量				
		均值	标准差	最大值	最小值	入百强数量（个）	区域城市中百强占比（%）	50 强数量（个）	区域城市中 50 强占比（%）	10 强城市数量（个）
北京	1	66.75	—	—	—	1	100.00	1	100.00	1
天津	1	53.52	—	—	—	0	0.00	0	0.00	0
河北	11	53.28	2.80	57.70	49.70	3	27.27	0	0.00	0

续表

省（市）	城市数量（个）	节约集约利用动态变化趋势指数				入百强城市数量				
		均值	标准差	最大值	最小值	入百强数量（个）	区域城市中百强占比（%）	50强数量（个）	区域城市中50强占比（%）	10强城市数量（个）
上海	1	70.09	—	—	—	1	100.00	1	100.00	1
江苏	13	54.29	4.69	61.37	45.59	5	38.46	3	23.08	0
浙江	11	54.57	3.24	62.52	51.30	2	18.18	1	9.09	0
福建	9	60.83	13.09	95.00	52.13	5	55.56	3	33.33	1
山东	16	53.19	2.89	58.33	45.83	3	18.75	0	0.00	0
广东	21	56.20	10.75	95.23	46.10	9	42.86	6	28.57	2
海南	3	55.81	6.43	62.63	49.86	1	33.33	1	33.33	0
东部地区	87	55.50	7.71	95.23	45.59	30	34.48	16	18.39	5
全国平均	296	55.11	5.87	95.23	45.00	100	—	50	—	10

3. 县级市状况

2018 年，东部地区县级市建设用地节约集约利用动态变化趋势指数均值为 55.91，比全国平均水平低 1.54，占据 10 强城市中的 2 席、50 强城市中的 7 席、百强城市中的 29 席。从区域分异看，福建和浙江的指数高于全国平均水平，其余 5 省指数均低于全国平均水平。山东有 1 个 10 强城市、2 个 50 强城市和 7 个百强城市，优势相对较大，海南没有百强城市（见表 6）。

表6 2018 年东部 7 省县级市建设用地节约集约利用动态变化趋势指数分异状况

省	城市数量（个）	节约集约利用动态变化趋势指数				入百强城市数量				
		均值	标准差	最大值	最小值	入百强数量（个）	区域城市中百强占比（%）	50强数量（个）	区域城市中50强占比（%）	10强城市数量（个）
河北	21	54.85	8.55	80.39	45.00	4	19.05	1	4.76	1
江苏	22	54.59	7.52	68.05	45.00	5	22.73	1	4.55	0
浙江	19	58.10	6.03	68.26	45.70	6	31.58	1	5.26	0

续表

省	城市数量（个）	节约集约利用动态变化趋势指数				入百强城市数量				
		均值	标准差	最大值	最小值	入百强数量（个）	区域城市中百强占比（%）	50强数量（个）	区域城市中50强占比（%）	10强城市数量（个）
福建	12	59.78	5.44	69.52	50.27	4	33.33	2	16.67	0
山东	27	55.44	8.54	82.02	45.00	7	25.93	2	7.41	1
广东	20	55.38	5.35	64.00	47.35	3	15.00	0	0.00	0
海南	5	53.33	5.24	57.86	47.54	0	0.00	0	0.00	0
东部地区	126	55.91	7.24	82.02	45.00	29	23.02	7	5.56	2
全国平均	368	57.45	9.38	100.00	45.00	100	—	50	—	10

（三）节约集约利用综合水平分异状况

1. 总体状况

2018 年，东部地区城市建设用地节约集约利用综合水平居四大区域之首，节约集约利用综合指数为 63.61，比全国平均水平高 3.24，上海、北京、广东、福建、浙江、天津居全国前 6 位，江苏居第 9 位，山东、海南、河北指数相对较低，处于全国中下游水平，位序分别为第 17 位、第 21 位、第 24 位。同 2015 年相比，浙江、福建和广东位序各提升了 1 位；河北、山东和天津位序有所下降，分别下降了 1 位、2 位、3 位；其他 4 省（市）位序保持不变（见表 7）。

表 7　2015 年、2018 年东部 10 省（市）城市建设用地节约集约利用综合指数

省（市）	2018 年			2015 年		
	指数值	排名	全国排名	指数值	排名	全国排名
北京	80.12	2	2	80.86	2	2
天津	63.28	6	6	67.05	3	3
河北	57.16	10	24	55.43	10	23

续表

省（市）	2018 年			2015 年		
	指数值	排名	全国排名	指数值	排名	全国排名
上海	83.97	1	1	82.63	1	1
江苏	62.51	7	9	61.55	7	9
浙江	65.08	5	5	64.33	6	6
福建	67.71	4	4	64.36	5	5
山东	59.58	8	17	58.97	8	15
广东	68.93	3	3	66.08	4	4
海南	58.46	9	21	56.89	9	21
东部地区	63.61	—	—	62.03	—	—
全国平均	60.37	—	—	58.62	—	—

2. 地级以上城市状况

2018 年，东部地区地级以上城市建设用地节约集约利用综合指数均值为 63.29，比全国平均水平高 3.30，占据全国 10 强城市的 7 席、50 强城市的 29 席和百强城市的 43 席。从区域分异看，上海、北京的综合指数均大于 80，优势明显；天津、江苏、浙江、福建、广东和海南等 6 省（市）的综合指数也高于全国平均水平；山东和河北综合指数低于全国平均水平。广东占据 3 个 10 强城市、9 个 50 强城市和 12 个百强城市，为区域内最多（见表 8）。

表 8　2018 年东部 10 省（市）地级以上城市建设用地节约集约利用综合指数分异状况

省（市）	城市数量（个）	节约集约利用综合指数				入百强城市数量				
		均值	标准差	最大值	最小值	入百强数量（个）	区域城市中百强占比（%）	50 强数量（个）	区域城市中 50 强占比（%）	10 强城市数量（个）
北京	1	80.12	—	—	—	1	100.00	1	100.00	1
天津	1	63.28	—	—	—	1	100.00	0	0.00	0
河北	11	57.26	2.64	63.10	53.67	1	9.09	0	0.00	0

续表

| 省（市） | 城市数量（个） | 节约集约利用综合指数 | | | | 入百强城市数量 | | | | |
		均值	标准差	最大值	最小值	入百强数量（个）	区域城市中百强占比（%）	50强数量（个）	区域城市中50强占比（%）	10强城市数量（个）
上海	1	83.97	—	—	—	1	100.00	1	100.00	1
江苏	13	62.51	6.34	72.10	54.72	7	53.85	4	30.77	0
浙江	11	63.73	4.81	71.83	58.51	6	54.55	5	45.45	0
福建	9	68.91	11.46	97.21	59.46	7	77.78	6	66.67	2
山东	16	59.67	3.76	67.51	51.79	5	31.25	2	12.50	0
广东	21	65.51	10.53	97.61	55.06	12	57.14	9	42.86	3
海南	3	61.70	5.91	67.65	55.84	2	66.67	1	33.33	0
东部地区	87	63.29	8.39	97.61	51.79	43	49.43	29	33.33	7
全国平均	296	59.99	6.33	97.61	49.85	100	—	50	—	10

3. 县级市状况

2018年，东部地区县级市建设用地节约集约利用综合指数均值为61.82，比全国平均水平高1.47，占据全国10强城市的4席、50强城市的22席和百强城市的43席。从区域分异看，福建、浙江、江苏、山东和广东等5省的综合指数高于全国平均水平，河北和海南的综合指数低于全国平均水平。浙江、福建占据区域内全部的4个10强城市和约一半百强城市，海南省内没有百强城市（见表9）。

表9　2018年东部7省县级市建设用地节约集约利用综合指数分异状况

| 省 | 城市数量（个） | 节约集约利用综合指数 | | | | 入百强城市数量 | | | | |
		均值	标准差	最大值	最小值	入百强数量（个）	区域城市中百强占比（%）	50强数量（个）	区域城市中50强占比（%）	10强城市数量（个）
河北	21	58.28	4.49	71.65	51.11	3	14.29	1	4.76	0
江苏	22	62.53	4.81	69.14	51.87	12	54.55	5	22.73	0
浙江	19	65.70	6.02	78.67	55.53	10	52.63	8	42.11	2

续表

省	城市数量（个）	节约集约利用综合指数				入百强城市数量				
		均值	标准差	最大值	最小值	入百强数量（个）	区域城市中百强占比（%）	50强数量（个）	区域城市中50强占比（%）	10强城市数量（个）
福建	12	67.35	6.99	81.14	57.94	9	75.00	4	33.33	2
山东	27	60.68	4.61	71.13	52.23	5	18.52	3	11.11	0
广东	20	60.64	4.06	71.61	52.97	4	20.00	1	5.00	0
海南	5	56.43	2.20	58.24	53.60	0	0.00	0	0.00	0
东部地区	126	61.82	5.73	81.14	51.11	43	34.13	22	17.46	4
全国	368	60.35	6.02	81.14	47.01	100	—	50	—	10

四　各省（市）状况综述

（一）北京

1. 基本情况

2018 年，北京市土地总面积为 1.64 万平方公里，国土开发强度为 21.79%，与 2015 年的 21.76% 基本持平，国土开发强度列直辖市第 3 位、全国第 4 位；常住总人口 2154.20 万人，相比 2015 年的 2170.50 万人有所下降，城镇化率 86.50%，较 2015 年降低了 0.74 个百分点；GDP 为 3.03 万亿元，相比 2015 年增加了 0.51 万亿元，常住人口人均 GDP 为 14.07 万元，相比 2015 年增加了 2.45 万元。

2. 土地利用现状及变化分析

2018 年，北京市农用地面积为 1.15 万平方公里，占土地总面积的 70.12%；建设用地面积为 0.35 万平方公里，占土地总面积的 21.34%；其他用地面积为 0.14 万平方公里，占土地总面积的 8.54%。建设用地中，城乡建设用地面积为 0.29 万平方公里，占比为 82.86%，交通水利用地面积为 0.05 万平方公里，占比为 14.29%，其他建设用地面积为 0.01 万平方公

里，占比为 2.86%。国土开发强度为 21.79%，比全国平均水平高 15.41 个百分点。

3. 土地利用强度及变化分析

2018 年，北京市建设用地人口密度和城乡建设用地人口密度均列全国 31 个省（区、市）的第 2 位，分别为 6025.09 人 / 公里^2 和 7402.89 人 / 公里^2，是全国平均水平的 1.67 倍和 1.64 倍。相比 2015 年，建设用地人口密度下降了 53.10 人 / 公里^2，城乡建设用地人口密度降低了 27.15 人 / 公里^2，人口的有序流动使得"大城市病"逐渐缓解，有效助推了首都核心功能优化提升和高质量发展。此外，北京市建设用地地均 GDP 为 848.13 万元 / 公顷，是全国平均水平的 3.45 倍，列直辖市第 2 位。同 2015 年相比，建设用地地均 GDP 增加了 141.78 万元 / 公顷，增长率达 20.07%，是全国平均增长水平的 1.14 倍。总的来说，北京市的资金、技术、人才等要素优势显著，建设用地节约集约利用水平较高。

4. 增长耗地及变化分析

由于非首都功能有序疏解，2018 年北京常住总人口减少了 18.70 万人，2018 年北京市单位人口增长消耗新增城乡建设用地量为 -124.09 米^2 / 人；从动态变化看，单位人口增长消耗新增城乡建设用地较 2016 年下降了 1314.88 米^2 / 人。此外，北京市单位 GDP 增长消耗新增建设用地量由 2016 年的 2.10 公顷 / 亿元下降到 2018 年的 1.64 公顷 / 亿元，人口、经济增长所消耗的用地量多年度均维持在相对较低的水平，土地利用效益较高。

5. 经济社会发展与用地变化匹配分析

2015~2018 年，在人口不断减少的同时，北京市城乡建设用地减少 11.31 平方公里。2016~2018 年，北京市常住总人口增速分别为 0.11%、-0.10%、-0.76%，城乡建设用地增速分别为 0.78%、0.06%、-1.22%，常住总人口和城乡建设用地增速均呈逐年下降趋势，常住总人口与城乡建设用地增长弹性系数由 0.14 上升到 0.62，人地关系总体趋于协调发展；城镇常住人口增速分别为 0.10%、-0.16%、-0.70%，城镇工矿用地增速分别为 0.74%、0.13%、-0.79%，城镇常住人口和城镇工矿用地增速均呈逐年下降趋势，城镇常住人口与城镇工矿用地增长弹性系数由 0.14 上升到 0.89，人口城镇化与土地城镇化基本同步，土地城镇化发展略快。此外，相较"十二五"末期，北京市常住农村人口减少 2 万人，村庄用地面积同步减少 12.66 平方公里，农村人口的降速明显慢于农村土地的降速，人地匹配协调程度仍有待提升。人均村庄用地面积为 399.38 平方米，较 2015 年减少了 1.60 平方米，北京市在用地的集约化、高质量化发展方面具备一定的优势。

6. 建设用地节约集约利用综合分析

2018 年北京市建设用地节约集约利用现状水平指数为 93.49，建设用地节约集约利用动态变化趋势指数为 66.75，建设用地节约集约利用综合指数为 80.12，在全国 31 个省（区、市）中均位列第二，明显高于直辖市平均水平（70.84）和全国平均水平（60.37），总体呈现了现状水平指数与动态变化趋势指数"双高"的格局（见表 10）。2018 年北京市建设用地节约集约利用现状水平指数、动态变化趋势指数和综合指数在全国地级以上参评城市中分别居第 5 位、第 9 位和第 5 位，整体优势显著。从年际变化来看，相较 2015 年，北京市建设用地节约集约利用现状水平指数提升了 5.71，排名仍保持在第二；动态变化趋势指数下降了 7.19，排名下降 1 位，位居第二；综合指数下降了 0.74，排名维持在第二，较好保持了内涵集约化发展的趋势。

表 10　2018 年北京市建设用地节约集约利用状况及其排名

城市		现状水平指数		动态变化趋势指数		综合指数	
		指数	排名	指数	排名	指数	排名
地级以上城市	北京市	93.49	2	66.75	2	80.12	2
	直辖市	81.58	—	60.10	—	70.84	—
	全国	65.84	—	54.90	—	60.37	—

2018 年北京市建设用地节约集约利用状况分布见图 20。

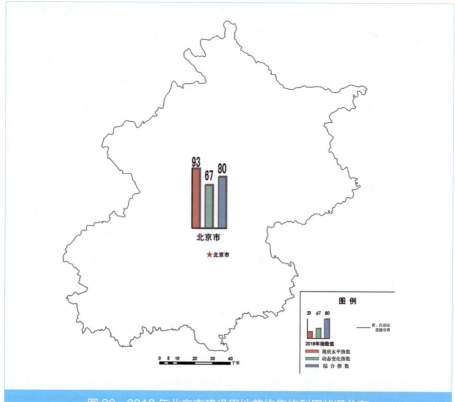

图 20　2018 年北京市建设用地节约集约利用状况分布

（二）天津

1. 基本情况

2018 年，天津市土地总面积为 1.2 万平方公里，国土开发强度为 35.15%，相比 2015 年提升 0.59 个百分点，国土开发强度位列直辖市第二、全国第二；常住总人口 1559.60 万人，较 2015 年减少了 12.65 万人，城镇化率为 83.15%，较 2015 年降低了 3.77 个百分点；GDP 为 1.88 万亿元，相比 2015 年增加了 0.24 万亿元，常住人口人均 GDP 为 12.06 万元，相比 2015 年增加了 1.45 万元。

2. 土地利用现状及变化分析

2018 年，天津市农用地面积 0.69 万平方公里，占土地总面积的 57.50%；

建设用地面积 0.42 万平方公里，占土地总面积的 35.00%；其他用地面积 0.09 万平方公里，占土地总面积的 7.50%。建设用地中，城乡建设用地面积 0.33 万平方公里，占比 78.57%；交通水利用地面积 0.08 万平方公里，占比 19.05%；其他建设用地面积 0.01 万平方公里。国土开发强度从 2017 年的 34.88% 增加至 2018 年的 35.15%，比全国平均水平高 28.77 个百分点。

3. 土地利用强度及变化分析

2018 年，天津市建设用地人口密度和城乡建设用地人口密度分别为 3707.58 人 / 公里^2 和 4723.82 人 / 公里^2，均与全国平均水平基本持平，列全国 31 个省（区、市）的第 14 位和 15 位。相比 2015 年，建设用地人口密度下降 了 48.28 人 / 公里^2，城乡建设用地人口密度降低了 66.14 人 / 公里^2，天津市建 设用地和城乡建设用地人口承载能力有所下降。此外，天津市建设用地地均 GDP 为 447.16 万元 / 公顷，是全国平均水平的 1.82 倍，列直辖市第 4 位。同 2015 年相比，建设用地地均 GDP 增加了 48.64 万元 / 公顷，增长率达 12.21%。

4. 增长耗地及变化分析

2018 年，天津市单位人口增长消耗新增城乡建设用地量为 876.49 米^2 / 人， 是全国平均水平的 2.19 倍；从动态变化看，2016~2018 年天津单位人口增长 消耗新增城乡建设用地量仍处于高位，3 年间增加了 799.58 米^2 / 人。与此同时， 天津市单位 GDP 增长消耗新增建设用地面积也由 2015 年的 3.98 公顷 / 亿元 增加到 2018 年的 4.61 公顷 / 亿元。总体来看，2015~2018 年天津市在单位人口 增长消耗城乡建设用地量保持增长的同时，经济增长耗地量也有所增长，城市 建设用地节约集约利用动态变化趋势不明显，粗放扩张尚未得到有效遏制。

5. 经济社会发展与用地变化匹配分析

2015~2018 年，天津市建设用地面积增加 87.75 平方公里，城乡建设 用地面积增加 72.00 平方公里，城镇建设用地面积增加 49.02 平方公里。 2016~2018 年，天津市常住总人口增速由 0.98% 下降为 0.18%，城乡建设用地 增速由 0.58% 上升为 0.91%，常住总人口增速呈下降趋势，城乡建设用地增 速呈上升趋势，常住人口与城乡建设用地增长弹性系数由 1.70 变化为 0.19， 人口增速低于城乡建设用地增速，人地关系协调性有待进一步加强；城镇常

住人口增速由 1.34% 下降为 0.44%，城镇工矿用地增速由 0.89% 下降为 0.88%，城镇常住人口和城镇工矿用地增速均呈逐年下降趋势，城镇常住人口与城镇工矿用地增长弹性系数由 1.50 变化为 0.50，天津市土地城镇化速度快于人口城镇化，城镇化进程中的人地匹配关系有待进一步改善。此外，2018 年，天津市农村人均村庄用地面积为 486.08 平方米，较 2015 年增加了 18.91 平方米，村庄用地面积呈增加趋势，同时 2018 年天津市农村人口较 2015 年减少 5.76 万人，而土地增加了 22.79 平方公里，村庄用地呈现人减地增趋势，农村人口与土地之间协调程度有待提高。

6. 建设用地节约集约利用综合分析

2018 年，天津市建设用地节约集约利用现状水平指数为 73.03，建设用地节约集约利用动态变化趋势指数为 53.52，建设用地节约集约利用综合指数为 63.28，在全国 31 个省（区、市）中分别列第 6 位、第 24 位、第 6 位（见表 11）。2018 年天津市建设用地节约集约利用现状水平指数、动态变化趋势指数和综合指数在全国地级以上参评城市中分别居第 41 位、第 167 位和第 58位。从年际变化来看，相较 2015 年，现状水平指数提升了 1.31、动态变化趋势指数下降了 8.85、综合指数下降了 3.37，现状水平指数排名保持不变，动态变化趋势指数排名下滑了 21 位，综合指数排名下滑了 3 位，相比其他直辖市内涵集约化发展趋势不明显，节约集约用地水平仍需提高。

表 11 2018 年天津市建设用地节约集约利用状况及其排名

城市		现状水平指数		动态变化趋势指数		综合指数	
		指数	排名	指数	排名	指数	排名
地级以上城市	天津市	73.03	6	53.52	24	63.28	6
	直辖市	81.58	—	60.10	—	70.84	—
	全国	65.84	—	54.90	—	60.37	—

2018 年天津市建设用地节约集约利用状况分布见图 21。

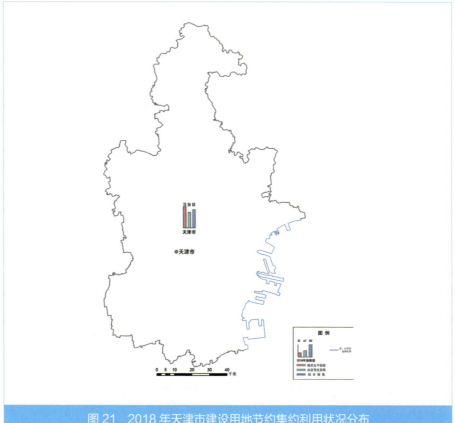

图21　2018年天津市建设用地节约集约利用状况分布

（三）河北

1. 基本情况

2018 年河北省共辖 11 个地级以上城市和 21 个县级市，全部纳入建设用地节约集约利用评价。2018 年，河北省土地总面积 18.86 万平方公里，国土开发强度 12.01%，相比 2015 年提升 0.41 个百分点，国土开发强度列我国 31 个省（区、市）的第 10 位；常住总人口 7556.35 万人，城镇化率 56.44%，与 2015 年相比分别增加了 131.25 万人、1.73 个百分点；GDP 为 3.52 万亿元，相比 2015 年增加 0.48 万亿元，常住人口人均 GDP 为 4.66 万元，相比 2015 年增加 0.56 万元。

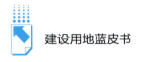

2. 土地利用现状及变化分析

2018 年河北省农用地面积 13.06 万平方公里，占土地总面积的 69.26%；建设用地面积 2.26 万平方公里，占土地总面积的 12.01%；其他用地面积 3.53 万平方公里，占土地总面积的 18.74%。建设用地中，城乡建设用地面积 1.91 万平方公里，占比 84.44%；交通水利用地面积 0.31 万平方公里，占比 13.61%；其他建设用地面积 0.04 万平方公里，占比 1.95%。国土开发强度从 2017 年的 11.89% 提升至 2018 年的 12.01%，比全国平均水平高 5.62 个百分点。

3. 土地利用强度及变化分析

2018 年河北省建设用地人口密度和城乡建设用地人口密度分别为 3337.10 人 / 公里 ^{2} 和 3952.14 人 / 公里 ^{2}，分别是全国平均水平的 0.93 和 0.88 倍，列全国 31 个省（区、市）的第 21 位和 22 位。相较 2015 年，建设用地人口承载水平有所下降，其中建设用地人口密度下降了 57.33 人 / 公里 ^{2}，城乡建设用地人口密度降低了 67.10 人 / 公里 ^{2}；同 2017 年相比，两项数值分别降低了 17.30 人 / 公里 ^{2} 和 18.48 人 / 公里 ^{2}。2018 年，河北省建设用地地均 GDP 为 155.58 万元 / 公顷，是全国平均水平的 63.32%，列全国 31 个省（区、市）的第 22 位。按 2015 年可比价进行计算，相较 2015 年和 2017 年，建设用地地均 GDP 分别增加了 16.46 万元 / 公顷和 7.41 万元 / 公顷，增幅达 11.83% 和 5.00%，分别是全国平均增长水平的 63.48% 和 86.86%。

4. 增长耗地及变化分析

2018 年河北单位 GDP 建设用地使用面积为 64.73 公顷 / 亿元，相比全国平均水平高出 23.41 公顷 / 亿元，较 2015 年单位 GDP 建设用地使用面积下降 7.72 公顷 / 亿元，降幅为 10.66%；2015~2018 年河北年均单位 GDP 耗地下降率为 3.68%，较全国平均水平低 1.89 个百分点，列全国各省（区、市）的第 27 位。其中 2018 年河北单位 GDP 耗地下降率为 4.80%，较全国平均水平低 0.69 个百分点。从经济增长消耗新增建设用地量来看，河北省 2018 年单位 GDP 增长消耗新增建设用地面积 9.75 公顷 / 亿元，比全国平均水平低 3.15 公顷 / 亿元，相较 2016 年下降 56.02%。此外，河北单位人口增长消耗新增城乡建设用地面积为 407.29 米 ^{2} / 人，是全国平均水平的 1.02 倍，列全国各省（区、市）的第 11 位；相较 2016 年，人口增长耗地量下降幅度较大，单位人口增长消耗新增城乡建设用地面积下降了 205.02 米²/人，是全国水平的 15.33 倍，降幅列全国第 12 位。近年来，河北省人口、经济的增长与土地的匹配程度逐步趋于协调，土地资源利用效率不断提升。

5. 经济社会发展与用地变化匹配分析

2015~2018 年河北常住总人口与城乡建设用地增长弹性系数为 0.51，居全国各省（区、市）的第 16 位，人口增速仍慢于城乡建设用地增速；从动态变化看，河北常住总人口与城乡建设用地增长弹性系数逐年提高，由 2016 年的 0.42 上升到 2018 年的 0.51，常住总人口与城乡建设用地变化协调程度逐步提升。从城镇常住人口与用地变化匹配状况看，2015~2018 年河北城镇常住人口与城镇工矿用地增长弹性系数为 4.57，比全国平均水平高 3.21 个百分点，人口城镇化的速度明显快于土地城镇化，从年际变化来看，2016 年、2017 年和 2018 年河北城镇常住人口与城镇工矿用地增长弹性系数分别为 3.87、6.44 和 3.60，各年的人口城镇化速度均快于土地城镇化，人口城镇化与土地城镇化协调程度有待提升。2015~2018 年河北农村人口减少 305.48 万人，但村庄用地面积增加了 498.89 平方公里，农村地区人地匹配协调程度亟待提高。此外，2016~2018 年河北地区生产总值与建设用地增长弹性系数由 3.38 提升到 6.03，建设用地在扩张的同时总体趋于集约化发展，但仍处于全国中下游水平，列全国各省（区、市）的第 24 位。

6. 建设用地节约集约利用排名分析

2018 年河北省建设用地节约集约利用现状水平指数为 61.30，建设用地节约集约利用动态变化趋势指数为 53.01，建设用地节约集约利用综合指数为 57.16，在全国 31 个省（区、市）中分别列第 22、第 27 和第 24 位，3 项指数中动态变化趋势指数提升空间较大。其中，地级以上城市建设用地节约集约利用综合指数均值为 57.26，列全国第 23 位；县级市建设用地节约集约利用综合指数均值为 58.28，列全国第 16 位（见表 12）。从年际变化来看，相较 2015 年，河北省现状水平指数提升 0.38，排名保持在第 22 位，未发生变化；动态变化趋势指数提升了 3.07，排名下降了 2 位；综合指数提升了 1.73，排名下降了 1 位。节约集约用地水平仍需提高。

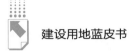

表 12　2018 年河北省建设用地节约集约利用状况及其排名

城市		现状水平指数		动态变化趋势指数		综合指数	
		指数	排名	指数	排名	指数	排名
全省		61.30	22	53.01	27	57.16	24
地级以上城市	石家庄市	68.51	68	57.70	67	63.10	59
	唐山市	59.60	222	55.83	98	57.71	187
	秦皇岛市	62.03	181	55.80	101	58.92	151
	邯郸市	65.38	119	51.93	220	58.66	160
	邢台市	61.41	194	51.33	239	56.37	217
	保定市	60.78	209	50.45	259	55.61	236
	张家口市	57.64	242	49.70	271	53.67	268
	承德市	59.45	225	52.94	188	56.20	223
	沧州市	58.47	236	50.04	265	54.25	258
	廊坊市	61.86	185	56.19	92	59.02	147
	衡水市	58.41	237	54.19	145	56.30	219
	指数均值	61.23	23	53.28	26	57.26	23
县级市	辛集市	66.67	100	52.93	243	59.80	192
	晋州市	64.85	136	50.06	287	57.45	248
	新乐市	67.29	87	45.00	353	56.15	282
	遵化市	62.07	202	47.33	323	54.70	309
	迁安市	62.67	189	52.64	247	57.65	241
	滦州市	62.00	206	57.73	155	59.86	191
	武安市	61.50	216	55.27	199	58.38	223
	南宫市	59.68	249	56.69	175	58.19	231
	沙河市	59.85	245	56.90	172	58.38	225
	涿州市	62.92	181	80.39	9	71.65	16
	定州市	63.90	161	48.73	301	56.31	278
	安国市	60.52	234	46.25	332	53.38	323
	高碑店市	58.51	274	58.21	143	58.36	226
	平泉市	61.24	224	56.67	176	58.96	209
	泊头市	61.39	220	56.35	182	58.87	211
	任丘市	65.64	120	62.17	97	63.91	87
	黄骅市	52.29	348	62.67	89	57.48	246

城市		现状水平指数		动态变化趋势指数		综合指数	
		指数	排名	指数	排名	指数	排名
县级市	河间市	61.38	221	46.58	329	53.98	315
	霸州市	60.51	235	47.41	319	53.96	316
	三河市	63.96	157	66.86	55	65.41	63
	深州市	57.22	295	45.00	353	51.11	348
	指数均值	61.72	14	54.85	17	58.28	16

续表

　　2018 年河北省地级以上城市、县级市建设用地节约集约利用状况分布分别见图 22、图 23。

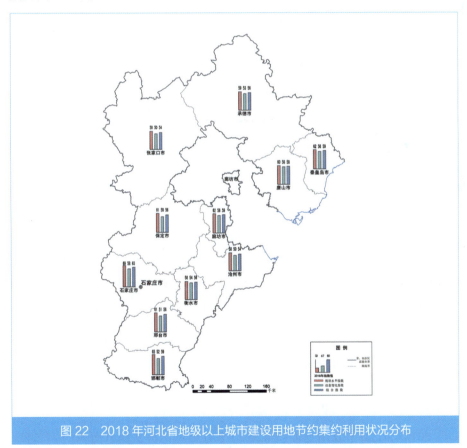

图 22　2018 年河北省地级以上城市建设用地节约集约利用状况分布

067

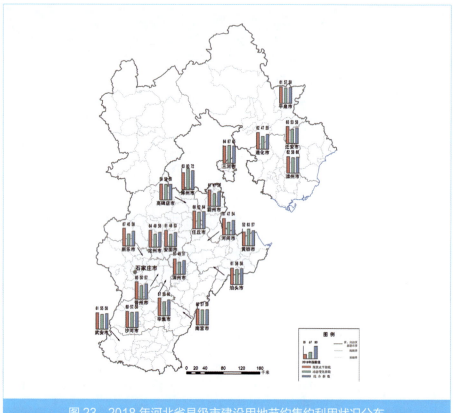

图 23　2018 年河北省县级市建设用地节约集约利用状况分布

（四）上海

1. 基本情况

2018 年上海市土地总面积为 0.84 万平方公里，国土开发强度为 36.84%，相比 2015 年提升 0.14 个百分点，国土开发强度列直辖市第 1 位；常住总人口 2423.78 万人，较 2015 年减少 8.51 万人，城镇化率 88.10%，较 2015 年提升了 1.34 个百分点；GDP 为 3.27 万亿元，相比 2015 年增加了 0.56 万亿元，常住人口人均 GDP 为 13.48 万元，相比 2015 年增加了 2.27 万元。

2. 土地利用现状及变化分析

2018 年上海市农用地面积 0.31 万平方公里，占土地总面积的 37.54%；

建设用地面积 0.31 万平方公里，占土地总面积的 36.84%；其他用地面积 0.21 万平方公里，占土地总面积的 25.62%。建设用地面积中，城乡建设用地面积 0.27 万平方公里，占比 87.93%；交通水利用地面积 0.03 万平方公里，占比 11.02%；其他建设用地面积 0.03 万平方公里，占比 1.05%。国土开发强度与 2017 年的 36.90% 基本持平，比全国平均水平高 30.46 个百分点。

3. 土地利用强度及变化分析

2018 年上海市建设用地人口密度和城乡建设用地人口密度分别为 7860.64 人 / 公里^2 和 8939.32 人 / 公里^2，分别是全国平均水平的 2.18 倍和 1.98 倍，均列全国 31 个省（区、市）的第 1 位。相比 2015 年，建设用地人口密度降低了 3.67 人 / 公里^2，城乡建设用地人口密度增加了 33.96 人 / 公里^2。此外，上海市建设用地地均 GDP 为 1059.85 万元 / 公顷，是全国平均水平的 4.31 倍，列直辖市第 1 位。同 2015 年相比，建设用地地均 GDP 增加了 178.13 万元 / 公顷，增长率达 20.20%，是全国平均增长水平的 1.14 倍，建设用地人口承载水平及投入产出强度总体优势比较明显。

4. 增长耗地及变化分析

2015~2018 年上海市常住总人口和城镇常住人口分别增加 8.51 万人和 19.57 万人，单位人口增长消耗新增城乡建设用地面积下降了 442.96 米^2 / 人，降幅达 221.36%，降幅列全国第 27 位。2018 年上海市单位人口增长新增耗地量为 242.85 米^2 / 人，是全国平均水平的 0.61 倍。此外，上海市单位 GDP 增长消耗新增建设用地面积由 2015 年的 1.45 公顷 / 亿元下降到 2018 年的 0.79 公顷 / 亿元，降幅是全国平均水平的 0.17 倍，上海人口所消耗的用地量经过近几年不断发展，维持在较低水平，经济增长所消耗的用地量也维持在较低的水平，总体来看，上海土地利用效益在不断增加。

5. 经济社会发展与用地变化匹配分析

2015~2018 年上海的建设用地增加 12.25 平方公里，城乡建设用地减少 0.78 平方公里，城镇建设用地增加 29.93 平方公里。2016~2018 年上海市常住总人口增速由 0.18% 上升为 0.23%，城乡建设用地增速由 0.26% 下降为 −0.23%，常住总人口增速呈上升趋势，城乡建设用地增速呈下降趋势，常住总人口与城乡建设用地增长弹性系数由 0.72 变化为 -1.00，人口增速快于城乡建设用地增速；城镇常住人口增速由 0.53% 上升为 0.68%，城镇工矿用地增速由 0.77% 下降为 0.35%，城镇常住人口增速呈上升趋势，城镇工矿用地增速呈逐年下降趋势，城镇常住人口与城镇工矿用地增长弹性系数由 0.69 变化为 1.97，人口城镇化明显要快于土地城镇化。相较 2015 年，上海农村人口下降了 11.06 万人，村庄用地面积下降了 29.82 平方公里。此外，2018 年上海市人均村庄用地面积为 273.73 平方米，较 2015 年增加了 0.15 平方米，人均村庄用地面积水平远低于东部城市平均水平和全国平均水平，村庄用地节约集约利用水平较高。

6. 建设用地节约集约利用综合分析

2018 年上海市建设用地节约集约利用现状水平指数为 97.84，建设用地节约集约利用动态变化趋势指数为 70.09，建设用地节约集约利用综合指数为 83.97，在全国 31 个省（区、市）中均位列第一，总体呈现了现状水平、动态变化趋势、综合指数"三高"的格局（见表 13）。2018 年上海市建设用地节约集约利用现状水平指数、动态变化趋势指数和综合指数在全国地级以上参评城市中分别居第 4 位、第 7 位和第 3 位。从年际变化来看，相较 2015 年，3 项指数分别提升 0.26、2.42 和 1.34，现状水平指数和综合指数均位列第一，动态变化趋势指数从第 2 位提升至第 1 位，建设用地节约集约利用状况水平总体处于全国领先地位。

表 13 2018 年上海市建设用地节约集约利用状况及其排名

城市		现状水平指数		动态变化趋势指数		综合指数	
		指数	排名	指数	排名	指数	排名
地级以上城市	上海市	97.84	1	70.09	1	83.97	1
	直辖市	81.58	—	60.10	—	70.84	—
	全国	65.84	—	54.90	—	60.37	—

2018 年上海市建设用地节约集约利用状况分布见图 24。

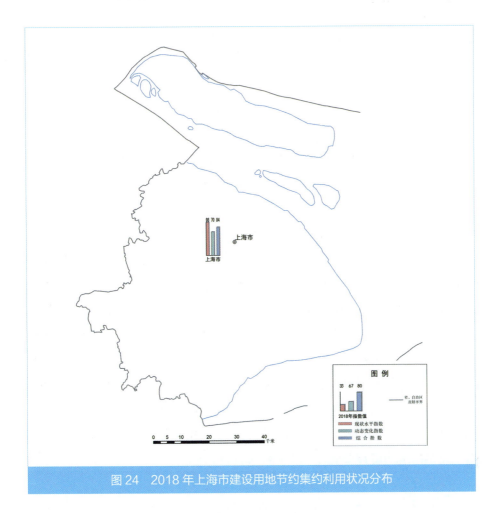

图 24　2018 年上海市建设用地节约集约利用状况分布

（五）江苏

1. 基本情况

2018 年江苏省共辖 13 个地级以上城市和 22 个县级市，全部纳入城市建设用地节约集约利用评价。2018 年江苏省土地总面积 10.53 万平方公里，国土开发强度 22.07%，相比 2015 年提升 0.5 个百分点，国土开发强度列我国 31 个省（区、市）的第 3 位；常住总人口 8050.70 万人，较 2015 年增加了 74.40 万人，城镇化率 69.61%，相比 2015 年增加了 0.97 个百分点；GDP 为 9.43 万亿元，相比 2015 年增加 1.74 万亿元，常住人口人均 GDP 为 11.7 万元，相比 2015 年增加 2.07 万元。

071

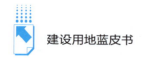

2. 土地利用现状及变化分析

2018 年江苏省农用地面积 6.47 万平方公里，占土地总面积的 61.44%；建设用地面积 2.32 万平方公里，占土地总面积的 22.03%；其他用地面积 1.74 万平方公里，占土地总面积的 16.52%。建设用地中，城乡建设用地面积 1.89 万平方公里，占比 81.47%；交通水利用地面积 0.40 万平方公里，占比 17.24%；其他建设用地面积 0.03 万平方公里，占比 1.29%。国土开发强度从 2017 年的 21.95% 提升至 2018 年的 22.07%，比全国平均水平高 15.68 个百分点。

3. 土地利用强度及变化分析

2018 年江苏省建设用地人口密度和城乡建设用地人口密度分别为 3465.69 人／公里^{2}和 4264.83 人／公里^2，和全国平均水平基本持平，分别列全国 31 个省（区、市）的第 19 位和第 17 位。相较 2015 年，建设用地人口承载水平有所下降，其中建设用地人口密度下降了 47.01 人／公里^2，城乡建设用地人口密度降低了 42.24 人／公里^2；同 2017 年相比，两项数值分别降低了 8.80 人／公里^{2}和 6.11 人／公里^2。2018 年江苏省建设用地地均 GDP 为 406.05 万元／公顷，是全国平均水平的 1.65 倍，列全国 31 个省（区、市）的第 7 位。按 2015 年可比价进行计算，相较 2015 年和 2017 年，建设用地地均 GDP 分别增加了 67.59 万元／公顷和 20.42 万元／公顷，增幅分别达 19.97% 和 5.30%，分别是全国平均增长水平的 1.13 倍和 0.96 倍。

4. 增长耗地及变化分析

2018 年江苏单位 GDP 建设用地使用面积为 25.87 公顷／亿元，相比全国平均水平低 15.45 公顷／亿元，较 2015 年单位 GDP 建设用地使用面积下降 5.48 公顷／亿元，降幅为 17.48%，土地资源所产生的经济效益较好；2015~2018 年，江苏年均单位 GDP 耗地下降率 6.20%，较全国平均水平高 0.63 个百分点，列全国各省（区、市）的第 18 位，其中 2018 年单位 GDP 耗地下降率为 5.28%，较全国平均水平低 0.20 个百分点。从经济增长消耗新增建设用地量来看，江苏省 2018 年单位 GDP 增长消耗新增建设用地面积 5.53 公顷／亿元，比全国平均水平低 1.07 公顷／亿元，相较 2016 年增加了 18.06%；江苏单位人口增长消耗新增城乡建设用地面积为 1077.12 米^2／人，是全国平均水平的 2.70 倍，列全国各省（区、市）的第 26 位，相较 2016 年，单位人口增长消耗新增城乡建设用地面积增长了 40.60 米²／人，远高于全国平均水平，单位人口增长消耗新增城乡建设用地量偏大。江苏省人口、经济的增长与土地的匹配协调程度有待提升。

5. 经济社会发展与用地变化匹配分析

2015~2018 年江苏常住总人口与城乡建设用地增长弹性系数为 0.48，居全国各省（区、市）的第 18 位，人口增速总体慢于城乡建设用地增速；从动态变化看，江苏常住总人口与城乡建设用地增长弹性系数逐年提高，由 2016 年的 0.33 上升到 2018 年的 0.65，其中，2016~2018 年城镇人口增长速度分别为 0.28%、0.38% 和 0.27%，城乡建设用地增长速度分别为 0.85%、0.66% 和 0.41%，城乡建设用地增长速度呈逐年下降趋势，城镇常住人口增速与城乡建设用地增速差值逐年递减，从 0.57 个百分点下降到 0.14 个百分点，常住总人口与城乡建设用地变化协调程度逐步提升。从城镇常住人口与用地变化匹配状况看，2015~2018 年江苏城镇常住人口与城镇工矿用地增长弹性系数为 0.99，比全国平均水平低 0.37 个百分点，人口的城镇化与土地的城镇化匹配程度较高；2015~2018 年江苏农村人口减少 223.86 万人，村庄用地面积同步减少 97.02 平方公里，农村人口与村庄用地增长弹性系数为 9.08，农村人口降速明显快于村庄用地降速，农村地区人地匹配协调程度仍有待提高。此外，2016~2018 年江苏地区生产总值与建设用地增长弹性系数由 9.23 提升到 11.76，充分发挥了其在"一带一路"建设中的高集聚效应和高带动作用。

6. 建设用地节约集约利用排名分析

2018 年江苏省建设用地节约集约利用现状水平指数为 70.38，建设用地节约集约利用动态变化趋势指数为 54.65，建设用地节约集约利用综合指数为 62.51，在全国 31 个省（区、市）中分别列第 8、第 17 和第 9 位；其中，地级以上城市和县级市建设用地节约集约利用综合指数均位列全国第八，分别为 62.51 和 62.53（见表 14）。从年际变化来看，相较 2015 年，江苏省现状水平指数提升了 2.73，排名提升了 1 位；动态变化趋势指数降低了 0.80，排名下降了 10 位；综合指数提升了 0.97，位列全国第九，未发生改变。江苏省建设用地节约集约水平稳中有升，趋势向好。

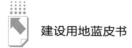

建设用地蓝皮书

城市		现状水平指数		动态变化趋势指数		综合指数	
		指数	排名	指数	排名	指数	排名
全省		70.38	8	54.65	17	62.51	9
地级以上城市	南京市	82.84	13	61.37	24	72.10	13
	无锡市	84.11	12	59.68	39	71.90	14
	徐州市	66.00	111	50.99	246	58.50	170
	常州市	78.12	22	55.87	96	67.00	32
	苏州市	82.42	14	60.58	29	71.50	17
	南通市	68.67	65	53.58	165	61.13	97
	连云港市	59.07	229	50.74	254	54.91	248
	淮安市	62.19	177	56.85	80	59.52	138
	盐城市	60.40	213	51.68	229	56.04	228
	扬州市	70.59	49	55.24	112	62.92	62
	镇江市	68.95	60	48.93	282	58.94	150
	泰州市	72.27	44	54.65	129	63.46	53
	宿迁市	63.84	143	45.59	292	54.72	251
	指数均值	70.73	8	54.29	20	62.51	8
县级市	江阴市	85.71	7	52.56	249	69.14	30
	宜兴市	69.21	62	68.05	46	68.63	33
	新沂市	63.30	174	48.61	303	55.95	286
	邳州市	63.94	158	62.82	87	63.38	98
	溧阳市	66.58	101	63.57	81	65.07	67
	常熟市	77.23	16	45.00	353	61.12	164
	张家港市	83.25	9	45.37	350	64.31	77
	昆山市	86.58	6	48.60	304	67.59	42
	太仓市	72.38	34	46.01	335	59.20	200
	启东市	68.95	65	60.13	118	64.54	75
	如皋市	64.52	147	53.41	233	58.96	208
	海门市	69.63	55	67.53	52	68.58	35

表 14 2018 年江苏省建设用地节约集约利用状况及其排名

续表

城市		现状水平指数		动态变化趋势指数		综合指数	
		指数	排名	指数	排名	指数	排名
县级市	海安市	67.45	84	45.00	353	56.23	280
	东台市	61.30	223	54.08	218	57.69	240
	仪征市	63.86	163	50.81	275	57.33	251
	高邮市	64.90	132	60.50	110	62.70	119
	丹阳市	73.76	25	53.21	236	63.49	94
	扬中市	73.53	26	63.74	79	68.64	32
	句容市	58.60	271	45.14	352	51.87	342
	兴化市	68.11	72	53.33	235	60.72	172
	靖江市	75.59	18	55.42	196	65.51	61
	泰兴市	71.77	38	58.17	144	64.97	69
	指数均值	70.46	3	54.59	18	62.53	8

　　2018 年江苏省地级以上城市、县级市建设用地节约集约利用状况分布分别见图 25、图 26。

图 25　2018 年江苏省地级以上城市建设用地节约集约利用状况分布

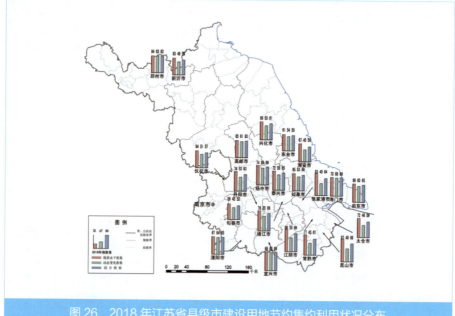

图26　2018年江苏省县级市建设用地节约集约利用状况分布

（六）浙江

1. 基本情况

2018年，浙江省共辖11个地级以上城市和19个县级市，全部纳入建设用地节约集约利用评价。2018年，浙江省土地总面积10.56万平方公里，国土开发强度12.69%，相比2015年提升0.53个百分点，国土开发强度列我国31个省（区、市）的第9位；常住总人口5737.00万人，较2015年增加了198.00万人；城镇化率68.91%，较2015年增加了0.74个百分点；GDP为5.64万亿元，相比2015年增加1.11万亿元，常住人口人均GDP为9.84万元，相比2015年增加1.66万元。

2. 土地利用现状及变化分析

2018年，浙江省农用地面积8.57万平方公里，占土地总面积的81.19%；建设用地面积1.34万平方公里，占土地总面积的12.96%；其他用地面积

0.65 万平方公里，占土地总面积的 6.11%。建设用地中，城乡建设用地面积 1.02 万平方公里，占比 75.79%；交通水利用地面积 0.30 万平方公里，占比 22.26%；其他建设用地面积 0.03 万平方公里，占比 1.95%。国土开发强度从 2017 年的 12.49% 提升至 2018 年的 12.69%，比全国平均水平高 6.31 个百分点。

3. 土地利用强度及变化分析

2018 年，浙江省建设用地人口密度和城乡建设用地人口密度分别为 4280.99 人 / 公里^2 和 5648.61 人 / 公里^2，分别是全国平均水平的 1.19 倍和 1.25 倍，分别列全国 31 个省（区、市）的第 9 位和第 7 位。相较 2015 年，建设用地人口承载水平有所下降，其中建设用地人口密度下降了 35.70 人 / 公里^2，城乡建设用地人口密度降低了 38.47 人 / 公里^2；同 2017 年相比，两项数值分别降低了 10.35 人 / 公里^2 和 18.90 人 / 公里^2。2018 年，浙江省建设用地地均 GDP 为 421.05 万元 / 公顷，是全国平均水平的 1.71 倍，列全国 31 个省（区、市）的第 6 位。按 2015 年可比价进行计算，相较 2015 年和 2017 年，建设用地地均 GDP 分别增加了 68.27 万元 / 公顷和 19.60 万元 / 公顷，增幅分别达 19.35% 和 4.88%，分别是全国平均增长水平的 1.08 倍和 0.88 倍。

4. 增长耗地及变化分析

2018 年，浙江单位 GDP 建设用地使用面积为 24.77 公顷 / 亿元，相比全国平均水平低 16.55 公顷 / 亿元，较 2015 年单位 GDP 建设用地使用面积下降 5.04 公顷 / 亿元，降幅为 16.96%。2015~2018 年，浙江年均单位 GDP 耗地下降率为 5.99%，较全国平均水平高 0.41 个百分点，列全国 31 个省（区、市）的第 16 位。其中 2018 年浙江单位 GDP 耗地下降率为 4.85%，较全国平均水平低 0.63 个百分点。从经济增长消耗新增建设用地量来看，浙江省 2018 年单位 GDP 增长消耗新增建设用地面积 6.68 公顷 / 亿元，比全国平均水平高 0.08 公顷 / 亿元，相较 2016 年增加了 32.53%。此外，浙江单位人口增长消耗新增城乡建设用地面积为 229.24 米^2 / 人，是全国平均水平的 0.57 倍，列全国 31 个省（区、市）的第 21 位；相较 2016 年，人口增长新增耗地量呈下降趋势，单位人口增长消耗新增城乡建设用地面积下降了

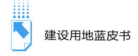

61.46 米²/人，是全国平均水平的 4.60 倍，降幅列全国第 18 位。近年来，浙江省人口、经济的增长与土地的匹配程度逐步趋于协调，土地资源利用效率不断提升。

5. 经济社会发展与用地变化匹配分析

2015~2018 年，浙江常住总人口与城乡建设用地增长弹性系数为 0.84，居全国 31 个省（区、市）的第 7 位，人口增速仍慢于城乡建设用地增速；从动态变化看，浙江常住总人口与城乡建设用地增长弹性系数逐年提高，由 2016 年的 0.74 上升到 2018 年的 0.81，总人口与城乡建设用地变化协调程度逐步提升。从城镇常住人口与用地变化匹配状况看，2015~2018 年，浙江城镇常住人口与城镇工矿用地增长弹性系数为 1.71，比全国平均水平高 0.34 个百分点，人口城镇化快于土地城镇化；从年际变化看，2016~2018 年，浙江城镇常住人口与城镇工矿用地增长弹性系数分别为 1.84、1.99 和 1.38，近年来人口城镇化均快于土地城镇化，人口城镇化与土地城镇化匹配程度需进一步提升。2015~2018 年，浙江农村人口减少 84.47 万人，村庄用地面积增加了 216.65 平方公里，农村地区人地匹配协调程度有待提高。此外，2015~2018 年，浙江地区生产总值与建设用地增长弹性系数达到 5.79，比全国平均水平低 1.06，列全国 31 个省（区、市）的第 19 位。

6. 建设用地节约集约利用排名分析

2018 年，浙江省建设用地节约集约利用现状水平指数为 74.80，建设用地节约集约利用动态变化趋势指数为 55.35，建设用地节约集约利用综合指数为 65.08，在全国 31 个省（区、市）中分别列第 5、第 11 和第 5 位，动态变化趋势指数有较大的提升空间。其中，地级以上城市建设用地节约集约利用综合指数均值 63.73，列全国第 5 位；县级市建设用地节约集约利用综合指数均值 65.70，列全国第 2 位（见表 15）。从年际变化来看，相较 2015 年，浙江省现状水平指数提升了 2.69，排名保持在第五，未发生变化；动态变化趋势指数下降了 1.21，排名下降了 7 位；综合指数提升了 0.74，排名提升了 1 位。浙江省建设用地节约集约利用水平总体位于全国上游。

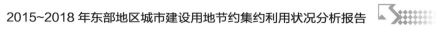

表 15　2018 年浙江省城市建设用地节约集约利用状况及其排名

城市		现状水平指数		动态变化趋势指数		综合指数	
		指数	排名	指数	排名	指数	排名
全省		74.80	5	55.35	11	65.08	5
地级以上城市	杭州市	81.13	17	62.52	19	71.83	15
	宁波市	77.66	24	58.11	62	67.89	25
	温州市	89.01	7	53.91	150	71.46	19
	嘉兴市	71.13	46	53.67	158	62.40	70
	湖州市	64.96	127	52.64	197	58.80	153
	绍兴市	73.98	35	55.59	105	64.79	39
	金华市	69.87	53	51.44	235	60.65	106
	衢州市	62.76	163	54.26	141	58.51	168
	舟山市	68.81	62	51.30	240	60.06	126
	台州市	75.40	32	53.22	177	64.31	43
	丽水市	67.04	91	53.64	160	60.34	120
	指数均值	72.89	6	54.57	17	63.73	5
县级市	建德市	63.88	162	56.95	170	60.41	182
	余姚市	71.25	41	57.98	146	64.61	73
	慈溪市	74.03	24	59.10	131	66.57	52
	瑞安市	91.75	2	64.04	72	77.89	4
	乐清市	89.08	4	68.26	45	78.67	3
	海宁市	69.65	54	56.44	179	63.05	110
	平湖市	71.77	39	49.61	292	60.69	175
	桐乡市	72.15	36	50.92	272	61.53	152
	诸暨市	70.70	46	65.36	62	68.03	38
	嵊州市	70.67	47	66.66	57	68.66	31
	兰溪市	65.35	125	45.70	341	55.53	294
	义乌市	81.58	14	62.45	93	72.01	13
	东阳市	67.22	90	56.24	185	61.73	143
	永康市	72.26	35	63.09	84	67.67	41
	江山市	62.02	204	59.52	124	60.77	169
	温岭市	82.70	12	57.14	164	69.92	26

续表

城市		现状水平指数		动态变化趋势指数		综合指数	
		指数	排名	指数	排名	指数	排名
县级市	临海市	70.32	49	53.87	222	62.09	131
	玉环市	82.90	11	51.84	260	67.37	45
	龙泉市	63.63	165	58.66	138	61.15	162
	指数均值	73.31	2	61.36	13	65.70	2

2018 年浙江省地级以上城市、县级市建设用地节约集约利用状况分布分别见图 27、图 28。

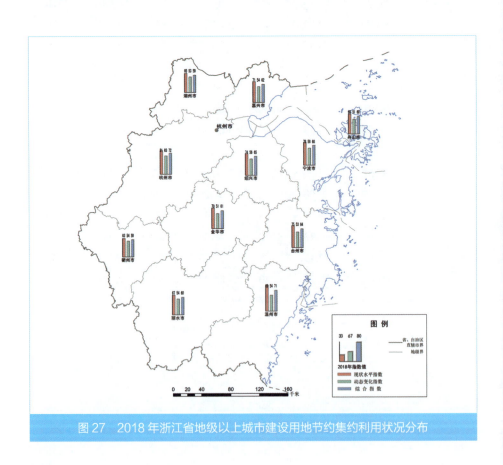

图 27　2018 年浙江省地级以上城市建设用地节约集约利用状况分布

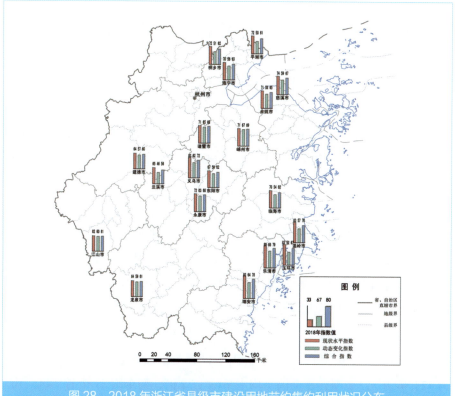

图28　2018年浙江省县级市建设用地节约集约利用状况分布

（七）福建

1. 基本情况

2018 年，福建省共辖 9 个地级以上城市和 12 个县级市，全部纳入建设用地节约集约利用评价。2018 年，福建省土地总面积 12.36 万平方公里，国土开发强度 6.84%，相比 2015 年提升 0.27 个百分点，国土开发强度列我国 31 个省（区、市）的第 19 位；常住总人口 3941.00 万人，较 2015 年增加了 102.00 万人，城镇化率 65.81%，较 2015 年增加了 3.35 个百分点；GDP 为 3.58 万亿元，相比 2015 年增加 0.71 万亿元，常住人口人均 GDP 为 9.09 万元，相比 2015 年增加 1.61 万元。

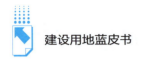

2. 土地利用现状及变化分析

2018年，福建省农用地面积10.84万平方公里，占土地总面积的87.69%；建设用地面积0.85万平方公里，占土地总面积的6.84%；其他用地面积0.68万平方公里，占土地总面积的5.48%。建设用地中，城乡建设用地面积0.61万平方公里，占比72.71%；交通水利用地面积0.21万平方公里，占比24.30%；其他建设用地面积0.03万平方公里，占比2.99%。国土开发强度从2017年的6.77%提升至2018年的6.84%，比全国平均水平高0.45个百分点。

3. 土地利用强度及变化分析

2018年，福建省建设用地人口密度和城乡建设用地人口密度分别为4663.64人/公里^{2}和6413.70人/公里^2，分别是全国平均水平的1.30倍和1.42倍，均列全国31个省（区、市）的第5位。相较2015年，建设用地人口承载水平有所下降，其中建设用地人口密度下降了62.63人/公里^2，城乡建设用地人口密度下降了11.15人/公里^2；同2017年相比，两项数值分别下降了13.53人/公里^{2}和2.13人/公里^2。2018年，福建省建设用地地均GDP为423.86万元/公顷，是全国平均水平的1.72倍，列全国31个省（区、市）的第5位。同2015年和2017年相比，建设用地地均GDP分别增加了71.09万元/公顷和25.99万元/公顷，增幅分别为20.15%和6.53%，分别是全国平均增长水平的1.19和1.23倍。

4. 增长耗地及变化分析

2018年，福建单位GDP建设用地使用面积为25.63公顷/亿元，相比全国平均水平低15.70公顷/亿元，较2015年单位GDP建设用地使用面积下降5.71公顷/亿元，降幅为18.22%；2015~2018年，福建年均单位GDP耗地下降率为6.48%，较全国平均水平高0.91个百分点，列全国各省（区、市）的第8位。其中2018年福建单位GDP耗地下降率为6.66%，较全国平均水平高1.18个百分点。从经济增长消耗新增建设用地量来看，福建省2018年单位GDP增长消耗新增建设用地面积4.63公顷/亿元，比全国平均水平低1.97公顷／亿元，相较 2016 年下降 33.28%；此外，福建单位人口增长消耗新增城乡建设用地面积为 254.68 米²／人，是全国平均水平的 0.64 倍，列全国各省（区、市）的第 19 位；相较 2016 年，单位人口增长消耗新增城乡建设用地面积下降了 29.85 米²／人，是全国水平的 2.23 倍，降幅列全国第 19 位。近年来，福建省人口、经济的增长与土地的匹配程度逐步趋于协调，土地资源利用效率不断提升。

5. 经济社会发展与用地变化匹配分析

2015~2018 年，福建常住总人口与城乡建设用地增长弹性系数为 0.94，居全国各省（区、市）的第 6 位，人口增速慢于城乡建设用地增速；从动态变化看，福建常住总人口与城乡建设用地增长弹性系数呈下降趋势，由 2016 年的 0.72 上升到 2018 年的 0.96，总人口与城乡建设用地变化协调程度进一步提升。从城镇常住人口与用地变化匹配状况看，2015~2018 年，福建城镇常住人口与城镇工矿用地增长弹性系数为 1.22，比全国平均水平低 0.14，人口和用地城镇化速度基本匹配；2015~2018 年，福建农村人口与村庄用地增长弹性系数为 −7.28，福建农村人口减少 67.61 万人，村庄用地面积增加 22.39 平方公里，农村人口与村庄用地协调性有待加强。此外，2015~2018 年，福建经济逐年提升，地区生产总值与建设用地增长弹性系数高达 6.74，比全国平均水平低 0.11，列全国各省（区、市）的第 15 位。

6. 建设用地节约集约利用排名分析

2018 年，福建省建设用地节约集约利用现状水平指数为 77.06，建设用地节约集约利用动态变化趋势指数为 58.35，建设用地节约集约利用综合指数为 67.71，在全国 31 个省（区、市）中分别列第 4、第 3 和第 4 位。其中，地级以上城市建设用地节约集约利用综合指数均值 68.91，列全国第 3 位；县级市建设用地节约集约利用综合指数均值 67.35，列全国第 1 位（见表 16）。从年际变化来看，相较 2015 年，福建省现状水平指数提升了 3.40，排名保持第 4 位；动态变化趋势指数提升了 3.30，排名提升了 7 位；综合指数提升了 3.35，排名提升了 1 位。福建省建设用地节约集约利用取得一定成效，内涵集约化发展趋势较为明显，但是需进一步保持并提升。

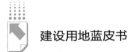
城市		现状水平指数		动态变化趋势指数		综合指数	
		指数	排名	指数	排名	指数	排名
全省		77.06	4	58.35	3	67.71	4
地级以上城市	福州市	87.46	9	58.65	54	73.06	10
	厦门市	99.42	3	95.00	2	97.21	2
	莆田市	74.90	33	59.10	48	67.00	31
	三明市	68.18	73	57.02	78	62.60	69
	泉州市	78.80	19	60.82	27	69.81	22
	漳州市	73.06	40	55.19	114	64.13	44
	南平市	66.79	96	52.13	212	59.46	140
	龙岩市	66.66	100	54.39	136	60.53	110
	宁德市	77.63	25	55.14	115	66.38	33
	指数均值	76.99	3	60.83	3	68.91	3
县级市	福清市	73.11	28	58.42	142	65.77	56
	永安市	69.53	57	59.43	125	64.48	76
	石狮市	94.30	1	67.98	47	81.14	1
	晋江市	84.65	8	69.52	40	77.08	7
	南安市	66.94	96	61.09	107	64.02	83
	龙海市	70.99	44	54.09	216	62.54	124
	邵武市	65.60	121	50.27	284	57.94	235
	武夷山市	66.20	110	55.38	197	60.79	168
	建瓯市	71.01	43	57.56	159	64.29	79
	漳平市	67.63	81	61.75	98	64.69	72
	福安市	81.65	13	62.66	90	72.16	12
	福鼎市	87.44	5	59.22	130	73.33	11
	指数均值	74.92	1	59.78	5	67.35	1

表 16　2018 年福建省建设用地节约集约利用状况及其排名

2018 年福建省地级以上城市、县级市建设用地节约集约利用状况分布分别见图 29、图 30。

（八）山东

1. 基本情况

2018 年，山东省共辖 16 个地级以上城市和 27 个县级市，全部纳入建设用地节约集约利用评价。2018 年，山东省土地总面积 15.57 万平方公里，国土开发强度 18.48%，相比 2015 年提升 0.63 个百分点，国土开发强度列我国 31 个省（区、市）的第 5 位；常住总人口 10039.34 万人，与 2015 年相比增

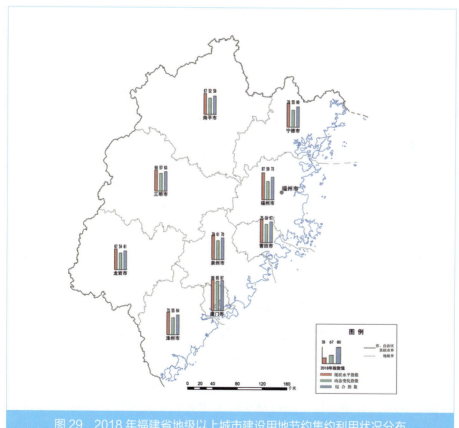

图 29　2018 年福建省地级以上城市建设用地节约集约利用状况分布

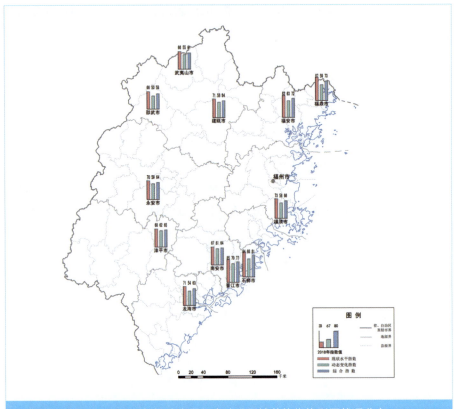

图 30　2018 年福建省县级市建设用地节约集约利用状况分布

加了 192.18 万人，城镇化率 61.08%，较 2015 年增加 0.60 个百分点；GDP 为 7.79 万亿元，相比 2015 年增加 1.56 万亿元，常住人口人均 GDP 为 7.76 万元，相比 2015 年增加 1.43 万元。

2. 土地利用现状及变化分析

2018 年，山东省农用地面积 11.31 万平方公里，占土地总面积的 72.64%；建设用地面积 2.88 万平方公里，占土地总面积的 18.50%；其他用地面积 1.38 万平方公里，占土地总面积的 8.86%。建设用地中，城乡建设用地面积 2.37 万平方公里，占比 82.29%；交通水利用地面积 0.46 万平方公里，占比 15.97%；其他建设用地面积 0.05 万平方公里，占比 1.74%。国土开发强度从 2017 年的 18.26% 提升至 2018 年的 18.48%，比全国平均水平高 12.10

个百分点。

3. 土地利用强度及变化分析

2018 年，山东省建设用地人口密度和城乡建设用地人口密度为 3487.92 人 / 公里²和 4232.36 人 / 公里²，分别是全国平均水平的 0.97 倍和 0.94 倍，分别列全国 31 个省（区、市）的第 18 位和第 19 位。相较 2015 年，建设用地人口密度下降了 54.36 人 / 公里²，城乡建设用地人口密度下降了 56.82 人 / 公里²；同 2017 年相比，两项数值分别下降了 31.53 人 / 公里²和 36.15 人 / 公里²。2018 年，山东省建设用地地均 GDP 为 270.55 万元 / 公顷，是全国平均水平的 1.10 倍，列全国 31 个省（区、市）的第 9 位。按 2015 年可比价进行计算，相较 2015 年和 2017 年，建设用地地均 GDP 分别增加了 46.35 万元 / 公顷和 13.05 万元 / 公顷，增幅分别达 20.67% 和 5.07%，分别为全国平均增长水平的 1.09 和 0.86 倍。

4. 增长耗地及变化分析

2018 年，山东单位 GDP 建设用地使用面积为 36.60 公顷 / 亿元，比全国平均水平低 4.72 公顷 / 亿元，较 2015 年单位 GDP 建设用地使用面积下降 7.48 公顷 / 亿元，降幅为 16.97%。2015~2018 年，山东年均单位 GDP 耗地下降率为 6.01%，较全国平均水平高 0.43 个百分点，列全国各省（区、市）的第 15 位。其中 2018 年山东单位 GDP 耗地下降率为 4.78%，较全国平均水平低 0.71 个百分点。从经济增长消耗新增建设用地量来看，山东省 2018 年单位 GDP 增长消耗新增建设用地面积 7.23 公顷 / 亿元，比全国平均水平高 0.63 公顷 / 亿元，相较 2016 年下降 42.02%；此外，山东单位人口增长消耗新增城乡建设用地面积为 772.64 米² / 人，是全国平均水平的 1.93 倍，列全国 31 个省（区、市）的第 4 位；相较 2016 年，人口增长耗地量有所增加，从 2016 年到 2018 年，山东省单位人口新增耗地量呈逐年增加趋势，从 2016 年的 249.20 米² / 人增加到 2018 年的 772.64 米² / 人，增加了 523.44 米² / 人。人口、经济的增长与土地的匹配程度呈下降趋势，土地资源利用效率有待进一步提升。

5. 经济社会发展与用地变化匹配分析

2015~2018 年，山东常住总人口与城乡建设用地增长弹性系数为 0.59，居全国各省（区、市）的第 15 位，人口增速仍慢于城乡建设用地增速；从动态变化看，山东常住总人口与城乡建设用地增长弹性系数逐年降低，由 2016 年的 1.23 下降到 2018 年的 0.28，总人口与城乡建设用地变化协调程度呈明显下降趋势，有待进一步提升。从城镇常住人口与用地变化匹配状况看，2015~2018 年，山东城镇常住人口与城镇工矿用地增长弹性系数为 2.67，比全国平均水平高 1.31，人口城镇化快于土地城镇化。从年际变化看，2016 年到 2018 年山东城镇常住人口与城镇工矿用地增长弹性系数从 4.36 降到 1.11，人口城镇化均快于土地城镇化，呈现了人口城镇化与土地城镇化协同程度逐年提升趋势。2015~2018 年山东农村人口减少 326.04 万人，村庄用地面积增加 451.13 平方公里，呈现了农村地区人减地增的局面，农村地区人地匹配协调程度有待提高。此外，2015~2018 年，山东经济逐年提升，地区生产总值与建设用地增长弹性系数高达 6.97，比全国平均水平低 0.12，列全国 31 个省（区、市）的第 12 位。用地经济强度相对于发达省份还有一定的差距，但是在山东半岛蓝色经济和开放经济转型过程中也不断起到推动作用。

6. 建设用地节约集约利用排名分析

2018 年，山东省建设用地节约集约利用现状水平指数为 65.86，建设用地节约集约利用动态变化趋势指数为 53.30，建设用地节约集约利用综合指数为 59.58，在全国 31 个省（区、市）中分别列第 14、第 25 和第 17 位。其中，地级以上城市建设用地节约集约利用综合指数均值 59.67，列全国第 20 位；县级市建设用地节约集约利用综合指数均值 60.68，列全国第 11 位（见表 17）。从年际变化看，相较 2015 年，山东省节约集约利用现状水平指数提升了 1.27，排名上升 2 位；动态变化趋势指数和综合指数均下降了 0.60，动态变化趋势指数排名下降了 11 位，综合指数排名下降了 2 位。山东省建设用地节约集约利用水平上升空间较大。

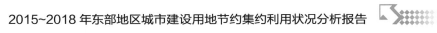
表 17 　2018 年山东省建设用地节约集约利用状况及其排名

城市		现状水平指数		动态变化趋势指数		综合指数	
		指数	排名	指数	排名	指数	排名
全省		65.86	14	53.30	25	59.58	17
地级以上城市	济南市	78.57	20	56.46	87	67.51	27
	青岛市	73.13	39	56.44	88	64.78	40
	淄博市	71.01	47	55.04	118	63.03	60
	枣庄市	68.74	64	50.98	247	59.86	129
	东营市	61.09	204	52.35	209	56.72	207
	烟台市	68.53	67	58.33	59	63.43	54
	潍坊市	61.67	191	52.38	207	57.03	199
	济宁市	68.17	74	51.01	245	59.59	137
	泰安市	68.06	77	53.20	179	60.63	107
	威海市	67.85	78	54.30	139	61.07	98
	日照市	64.95	128	52.72	196	58.83	152
	临沂市	62.63	166	53.75	156	58.19	177
	德州市	61.12	203	54.43	134	57.78	185
	聊城市	63.33	151	50.75	253	57.04	198
	滨州市	57.76	241	45.83	291	51.79	283
	菏泽市	61.84	186	53.11	181	57.48	190
	指数均值	66.15	14	53.19	29	59.67	20
县级市	胶州市	64.25	153	49.90	288	57.07	261
	平度市	62.66	190	48.38	306	55.52	295
	莱西市	62.39	196	49.78	290	56.09	283
	滕州市	72.91	30	52.88	244	62.90	115
	龙口市	74.06	23	64.25	69	69.16	29
	莱阳市	64.33	149	57.29	162	60.81	167
	莱州市	59.04	261	45.43	347	52.23	339

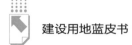

续表

城市		现状水平指数		动态变化趋势指数		综合指数	
		指数	排名	指数	排名	指数	排名
县级市	蓬莱市	65.47	123	48.71	302	57.09	259
	招远市	70.17	51	55.87	189	63.02	111
	栖霞市	64.28	152	63.20	83	63.74	91
	海阳市	60.90	230	63.61	80	62.25	127
	青州市	67.36	86	51.92	258	59.64	193
	诸城市	70.88	45	50.18	285	60.53	180
	寿光市	60.45	237	56.74	173	58.60	219
	安丘市	63.92	159	63.76	78	63.84	90
	高密市	65.22	127	57.80	154	61.51	153
	昌邑市	56.58	303	53.97	220	55.27	300
	曲阜市	67.63	82	45.00	353	56.31	279
	邹城市	72.78	31	48.32	307	60.55	179
	新泰市	66.14	115	45.00	353	55.57	291
	肥城市	72.54	33	68.53	42	70.54	22
	荣成市	71.30	40	51.95	255	61.63	146
	乳山市	66.53	103	57.09	165	61.81	139
	乐陵市	62.19	198	61.66	99	61.92	135
	禹城市	60.24	242	82.02	8	71.13	18
	临清市	66.18	112	58.13	145	62.15	129
	邹平市	69.46	59	45.54	343	57.50	244
	指数均值	65.92	8	55.44	14	60.68	11

2018 年山东省地级以上城市、县级市建设用地节约集约利用状况分布分别见图 31、图 32。

图 31　2018 年山东省地级以上城市建设用地节约集约利用状况分布

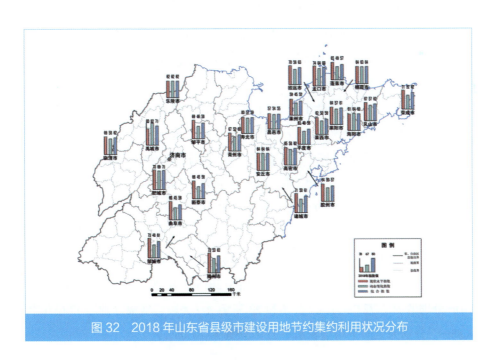

图 32　2018 年山东省县级市建设用地节约集约利用状况分布

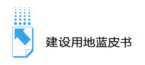

（九）广东

1. 基本情况

2018年，广东省共辖21个地级以上城市和20个县级市，全部纳入建设用地节约集约利用评价。2018年，广东省土地总面积17.96万平方公里，国土开发强度11.70%，相比2015年提升0.55个百分点，国土开发强度列我国31个省（区、市）的第11位；常住总人口11327.60万人，较2015年增加了489.31万人，城镇化率70.68%，较2015年增加了2.05个百分点；GDP为10.10万亿元，相比2015年增加1.90万亿元，常住人口人均GDP为8.92万元，相比2015年增加1.36万元。

2. 土地利用现状及变化分析

2018年，广东省农用地面积14.89万平方公里，占土地总面积的82.91%；建设用地面积2.10万平方公里，占土地总面积的11.69%；其他用地面积0.97万平方公里，占土地总面积的5.40%。建设用地中，城乡建设用地面积1.65万平方公里，占比78.57%；交通水利用地面积0.40万平方公里，占比19.05%；其他建设用地面积0.05万平方公里，占比2.38%。国土开发强度从2017年的11.54%提升至2018年的11.70%，比全国平均水平高5.32个百分点。

3. 土地利用强度及变化分析

2018年，广东省建设用地人口密度和城乡建设用地人口密度分别为5387.36人/公里^{2}和6850.42人/公里^2，分别是全国平均水平的1.50倍和1.52倍，均列全国31个省（区、市）的第3位。相较2015年，建设用地人口承载水平有所下降，其中建设用地人口密度下降了19.38人/公里^2，城乡建设用地人口密度下降了12.39人/公里^2；同2017年相比，两项数值分别上升了3.03人/公里^{2}和0.80人/公里^2。2018年，广东省建设用地地均GDP为480.55万元/公顷，是全国平均水平的1.96倍，列全国31个省（区、市）的第3位。按2015年可比价进行计算，相较2015年和2017年，建设用地地均GDP分别增加了72.08万元/公顷和22.35万元/公顷，增幅分别达17.65%和4.88%，分别为全国平均增长水平的97.68%和87.05%。

4. 增长耗地及变化分析

2018 年，广东单位 GDP 建设用地使用面积为 21.51 公顷 / 亿元，相比全国平均水平低 19.81 公顷 / 亿元，较 2015 年单位 GDP 建设用地使用面积下降 3.95 公顷 / 亿元，降幅为 15.51%。2015~2018 年，广东年均单位 GDP 耗地下降率为 5.46%，较全国平均水平低 0.12 个百分点，列全国 31 个省（区、市）的第 20 位。其中 2018 年广东单位 GDP 耗地下降率为 4.81%，较全国平均水平低 0.68 个百分点。从经济增长消耗新增建设用地量来看，广东省 2018 年单位 GDP 增长消耗新增建设用地面积 5.19 公顷 / 亿元，比全国平均水平低 1.41 公顷 / 亿元，相较 2016 年降低了 8.08%；此外，广东单位人口增长消耗新增城乡建设用地面积为 150.36 米² / 人，是全国平均水平的 0.38 倍，列全国 31 个省（区、市）的第 25 位；相较 2016 年，人口增长耗地量有所下降，单位人口增长消耗新增城乡建设用地面积减少了 18.65 米² / 人，是全国平均水平的 1.39 倍，列全国第 21 位。近年来，广东省人口、经济的增长与土地的匹配程度逐步趋于协调，土地资源利用效率不断提升。

5. 经济社会发展与用地变化匹配分析

2015~2018 年，广东常住总人口与城乡建设用地增长弹性系数为 0.96，居全国 31 个省（区、市）的第 5 位，人口增速仍慢于城乡建设用地增速；从动态变化看，广东常住总人口与城乡建设用地增长弹性系数逐年增高，由 2016 年的 0.81 上升到 2018 年的 1.01，总人口与城乡建设用地趋于协调。从城镇常住人口与用地变化匹配状况看，2015~2018 年，广东城镇常住人口与城镇工矿用地增长弹性系数为 1.30，比全国平均水平低 0.06。从年际变化看，2016~2018 年，广东省城镇常住人口与城镇工矿用地增长弹性系数从 1.05 逐年提升到 1.67，其中，城镇常住人口增长速度分别为 2.33%、2.50% 和 2.62%，城镇工矿用地增长速度分别为 2.22%、1.96% 和 1.57%，城镇常住人口增速均快于城镇工矿用地增速，且城镇常住人口增速逐年上升，城镇工矿用地增速逐年下降，城镇常住人口与城镇工矿用地协调程度逐年降低。2015~2018 年，广东农村人口减少 78.21 万人，村庄用地面积增加了 294.11 平方公里，呈现了农村人减地增的局面，农村地区人地匹配协调程度有待提高。此外，

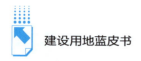

2015~2018 年，广东地区生产总值与建设用地增长弹性系数为 4.93，比全国平均水平低 1.92，列全国 31 个省（区、市）的第 23 位。

6. 建设用地节约集约利用排名分析

2018 年，广东省建设用地节约集约利用现状水平指数为 80.15，建设用地节约集约利用动态变化趋势指数为 57.71，建设用地节约集约利用综合指数为 68.93，在全国 31 个省（区、市）中分别列第 3、第 6 和第 3 位。其中，地级以上城市建设用地节约集约利用综合指数均值 65.51，列全国第 4 位；县级市建设用地节约集约利用综合指数均值 60.64，列全国第 13 位（见表 18）。从年际变化来看，相较 2015 年，广东省现状水平指数提升了 2.83，排名保持在第 3 位；动态变化趋势指数提升了 2.86，排名提升了 5 位；综合指数提升了 2.85，排名上升了 1 位。广东省建设用地节约集约趋势向好，处于全国上游水平。

表 18　2018 年广东省建设用地节约集约利用状况及其排名

城市		现状水平指数		动态变化趋势指数		综合指数	
		指数	排名	指数	排名	指数	排名
全省		80.15	3	57.71	6	68.93	3
地级以上城市	广州市	100.00	1	66.87	8	83.44	4
	韶关市	63.61	146	49.03	279	56.32	218
	深圳市	100.00	1	95.23	1	97.61	1
	珠海市	75.42	31	59.29	45	67.35	28
	汕头市	85.21	10	57.77	65	71.49	18
	佛山市	84.29	11	60.48	30	72.38	11
	江门市	67.58	84	53.52	168	60.55	109
	湛江市	64.78	131	56.12	93	60.45	114
	茂名市	68.84	61	56.65	82	62.75	64
	肇庆市	67.36	87	52.04	216	59.70	134
	惠州市	72.30	43	51.38	237	61.84	83

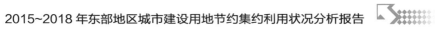
续表

城市		现状水平指数		动态变化趋势指数		综合指数	
		指数	排名	指数	排名	指数	排名
地级以上城市	梅州市	64.03	137	46.10	290	55.06	246
	汕尾市	76.69	28	50.17	261	63.43	55
	河源市	67.38	86	49.38	276	58.38	173
	阳江市	63.90	141	48.99	280	56.45	213
	清远市	62.35	172	48.74	284	55.54	238
	东莞市	89.47	6	64.06	15	76.77	6
	中山市	76.31	29	64.52	14	70.41	21
	潮州市	76.83	27	50.70	255	63.77	47
	揭阳市	81.43	16	50.46	258	65.95	34
	云浮市	63.66	145	48.61	285	56.14	224
	指数均值	74.83	4	56.20	7	65.51	4
县级市	乐昌市	64.29	151	52.97	242	58.63	218
	南雄市	59.55	255	53.67	227	56.61	271
	台山市	65.49	122	55.45	195	60.47	181
	开平市	64.64	143	49.51	295	57.07	260
	鹤山市	63.98	156	61.23	106	62.60	121
	恩平市	61.77	207	55.57	192	58.67	217
	廉江市	63.43	168	64.00	73	63.72	92
	雷州市	62.77	185	54.76	206	58.76	214
	吴川市	68.89	66	48.30	308	58.59	220
	高州市	69.33	60	54.81	204	62.07	132
	化州市	65.02	130	49.17	298	57.09	258
	信宜市	67.24	89	50.87	273	59.05	203
	四会市	66.97	95	59.55	123	63.26	102

		现状水平指数		动态变化趋势指数		综合指数	
城市		指数	排名	指数	排名	指数	排名
县级市	兴宁市	64.68	139	50.49	282	57.59	242
	陆丰市	78.43	15	53.01	240	65.72	58
	阳春市	60.47	236	63.91	76	62.19	128
	英德市	58.60	272	47.35	322	52.97	330
	连州市	66.05	116	62.53	91	64.29	78
	普宁市	82.97	10	60.25	114	71.61	17
	罗定市	63.57	166	60.20	115	61.88	136
	指数均值	65.91	9	55.38	15	60.64	13

续表

2018 年广东省地级以上城市、县级市建设用地节约集约利用状况分布分别见图 33、图 34。

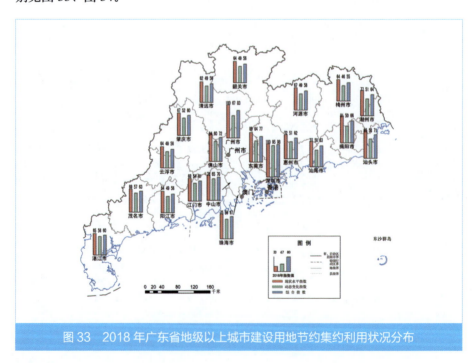

图 33　2018 年广东省地级以上城市建设用地节约集约利用状况分布

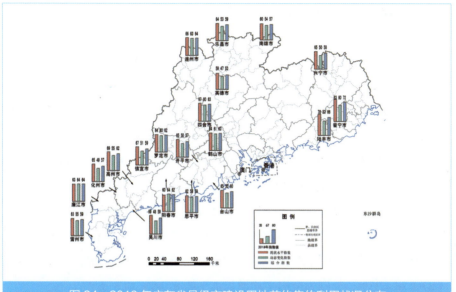

图 34　2018 年广东省县级市建设用地节约集约利用状况分布

（十）海南

1. 基本情况

2018 年，海南省共有 3 个地级以上城市和 5 个县级市纳入建设用地节约集约利用评价。2018 年，海南省土地总面积 1.71 万平方公里，国土开发强度 13.37%，相比 2015 年下降 0.44 个百分点，国土开发强度列我国 31 个省（区、市）的第 8 位；常住总人口 627.45 万人，较 2015 年增加了 17.71 万人，城镇化率 65.13%，较 2015 年增加 1.56 个百分点；GDP 为 0.36 万亿元，相比 2015 年增加 0.06 万亿元，常住人口人均 GDP 为 5.74 万元，相比 2015 年增加 0.77 万元。

2. 土地利用现状及变化分析

2018 年，海南省农用地面积 1.40 万平方公里，占土地总面积的 81.87%；建设用地面积 0.23 万平方公里，占土地总面积的 13.45%；其他用地面积 0.08 万平方公里，占土地总面积的 4.68%。建设用地中，城乡建设用地面积 0.15 万平方公里，占比 65.22%；交通水利用地面积 0.06 万平方公里，占比 26.09%；其他建设用地面积 0.02 万平方公里，占比 8.70%。国土开发强度从

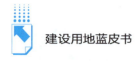
2017 年的 13.27% 上升至 2018 年的 13.37%，比全国平均水平高 6.99 个百分点。

3. 土地利用强度及变化分析

2018 年，海南省建设用地人口密度和城乡建设用地人口密度分别为 2744.09 人／公里^2 和 4202.37 人／公里^2，分别是全国平均水平的 0.76 倍和 0.93 倍，分别列全国 31 个省（区、市）的第 24 位和第 21 位。相较 2015 年，建设用地人口承载水平下降，其中建设用地人口密度下降了 14.25 人／公里^2，城乡建设用地人口密度上升了 2.66 人／公里^2；同 2017 年相比，两项数值分别上升了 6.06 人／公里^2 和 17.44 人／公里^2。2018 年，海南省建设用地地均 GDP 为 157.39 万元／公顷，是全国平均水平的 64.05%，列全国 31 个省（区、市）的第 21 位。按 2015 年可比价进行计算，相较 2015 年和 2017 年，建设用地地均 GDP 分别增加了 20.38 万元／公顷和 6.53 万元／公顷，增幅分别达 14.87% 和 4.33%，分别为全国平均增长水平的 87.45% 和 81.85%。

4. 增长耗地及变化分析

2018 年，海南单位 GDP 建设用地使用面积为 69.21 公顷／亿元，相比全国平均水平高 27.88 公顷／亿元，较 2015 年单位 GDP 建设用地使用面积下降 11.37 公顷／亿元，降幅为 14.11%。2015~2018 年，海南年均单位 GDP 耗地下降率为 4.94%，较全国平均水平低 0.63 个百分点，列全国 31 个省（区、市）的第 22 位。其中 2018 年海南单位 GDP 耗地下降率为 4.52%，较全国平均水平高 0.96 个百分点。从经济增长消耗新增建设用地量来看，海南省 2018 年单位 GDP 增长消耗新增建设用地面积 11.02 公顷／亿元，比全国平均水平高 4.42 公顷／亿元，相较 2016 年下降 51.22%。此外，海南单位人口增长消耗新增城乡建设用地面积为 147.68 米^2／人，是全国平均水平的 0.37 倍，列全国 31 个省（区、市）的第 26 位；相较 2016 年，人口增长耗地量有所下降，单位人口增长消耗新增城乡建设用地面积减少了 446.63 米^2／人，是全国平均水平的 33.39 倍，降幅列全国第 7 位。近年来，海南省人口、经济的增长与土地的匹配程度逐步趋于协调，土地资源利用效率不断提升。

5. 经济社会发展与用地变化匹配分析

2015~2018 年，海南常住总人口与城乡建设用地增长弹性系数为 1.02，居全国 31 个省（区、市）的第 3 位，人口增速快于城乡建设用地增速；从动态变化看，海南常住总人口与城乡建设用地增长弹性系数逐年增高，由 2016 年的 0.56 上升到 2018 年的 1.68，总人口与城乡建设用地变化协调程度需进一步提升。从城镇常住人口与用地变化匹配状况看，2015~2018 年，海南城镇常住人口与城镇工矿用地增长弹性系数为 1.58，比全国平均水平高 0.22，人口城镇化明显快于土地城镇化。从年际变化看，2016 年到 2018 年，海南城镇常住人口与城镇工矿用地增长弹性系数逐年提升，从 1.16 提升到 2.75，人口城镇化与土地城镇化协调程度呈下降趋势，需进一步提升；2015~2018 年，海南农村人口减少 8.26 万人，而村庄用地面积增加 12.45 平方公里，农村地区人地匹配协调程度有待提高。此外，2016~2018 年，海南地区生产总值与建设用地增长弹性系数从 5.12 提升到 6.87，列全国 31 个省（区、市）的第 18 位，位于全国中下游水平，建设用地节约集约程度在逐年提升。

6. 建设用地节约集约利用排名分析

2018 年，海南省建设用地节约集约利用现状水平指数为 62.07，建设用地节约集约利用动态变化趋势指数为 54.85，建设用地节约集约利用综合指数为 58.46，在全国 31 个省（区、市）中分别列第 21、第 15 和第 21 位。其中，地级以上城市建设用地节约集约利用综合指数均值 61.70，列全国第 11 位；县级市建设用地节约集约利用综合指数均值 56.43，列全国第 21 位（见表 19）。从年际变化来看，相较 2015 年，3 项指数分别提升 1.10、2.03 和 1.56，从排名来看，现状水平指数和综合指数均保持第 21 位没变，动态变化趋势指数上升了 1 位。海南省建设用地节约集约利用水平趋势向好，但仍处于全国中下游水平，有较大的提升空间。

表 19　2018 年海南省建设用地节约集约利用状况及其排名

城市		现状水平指数		动态变化趋势指数		综合指数	
		指数	排名	指数	排名	指数	排名
全省		62.07	21	54.85	15	58.46	21
地级以上城市	海口市	72.68	42	62.63	18	67.65	26
	三亚市	68.27	71	54.95	120	61.61	88

续表

城市		现状水平指数		动态变化趋势指数		综合指数	
		指数	排名	指数	排名	指数	排名
地级以上城市	儋州市	61.81	188	49.86	269	55.84	230
	指数均值	67.59	10	55.81	8	61.70	11
县级市	五指山市	61.34	222	47.68	313	54.51	312
	琼海市	57.75	285	57.86	149	57.80	238
	文昌市	59.39	256	56.64	177	58.01	234
	万宁市	59.66	250	47.54	316	53.60	321
	东方市	59.57	254	56.91	171	58.24	228
	指数均值	59.54	18	53.33	24	56.43	21

2018年海南省地级以上城市、县级市建设用地节约集约利用状况分布分别见图35、图36。

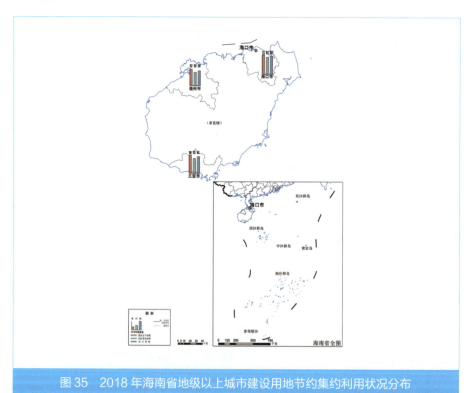

图35　2018年海南省地级以上城市建设用地节约集约利用状况分布

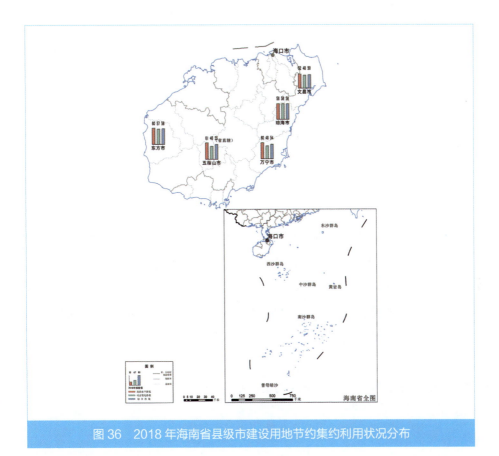

图 36　2018 年海南省县级市建设用地节约集约利用状况分布

B.3
2015~2018 年中部地区城市建设用地
节约集约利用状况分析报告

中国国土勘测规划院

摘　要：　本报告基于中部地区 6 省 84 个城市建设用地节约集约利用状况
　　　　　整体评价基础数据，分析中部地区土地利用状况、建设用地利用
　　　　　强度及变化情况、经济社会发展消耗建设用地状况、经济社会发
　　　　　展与建设用地变化匹配状况，揭示中部地区城市建设用地节约集
　　　　　约利用现状水平、变化趋势、区域差异和总体特征。

关键词：　建设用地　节约集约利用　中部地区

2018 年末，中部地区 [①] 84 个城市建设用地总面积 10.31 万平方公里，占
全国建设用地总面积的 28.13%，国土开发强度为 10.48%，比全国平均水平高
4.09 个百分点。常住总人口 3.64 亿人，城镇常住人口 2.02 亿人，城镇化率为
55.49%，比全国平均水平低 5.02 个百分点。GDP 为 19.37 万亿元，常住人口
人均 GDP 为 5.32 万元。

---

① 中部地区包括山西、安徽、江西、河南、湖北、湖南等 6 省，涉及 80 个地级以上城市和
92 个县级市（其中 4 个县级市独立参评，不隶属于参评的 80 个地级以上城市）。

一　土地利用及变化状况

（一）三大类用地结构

2018 年末，中部地区 84 个城市土地总面积 98.44 万平方公里，其中建设用地面积 10.31 万平方公里，占土地总面积的 10.47%；农用地面积 78.13 万平方公里，占土地总面积的 79.37%，含耕地面积 29.92 万平方公里，占农用地面积的 38.30%；其他土地面积 10.00 万平方公里，占土地总面积的 10.16%。从各省份情况看，6 省均为农用地占比最多，除山西外，其他 5 省建设用地占比大于其他用地占比。2018 年末，中部地区 6 省国土开发强度均超过全国平均水平，其中最高的是河南，为 16.09%，最低的是山西，为 6.69%（见图 1、图 2）。

从动态变化看，2015~2018 年，中部地区建设用地不断增长，增速大体呈放缓趋势，3 年累计增加 0.28 万平方公里，年均增长率为 0.92%。2015~2018 年，建设用地增幅最大的是江西，为 3.81%，建设用地增幅最小的是安徽，为 1.59%。2018 年，中部地区建设用地增长率为 0.67%，其中增幅最大的是江西，为 1.12%，安徽建设用地呈现负增长，减少 0.13%（见图 3）。

图 1　2018 年中部地区土地利用结构

图2　2015~2018年中部地区国土开发强度变化

图3　2015~2018年中部地区建设用地增长率变化

（二）建设用地结构

2018年末，中部地区6省建设用地总面积10.31万平方公里，其中城乡建设用地8.25万平方公里，占建设用地总面积的80.02%，与全国平均水平相当，其中河南占比最高，为 84.48%，江西占比最低，为 74.14%；交通水利用地 1.90 万平方公里，占建设用地总面积的 18.43%，略高于全国平均水平，其中江西占比最高，为 24.30%，山西占比最低，为 14.07%；其他建设用地面积 0.16 万平方公里，占建设用地总面积的 1.55%，低于全国平均水平，其中山西占比最高，为 2.57%，河南占比最低，为 1.23%（见图 4）。从城乡建设用地内部结构看，城镇用地 2.28 万平方公里，占城乡建设用地面积的 27.64%，比全国平均水平低 3.99 个百分点，其中江西占比最高，为 32.99%，山西占比最低，为 24.34%；村庄用地 5.55 万平方公里，占城乡建设用地面积的 67.27%，比全国平均水平高 5.85 个百分点，其中湖南占比最高，为 71.11%，江西占比最低，为 59.44%；采矿用地 0.42 万平方公里，占城乡建设用地面积的 5.09%，比全国平均水平低 1.86 个百分点，其中山西占比最高，为 10.18%，湖北占比最低，为 3.38%。6 省均为村庄用地占比最高，城镇用地占比次之，采矿用地占比最低（见图 5）。

从动态变化看，2015~2018 年，中部地区城乡建设用地累计增加 0.21 万平方公里，增幅为 2.58%，比全国平均水平低 0.43 个百分点，其中江西增幅最大，为 4.11%，安徽增幅最小，为 1.10%。2018 年，中部地区城乡建设用

图 4　2018 年中部地区建设用地内部结构

图5　2018年中部地区城乡建设用地内部结构

地增幅为0.61%，比全国平均水平低0.24个百分点，其中江西增幅高于全国平均水平，为1.22%，湖北增幅与全国平均水平持平，为0.85%，安徽呈现负增长，下降0.36%（见图6）。2015~2018年，中部地区城镇工矿用地累计增加0.21万平方公里，增幅为8.31%，其中河南增幅最大，为14.37%，山西增幅最小，为2.00%。2018年，中部地区城镇工矿用地增加438.01平方公里，增幅为1.65%，其中江西增幅最大，为2.46%，山西增幅最小，为0.80%（见图7）。2015~2018年，中部地区城镇用地累计增加0.21万平方公里，增幅为10.40%，6省城镇用地均呈上升趋势，其中河南增幅最大，为17.96%，山西增幅最小，为2.82%。2018年，中部地区城镇用地增加468.85平方公里，增幅为2.10%，其中江西增幅最大，为3.12%，山西增幅最小，为1.20%（见图8）。2015~2018年，中部地区村庄用地累计减少5.75平方公里，减少0.01%，其中山西增幅最大，为1.80%，安徽、河南农村用地有所减少，分别减少1.40%和1.05%。2018年，中部地区村庄用地增加62.11平方公里，增幅为0.11%，其中山西、河南增幅较高，分别为0.72%、0.55%，安徽村庄用地减少1.19%（见图9）。

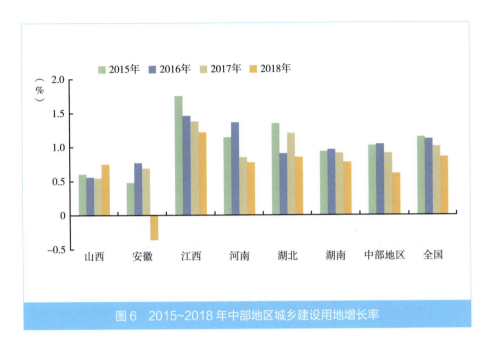

图 6 2015~2018 年中部地区城乡建设用地增长率

图 7 2015~2018 年中部地区城镇工矿用地增长率

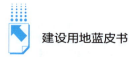

图 8　2015~2018 年中部地区城镇用地增长率

图 9　2015~2018 年中部地区村庄用地增长率

二 建设用地节约集约利用总体状况

（一）建设用地利用强度

1. 建设用地人口承载水平

2018 年末，中部地区常住总人口 3.64 亿人，比 2015 年末增加 613.58 万人，增幅 1.71%；城镇常住人口 2.02 亿人，比 2015 年末增加 1854.38 万人，增幅 10.09%；城镇化率 55.49%，比 2015 年末提高 1.75 个百分点。2018 年末，中部地区建设用地人口密度和城乡建设用地人口密度分别为 3532.00 人 / 公里^2 和 4411.93 人 / 公里^2，分别比全国平均水平低 67.53 人 / 公里^2 和 100.44 人 / 公里^2；建设用地人口密度和城乡建设用地人口密度最高的均为湖南省，分别为 4126.30 人 / 公里^2 和 5151.82 人 / 公里^2；建设用地人口密度和城乡建设用地人口密度最低的均为安徽省，分别为 3150.54 人 / 公里^2 和 3902.55 人 / 公里^2。从区域分异看，2015~2018 年，安徽是 6 省中唯一建设用地人口承载水平提升的省份，建设用地人口密度和城乡建设用地人口密度分别增长 1.58% 和 2.08%，其余 5 省建设用地人口承载水平呈不同程度的下降趋势，建设用地人口密度降幅最大的为湖北，下降 2.27%，城乡建设用地人口密度降幅最大的为江西，下降 2.23%（见图 10、图 11）。

2. 建设用地经济强度

2018 年末，中部地区 84 个城市 GDP 为 19.37 万亿元，建设用地地均 GDP 为 187.75 万元 / 公顷，比全国平均水平低 57.98 万元 / 公顷，其中建设用地地均 GDP 最高的是湖北，为 240.80 万元 / 公顷，最低的是安徽，为 151.62 万元 / 公顷。按 2015 年可比价进行计算，相较 2015 年，2018 年中部地区建设用地地均 GDP 提高了 33.61 万元 / 公顷，累计增幅为 22.50%。其中安徽累计增幅最高，为 25.66%，山西累计增幅最小，为 17.02%（见图 12）。

图 10　2015~2018 年中部地区建设用地人口承载水平及变化率

图 11　2015~2018 年中部地区城乡建设用地人口承载水平及变化率

图 12 2015~2018 年中部地区建设用地经济强度

（二）经济社会发展耗地

1. 人口增长耗地

2018 年，中部地区单位人口增长消耗新增城乡建设用地量为 360.38 米^2/ 人，比全国平均水平低 39.16 米^2/ 人，其中安徽最低，为 157.51 米^2/ 人，湖北最高，为 1421.94 米^2/ 人（见图 13）。从动态变化看，2016~2018 年，中部地区单位人口增长消耗新增城乡建设用地量逐年下降，其中安徽 2018 年人口增长耗地量处于本省 3 年来低值，山西、湖北、湖南 2018 年人口增长耗地量处于本省 3 年来高值。

2. 经济增长耗地

2015~2018 年，中部地区 84 个城市经济增长耗地总体呈下降趋势，2018 年，单位 GDP 建设用地使用面积为 54.66 公顷 / 亿元，较全国平均水平高 13.34 公顷 / 亿元，较 2015 年单位 GDP 建设用地使用面积下降 12.30 公顷 / 亿元，降幅为 18.37%；其中安徽降幅最大，下降 20.42%，山西降幅最小，为 14.54%（见图 14）。2015~2018 年，中部地区年均单位 GDP 耗地下降率为 6.54%，较全国平均水平高 0.97 个百分点。2018 年，中部地区城市单位 GDP 耗地下降

图 13   2016~2018 年中部地区各省人口增长耗地水平状况

图 14   2015~2018 年中部地区单位 GDP 建设用地使用面积

率为 6.67%，较全国平均水平高 1.19 个百分点，其中安徽和江西 2018 年单位
GDP 耗地下降最为显著，分别下降了 7.55% 和 7.01%（见图 15）。

从经济增长消耗新增建设用地量来看，2016~2018 年，中部地区单位
GDP 增长消耗新增建设用地量逐年下降，各省中，除湖南先增后降外，其余

图 15　2015~2018 年中部地区单位 GDP 耗地下降率状况

5 省均呈逐年下降态势。2018 年，中部地区单位 GDP 增长消耗新增建设用地量 7.17 公顷 / 亿元，比全国平均水平高 0.57 公顷 / 亿元，其中湖南最低，为 4.70 公顷 / 亿元，江西最高，为 9.15 公顷 / 亿元（见图 16）。

图 16　2016~2018 年中部地区单位 GDP 增长消耗新增建设用地量情况

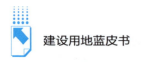

（三）经济社会发展与用地变化匹配状况

1. 人口增长与用地变化匹配状况

2015~2018 年，中部地区 84 个城市常住总人口与城乡建设用地增长弹性系数为 0.66，居四大区域第 2 位，人口增速慢于城乡建设用地增速，其中安徽弹性系数大于 1，为 2.91，常住总人口增速快于城乡建设用地增速，湖北弹性系数最低，为 0.33。从 2016~2018 年年度变化看，中部地区常住总人口与城乡建设用地增长弹性系数逐年提高，常住总人口与城乡建设用地变化协调程度逐步提升，其中湖南弹性系数逐年提升，安徽 2016 年、2017 年弹性系数逐年提升，2018 年呈现人增地减的内涵发展态势。2018 年，中部地区常住总人口与城乡建设用地增长弹性系数为 0.98，湖南弹性系数最大，为 0.72，安徽由于人口增长，城乡建设用地面积减少，弹性系数为负值，为 −3.73（见图 17）。

图 17 2015~2018 年中部地区各省常住总人口与城乡建设用地增长弹性系数

从城镇常住人口与用地变化匹配状况看，2015~2018 年，中部地区城镇常住人口与城镇工矿用地弹性系数为 1.21，比全国平均水平低 0.15，其中山西、湖南、湖北、安徽、江西 5 个省份弹性系数大于 1，分别为 3.04、1.78、1.44、1.36、1.17，人口城镇化总体快于土地城镇化。从 2016~2018 年年度变化看，中部地区 2017 年弹性系数提升较多，2018 年略有回落，为 1.78；安徽、河南弹性系数逐年提升，江西、湖南先增后降，但 2018 年弹性系数都高于 2016 年；山西、湖北 2018 年弹性系数低于 2016 年；2018 年，河南弹性系数最高，为 2.58，湖北最低，为 0.81（见图 18）。

图 18　2015~2018 年中部地区各省城镇人口与城镇工矿用地增长弹性系数

2. 经济发展与用地变化匹配状况

2015~2018 年，中部地区 84 个城市 GDP 与建设用地增长弹性系数为 9.30，比全国平均水平高 2.44，6 个省份 GDP 增速均快于建设用地增速。从 2016~2018 年年度变化看，中部地区的 GDP 与建设用地增长弹性系数逐年提升，2018 年为 11.78，6 省经济发展与用地变化协调程度总体向好，2018 年，湖南弹性系数最大，为 10.58，安徽呈现 GDP 增长、建设用地面积减少的内涵发展态势，弹性系数为 -60.92（见图 19）。

图 19　2015~2018 年中部地区经济发展与用地变化匹配状况

三　建设用地节约集约利用分异状况

（一）节约集约利用现状水平分异状况

1. 总体状况

2018 年，中部地区 84 个城市建设用地节约集约利用现状水平指数为63.65，比全国平均水平低 2.19，其中各省位序总体处于全国中游水平，具体位序为湖南第 12 位、湖北第 15 位、江西第 18 位、河南第 19 位、山西第 20 位、安徽第 23 位。相比 2015 年，湖北位序提升 2 位，安徽提升 1 位，山西、江西、河南、湖南位序维持不变（见表 1）。

表 1　2015 年、2018 年中部 6 省建设用地节约集约利用现状水平指数

省	2018 年			2015 年		
	指数值	排名	全国排名	指数值	排名	全国排名
山西	62.30	5	20	61.11	5	20
安徽	61.03	6	23	59.59	6	24
江西	63.73	3	18	63.10	3	18

续表

省	2018 年			2015 年		
	指数值	排名	全国排名	指数值	排名	全国排名
河南	62.89	4	19	61.91	4	19
湖北	65.62	2	15	64.19	2	17
湖南	67.14	1	12	66.06	1	12
中部地区	63.65	—	—	62.50	—	—
全国	65.84	—	—	64.62	—	—

2. 地级以上城市状况

2018 年，中部地区地级以上城市建设用地节约集约利用现状水平指数均值为 63.90，比全国平均水平低 0.97，占据全国 10 强城市的 1 席、50 强城市的 5 席和百强城市的 17 席。从区域分异看，山西、安徽、河南、江西等 4 省指数值略低于全国平均水平，湖南、湖北略高于全国平均水平，区域内唯一的 10 强城市位于湖北，湖北、湖南占据了区域内一半以上的百强城市（见表 2）。

表 2　2018 年中部 6 省地级以上城市建设用地节约集约利用现状水平指数分异状况

省	城市数量（个）	节约集约利用现状水平指数				入百强城市数量				
		均值	标准差	最大值	最小值	入百强数量（个）	区域城市中百强占比（%）	50强数量（个）	区域城市中50强占比（%）	10强城市数量（个）
山西	11	62.99	5.43	77.67	58.89	1	9.09	1	9.09	0
安徽	16	61.24	3.74	69.73	55.83	1	6.25	0	0.00	0
江西	11	64.36	3.76	74.15	61.03	2	18.18	1	9.09	0
河南	17	63.69	4.16	73.82	56.33	4	23.53	1	5.88	0
湖北	12	65.03	8.10	88.66	57.32	3	25.00	1	8.33	1
湖南	13	66.78	3.76	77.50	62.10	6	46.15	1	7.69	0
中部地区	80	63.90	5.11	88.66	55.83	17	21.25	5	6.25	1
全国平均	296	64.87	8.61	100.00	49.88	100	—	50	—	10

3. 县级市状况

2018年，中部地区县级市建设用地节约集约利用现状水平指数均值为63.19，比全国平均水平低0.06，占据全国50强城市的5席和百强城市的19席。从区域分异看，河南和湖南优势相对明显，共占据了全国百强城市的14席，山西、安徽、江西、湖北等4省县级市现状水平指数均值均低于全国平均水平，山西、安徽省内无百强市（见表3）。

表3　2018年中部6省县级以上城市建设用地节约集约利用现状水平指数分异状况

省	城市数量（个）	节约集约利用现状水平指数				入百强城市数量				
		均值	标准差	最大值	最小值	入百强数量（个）	区域城市中百强占比（%）	50强数量（个）	区域城市中50强占比（%）	10强城市数量（个）
山西	11	61.27	2.85	65.94	55.84	0	0.00	0	0.00	0
安徽	7	59.15	2.33	61.67	55.64	0	0.00	0	0.00	0
江西	11	61.66	4.41	68.07	55.42	2	18.18	0	0.00	0
河南	21	65.49	4.01	75.01	59.76	7	33.33	2	9.52	0
湖北	25	61.86	3.72	72.93	56.49	3	12.00	1	4.00	0
湖南	17	66.18	3.84	75.38	60.35	7	41.18	2	11.76	0
中部地区	92	63.19	4.30	75.38	55.42	19	20.65	5	5.43	0
全国平均	368	63.25	7.54	94.30	48.52	100	—	50	—	10

（二）节约集约利用动态变化趋势分异状况

1. 总体状况

2018年，中部地区84个城市建设用地节约集约利用动态变化趋势指数为55.71，比全国平均水平高0.81。其中各省位序总体处于全国中上游水平，具体位序为湖南第4位、安徽第5位、湖北第9位、江西第16位、河南第20位、山西第23位。相比2015年，湖南省位序上升5位，湖北、江西均上升4位，河南下降1位，山西下降2位，安徽位序维持不变（见表4）。

表 4　2015 年、2018 年中部 6 省城市建设用地节约集约利用动态变化趋势指数

省	2018 年			2015 年		
	指数值	排名	全国排名	指数值	排名	全国排名
山西	53.80	6	23	51.66	6	21
安徽	57.94	2	5	55.68	1	5
江西	54.73	4	16	52.11	5	20
河南	54.23	5	20	52.30	4	19
湖北	55.76	3	9	53.77	3	13
湖南	58.11	1	4	55.07	2	9
中部地区	55.71	—	—	53.37	—	—
全国	54.90	—	—	52.62	—	—

2. 地级以上城市状况

2018 年，中部地区地级以上城市建设用地节约集约利用动态变化趋势指数均值为 56.05，比全国平均水平高 0.94，占据全国 10 强城市的 2 席、50 强城市的 16 席和百强城市的 34 席。从区域分异看，安徽、湖北占据区域内全部 2 个 10 强城市，安徽、湖南占据区域内超过 1/2 的百强城市（见表 5）。

表 5　2018 年中部 6 省地级以上城市建设用地节约集约利用动态变化趋势指数分异状况

省	城市数量（个）	节约集约利用动态变化趋势指数				入百强城市数量				
		均值	标准差	最大值	最小值	入百强数量（个）	区域城市中百强占比（％）	50 强数量（个）	区域城市中 50 强占比（％）	10 强城市数量（个）
山西	11	53.67	3.73	60.06	48.06	3	27.27	1	9.09	0
安徽	16	58.60	6.20	79.07	50.92	10	62.50	6	37.50	1
江西	11	55.03	2.42	60.26	52.61	3	27.27	1	9.09	0
河南	17	54.57	2.99	60.47	49.85	6	35.29	2	11.76	0
湖北	12	56.40	5.30	70.44	51.80	4	33.33	2	16.67	1
湖南	13	57.43	3.48	65.66	53.60	8	61.54	4	30.77	0
中部地区	80	56.05	4.52	79.07	48.06	34	42.50	16	20.00	2
全国平均	296	55.11	5.87	95.23	45.00	100	—	50	—	10

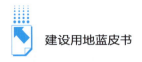

3. 县级市状况

2018 年，中部地区县级市建设用地节约集约利用动态变化趋势指数均值为 58.09，比全国平均水平高 0.64，占据全国 10 强城市的 3 席、50 强城市的 13 席、百强城市的 20 席。从区域分异看，除江西、河南指数均值低于全国平均水平外，其余 4 省均高于全国平均水平，区域内 10 强城市均位于山西，百强城市近一半位于湖南（见表 6）。

表 6　2018 年中部 6 省县级市建设用地节约集约利用动态变化趋势指数分异状况

| 省 | 城市数量（个） | 节约集约利用动态变化趋势指数 | | | | 入百强城市数量 | | | | |
		均值	标准差	最大值	最小值	入百强数量（个）	区域城市中百强占比（%）	50强数量（个）	区域城市中50强占比（%）	10强城市数量（个）
山西	11	63.84	17.34	97.02	46.32	3	27.27	3	27.27	3
安徽	7	57.50	3.55	62.47	53.72	1	14.29	0	0.00	0
江西	11	54.33	5.45	63.07	46.11	1	9.09	0	0.00	0
河南	21	52.40	4.96	62.21	45.49	1	4.76	0	0.00	0
湖北	25	59.45	6.67	76.18	47.56	5	20.00	3	12.00	0
湖南	17	62.11	10.35	77.76	47.49	9	52.94	7	41.18	0
中部地区	92	58.09	9.48	97.02	45.49	20	21.74	13	14.13	3
全国平均	368	57.45	9.38	100.00	45.00	100	—	50	—	10

（三）节约集约利用综合指数分异状况

1. 总体状况

2018 年，中部地区 84 个城市建设用地节约集约利用综合指数为 59.68，比全国平均水平低 0.69。其中各省位序总体处于全国中游水平，具体位序为湖南第 8 位、湖北第 14 位、安徽第 18 位、江西第 19 位、河南第 20 位、山西第 22 位。相比 2015 年，湖南位序上升了 2 位，其余 5 个省份位序维持不变（见表 7）。

表 7 2018 年中部 6 省城市建设用地节约集约利用综合指数

省	2018 年			2015 年		
	指数值	排名	全国排名	指数值	排名	全国排名
山西	58.05	6	22	56.38	6	22
安徽	59.48	3	18	57.63	3	18
江西	59.23	4	19	57.61	4	19
河南	58.56	5	20	57.10	5	20
湖北	60.69	2	14	58.98	2	14
湖南	62.63	1	8	60.57	1	10
中部地区	59.68	—	—	57.94	—	—
全国	60.37	—	—	58.62	—	—

2. 地级以上城市状况

2018 年，中部地区地级以上城市建设用地节约集约利用综合指数均值为 59.98，基本与全国平均水平持平，占据全国 10 强城市的 1 席、50 强城市的 12 席和百强城市的 25 席。从区域分异看，湖北、湖南综合指数均值高于全国平均水平，山西综合指数均值最低。区域内唯一的10强城市位于湖北，河南、湖南占据了区域内一半多的百强城市（见表 8）。

表 8 2018 年中部 6 省地级以上城市建设用地节约集约利用综合指数分异状况

省	城市数量（个）	节约集约利用综合指数				入百强城市数量				
		均值	标准差	最大值	最小值	入百强数量（个）	区域城市中百强占比（%）	50 强数量（个）	区域城市中50 强占比（%）	10 强城市数量（个）
山西	11	58.33	4.07	68.16	53.48	1	9.09	1	9.09	0
安徽	16	59.92	4.04	70.60	55.64	4	25.00	3	18.75	0
江西	11	59.70	2.87	67.21	57.39	3	27.27	1	9.09	0
河南	17	59.13	3.09	65.49	54.85	6	35.29	2	11.76	0
湖北	12	60.72	5.47	75.32	55.69	3	25.00	2	16.67	1
湖南	13	62.11	3.30	71.58	58.59	8	61.54	3	23.08	0
中部地区	80	59.98	3.92	75.32	53.48	25	31.25	12	15.00	1
全国	296	59.99	6.33	97.61	49.85	100	—	50	—	10

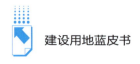

3. 县级市状况

2018 年，中部地区县级市建设用地节约集约利用综合指数均值为 60.64，略高于全国平均水平，占据全国 10 强城市的 3 席、50 强城市的 11 席和百强城市的 23 席。从区域分异看，山西、湖南综合指数均值均高于全国平均水平，占据区域内全部 3 个 10 强城市。安徽、江西省内没有百强城市（见表 9）。

表 9　2018 年中部 6 省县级市建设用地节约集约利用综合指数分异状况

省	城市数量（个）	节约集约利用综合指数				入百强城市数量				
		均值	标准差	最大值	最小值	入百强数量（个）	区域城市中百强占比（%）	50 强数量（个）	区域城市中50 强占比（%）	10 强城市数量（个）
山西	11	62.56	8.44	77.24	52.58	3	27.27	3	27.27	2
安徽	7	58.32	2.06	62.07	55.54	0	0.00	0	0.00	0
江西	11	58.00	4.53	62.94	50.76	0	0.00	0	0.00	0
河南	21	58.94	3.40	65.24	53.22	3	14.29	0	0.00	0
湖北	25	60.65	3.63	67.48	53.60	6	24.00	2	8.00	0
湖南	17	64.15	5.55	74.66	55.54	11	64.71	6	35.29	1
中部地区	92	60.64	5.14	77.24	50.76	23	25.00	11	11.96	3
全国	368	60.35	6.02	81.14	47.01	100	—	50	—	10

四　各省状况综述

（一）山西

1. 基本情况

2018 年，山西省共辖 11 个地级以上城市和 11 个县级市，全部纳入建设用地节约集约利用评价。2018 年，山西省土地总面积 15.67 万平方公里，国土开发强度 6.69%，相比 2015 年提升 0.14 个百分点，国土开发强度列我国 31 个省（区、市）的第 20 位；常住总人口 3718.33 万人，比 2015 年增加 54.21 万人，城镇化率 58.41%，较 2015 年城镇化率增加了 1.67 个百分点；GDP 为

1.68 万亿元，比 2015 年增加 0.24 万亿元，常住人口人均 GDP 为 4.51 万元，相比 2015 年增加 0.61 万元。

2. 土地利用现状及变化分析

2018 年，山西省农用地面积 10.03 万平方公里，占土地总面积的 63.98%；建设用地面积 1.05 万平方公里，占土地总面积的 6.69%；其他用地面积 4.60 万平方公里，占土地总面积的 29.33%。建设用地中，城乡建设用地面积 0.87 万平方公里，占比 83.36%；交通水利用地面积 0.15 万平方公里，占比 14.07%；其他建设用地面积 0.03 万平方公里，占比 2.57%。国土开发强度从 2017 年的 6.64% 增加至 2018 年的 6.69%，比全国水平高出 0.30 个百分点。

3. 土地利用强度及变化分析

2018 年，山西省建设用地人口密度和城乡建设用地人口密度分别为 3547.54 人 / 公里^2 和 4255.61 人 / 公里^2，建设用地人口密度、城乡建设用地人口密度分别是全国平均水平的 0.99 和 0.94 倍，分别列全国 31 个省（区、市）的第 16 位和第 18 位。同 2015 年相比，建设用地人口密度和城乡建设用地人口密度分别下降了 23.73 人 / 公里^2 和 16.28 人 / 公里^2。同 2017 年相比，两项数值分别降低了 12.33 人 / 公里^2 和 13.51 人 / 公里^2。2018 年，山西省建设用地地均 GDP 为 159.91 万元 / 公顷，是全国平均水平的 65.08%，列全国 31 个省（区、市）的第 20 位。按 2015 年可比价进行计算，相较 2015 年和 2017 年，建设用地地均 GDP 分别增加了 20.79 万元 / 公顷和 7.70 万元 / 公顷，增幅达 17.02% 和 5.69%，分别是全国平均增长水平的 90.62% 和 98.17%。

4. 增长耗地及变化分析

2018 年，山西单位 GDP 建设用地使用面积为 69.97 公顷 / 亿元，相比全国平均水平高 28.65 公顷 / 亿元，较 2015 年单位 GDP 建设用地使用面积下降 11.91 公顷 / 亿元，降幅为 14.54%，山西省土地资源利用效率有待提升。2015~2018 年，山西年均单位 GDP 耗地下降率为 5.10%，较全国平均水平低 0.47 个百分点，列全国 31 个省（区、市）的第 21 位。其中 2018 年山西单位 GDP 耗地下降率为 5.39%，较全国平均水平低 0.09 个百分点。从经济增长消

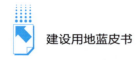

耗新增建设用地量来看，山西省 2018 年单位 GDP 增长消耗新增城乡建设用地面积 8.81 公顷 / 亿元，比全国平均水平高 2.21 公顷 / 亿元，相较 2016 年降低了 32.92%；山西单位人口增长消耗新增城乡建设用地面积为 403.57 米^2 / 人，是全国平均水平的 1.01 倍，列全国 31 个省（区、市）的第 12 位；相较 2016 年，人口增长耗地量呈上升趋势，从 2016 年的 384.77 米^2 / 人到 2018 年的 418.73 米^2 / 人，增加了 58.33 米^2 / 人，列全国第 23 位。近年来，山西省人口、经济的增长与土地的匹配协调程度需进一步提升。

5. 经济社会发展与用地变化匹配分析

2015~2018 年，山西省常住总人口与城乡建设用地增长弹性系数为 0.79，居全国 31 个省（区、市）的第 9 位，人口增速仍慢于城乡建设用地增速；从动态变化看，山西常住总人口与城乡建设用地增长弹性系数逐年提高，由 2016 年的 0.85 下降到 2018 年的 0.58，常住总人口与城乡建设用地变化协调程度逐步提升。从城镇常住人口与用地变化匹配状况看，2015~2018 年山西城镇常住人口与城镇工矿用地增长弹性系数为 3.04，比全国平均水平高 1.68。从年际变化看，从 2016 年到 2018 年山西省的人口城镇化均快于土地城镇化，城镇化发展质量有待提升；2015~2018 年，山西农村人口减少 70.18 万人，村庄用地面积增加 101.07 平方公里，农村人口外流突出，农村地区人地匹配协调程度有待提高。此外，2015~2018 年，山西 GDP 与建设用地增长弹性系数高达 9.05，比全国平均水平高 2.20，列全国 31 个省（区、市）的第 7 位。

6. 建设用地节约集约利用排名分析

2018 年，山西省建设用地节约集约利用现状水平指数为 62.30，建设用地节约集约利用动态变化趋势指数为 53.80，建设用地节约集约利用综合指数为 58.05，在全国 31 个省（区、市）中分别列第 20、第 23 和第 22 位，各项指数处于全国中下游水平。其中，地级以上城市建设用地节约集约利用综合指数均值 58.33，列全国第 22 位；县级市建设用地节约集约利用综合指数均值 62.56，列全国第 7 位（见表 10）。从年际变化来看，相较 2015 年，山西省 3 项指数分别提升 1.19、2.15 和 1.67，现状水平指数排名和综合指数排名均保持不变，动态变化趋势指数下降了 2 位。山西省建设用地节约集约利用发展趋势向好，但存在较大提升空间。

表 10　2018 年山西省建设用地节约集约利用状况及其排名

城市		现状水平指数		动态变化趋势指数		综合指数	
		指数	排名	指数	排名	指数	排名
全省		62.30	20	53.80	23	58.05	22
地级以上城市	大同市	77.67	23	58.66	53	68.16	24
	晋城市	62.25	176	51.10	243	56.68	208
	晋中市	66.35	105	54.86	124	60.61	108
	临汾市	61.93	182	55.64	103	58.78	155
	吕梁市	65.26	121	56.34	91	60.80	103
	朔州市	58.89	233	48.06	287	53.48	271
	太原市	61.39	195	52.54	201	56.96	202
	忻州市	59.77	220	60.06	37	59.91	128
	阳泉市	59.00	231	50.28	260	54.64	253
	运城市	59.89	219	51.72	228	55.80	231
	长治市	60.46	212	51.08	244	55.77	232
	指数均值	62.99	21	53.67	23	58.33	22
县级市	古交市	55.84	314	97.02	2	76.43	8
	高平市	65.94	118	55.27	200	60.61	176
	怀仁市	60.53	232	53.85	224	57.19	255
	介休市	62.42	195	60.46	112	61.44	154
	永济市	62.75	187	78.09	10	70.42	24
	河津市	59.79	246	48.09	310	53.94	317
	原平市	58.84	262	46.32	331	52.58	337
	侯马市	64.01	155	57.48	160	60.75	171
	霍州市	62.05	203	92.43	3	77.24	6
	孝义市	63.05	179	57.06	167	60.06	188
	汾阳市	58.76	265	56.16	186	57.46	247
	指数均值	61.27	16	63.84	2	62.56	7

　　2018 年山西省地级以上城市、县级市建设用地节约集约利用状况分布分别见图 20、图 21。

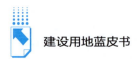

图20　2018年山西省地级以上城市建设用地节约集约利用状况分布

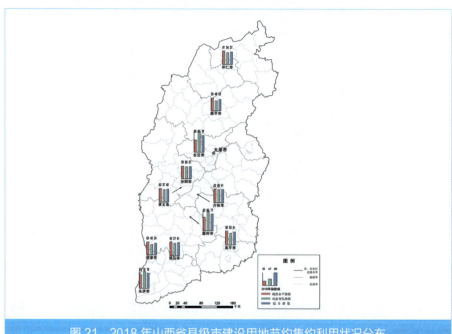

图21　2018年山西省县级市建设用地节约集约利用状况分布

（二）安徽

1. 基本情况

2018 年，安徽省共辖 16 个地级以上城市和 7 个县级市，全部纳入建设用地节约集约利用评价。2018 年末，安徽省土地总面积 14.01 万平方公里，国土开发强度 14.36%，相比 2015 年提升 0.22 个百分点，国土开发强度列我国 31 个省（区、市）的第 7 位；常住总人口 6339.72 万人，与 2015 年相比增加了 196.30 万人，城镇化率 52.94%，相比 2015 年城镇化率增加 1.85 个百分点；GDP 为 3.05 万亿元，相比 2015 年增加 0.63 万亿元，常住人口人均 GDP 为 4.81 万元，相比 2015 年增加 0.87 万元。

2. 土地利用现状及变化分析

2018 年，安徽省农用地面积 11.13 万平方公里，占土地总面积的 79.44%；建设用地面积 2.01 万平方公里，占土地总面积的 14.35%；其他用地面积 0.87 万平方公里，占土地总面积的 6.21%。建设用地中，城乡建设用地面积 1.62 万平方公里，占比 80.60%；交通水利用地面积 0.36 万平方公里，占比 17.91%；其他建设用地面积 0.03 万平方公里，占比 1.49%。国土开发强度从 2017 年的 14.38% 下降至 2018 年的 14.36%，比全国平均水平高 7.97 个百分点。

3. 土地利用强度及变化分析

2018 年，安徽省建设用地人口密度和城乡建设用地人口密度分别为 3150.54 人 / 公里 ^{2} 和 3902.55 人 / 公里 ^{2}，建设用地人口密度、城乡建设用地人口密度分别是全国平均水平的 0.88 和 0.86 倍，分别列全国 31 个省（区、市）的第 22 位和第 23 位。相较 2015 年建设用地人口承载水平有较大提升，其中建设用地人口密度增加了 49.04 人 / 公里 ^{2}，城乡建设用地人口密度增加了 79.36 人 / 公里 ^{2}；同 2017 年相比，两项数值分别增加了 46.30 人 / 公里 ^{2} 和 66.30 人 / 公里 ^{2}。2018 年，安徽省建设用地地均 GDP 为 151.62 万元 / 公顷，是全国平均水平的 61.70%，列全国 31 个省（区、市）的第 24 位。按 2015 年可比价进行计算，相较 2015 年和 2017 年，建设用地地均 GDP 分别

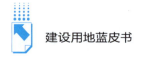

增加了 29.37 万元 / 公顷和 10.86 万元 / 公顷，增幅分别达 25.66% 和 8.17%，分别是全国平均增长水平的 1.37 倍和 1.41 倍。

4. 增长耗地及变化分析

2018 年，安徽单位 GDP 建设用地使用面积为 69.54 公顷 / 亿元，相比全国平均水平高 28.21 公顷 / 亿元，较 2015 年单位 GDP 建设用地使用面积下降 17.84 公顷 / 亿元，降幅为 20.42%，安徽省土地资源利用效率有所提升；2015~2018 年，安徽年均单位 GDP 耗地下降率为 7.33%，较全国平均水平高 1.76 个百分点，其中 2018 年安徽单位 GDP 耗地下降率为 7.55%，较全国平均水平高 2.07 个百分点，列全国 31 个省（区、市）的第 1 位。从经济增长消耗新增建设用地量来看，安徽省 2018 年单位 GDP 增长消耗新增建设用地面积 8.21 公顷 / 亿元，比全国平均水平高 1.60 公顷 / 亿元，相较 2016 年下降了 26.65%；安徽单位人口增长消耗新增城乡建设用地面积为 157.51 米^2 / 人，是全国平均水平的 0.39 倍，列全国 31 个省（区、市）的第 24 位；相较 2016 年，人口增长耗地量下降了 145.47 米^2 / 人，是全国水平的 10.88 倍，降幅列全国第 14 位。近年来，安徽省人口、经济的增长与土地的匹配程度逐步趋于协调，土地资源利用效率不断提升。

5. 经济社会发展与用地变化匹配分析

2015~2018 年，安徽省常住总人口与城乡建设用地增长弹性系数为 2.91，居全国 31 个省（区、市）的第 1 位；从动态变化看，安徽常住总人口与城乡建设用地增长弹性系数呈下降趋势，由 2016 年的 1.10 下降到 2018 年的 −3.73，总人口与城乡建设用地变化协调程度有待提升。从城镇常住人口与用地变化匹配状况看，2015~2018 年，安徽城镇常住人口与城镇工矿用地增长弹性系数为 1.36，与全国平均水平基本持平。从年际变化看，安徽省人口城镇化与土地城镇化在 2016 年协调发展程度最高，从 2017 年到 2018 年人口城镇化均快于土地城镇化，城镇化发展质量有待提升；2015~2018 年，安徽农村人口减少 92.03 万人，村庄用地面积同步减少 157.15 平方公里，农村人口与村庄用地增长弹性系数为 2.14，人口降速明显小于用地降速，农村地区人地匹配协调程度有待提高。此外，2015~2018 年，安徽 GDP 与建设用地增长弹性系数为 17.41，比全国平均水平低 10.55，列全国 31 个省（区、市）的第 3 位。

6. 建设用地节约集约利用排名分析

2018 年，安徽省建设用地节约集约利用现状水平指数为 61.03，建设用地节约集约利用动态变化趋势指数为 57.94，建设用地节约集约利用综合指数为 59.48，在全国 31 个省（区、市）中分别列第 23、第 5 和第 18 位。其中，地级以上城市建设用地节约集约利用综合指数均值 59.92，列全国第 18 位；县级市建设用地节约集约利用综合指数均值 58.32，列全国第 15 位（见表 11）。从年际变化来看，相较 2015 年，安徽省 3 项指数分别提升了 1.44、2.26 和 1.85，现状水平指数排名提升了 1 位，动态变化趋势指数和综合指数排名保持不变。安徽省建设用地节约集约趋势向好，提升空间较大。

表 11 2018 年安徽省建设用地节约集约利用状况及其排名

城市		现状水平指数		动态变化趋势指数		综合指数	
		指数	排名	指数	排名	指数	排名
全省		61.03	23	57.94	5	59.48	18
地级以上城市	合肥市	69.73	55	61.83	23	65.78	35
	芜湖市	66.05	110	62.00	20	64.02	45
	蚌埠市	62.92	161	59.08	49	61.00	101
	淮南市	62.97	158	50.92	249	56.94	203
	马鞍山市	65.45	118	58.97	50	62.21	74
	淮北市	62.45	169	55.03	119	58.74	157
	铜陵市	62.14	178	79.07	4	70.60	20
	安庆市	59.53	224	58.53	57	59.03	146
	黄山市	62.37	171	57.46	73	59.91	127
	滁州市	55.83	262	55.46	106	55.64	234
	阜阳市	60.07	217	57.51	69	58.79	154
	宿州市	58.91	232	53.83	152	56.37	215
	六安市	57.15	248	60.34	32	58.74	158
	亳州市	59.23	228	57.48	70	58.36	174
	池州市	57.50	244	54.92	121	56.21	221
	宣城市	57.56	243	55.22	113	56.39	214
	指数均值	61.24	22	58.60	4	59.92	18

城市		现状水平指数		动态变化趋势指数		综合指数	
		指数	排名	指数	排名	指数	排名
县级市	巢湖市	59.70	248	57.66	156	58.68	216
	桐城市	59.57	253	53.72	226	56.65	269
	潜山市	59.26	259	58.62	139	58.94	210
	天长市	55.64	316	61.39	105	58.51	221
	明光市	56.51	305	54.56	209	55.54	293
	界首市	61.67	210	54.09	217	57.88	236
	宁国市	61.67	211	62.47	92	62.07	133
	指数均值	59.15	19	57.50	10	58.32	15

2018 年安徽省地级以上城市、县级市建设用地节约集约利用状况分布分别见图 22、图 23。

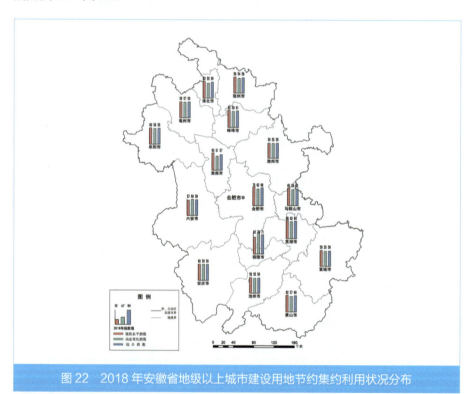

图 22　2018 年安徽省地级以上城市建设用地节约集约利用状况分布

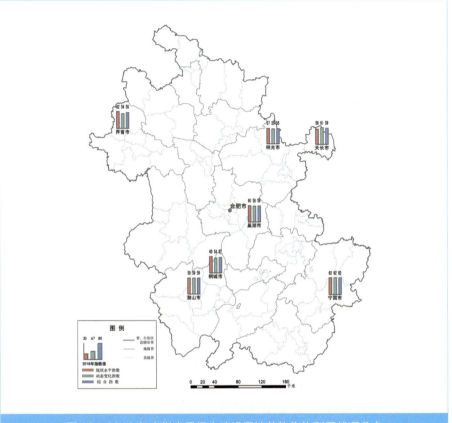

图 23 2018 年安徽省县级市建设用地节约集约利用状况分布

（三）江西

1. 基本情况

2018 年，江西省共辖 11 个地级以上城市和 11 个县级市，全部纳入建设用地节约集约利用评价。2018 年，江西省土地总面积 16.69 万平方公里，国土开发强度 7.91%，相比 2015 年提升 0.29 个百分点，国土开发强度列我国 31 个省（区、市）的第 17 位；常住总人口 4647.20 万人，相比 2015 年增加 81.57 万人，城镇常住人口 2601.37 万人，城镇化率 55.98%，相比 2015 年增加 1.62 个百分点；GDP 为 2.13 万亿元，相比 2015 年增加 0.49 万亿元，常住

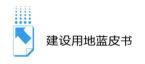

人口人均 GDP 为 4.58 万元，相比 2015 年增加 0.99 万元。

2. 土地利用现状及变化分析

2018 年，江西省农用地面积 14.40 万平方公里，占土地总面积的 86.28%；建设用地面积 1.32 万平方公里，占土地总面积的 7.91%；其他用地面积 0.97 万平方公里，占土地总面积的 5.81%。建设用地中，城乡建设用地面积 0.98 万平方公里，占比 74.24%；交通水利用地面积 0.32 万平方公里，占比 24.24%；其他建设用地面积 0.02 万平方公里，占比 1.52%。国土开发强度从 2017 年的 7.82% 增加至 2018 年的 7.91%，比全国平均水平高 1.53 个百分点。

3. 土地利用强度及变化分析

2018 年，江西省建设用地人口密度和城乡建设用地人口密度分别为 3518.60 人 / 公里^2 和 4745.95 人 / 公里^2，建设用地人口密度比全国水平低 80.93 人 / 公里^2，城乡建设用地人口密度比全国水平高 233.59 人 / 公里^2。同 2015 年相比，建设用地人口密度减少了 69.94 人 / 公里^2，城乡建设用地人口密度减少了 108.47 人 / 公里^2。同 2017 年相比，两项数值分别降低了 20.04 人 / 公里^2 和 31.76 人 / 公里^2。2018 年，江西省建设用地地均 GDP 为 161.01 万元 / 公顷，是全国平均水平的 65.52%，列全国 31 个省（区、市）的第 18 位。按 2015 年可比价进行计算，相较 2015 年和 2017 年，建设用地地均 GDP 分别增加了 32.09 万元 / 公顷和 11.54 万元 / 公顷，增幅分别达 24.22% 和 7.54%，分别是全国平均增长水平的 1.29 倍和 1.30 倍。

4. 增长耗地及变化分析

2018 年，江西单位 GDP 建设用地使用面积为 60.75 公顷 / 亿元，相比全国平均水平高 19.43 公顷 / 亿元，较 2015 年单位 GDP 建设用地使用面积下降 14.71 公顷 / 亿元，降幅为 19.50%，江西省土地资源利用效率较高；2015~2018 年，江西年均单位 GDP 耗地下降率为 6.97%，较全国平均水平高 1.40 个百分点，其中 2018 年江西单位 GDP 耗地下降率为 7.01%，较全国平均水平高 1.53 个百分点，列全国 31 个省（区、市）的第 4 位。从经济增长消耗新增建设用地量来看，江西省 2018 年单位 GDP 增长消耗新增建设用地面积 9.15 公顷 / 亿元，比全国平均水平高 2.55 公顷 / 亿元，相较 2016 年降低了

31.97%；江西单位人口增长消耗新增城乡建设用地面积为 518.86 米^2/人，是全国平均水平的 1.30 倍，列全国 31 个省（区、市）的第 7 位；相较 2016 年，人口增长耗地量呈下降趋势，从 2016 年的 606.27 米^2/人到 2018 年的 518.86 米^2/人，下降了 87.41 米^2/人，是全国水平的 6.54 倍，降幅列全国第 16 位。近年来，江西省人口、经济的增长与土地的匹配程度逐步趋于协调，土地资源利用效率不断提升。

5. 经济社会发展与用地变化匹配分析

2015~2018 年，江西省常住总人口与城乡建设用地增长弹性系数为 0.43，居全国 31 个省（区、市）的第 19 位，人口增速仍慢于城乡建设用地增速，建设用地增长速度同常住人口增长速度的协调性减弱。从动态变化看，江西常住总人口与城乡建设用地增长弹性系数逐年提高，由 2016 年的 0.40 上升到 2018 年的 0.45，总人口与城乡建设用地变化协调程度逐步提升。从城镇常住人口与用地变化匹配状况看，2015~2018 年，江西城镇常住人口与城镇工矿用地增长弹性系数为 1.17，比全国平均水平低 0.20。从年际变化看，2016 年江西省人口城镇化慢于土地城镇化，2017 年、2018 年江西人口城镇化均快于土地城镇化；2015~2018 年江苏农村人口减少 163.04 万人，村庄用地面积增加 62.44 平方公里，农村地区人地匹配协调程度有待提高。此外，2016~2018 年，江西地区生产总值与建设用地增长弹性系数从 6.42 提升到 7.83，江西建设用地集约程度不断提升，处于全国中下游水平，提升空间和潜力较大。

6. 建设用地节约集约利用排名分析

2018 年，江西省建设用地节约集约利用现状水平指数为 63.73，建设用地节约集约利用动态变化趋势指数为 54.73，建设用地节约集约利用综合指数为 59.23，在全国 31 个省（区、市）中分别列第 18、第 16 和第 19 位。其中，地级以上城市建设用地节约集约利用综合指数均值 59.70，列全国第 19 位；县级市建设用地节约集约利用综合指数均值 58.00，列全国第 18 位（见表 12）。从年际变化来看，相较 2015 年，江西省 3 项指数分别提升了 0.63、2.61 和 1.62，现状水平指数和综合指数保持不变，动态变化趋势指数

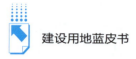

提升了4位，建设用地节约集约利用水平虽有提升，但仍处于全国中下游水平，提升空间较大。

城市		现状水平指数		动态变化趋势指数		综合指数	
		指数	排名	指数	排名	指数	排名
全省		63.73	18	54.73	16	59.23	19
地级以上城市	南昌市	74.15	34	60.26	33	67.21	30
	景德镇市	67.02	92	53.15	180	60.08	125
	萍乡市	66.21	108	55.81	100	61.01	100
	九江市	61.88	184	54.62	131	58.25	176
	新余市	64.81	129	58.68	52	61.74	86
	鹰潭市	62.99	157	54.89	122	58.94	149
	赣州市	62.33	174	54.87	123	58.60	162
	吉安市	61.03	205	53.76	155	57.39	193
	宜春市	61.66	192	53.56	166	57.61	189
	抚州市	62.86	162	52.61	199	57.74	186
	上饶市	63.06	155	53.07	182	58.06	180
	指数均值	64.36	19	55.03	14	59.70	19
县级市	乐平市	67.36	85	56.35	181	61.85	137
	瑞昌市	64.65	142	57.82	152	61.23	160
	共青市	56.41	308	47.41	320	51.91	341
	庐山市	56.55	304	49.73	291	53.14	327
	贵溪市	62.90	182	58.48	141	60.69	174
	瑞金市	62.69	188	63.07	85	62.88	116
	井冈山市	60.25	241	58.55	140	59.40	198
	丰城市	68.07	74	57.81	153	62.94	113
	樟树市	64.69	138	51.77	262	58.23	229
	高安市	59.29	258	50.51	281	54.90	303
	德兴市	55.42	320	46.11	333	50.76	352
	指数均值	61.66	15	54.33	19	58.00	18

表12　2018年江西省建设用地节约集约利用状况及其排名

2018年江西省地级以上城市、县级市建设用地节约集约利用状况分布分别见图24、图25。

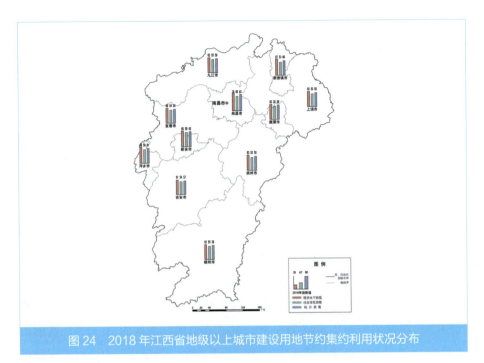

图 24　2018 年江西省地级以上城市建设用地节约集约利用状况分布

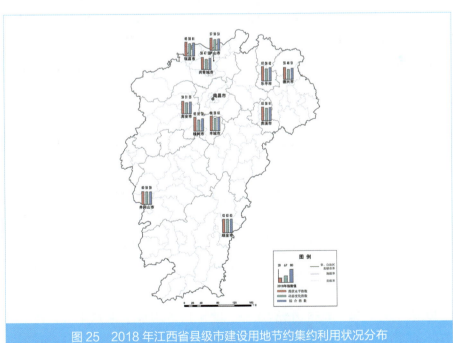

图 25　2018 年江西省县级市建设用地节约集约利用状况分布

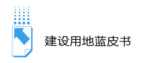

（四）河南

1. 基本情况

2018 年，河南省共辖 17 个地级以上城市和 21 个县级市，全部纳入建设用地节约集约利用评价。2018 年，河南省土地总面积 16.57 万平方公里，国土开发强度 16.09%，相比 2015 年提升 0.48 个百分点，国土开发强度列我国 31 个省（区、市）的第 6 位；常住总人口 9519.93 万人，相比 2015 年增加 113.05 万人，城镇常住人口 478.92 万人，城镇化率 52.06%，比 2015 年提高了 1.46 个百分点；GDP 为 4.81 万亿元，相比 2015 年增加 0.96 万亿元，常住人口人均 GDP 为 5.06 万元，相比 2015 年增加 0.96 万元。

2. 土地利用现状及变化分析

2018 年，河南省农用地面积 12.66 万平方公里，占土地总面积的 76.40%；建设用地面积 2.67 万平方公里，占土地总面积的 16.11%；其他用地面积 1.24 万平方公里，占土地总面积的 7.48%。建设用地中，城乡建设用地面积 2.25 万平方公里，占比 84.48%；交通水利用地面积 0.38 万平方公里，占比 14.30%；其他建设用地面积 0.03 万平方公里，占比 1.23%。国土开发强度从 2017 年的 15.96% 增加至 2018 年的 16.09%，比全国水平高 9.71 个百分点。

3. 土地利用强度及变化分析

2018 年，河南省建设用地人口密度和城乡建设用地人口密度分别为 3570.76 人 / 公里 ^{2} 和 4226.91 人 / 公里 ^{2}，建设用地人口密度比全国平均水平低 28.76 人 / 公里 ^{2}，城乡建设用地人口密度比全国平均水平低 285.46 人 / 公里 ^{2}，分别列全国 31 个省（区、市）的第 15 位和第 20 位。相较 2015 年，建设用地人口承载水平有所下降，其中建设用地人口密度下降了 66.18 人 / 公里 ^{2}，城乡建设用地人口密度降低了 75.80 人 / 公里 ^{2}；同 2017 年相比，两项数值分别降低了 12.39 人 / 公里 ^{2} 和 12.48 人 / 公里 ^{2}。2018 年，河南省建设用地地均 GDP 为 180.55 万元 / 公顷，是全国平均水平的 73.47%，列全国 31 个省（区、市）的第 16 位。按 2015 年可比价进行计算，相较 2015 年和 2017 年，建设用地地均 GDP 分别增加了 31.81 万元 / 公顷和 10.99 万元 / 公顷，增幅分别达 22.12% 和 6.67%，分别是全国平均增长水平的 1.18 倍和 1.15 倍。

4. 增长耗地及变化分析

2018 年，河南单位 GDP 建设用地使用面积为 56.93 公顷 / 亿元，相比全国平均水平高 15.61 公顷 / 亿元，较 2015 年单位 GDP 建设用地使用面积增加了 12.59 公顷 / 亿元，增幅为 18.11%，说明河南省土地资源利用效率较低，存在较大提升空间；2015~2018 年，河南年均单位 GDP 耗地下降率为 6.44%，较全国平均水平高 0.87 个百分点，其中 2018 年河南单位 GDP 耗地下降率为 6.25%，较全国平均水平高 0.77 个百分点，列全国各省（区、市）的第 11 位。从经济增长消耗新增建设用地量来看，河南省 2018 年单位 GDP 增长消耗新增建设用地面积 8.81 公顷 / 亿元，比全国平均水平高 2.21 公顷 / 亿元，相较 2016 年降低了 20.80%，土地资源利用趋势向好；河南单位人口增长消耗新增城乡建设用地面积为 515.10 米^2 / 人，是全国平均水平的 1.29 倍，列全国各省（区、市）的第 8 位；相较 2016 年，单位人口增长耗地量降低了 69.72 米^2 / 人。

5. 经济社会发展与用地变化匹配分析

2015~2018 年，河南省常住总人口与城乡建设用地增长弹性系数为 0.40，居全国各省（区、市）的第 20 位，人口增速慢于城乡建设用地增速；从动态变化看，河南常住总人口与城乡建设用地增长弹性系数逐年提高，由 2016 年的 0.35 上升到 2018 年的 0.62，总人口与城乡建设用地变化协调程度逐步提升。从城镇常住人口与用地变化匹配状况看，2015~2018 年，河南城镇常住人口与城镇工矿用地增长弹性系数为 0.74，比全国平均水平低 0.62；2015~2018 年河南农村人口减少 365.87 万人，村庄用地面积同步减少 168.68 平方公里，农村人口与村庄用地增长弹性系数为 7.08，由于生育率的持续下降，人口降速明显快于用地降速，农村地区人地匹配协调程度有待提高。此外，2015~2018 年河南地区生产总值与建设用地增长弹性系数高达 8.41，比全国平均水平高 1.55 个百分点，列全国各省（区、市）的第 8 位。

6. 建设用地节约集约利用排名分析

2018 年，河南省建设用地节约集约利用现状水平指数为 62.89，建设用地节约集约利用动态变化趋势指数为 54.23，建设用地节约集约利用综合指数为 58.56，在全国 31 个省（区、市）中分别列第 19、第 20 和第 20 位。其中，地级以上城市建设用地节约集约利用综合指数均值 59.13，列全国第 21 位；县级市建设用地节约集约利用综合指数均值 58.94，列全国第 14 位（见表 13）。从年际变化来看，相较 2015 年，3 项指数分别提升 0.99、1.93 和 1.46，现状水平指数和综合指数排名均保持不变，动态变化趋势指数下降了 1 位。综合来看，河南省建设用地节约集约利用水平虽有提升，但仍处于全国下游水平，有较大提升空间。

表 13　2018 年河南省建设用地节约集约利用状况及其排名

城市		现状水平指数		动态变化趋势指数		综合指数	
		指数	排名	指数	排名	指数	排名
全省		62.89	19	54.23	20	58.56	20
地级以上城市	郑州市	73.82	36	57.15	76	65.49	36
	开封市	62.95	159	51.97	219	57.46	191
	洛阳市	66.70	98	60.47	31	63.59	49
	平顶山市	64.19	134	54.22	144	59.21	144
	安阳市	63.41	149	53.73	157	58.57	164
	鹤壁市	65.70	116	51.17	242	58.43	171
	新乡市	62.61	167	52.07	214	57.34	194
	焦作市	66.66	101	57.48	71	62.07	76
	濮阳市	63.40	150	49.85	270	56.62	211
	许昌市	66.73	97	57.10	77	61.92	81
	漯河市	67.76	81	56.50	85	62.13	75
	三门峡市	62.99	156	59.42	41	61.21	96
	南阳市	60.78	208	52.47	205	56.62	210
	商丘市	59.44	226	53.88	151	56.66	209
	信阳市	56.33	258	53.38	172	54.85	250

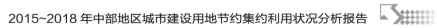

城市		现状水平指数		动态变化趋势指数		综合指数	
		指数	排名	指数	排名	指数	排名
地级以上城市	周口市	61.79	189	54.42	135	58.10	179
	驻马店市	57.41	245	52.36	208	54.88	249
	指数均值	63.69	20	54.57	18	59.13	21
县级市	巩义市	69.11	63	54.18	214	61.64	144
	荥阳市	65.42	124	49.58	293	57.50	245
	新密市	62.99	180	46.02	334	54.50	313
	新郑市	69.83	53	57.86	148	63.84	89
	登封市	64.65	141	48.54	305	56.60	273
	偃师市	71.02	42	56.33	183	63.68	93
	舞钢市	59.76	247	57.84	151	58.80	213
	汝州市	65.02	129	51.06	270	58.04	233
	林州市	64.86	134	52.57	248	58.71	215
	卫辉市	60.53	233	45.91	340	53.22	325
	辉县市	62.81	184	46.87	328	54.84	305
	沁阳市	68.27	70	62.21	96	65.24	65
	孟州市	67.19	93	59.35	127	63.27	101
	禹州市	65.93	119	52.66	246	59.29	199
	长葛市	69.58	56	52.30	253	60.94	165
	义马市	75.01	22	45.49	345	60.25	185
	灵宝市	63.69	164	45.96	338	54.83	307
	邓州市	60.17	243	53.53	231	56.85	264
	永城市	59.97	244	51.63	264	55.80	288
	项城市	66.44	106	51.66	263	59.05	204
	济源市	63.10	178	58.76	136	60.93	166
	指数均值	65.49	10	52.40	25	58.94	14

2018年河南省地级以上城市、县级市建设用地节约集约利用状况分布分别见图26、图27。

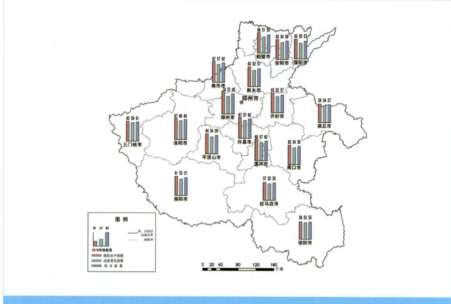

图 26   2018 年河南省地级以上城市建设用地节约集约利用状况分布

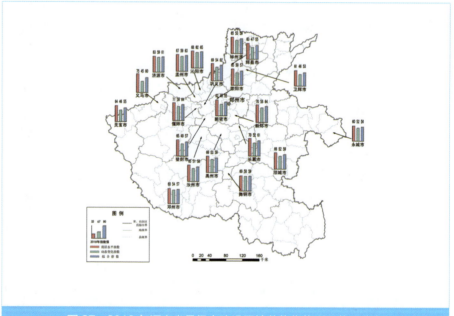

图 27   2018 年河南省县级市建设用地节约集约利用状况分布

（五）湖北

1. 基本情况

2018 年，湖北省共辖 12 个地级以上城市和 25 个县级市，全部纳入建设用地节约集约利用评价。2018 年湖北省土地总面积 15.86 万平方公里，国土开发强度 10.46%，国土开发强度列我国 31 个省（区、市）的第 13 位；常住总人口 5571.53 万人，相比 2015 年增加了 54.91 万人，城镇化率 61.24%，相比 2015 年城镇化率降低了 1.71 个百分点；GDP 为 4.00 万亿元，相比 2015 年增加 0.73 万亿元，常住人口人均 GDP 为 7.17 万元，相比 2015 年增加 1.26 万元。

2. 土地利用现状及变化分析

2018 年湖北省农用地面积 13.17 万平方公里，占土地总面积的 83.01%；建设用地面积 1.66 万平方公里，占土地总面积的 10.46%；其他用地面积 1.04 万平方公里，占土地总面积的 6.53%。建设用地中，城乡建设用地面积 1.24 万平方公里，占比 74.72%；交通水利用地面积 0.40 万平方公里，占比 23.93%；其他建设用地面积 0.02 万平方公里，占比 1.35%。国土开发强度从 2017 年的 10.37% 增加至 2018 年的 10.46%，比全国水平高 4.08 个百分点。

3. 土地利用强度及变化分析

2018 年，湖北省建设用地人口密度和城乡建设用地人口密度分别为 3357.34 人 / 公里 ^{2} 和 4493.37 人 / 公里 ^{2}，建设用地人口密度比全国平均水平低 242.18 人 / 公里 ^{2}，城乡建设用地人口密度比全国平均水平低 18.99 人 / 公里 ^{2}，列全国 31 个省（区、市）的第 20 位和第 16 位。同 2015 年相比，建设用地人口承载水平有所下降，其中建设用地人口密度下降了 78.03 人 / 公里 ^{2}，城乡建设用地人口密度降低了 88.73 人 / 公里 ^{2}。同 2017 年相比，两项数值分别降低了 24.47 人 / 公里 ^{2} 和 32.29 人 / 公里 ^{2}。2018 年，湖北省建设用地地均 GDP 为 240.80 万元 / 公顷，与全国平均水平基本相当，列全国 31 个省（区、市）的第 11 位。按 2015 年可比价进行计算，相较 2015 年和 2017 年，建设

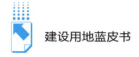

用地地均 GDP 分别增加了 37.93 万元 / 公顷和 14.67 万元 / 公顷，增幅分别达 20.03% 和 6.90%，分别是全国平均增长水平的 1.07 倍和 1.19 倍。

4. 增长耗地及变化分析

2018 年，湖北单位 GDP 建设用地使用面积为 43.99 公顷 / 亿元，相比全国平均水平高 2.67 公顷 / 亿元，较 2015 年单位 GDP 建设用地使用面积增加了 8.81 公顷 / 亿元，增幅为 16.69%，说明湖北省土地资源利用效率有待提升；2015~2018 年，湖北年均单位 GDP 耗地下降率为 5.90%，较全国平均水平高 0.33%，其中 2018 年湖北单位 GDP 耗地下降率为 6.46%，较全国平均水平高 0.97 个百分点，列全国各省（区、市）的第 9 位。从经济增长消耗新增建设用地量来看，湖北省 2018 年单位 GDP 增长消耗新增建设用地面积 5.23 公顷 / 亿元，比全国平均水平低 1.37 公顷 / 亿元，相较 2016 年下降了 48.71%；湖北单位人口增长消耗新增城乡建设用地面积为 1421.94 米 ^{2} / 人，是全国平均水平的 3.56 倍，列全国各省（区、市）的第 1 位；相较 2016 年，人口增长耗地量增加了 761.89 米 ^{2} / 人。总体来看，湖北省土地投入产出强度有所提升，但是人口增长与新增耗地协调性有待提高。

5. 经济社会发展与用地变化匹配分析

2015~2018 年，湖北省常住总人口与城乡建设用地增长弹性系数为 0.33，居全国各省（区、市）的第 22 位，人口增速仍慢于城乡建设用地增速；从动态变化看，湖北常住总人口与城乡建设用地增长弹性系数呈下降趋势，由 2016 年的 0.45 下降到 2018 年的 0.15，其中，2016~2018 年，常住总人口增速分别为 0.41%、0.46% 和 0.13%，城乡建设用地增速分别为 0.91%、1.20% 和 0.85%，人口增速均慢于城乡建设用地增速，总人口与城乡建设用地变化协调程度有待提升。从城镇常住人口与用地变化匹配状况看，2015~2018 年，湖北城镇常住人口与城镇工矿用地增长弹性系数为 1.44，比全国平均水平高 0.07，从年际变化看，2016~2018 年，湖北城镇常住人口与城镇工矿用地增长弹性系数逐年下滑，从 2.04 下降到 0.81，人口城镇化与土地城镇化发展呈协调趋势；2015~2018 年，湖北农村人口减少 255.90 万人，村庄用地面积增加 60.43 平方公里，农村地区人地匹配协调程度有待提高。此外，2015~2018 年，湖北经济发展水平逐年提升，GDP 与建设用地增长弹性系数高达 7.19，比全国平均水平高 0.34，列全国各省（区、市）的第 11 位，居于全国上游水平。

6. 建设用地节约集约利用排名分析

2018 年，湖北省建设用地节约集约利用现状水平指数为 65.62，建设用地节约集约利用动态变化趋势指数为 55.76，建设用地节约集约利用综合指数为 60.69，在全国 31 个省（区、市）中分别列第 15、第 9 和第 14 位。其中，地级以上城市建设用地节约集约利用综合指数均值 60.72，列全国第 13 位；县级市建设用地节约集约利用综合指数均值 60.65，列全国第 12 位（见表 14）。从年际变化来看，相较 2015 年，湖北省现状水平指数、动态变化趋势指数和节约集约综合指数分别提升了 1.43、1.99 和 1.71，现状水平指数排名提升了了 2 位，动态变化趋势指数排名提升了 4 位，综合指数保持第 14 位不变，建设用地节约集约利用有待进一步加强。

表 14　2018 年湖北省建设用地节约集约利用状况及其排名

城市		现状水平指数		动态变化趋势指数		综合指数	
		指数	排名	指数	排名	指数	排名
全省		65.62	15	55.76	9	60.69	14
地级以上城市	武汉市	88.66	8	61.97	21	75.32	8
	黄石市	66.36	104	57.28	75	61.82	84
	十堰市	64.06	136	51.93	221	57.99	182
	宜昌市	66.79	95	51.80	223	59.30	141
	襄阳市	64.10	135	70.44	6	67.27	29
	鄂州市	67.32	88	53.41	171	60.37	118
	荆门市	57.32	246	54.07	147	55.69	233
	孝感市	63.82	144	54.71	126	59.26	143
	荆州市	59.41	227	54.24	143	56.82	205
	黄冈市	60.94	206	53.65	159	57.29	195
	咸宁市	62.57	168	54.53	133	58.55	165
	随州市	59.06	230	58.83	51	58.95	148
	指数均值	65.03	17	56.40	6	60.72	13

143

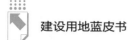

续表

城市		现状水平指数		动态变化趋势指数		综合指数	
		指数	排名	指数	排名	指数	排名
县级市	大冶市	62.77	186	60.49	111	61.63	147
	丹江口市	58.14	278	55.78	191	56.96	263
	宜都市	72.93	29	57.02	168	64.98	68
	当阳市	61.01	229	55.29	198	58.15	232
	枝江市	59.65	252	47.56	315	53.60	320
	老河口市	63.43	169	70.25	37	66.84	49
	枣阳市	61.02	228	66.79	56	63.90	88
	宜城市	61.44	217	61.42	104	61.43	155
	钟祥市	56.49	306	62.71	88	59.60	195
	京山市	57.99	283	54.37	211	56.18	281
	应城市	63.91	160	59.96	120	61.94	134
	安陆市	59.05	260	72.87	22	65.96	55
	汉川市	67.28	88	59.41	126	63.35	99
	石首市	58.82	263	59.28	128	59.05	205
	洪湖市	61.43	218	60.07	119	60.75	170
	松滋市	58.45	275	52.39	252	55.42	298
	麻城市	61.05	226	61.49	102	61.27	158
	武穴市	66.19	111	49.22	296	57.70	239
	赤壁市	64.17	154	61.46	103	62.82	117
	广水市	58.77	264	76.18	14	67.48	44
	恩施市	62.49	193	55.56	193	59.02	206
	利川市	58.03	282	55.05	201	56.54	274
	仙桃市	63.29	175	55.94	188	59.62	194
	潜江市	67.21	91	58.89	134	63.05	109
	天门市	61.41	219	56.72	174	59.07	201
	指数均值	61.86	13	59.45	6	60.65	12

　　2018 年湖北省地级以上城市、县级市建设用地节约集约利用状况分布分别见图 28、图 29。

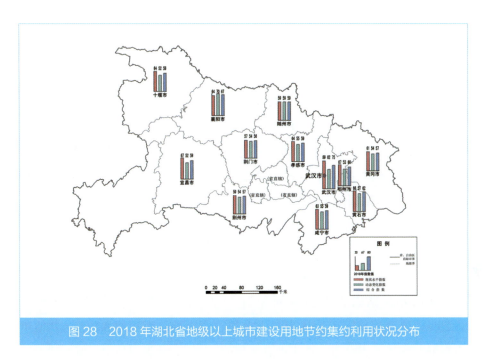

图 28　2018 年湖北省地级以上城市建设用地节约集约利用状况分布

图 29　2018 年湖北省县级市建设用地节约集约利用状况分布

145

（六）湖南

1. 基本情况

2018 年，湖南省共辖 13 个地级以上城市和 17 个县级市，全部纳入建设用地节约集约利用评价。2018 年末，湖南省土地总面积 19.64 万平方公里，国土开发强度 8.19%，相比 2015 年提升 0.23 个百分点，国土开发强度列我国 31 个省（区、市）的第 16 位；常住总人口 6633.82 万人，相比 2015 年增加 113.54 万人，城镇常住人口 3741.39 万人，城镇化率 56.40%，比 2015 年降低了 2.06 个百分点；GDP 为 3.70 万亿元，相比 2015 年增加 0.83 万亿元，常住人口人均 GDP 为 5.58 万元，比 2015 年高 1.17 万元。

2. 土地利用现状及变化分析

2018 年，湖南省农用地面积 16.75 万平方公里，占土地总面积的 85.29%；建设用地面积 1.61 万平方公里，占土地总面积的 8.20%；其他用地面积 1.28 万平方公里，占土地总面积的 6.52%。建设用地中，城乡建设用地面积 1.29 万平方公里，占比 80.12%；交通水利用地面积 0.29 万平方公里，占比 18.01%；其他建设用地面积 0.03 万平方公里，占比 1.86%。国土开发强度从 2017 年的 8.12% 增加至 2018 年的 8.19%，比全国水平高 1.80 个百分点。

3. 土地利用强度及变化分析

2018 年，湖南省建设用地人口密度和城乡建设用地人口密度分别为 4126.30 人 / 公里 ^{2} 和 5151.82 人 / 公里 ^{2}，建设用地人口密度比全国平均水平高 526.78 人 / 公里 ^{2}，城乡建设用地人口密度比全国平均水平高 639.46 人 / 公里 ^{2}。相较 2015 年建设用地人口承载水平有所下降，其中建设用地人口密度下降了 44.42 人 / 公里 ^{2}，城乡建设用地人口密度降低了 47.21 人 / 公里 ^{2}；同 2017 年相比，建设用地人口密度减少了 8.78 人 / 公里 ^{2}，城乡建设用地人口密度减少了 10.98 人 / 公里 ^{2}。2018 年，湖南省建设用地地均 GDP 为 230.26 万元 / 公顷，是全国平均水平的 93.70%，列全国 31 个省（区、市）的第 14 位。按 2015 年可比价进行计算，相较 2015 年和 2017 年，建设用地地均 GDP 分别增加了 46.32 万元 / 公顷和 16.45 万元 / 公顷，增幅分别达 23.99% 和 7.38%，分别是全国平均增长水平的 1.28 倍和 1.27 倍。

4. 增长耗地及变化分析

2018 年，湖南单位 GDP 建设用地使用面积为 41.77 公顷 / 亿元，相比全国平均水平高 0.45 公顷 / 亿元，较 2015 年单位 GDP 建设用地使用面积多 10.02 公顷 / 亿元，增幅为 19.35%，说明湖南省土地资源利用效率有待提升；2015~2018 年，湖南年均单位 GDP 耗地下降率 6.92%，较全国平均水平高 1.32 个百分点，列全国各省（区、市）的第 4 位，其中 2018 年湖南单位 GDP 耗地下降率为 6.87%，较全国平均水平高 1.32 个百分点。从经济增长消耗新增建设用地量来看，湖南省 2018 年单位 GDP 增长消耗新增建设用地面积 4.70 公顷 / 亿元，比全国平均水平低 1.90 公顷 / 亿元，相较 2016 年降低了 4.80%，土地利用效率提升较为明显；湖南单位人口增长消耗新增城乡建设用地面积为 301.23 米 ^{2} / 人，是全国平均水平的 0.75 倍，列全国各省（区、市）的第 12 位；从年际变化看，人口增长耗地量从 2016 年到 2018 年呈现逐年增加的趋势，从 2016 年的 240.91 米 ^{2} / 人到 2018 年的 301.23 米 ^{2} / 人，增加了 60.32 米 ^{2} / 人，列全国第 24 位。湖南省土地投入产出强度提升，但是人口与土地协调程度有待提升。

5. 经济社会发展与用地变化匹配分析

2015~2018，湖南省常住总人口与城乡建设用地增长弹性系数为 0.65，居全国各省（区、市）的第 11 位，人口增速仍慢于城乡建设用地增速；从动态变化看，湖南常住总人口与城乡建设用地增长弹性系数逐年提高，由 2016 年的 0.61 上升到 2018 年的 0.72，总人口与城乡建设用地变化协调程度逐步提升。从城镇常住人口与用地变化匹配状况看，2015~2018 年，湖南城镇常住人口与城镇工矿用地增长弹性系数为 1.78，比全国平均水平高 0.41；2015~2018 年，湖南农村人口减少 293.77 万人，村庄用地面积增加 96.14 平方公里，农村地区人地匹配协调程度有待提高。此外，2015~2018 年，湖南经济发展水平逐年提升，GDP 与建设用地增长弹性系数高达 9.70，比全国平均水平高 2.84 个百分点，列全国 31 个省（区、市）的第 6 位。

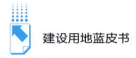

6. 建设用地节约集约利用排名分析

2018 年，湖南省建设用地节约集约利用现状水平指数为 67.14，建设用地节约集约利用动态变化趋势指数为 58.11，建设用地节约集约利用综合指数为 62.63，在全国 31 个省（区、市）中分别列第 12、第 4 和第 8 位。其中，地级以上城市建设用地节约集约利用综合指数均值 62.11，列全国第 10 位；县级市建设用地节约集约利用综合指数均值 64.15，列全国第 3 位（见表 15）。从年际变化来看，相较 2015 年，湖南省 3 项指数分别提升了 1.08、3.04 和 2.06，现状水平指数排名保持第 12 位未变，动态变化趋势指数提升了 5 位，综合指数提升了 2 位。湖南省建设用地节约集约利用趋势向好，处于全国上游水平。

表 15　2018 年湖南省建设用地节约集约利用状况及其排名

城市		现状水平指数		动态变化趋势指数		综合指数	
		指数	排名	指数	排名	指数	排名
全省		67.14	12	58.11	4	62.63	8
地级以上城市	长沙市	77.50	26	65.66	12	71.58	16
	株洲市	64.80	130	56.00	95	60.40	116
	湘潭市	65.89	113	61.19	25	63.54	50
	衡阳市	66.22	107	57.54	68	61.88	82
	邵阳市	67.40	85	53.60	164	60.50	111
	岳阳市	68.58	66	59.14	47	63.86	46
	常德市	62.10	179	55.34	108	58.72	159
	张家界市	65.30	120	54.32	138	59.81	131
	益阳市	68.50	69	56.70	81	62.60	68
	郴州市	67.21	89	56.90	79	62.06	77
	永州市	63.21	153	53.97	148	58.59	163

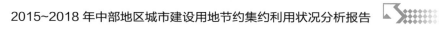

续表

城市		现状水平指数		动态变化趋势指数		综合指数	
		指数	排名	指数	排名	指数	排名
地级以上城市	怀化市	67.17	90	55.26	111	61.21	95
	娄底市	64.25	133	60.98	26	62.62	67
	指数均值	66.78	11	57.43	5	62.11	10
县级市	浏阳市	63.27	176	70.49	35	66.88	48
	宁乡市	65.29	126	48.01	311	56.65	270
	醴陵市	64.51	148	47.49	317	56.00	285
	湘乡市	61.74	209	74.43	18	68.08	37
	韶山市	63.37	172	64.50	66	63.93	86
	耒阳市	66.98	94	56.26	184	61.62	148
	常宁市	64.89	133	50.84	274	57.87	237
	武冈市	67.72	80	52.18	254	59.95	190
	汨罗市	64.98	131	67.66	50	66.32	54
	临湘市	67.97	75	68.52	43	68.24	36
	津市市	63.52	167	77.76	11	70.64	21
	沅江市	72.66	32	54.23	213	63.44	96
	资兴市	64.61	145	74.94	17	69.78	27
	洪江市	67.92	76	62.39	95	65.15	66
	冷水江市	75.38	20	73.93	21	74.66	9
	涟源市	60.35	239	50.73	277	55.54	292
	吉首市	69.89	52	61.58	101	65.73	57
	指数均值	66.18	6	62.11	3	64.15	3

　　2018 年湖南省地级以上城市、县级市建设用地节约集约利用状况分布分别见图 30、图 31。

图 30　2018 年湖南省地级以上城市建设用地节约集约利用状况分布

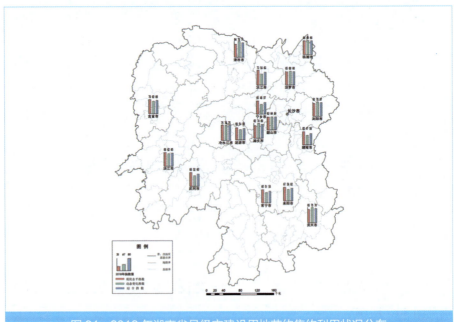

图 31　2018 年湖南省县级市建设用地节约集约利用状况分布

B.4
2015~2018 年西部地区城市建设用地
节约集约利用状况分析报告

中国国土勘测规划院

摘　要：　基于西部地区"一市""五区""六省"99 个城市建设用地节约集
约利用状况整体评价基础数据，分析西部地区土地利用现状、建
设用地利用强度及变化情况、经济社会发展消耗建设用地状况、
经济社会发展与建设用地变化匹配状况，揭示西部地区城市建设
用地节约集约利用现状水平、变化趋势、区域差异和总体特征。

关键词：　建设用地　节约集约利用　西部地区

　　截至 2018 年底，西部地区"一市"（重庆）、"五区"（内蒙古、广西、西
藏、宁夏、新疆）、"六省"（四川、贵州、云南、陕西、甘肃、青海）99 个
城市[①]建设用地总面积为 9.01 万平方公里，占全国建设用地总面积的 24.55%，
国土开发强度为 2.85%，比全国平均水平低 3.54 个百分点；常住总人口为 3.17
亿人，城镇常住人口为 1.74 亿人，城镇化率为 54.78%,比全国平均水平低 5.73
个百分点；GDP 为 16.47 万亿元，常住人口人均 GDP 为 5.19 万元。

[①] 西部地区包括内蒙古、广西、重庆、四川、贵州、云南、西藏、陕西、甘肃、青海、宁
夏、新疆等 12 个省（区、市），涉及 95 个地级以上城市和 94 个县级市（其中 4 个县级市
独立参评，不隶属于参评的 95 个地级以上城市）。

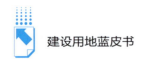
一 土地利用现状及变化状况

（一）三大类用地结构

截至 2018 年底，西部地区 99 个城市土地总面积为 316.36 万平方公里，建设用地面积为 9.01 万平方公里，占土地总面积的 2.85%；农用地面积为 227.89 万平方公里，占土地总面积的 72.04%，其中耕地面积为 38.74 万平方公里，占农用地面积的 17.00%；其他土地面积为 79.46 万平方公里，占土地总面积的 25.12%。从各省（区、市）情况看，除甘肃和新疆其他土地占比最多之外，其余 10 个省（区、市）均为农用地占比最多；除重庆、四川、青海外，其他 9 个省（区）建设用地占比最少（见图 1）。在国土开发强度方面，从空间分布看，2018 年，四川和重庆的国土开发强度超过全国平均水平，分别为 8.79% 和 8.41%，西藏最低，为 0.17%（见图 2）。

从动态变化上看，2015~2018 年，西部地区建设用地整体呈增长趋势，累计增加了 0.40 万平方公里，累计增幅为 4.59%，年均增长率为 1.51%，其中建

图 1 2018 年西部地区土地利用结构

图 2　2015~2018 年西部地区国土开发强度

设用地累计增幅较大的是西藏和贵州，分别为 12.00% 和 10.00%；增幅最少的是四川，为 3.50%。2018 年，西部地区建设用地增长 1.21%，其中西藏和贵州增幅较大，分别为 2.94% 和 2.88%，甘肃增幅最小，为 0.81%（见图 3）。

图 3　2016~2018 年西部地区建设用地增长率

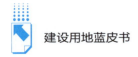
（二）建设用地结构

截至 2018 年底，西部地区 99 个城市建设用地总面积为 9.01 万平方公里，其中城乡建设用地面积为 7.20 万平方公里，占建设用地面积的 80.00%，比全国平均水平低 0.23 个百分点，其中四川占比最高，为 84.96%，西藏占比最低，为 67.22%；交通水利用地面积为 1.60 万平方公里，占建设用地面积的 17.82%，其中西藏占比最高，为 28.98%，甘肃占比最低，为 12.45%；其他建设用地面积为 0.20 万平方公里，占建设用地面积的 2.18%，其中甘肃占比最高，为 5.70%，重庆占比最低，为 0.83%（见图 4）。从城乡建设用地内部结构看，西部地区城镇用地面积为 2.20 万平方公里，占城乡建设用地面积的 30.55%，比全国平均水平低 1.08 个百分点，其中重庆占比最高，为 36.42%，甘肃占比最低，为 22.09%；村庄用地面积为 4.42 万平方公里，占城乡建设用地面积的 61.38%，略低于全国平均水平，其中甘肃占比最高，为 71.07%，新疆占比最低，为 30.01%；采矿用地面积为 0.58 万平方公里，占城乡建设用地面积

图 4　2018 年西部地区建设用地内部结构

的 8.07%，比全国平均水平高 1.10 个百分点，其中新疆占比最高，为 36.27%，重庆占比最低，为 2.69%（见图 5）。

图 5　2018 年西部地区城乡建设用地内部结构

　　从动态变化上看，2015~2018 年，西部地区城乡建设用地累计增加 0.29 万平方公里，增幅为 4.13%，比全国平均水平高 1.12 个百分点，其中贵州增幅最大，为 9.37%，青海增幅最小，为 2.83%。2018 年，西部地区城乡建设用地增幅为 1.18%，比 2018 年全国平均水平高 0.33 个百分点，其中贵州增幅最大，为 2.83%，内蒙古增幅最小，为 0.69%（见图 6）。2015~2018 年，西部地区城镇工矿用地累计增加 0.18 万平方公里，增幅为 7.11%，其中贵州增幅最大，为 18.37%，内蒙古和青海增幅最小，两省均为 4.21%。2018 年，西部地区城镇工矿用地增加 557.02 平方公里，增幅为 2.04%，其中贵州增幅最大，为 4.88%，宁夏增幅最小，为 0.88%（见图 7）。2015~2018 年，西部地区城镇用地累计增加 0.17 平方公里，增幅为 8.46%，其中贵州增幅最大，为 21.76%，内蒙古增幅最小，为 4.78%。2018 年，西部地区城镇用地增加 516.89 平方公里，增幅为 2.41%，其中贵州增幅最大，为 5.59%，青海增幅最小，为 1.03%（见图 8）。

2015~2018 年，西部地区村庄用地累计增加 0.10 万平方公里，增幅为 2.34%，其中新疆和西藏增幅较大，分别为 8.03% 和 7.89%，重庆增幅最小，为 1.32%。2018 年，西部地区村庄用地增加 283.07 平方公里，增幅为 0.64%，其中新疆、西藏增幅较大，分别为 1.99% 和 1.69%，重庆村庄用地减少 0.11%（见图 9）。

图 6　2015~2018 年西部地区城乡建设用地增长率

图 7　2015~2018 年西部地区城镇工矿用地增长率

图 8　2015~2018 年西部地区城镇用地增长率

图 9　2015~2018 年西部地区村庄用地增长率

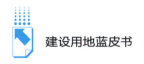

二 建设用地节约集约利用总体状况

（一）建设用地利用强度

1. 建设用地人口承载水平

截至 2018 年底，西部地区 99 个城市常住总人口为 3.17 亿人，比 2015 年末增加 633.43 万人，增幅为 2.04%；城镇常住人口为 1.74 亿人，比 2015 年末增加 1527.42 万人，增幅为 9.64%；城镇化率为 54.78%，比 2015 年末提高 1.29 个百分点。2018 年末，西部地区建设用地人口密度和城乡建设用地人口密度分别为 3523.18 人 / 公里 ^{2} 和 4404.07 人 / 公里 ^{2}，分别比全国平均水平低 76.34 人 / 公里 ^{2} 和 108.30 人 / 公里 ^{2}。建设用地人口密度和城乡建设用地人口密度最高的均为贵州，分别为 5141.35 人 / 公里 ^{2} 和 6489.50 人 / 公里 ^{2}。建设用地人口密度最低的是新疆，为 1507.86 人 / 公里 ^{2}，城乡建设用地人口密度最低的是内蒙古，为 2005.76 人 / 公里 ^{2}。从动态变化看，2015~2018 年，西部地区建设用地人口承载水平呈下降态势，建设用地人口密度和城乡建设用地人口密度分别下降 2.44% 和 2.01%，其中建设用地人口密度和城乡建设用地人口密度下降幅度最小的均是宁夏，分别下降了 0.99% 和 0.11%，建设用地人口密度和城乡建设用地人口密度下降幅度最大的均为贵州，分别下降了 6.41% 和 5.87%（见图 10、图 11）。

2. 建设用地经济强度

截至 2018 年底，西部地区 99 个城市 GDP 为 16.47 万亿元，建设用地地均 GDP 为 182.95 万元 / 公顷，比全国平均水平低 62.78 万元 / 公顷，其中建设用地地均 GDP 最高的是重庆，为 294.01 万元 / 公顷，最低的是甘肃，为 91.87 万元 / 公顷。按 2015 年可比价进行计算，相较于 2015 年，2018 年西部地区建设用地地均 GDP 提高了 28.52 万元 / 公顷，增幅为 18.39%。其中贵州增幅最高，为 25.24%，内蒙古增幅最小，为 9.42%（见图 12）。

图 10　2015~2018 年西部地区建设用地人口承载水平及变化率

图 11　2015~2018 年西部地区城乡建设用地人口承载水平及变化率

图 12　2015~2018 年西部地区建设用地经济强度及变化率

（二）经济社会发展耗地

1. 人口增长耗地

2018 年，西部地区单位人口增长消耗新增城乡建设用地量为 516.72 米^2/人，比全国平均水平高 117.19 米^2/人。其中，广西、重庆较低，分别为 202.69 米^2/人和 209.45 米^2/人；云南最高，为 613.97 米^2/人；内蒙古、四川和甘肃由于常住总人口减少，单位人口增长消耗新增城乡建设用地量为负值。从动态变化看，2016~2018 年，西部地区单位人口增长消耗新增城乡建设用地量先降后升，2018 年为 516.72 米^2/人，为 3 年来最高，人地协调关系有待优化（见图 13）。

2. 经济增长耗地

2015~2018 年，西部地区经济增长耗地量总体呈逐年下降趋势，2018 年单位 GDP 建设用地使用面积为 54.46 公顷/亿元，较全国平均水平高 13.14 公顷/亿元，较 2015 年单位 GDP 建设用地使用面积下降 10.01 公顷/亿元，

图 13　2016~2018 年西部地区各省（区、市）人口增长消耗新增城乡建设用地状况

降幅为 15.53%。其中，贵州降幅最大，下降 20.15%；内蒙古降幅最小，为 8.61%（见图 14）。2015~2018 年，西部地区年均单位 GDP 耗地下降率为 5.47%，较全国平均水平低 0.10 个百分点。2018 年，西部地区单位 GDP 耗地下降率为 5.59%，较全国平均水平高 0.11 个百分点，其中云南和西藏 2018 年单位 GDP 耗地下降率较高，分别为 7.50% 和 7.36%（见图 15）。

从经济增长消耗新增建设用地量看，西部地区 2015~2018 年单位 GDP 增长消耗新增建设用地量逐年下降，2018 年单位 GDP 增长消耗新增建设用地面积为 8.91 公顷 / 亿元，比全国平均水平高 2.31 公顷 / 亿元。从各省（区、市）情况看，2015~2018 年单位 GDP 增长消耗新增建设用地面积总体呈下降态势，但省（区、市）间差距较大。2018 年，重庆单位 GDP 增长消耗新增建设用地面积最低，为 6.24 公顷 / 亿元，西藏最高，为 30.14 公顷 / 亿元（见图 16）。

（三）经济社会发展与用地变化匹配状况

1. 人口增长与用地变化匹配状况

2015~2018 年，西部地区常住总人口与城乡建设用地增长弹性系数为

161

图 14　2015~2018 年西部地区单位 GDP 建设用地使用面积

图 15　2015~2018 年西部地区单位 GDP 耗地下降率

图16　2016~2018年西部地区经济增长消耗新增建设用地量情况

0.49，人口增速慢于城乡建设用地增速，西部地区12个省（区、市）的弹性系数均小于1，常住总人口增速慢于城乡建设用地增速，其中，宁夏弹性系数最高，为0.96，内蒙古弹性系数最低，为0.15。从动态变化看，西部地区2015~2018年常住总人口与城乡建设用地增长弹性系数先升后降，2018年弹性系数为0.39，为3年中最低。其中，宁夏2018年弹性系数为1.15，常住总人口增速快于城乡建设用地增速；内蒙古、四川和甘肃由于常住总人口减少、城乡建设用地面积增加，2018年弹性系数为负值，分别为−0.30、−0.03和−0.10（见图17）。

从城镇常住人口与用地变化匹配状况看，2015~2018年，西部地区城镇常住人口与城镇工矿用地增长弹性系数为1.36，与全国平均水平基本持平。其中，广西、四川、云南、西藏、陕西、甘肃、青海、宁夏等8个省（区）弹性系数大于1，人口城镇化快于土地城镇化；重庆弹性系数为0.99，人口城镇化与土地城镇化速度基本同步；内蒙古、贵州人口城镇化慢于土地城镇化；新疆由于城镇常住人口减少、城镇工矿用地增加，弹性系数为负值，

163

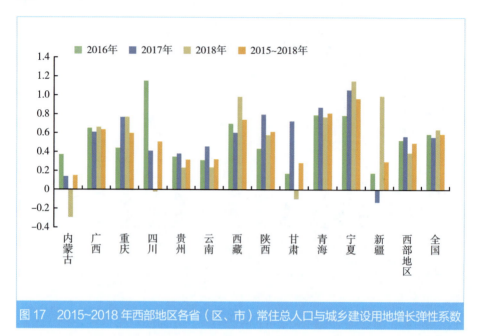

图 17　2015~2018 年西部地区各省（区、市）常住总人口与城乡建设用地增长弹性系数

为 -0.39。2018 年，西部地区城镇常住人口与城镇工矿用地增长弹性系数为 1.39。其中，广西、四川、云南、陕西、甘肃、青海、宁夏等 7 个省（区）弹性系数大于 1，人口城镇化快于土地城镇化；重庆、西藏弹性系数分别为 0.99、0.98，人口城镇化与土地城镇化速度基本同步；新疆人口城镇化慢于土地城镇化；内蒙古和贵州由于城镇常住人口减少、城镇工矿用地增加，弹性系数均为负值（见图 18）。

2. 经济发展与用地变化匹配状况

2015~2018 年，西部地区 99 个城市 GDP 与建设用地增长弹性系数为 5.19，比全国平均水平低 1.66；西部地区及 12 个省（区、市）GDP 增速均快于建设用地增速。2018 年，西部地区 99 个城市 GDP 与建设用地增长弹性系数为 5.95，为 2016~2018 年中最高的。其中，青海弹性系数最高，为 8.82；贵州弹性系数最低，为 3.36；除重庆、贵州外，其余 10 个省（区）2018 年弹性系数均为 2016~2018 年中最高的（见图 19）。

图 18　2015~2018 年西部地区城镇常住人口与城镇工矿用地增长弹性系数

图 19　2015~2018 年西部地区经济发展与用地变化匹配状况

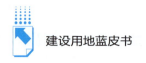
三 建设用地节约集约利用分异状况

（一）节约集约利用现状水平分异状况

1. 总体状况

2018年，西部地区99个城市建设用地节约集约利用现状水平指数为63.48，比全国平均水平低2.36。其中，贵州、重庆和四川列全国31个省（区、市）前10位，分别为第7位、第9位和第10位；云南、陕西、广西和青海位列全国中游，分别为第11位、第13位、第16位和第17位，而甘肃、宁夏、新疆、西藏、内蒙古等5省（区）建设用地节约集约利用现状水平较低，分别列第26位、第28位、第29位、第31位。相比于2015年，四川、西藏、新疆位序提升了1位，重庆、云南位序下降了1位，内蒙古、广西、青海位序下降了2位，贵州、陕西、甘肃、宁夏位序保持不变（见表1）。

表1　2015年和2018年西部12省（区、市）建设用地节约集约利用现状水平指数

省（区、市）	2015年			2018年		
	指数	排名	全国排名	指数	排名	全国排名
内蒙古	55.42	10	29	54.46	12	31
广西	65.00	6	14	65.51	6	16
重庆	68.22	2	8	69.76	2	9
四川	66.27	4	11	67.70	3	10
贵州	70.91	1	7	71.13	1	7
云南	66.83	3	10	67.21	4	11
西藏	54.48	12	31	55.05	11	30
陕西	65.10	5	13	66.76	5	13
甘肃	57.40	8	26	57.61	8	26
青海	64.96	7	15	65.44	7	17
宁夏	55.43	9	28	56.14	9	28
新疆	54.93	11	30	55.65	10	29
西部地区	62.81	—	—	63.48	—	—
全国	64.62	—	—	65.84	—	—

2. 地级以上城市状况

2018 年，西部地区地级以上城市建设用地节约集约利用现状水平指数均值为 62.56，比全国平均水平低 2.31，占据全国 50 强城市的 9 席、百强城市的 28 席。从区域分异看，广西、重庆、四川、贵州、云南、陕西和青海等 7 省（区、市）指数均值高于全国平均水平，其余 5 省（区、市）低于全国平均水平，内蒙古、西藏和宁夏辖区内没有百强城市（见表 2）。

表 2　2018 年西部 12 省（区、市）地级以上城市建设用地节约集约利用现状水平指数分异状况

省（区、市）	城市数量（个）	现状水平指数				入百强城市数量				
		均值	标准差	最大值	最小值	入百强数量（个）	区域城市中百强占比（%）	50强数量（个）	区域城市中50强占比（%）	10强城市数量（个）
内蒙古	9	55.70	4.98	63.50	51.12	0	0.00	0	0.00	0
广西	14	64.99	3.39	73.33	60.93	3	21.43	1	7.14	0
重庆	1	69.76	—	—	—	1	100.00	0	0.00	0
四川	18	66.05	4.96	81.69	56.82	8	44.44	1	5.56	0
贵州	6	70.91	4.86	78.42	63.91	5	83.33	3	50.00	0
云南	8	66.52	4.86	75.45	61.18	4	50.00	1	12.50	0
西藏	6	55.26	3.19	58.81	50.78	0	0.00	0	0.00	0
陕西	10	66.29	5.98	79.93	59.98	4	40.00	2	20.00	0
甘肃	12	57.49	5.00	70.09	53.03	1	8.33	0	0.00	0
青海	2	65.26	7.23	70.38	60.15	1	50.00	1	50.00	0
宁夏	5	55.74	3.32	61.62	53.69	0	0.00	0	0.00	0
新疆	4	55.42	9.85	70.18	49.88	1	25.00	0	0.00	0
西部地区	95	62.56	7.01	81.69	49.88	28	29.47	9	9.47	0
全国	296	64.87	8.61	100.00	49.88	100	—	50	—	10

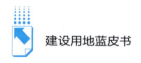
3. 县级市状况

2018 年，西部地区县级市建设用地节约集约利用现状水平指数均值为 61.40，比全国平均水平低 1.85，占据全国 10 强城市的 1 席、50 强城市的 7 席、百强城市的 22 席。从区域分异看，广西、四川、贵州、云南和陕西等 5 省（区）的指数均值高于全国平均水平，其余 5 个省（区）的指数均值均低于全国平均水平。四川、贵州、云南和广西的优势较明显，共有 20 个城市进入全国百强名单，内蒙古、青海、宁夏和新疆辖区内没有百强城市（见表 3）。

表 3　2018 年西部 10 省（区）县级市建设用地节约集约利用现状水平指数分异状

| 省（区） | 城市数量（个） | 现状水平指数 | | | | 入百强城市数量 | | | | |
		均值	标准差	最大值	最小值	入百强数量（个）	区域城市中百强占比（%）	50 强数量（个）	区域城市中50 强占比（%）	10 强城市数量（个）
内蒙古	11	53.35	2.77	58.04	48.64	0	0.00	0	0.00	0
广西	8	65.20	4.26	71.99	60.41	3	37.50	1	12.50	0
四川	17	66.08	3.45	75.10	61.57	6	35.29	1	5.88	0
贵州	9	69.14	8.06	90.23	62.81	6	66.67	1	11.11	1
云南	16	64.53	4.98	75.39	57.56	5	31.25	2	12.50	0
陕西	5	66.18	2.64	70.26	63.14	1	20.00	1	20.00	0
甘肃	6	61.04	9.59	76.57	51.84	1	20.00	1	20.00	0
青海	4	51.41	4.61	58.32	49.02	0	0.00	0	0.00	0
宁夏	2	55.90	1.80	57.17	54.63	0	0.00	0	0.00	0
新疆	17	54.82	4.76	65.13	48.52	0	0.00	0	0.00	0
西部地区	94	61.40	7.56	90.23	48.52	22	23.40	7	7.45	1
全国	368	63.25	7.54	94.30	48.52	100	—	50	—	10

（二）节约集约利用动态变化趋势分异状况

1. 总体状况

2018 年，西部地区城市建设用地节约集约利用动态变化趋势指数为 53.64，比全国平均水平低 1.26。其中，青海、重庆位序较为靠前，分别为第

7位、第10位；陕西、云南、广西、四川位序处于全国中游，分别为第12位、第13位、第18位和第19位；其余6个省（区）位序较为靠后，内蒙古、甘肃列全国最后两位。相比于2015年，陕西位序提升最为明显，提升了10位；广西、云南、宁夏和青海位序也有不同程度提升，分别提升了6位、5位、2位和1位；贵州、西藏、甘肃、重庆、四川和内蒙古位序有不同程度下降，分别下降了10位、9位、5位、4位、4位和3位；新疆位序维持不变（见表4）。

表4　2018年西部12省（区、市）城市建设用地节约集约利用动态变化趋势指数

省（区、市）	2015年			2018年		
	指数	排名	全国排名	指数	排名	全国排名
内蒙古	49.46	11	27	50.73	11	30
广西	50.45	9	24	54.46	5	18
重庆	55.65	1	6	55.61	2	10
四川	53.35	4	15	54.36	6	19
贵州	54.39	3	12	53.90	8	22
云南	52.64	6	18	55.09	4	13
西藏	52.75	5	17	53.24	9	26
陕西	50.84	7	22	55.35	3	12
甘肃	49.89	10	26	49.83	12	31
青海	55.17	2	8	55.80	1	7
宁夏	50.51	8	23	54.06	7	21
新疆	49.36	12	28	52.94	10	28
西部地区	51.72	—	—	53.64	—	—
全国	52.62	—	—	54.90	—	—

2. 地级以上城市状况

2018年，西部地区地级以上城市建设用地节约集约利用动态变化趋势指

169

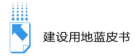

数均值为54.05，比全国平均水平低1.06，占据全国10强城市的2席、50强城市的10席和百强城市的23席。从区域分异看，广西、重庆和四川3省（区、市）指数均值略高于全国平均水平，其余9省（区）均低于全国平均水平，广西、四川占据了区域内一半以上的百强城市，重庆、甘肃和新疆辖区内没有百强城市（见表5）。

表5 2018年西部12省（区、市）地级以上城市建设用地节约集约利用动态变化趋势指数分异状况

省（区、市）	城市数量（个）	动态变化趋势指数				入百强城市数量				
		均值	标准差	最大值	最小值	入百强数量（个）	区域城市中百强占比（%）	50强数量（个）	区域城市中50强占比（%）	10强城市数量（个）
内蒙古	9	53.22	5.52	66.10	49.56	2	22.22	1	11.11	1
广西	14	55.43	2.70	60.20	51.21	6	42.86	1	7.14	0
重庆	1	55.61	—	—	—	0	0.00	0	0.00	0
四川	18	55.54	4.24	62.88	45.00	8	44.44	3	16.67	0
贵州	6	53.76	3.14	59.63	50.89	1	16.67	1	16.67	0
云南	8	54.50	3.26	60.02	51.99	2	25.00	2	25.00	0
西藏	6	53.48	1.48	56.43	52.28	1	16.67	0	0.00	0
陕西	10	54.92	6.23	72.24	51.35	1	10.00	1	10.00	1
甘肃	12	50.67	2.01	54.25	47.24	0	0.00	0	0.00	0
青海	2	55.02	5.97	59.24	50.80	1	50.00	1	50.00	0
宁夏	5	54.29	2.74	58.58	51.79	1	20.00	0	0.00	0
新疆	4	51.46	1.69	52.98	49.52	0	0.00	0	0.00	0
西部地区	95	54.05	3.99	72.24	45.00	23	24.21	10	10.53	2
全国	296	55.11	5.87	95.23	45.00	100	—	50	—	10

3. 县级市状况

2018年，西部地区县级市建设用地节约集约利用动态变化趋势指数均

值为 56.22，比全国平均水平低 1.23，占据全国 50 强城市的 8 席、百强城市的 24 席。从区域分异看，四川和云南的指数值高于全国平均水平，其余 8 省（区）低于全国平均水平，四川、云南和新疆的优势较明显，共有 17 个城市进入全国百强名单，陕西、甘肃省内没有百强城市（见表 6）。

表 6　2018 年西部 10 省（区）县级市建设用地节约集约利用动态变化趋势指数分异状况

| 省（区） | 城市数量（个） | 节约集约利用动态变化趋势指数 | | | | 入百强城市数量 | | | | |
		均值	标准差	最大值	最小值	入百强数量（个）	区域城市中百强占比（%）	50 强数量（个）	区域城市中 50 强占比（%）	10 强城市数量（个）
内蒙古	11	53.68	8.47	71.14	45.00	2	18.18	1	9.09	0
广西	8	57.20	8.10	71.60	47.04	2	25.00	1	12.50	0
四川	17	60.69	8.85	76.82	47.14	8	47.06	4	23.53	0
贵州	9	56.92	3.92	64.47	51.16	1	11.11	0	0.00	0
云南	16	57.78	6.76	67.43	47.17	5	31.25	0	0.00	0
陕西	5	49.68	4.05	54.43	45.39	0	0.00	0	0.00	0
甘肃	5	54.25	4.22	59.23	49.21	0	0.00	0	0.00	0
青海	4	54.26	9.69	67.87	45.00	1	25.00	1	25.00	0
宁夏	2	56.33	10.74	63.93	48.74	1	50.00	0	0.00	0
新疆	17	54.05	8.67	75.55	45.00	4	23.53	1	5.88	0
西部地区	94	56.22	7.87	76.82	45.00	24	25.53	8	8.51	0
全国	368	57.45	9.38	100.00	45.00	100	—	50	—	10

（三）节约集约利用综合水平分异状况

1. 总体状况

2018 年，西部地区城市建设用地节约集约利用综合指数为 58.56，比全国平均水平低 1.81。其中重庆、贵州、云南、陕西、四川、青海和广西等 7

省（区、市）位序处于全国中上游，分别列第 7 位、第 10 位、第 11 位、第 12 位、第 13 位、第 15 位和第 16 位；宁夏、新疆、西藏、甘肃和内蒙古等 5 省（区）排名靠后，依次列第 26 位和全国最后 4 位。相比于 2015 年，陕西、新疆、宁夏、云南、广西和重庆等 6 省（区、市）位序有一定的上升，分别上升 4 位、3 位、2 位、2 位、1 位和 1 位；甘肃、青海、西藏、贵州、四川和内蒙古等 6 省（区）位序有不同程度的下降，分别下降 6 位、4 位、4 位、3 位、1 位和 1 位（见表 7）。

省（区、市）	2015 年			2018 年		
	指数值	排名	全国排名	指数值	排名	全国排名
内蒙古	52.44	11	30	52.60	12	31
广西	57.73	7	17	59.99	7	16
重庆	61.93	2	8	62.69	1	7
四川	59.81	4	12	61.03	5	13
贵州	62.65	1	7	62.51	2	10
云南	59.74	5	13	61.15	3	11
西藏	53.61	9	25	54.15	10	29
陕西	57.97	6	16	61.05	4	12
甘肃	53.64	8	24	53.72	11	30
青海	60.06	3	11	60.62	6	15
宁夏	52.97	10	28	55.10	8	26
新疆	52.14	12	31	54.30	9	28
西部地区	57.27	—	—	58.56	—	—
全国	58.62	—	—	60.37	—	—

表 7 2018 年西部 12 省（区、市）城市建设用地节约集约利用综合指数

2. 地级以上城市状况

2018 年，西部地区地级以上城市建设用地节约集约利用综合指数均值为 58.30，比全国平均水平低 1.69，占据全国 10 强城市的 1 席、50 强城市的 8 席和百强城市的 28 席。其中广西、重庆、四川、贵州、云南、陕西和青海等

172

7省（区、市）指数均值高于全国平均水平，其余5省（区）低于全国平均水平，广西和四川占据区域内一半的百强城市，西藏和宁夏辖区内没有百强城市（见表8）。

表8　2018年西部12省（区、市）地级以上城市建设用地节约集约利用综合指数分异状况

| 省（区、市） | 城市数量（个） | 综合指数 | | | | 入百强城市数量 | | | | |
		均值	标准差	最大值	最小值	入百强数量（个）	区域城市中百强占比（%）	50强数量（个）	区域城市中50强占比（%）	10强城市数量（个）
内蒙古	9	54.46	4.62	62.22	50.41	1	11.11	0	0.00	0
广西	14	60.21	2.00	63.48	56.07	6	42.86	0	0.00	0
重庆	1	62.69	—	—	—	1	100.00	0	0.00	0
四川	18	60.80	3.98	72.29	54.24	8	44.44	3	16.67	0
贵州	6	62.33	3.69	69.03	58.01	4	66.67	1	16.67	0
云南	8	60.51	3.20	64.53	56.89	3	37.50	2	25.00	0
西藏	6	54.37	1.21	56.07	52.77	0	0.00	0	0.00	0
陕西	10	60.61	5.85	76.09	56.27	2	20.00	1	10.00	1
甘肃	12	54.08	2.99	61.30	51.10	1	8.33	0	0.00	0
青海	2	60.14	6.60	64.81	55.48	1	50.00	0	50.00	0
宁夏	5	55.01	2.49	58.50	53.00	0	0.00	0	0.00	0
新疆	4	53.44	5.45	61.58	50.08	1	25.00	0	0.00	0
西部地区	95	58.30	4.81	76.09	50.08	28	29.47	8	8.42	1
全国	296	59.99	6.33	97.61	49.85	100	—	50	—	10

3. 县级市状况

2018年，西部地区县级市建设用地节约集约利用综合指数均值为58.81，比全国平均水平低1.54，占据全国10强城市的1席、50强城市的11席、百强城市的20席。其中，广西、四川、贵州和云南等4省（区）的指数均值高于全国平均水平，其余6省（区）低于全国平均水平，四川、广西和云南的

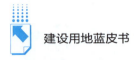

优势较明显，共有 15 个城市进入全国百强名单，陕西、青海和宁夏辖区内没有百强城市（见表 9）。

表 9 2018 年西部 10 省（区）县级市建设用地节约集约利用综合指数分异状况

| 省（区） | 城市数量（个） | 综合指数 | | | | 入百强城市数量 | | | | |
		均值	标准差	最大值	最小值	入百强数量（个）	区域城市中百强占比（%）	50强数量（个）	区域城市中50强占比（%）	10强城市数量（个）
内蒙古	11	53.52	5.01	64.59	48.08	1	9.09	0	0.00	0
广西	8	61.20	5.34	67.89	53.99	3	37.50	2	25.00	0
四川	17	63.38	4.57	71.74	57.45	7	41.18	5	29.41	0
贵州	9	63.03	5.60	77.35	58.38	1	11.11	1	11.11	1
云南	16	61.15	4.37	70.34	55.45	5	31.25	1	6.25	0
陕西	5	57.93	2.96	61.63	54.57	0	0.00	0	0.00	0
甘肃	5	57.64	6.32	67.90	50.53	1	20.00	1	20.00	0
青海	4	52.83	7.06	63.10	47.01	0	0.00	0	0.00	0
宁夏	2	56.12	6.27	60.55	51.68	0	0.00	0	0.00	0
新疆	17	54.43	5.69	68.58	47.03	2	11.76	1	5.88	0
西部地区	94	58.81	6.29	77.35	47.01	20	21.28	11	11.70	1
全国	368	60.35	6.02	81.14	47.01	100		50		10

四 各省（区、市）状况综述

（一）内蒙古

1. 基本情况

2018 年，内蒙古自治区共有 9 个地级市和 11 个县级市纳入城市建设用地节约集约利用评价。2018 年，内蒙古自治区土地总面积为 65.15 万平方公里，国土开发强度为 2.09%，比 2015 年提升 0.08 个百分点，国土开发强度列我国 31 个省（区、市）的第 30 位；常住总人口为 2247.62 万人，比 2015 年增加 9.77 万人；城镇常住人口为 1390.02 万人，城镇化率为 61.84%，城镇化率比 2015 年增加了 0.16 个百分点；GDP 为 1.57 万亿元，比 2015 年增加了 0.25 万亿元，常住人口人均 GDP 为 7.00 万元，比 2015 年增加了 1.07 万元。

2. 土地利用状况及变化分析

2018 年，内蒙古自治区农用地面积为 54.72 万平方公里，占土地总面积的 83.99%；建设用地面积为 1.36 万平方公里，占土地总面积的 2.09%；其他用地面积为 9.07 万平方公里，占土地总面积的 13.92%。建设用地面积中，城乡建设用地面积为 1.12 万平方公里，占比为 82.13%；交通水利用地面积为 0.22 万平方公里，占比为 16.18%；其他建设用地面积为 0.02 万平方公里，占比为 1.69%。国土开发强度从 2017 年的 2.08% 增加至 2018 年的 2.09%，比全国平均水平低 4.29 个百分点。

3. 土地利用强度及变化分析

2018 年，内蒙古自治区建设用地人口密度和城乡建设用地人口密度分别为 1647.27 人 / 公里 ^{2} 和 2005.76 人 / 公里 ^{2}，建设用地人口密度比全国平均水平低 1952.26 人 / 公里 ^{2}，城乡建设用地人口密度比全国平均水平低 2506.61 人 / 公里 ^{2}，分别列全国 31 个省（区、市）的第 29 位和第 31 位。相较于 2015 年，建设用地人口承载水平有所下降，其中建设用地人口密度下降了 54.14 人 / 公里 ^{2}，城乡建设用地人口密度下降了 49.95 人 / 公里 ^{2}；同 2017 年相比，建设用地人口密度下降了 17.71 人 / 公里 ^{2}，城乡建设用地人口密度下降了 18.06 人 / 公里 ^{2}。2018 年，内蒙古自治区建设用地地均 GDP 为 115.30 万元 / 公顷，是全国平均水平的 46.92%，列全国 31 个省（区、市）的第 27 位。按 2015 年可比价进行计算，相较于 2015 年和 2017 年，建设用地地均 GDP 分别增加了 13.21 万元 / 公顷和 6.21 万元 / 公顷，增幅分别为 9.42% 和 4.22%，分别是全国平均增长水平的 50.14% 和 72.77%。

4. 增长耗地及变化分析

2018 年，内蒙古单位 GDP 建设用地使用面积为 65.17 公顷 / 亿元，比全国平均水平高 23.85 公顷 / 亿元，较 2015 年单位 GDP 建设用地使用面积下降了 6.14 公顷 / 亿元，增幅为 8.61%，内蒙古土地资源利用效率有待提升。2015~2018 年，内蒙古年均单位 GDP 耗地下降率为 2.95%，较全国平均水平低 2.62 个百分点，列全国各省（区、市）的第 30 位，其中 2018 年内蒙古单位 GDP 耗地下降率为 4.05%，较全国平均水平低 1.43 个百分点。从经济增长消耗新增建设用地量看，内蒙古 2018 年单位 GDP 增长消耗新增建设用地面积为 11.04 公顷 / 亿元，比全国平均水平高 4.43 公顷 / 亿元，相较于 2016 年降低了 56.24%。内蒙古单位人口增长消耗新增城乡建设用地面积为 -1542.63 米²/ 人，列全国各省（区、市）的第 29 位。相较于 2016 年，人口增长耗地量下降了 2670.94 米²/ 人，是全国平均水平的 199.71 倍，列全国第 4 位。

5. 经济社会发展与用地变化匹配分析

2015~2018 年，内蒙古自治区常住总人口与城乡建设用地增长弹性系数为 0.15，居全国各省（区、市）的第 27 位，人口增速仍慢于城乡建设用地增速。从动态变化看，内蒙古常住总人口与城乡建设用地增长弹性系数呈下降趋势，由 2016 年的 0.37 下降到 2018 年的 -0.30，其中，2016~2018 年，常住总人口增速分别为 0.54%、0.11% 和 -0.21%，城乡建设用地面积增速分别为 1.45%、0.77% 和 0.69%。从 2016 年开始，人口增速均慢于城乡建设用地增速，常住总人口与城乡建设用地变化协调程度逐步提升。从城镇常住人口与用地变化匹配状况看，2015~2018 年，内蒙古城镇常住人口与城镇工矿用地增长弹性系数为 0.22，比全国平均水平低 1.14。2018 年内蒙古还出现了城镇常住人口减少的局面，城镇常住人口集聚能力总体不强，人口外流现象突出。2015~2018 年，内蒙古农村人口减少 3.02 万人，村庄用地面积增加 129.71 平方公里，农村地区人地匹配协调程度有待提高。此外，2015~2018 年，内蒙古 GDP 与建设用地增长弹性系数高达 3.61，比全国平均水平低 3.24，列全国 31 个省（区、市）的第 29 位。

6. 建设用地节约集约利用排名分析

2018 年，内蒙古建设用地节约集约利用现状水平指数为 54.46，建设用地节约集约利用动态变化趋势指数为 50.73，建设用地节约集约利用综合指数为 52.60，在全国 31 个省（区、市）中分别列第 31 位、第 30 位和第 31 位，

3 项指数总体呈现现状水平与动态变化较为均衡的格局。其中，地级以上城市建设用地节约集约利用综合指数均值为 54.46，列全国第 28 位；县级市建设用地节约集约利用综合指数均值为 53.52，列全国第 25 位（见表 10）。从年际变化来看，相较于 2015 年，内蒙古现状水平指数降低了 0.96，排名下降了 2 位；动态变化趋势指数提升了 1.27，排名下降了 3 位；综合指数提升了 0.16，排名下降了 1 位。城市建设用地节约集约利用水平较弱，处于全国下游水平，仍待进一步加强。

表 10　2018 年内蒙古城市建设用地节约集约利用状况及其排名

城市		现状水平指数		动态变化趋势指数		综合指数	
		指数	排名	指数	排名	指数	排名
全区		54.46	31	50.73	30	52.60	31
地级以上城市	呼和浩特市	63.19	154	52.05	215	57.62	188
	包头市	63.50	148	58.26	60	60.88	102
	乌海市	58.35	238	66.10	10	62.22	72
	赤峰市	52.96	285	50.03	266	51.49	285
	通辽市	51.18	291	50.03	267	50.60	292
	鄂尔多斯市	56.62	254	51.51	233	54.07	262
	呼伦贝尔市	51.12	292	49.69	272	50.41	293
	巴彦淖尔市	51.87	290	51.74	227	51.80	282
	乌兰察布市	52.50	288	49.56	273	51.03	290
	指数均值	55.70	29	53.22	28	54.46	28
县级市	霍林郭勒市	50.71	359	45.45	346	48.08	365
	满洲里市	58.04	281	71.14	32	64.59	74
	牙克石市	53.63	335	45.00	353	49.31	361
	扎兰屯市	52.57	344	50.08	286	51.32	346
	额尔古纳市	48.64	367	53.10	237	50.87	351
	根河市	51.41	356	58.67	137	55.04	301
	丰镇市	53.00	338	51.00	271	52.00	340
	乌兰浩特市	57.06	298	54.16	215	55.61	290
	阿尔山市	54.69	327	65.78	61	60.23	186
	二连浩特市	51.92	352	50.71	278	51.32	347
	锡林浩特市	55.19	321	45.40	348	50.30	358
	指数均值	53.35	25	53.68	23	53.52	25

2018年内蒙古自治区地级以上城市及县级市建设用地节约集约利用状况分布见图20、图21。

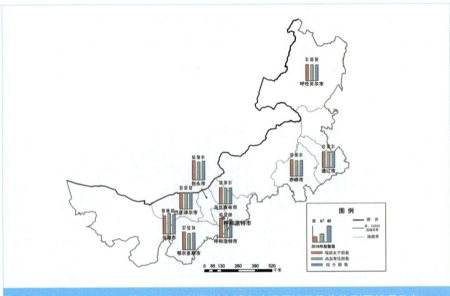

图20 2018年内蒙古自治区地级以上城市建设用地节约集约利用状况分布

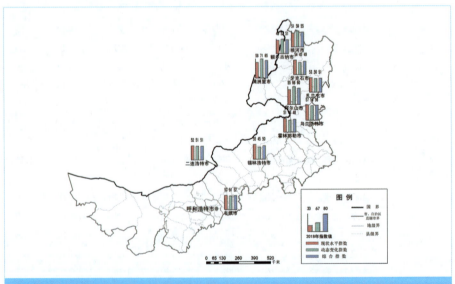

图21 2018年内蒙古自治区县级市建设用地节约集约利用状况分布

（二）广西

1. 基本情况

2018 年，广西壮族自治区共有 14 个地级以上城市和 8 个县级市参加城市建设用地节约集约利用评价。2018 年，广西壮族自治区土地总面积为 23.76 万平方公里，国土开发强度为 5.33%，比 2015 年提升 0.21 个百分点，国土开发强度列我国 31 个省（区、市）的第 22 位。常住总人口为 4926.00 万人，比 2015 年增加 130.00 万人；城镇常住人口为 2470.59 万人，城镇化率为 50.15%，较 2015 年提升了 2.26 个百分点。GDP 为 2.04 万亿元，比 2015 年增加了 0.31 万亿元，常住人口人均 GDP 为 4.14 万元，比 2015 年增加了 0.53 万元。

2. 土地利用现状及变化分析

2018 年末，广西壮族自治区农用地面积为 19.52 万平方公里，占土地总面积的 82.14%；建设用地面积为 1.27 万平方公里，占土地总面积的 5.33%；其他用地面积为 2.98 万平方公里，占土地总面积的 12.53%。建设用地面积中，城乡建设用地面积为 0.92 万平方公里，占比为 72.26%；交通水利用地面积为 0.33 万平方公里，占比为 25.78%；其他建设用地面积为 0.02 万平方公里，占比为 1.96%。国土开发强度从 2017 年的 5.27% 增加至 2018 年的 5.33%，比全国平均水平低 1.05 个百分点。

3. 土地利用强度及变化分析

2018 年，广西壮族自治区建设用地人口密度和城乡建设用地人口密度分别为 3886.35 人／公里^2 和 5378.36 人／公里^2，建设用地人口密度比全国平均水平高 286.82 人／公里^2，城乡建设用地人口密度比全国平均水平高 865.99 人／公里^2，分别列全国 31 个省（区、市）的第 13 位和第 8 位。相较于 2015 年，建设用地人口承载水平有所下降，其中建设用地人口密度下降了 52.50 人／公里^2，城乡建设用地人口密度下降了 82.42 人／公里^2；同 2017 年相比，建设用地人口密度和城乡建设用地人口密度分别下降了 13.01 人／公里^2 和 23.22 人／公里^2。2018 年，广西壮族自治区建设用地地均 GDP 为 160.77 万元／公顷，为全国平均水平的 65.43%，列全国 31 个省（区、市）的第 19 位。按 2015 年可比价进行计算，相较于 2015 年和 2017 年，建设用地地均 GDP 分别增加了 18.68 万元／公顷和 7.66 万元／公顷，增幅分别达 13.53% 和 5.14%，分别是全国平均增长水平的 72.06% 和 88.62%。

4. 增长耗地及变化分析

2018 年，广西壮族自治区单位 GDP 建设用地使用面积为 63.82 公顷／亿元，比全国平均水平高 22.49 公顷／亿元，较 2015 年单位 GDP 建设用地使用面积下降 8.64 公顷／亿元，降幅为 11.92%，广西壮族自治区土地资源利用效率较高。2015~2018 年，广西年均单位 GDP 耗地下降率为 4.14%，较全国平均水平低 1.43 个百分点，列全国各省（区、市）的第 25 位，其中 2018 年广西壮族自治区单位 GDP 耗地下降率为 4.89%，较全国平均水平低 0.59 个百分点。从经济增长消耗新增建设用地量看，广西壮族自治区 2018 年单位 GDP 增长消耗新增建设用地面积为 9.71 公顷／亿元，比全国平均水平高 3.11 公顷／亿元，较 2016 年减少了 55.40%。广西壮族自治区单位人口增长消耗新增城乡建设用地面积为 202.69 米²／人，是全国平均水平的 0.51 倍，列全国各省（区、市）的第 23 位。相较于 2016 年，人口增长耗地量下降了 120.57 米²／人，是全国平均水平的 9.01 倍，列全国第 15 位。近年来，广西人口、经济的增长与土地的匹配程度逐步趋于协调，土地资源利用效率不断提升。

5. 经济社会发展与用地变化匹配分析

2015~2018 年，广西壮族自治区常住总人口与建设用地增长弹性系数为 0.63，居全国各省（区、市）的第 12 位，人口增速仍慢于城乡建设用地增速。从动态变化看，广西壮族自治区常住总人口与城乡建设用地增长弹性系数从 2016 年的 0.65 上升到 2018 年的 0.66，常住总人口与城乡建设用地协调程度变化不大。从城镇常住人口与用地变化匹配状况看，2015~2018 年，广西壮族自治区城镇常住人口与城镇工矿用地增长弹性系数为 1.03，比全国平均水平低 0.34，人口城镇化与土地城镇化总体来看趋于协调发展。2015~2018 年，广西壮族自治区农村人口减少 83.25 万人，村庄用地面积增加 81.39 平方公里，农村地区人地匹配协调程度有待提高。此外，2015~2018 年，广西壮族自治区经济发展水平逐年提升，GDP 与建设用地增长弹性系数高达 4.44，比全国平均水平低 2.42，列全国 31 个省（区、市）的第 25 位。

6. 建设用地节约集约利用排名分析

2018 年，广西壮族自治区建设用地节约集约利用现状水平指数为 65.51，建设用地节约集约利用动态变化趋势指数为 54.46，建设用地节约集约利用综合指数为 59.99，在全国 31 个省（区、市）中分别列第 16 位、第 18 位和第 16 位。其中，地级以上城市建设用地节约集约利用综合指数均值为 60.21，列全国第 16 位；县级市建设用地节约集约利用综合指数均值为 61.20，列全国第 9 位（见表 11）。从年际变化来看，相较于 2015 年，广西壮族自治区 3 项指数分别提升了 0.51、4.01 和 2.26，现状水平指数下降了 2 位，动态变化趋势指数提升了 6 位，综合指数提升了 1 位，建设用地节约集约利用水平发展趋势向好，但有待进一步加强。

表 11 2018 年广西城市建设用地节约集约利用状况及其排名						
城市		现状水平指数		动态变化趋势指数		综合指数
		指数	排名	指数	排名	指数	排名
全区		65.51	16	54.46	18	59.99	16
地级以上城市	南宁市	67.81	79	55.27	110	61.54	90
	柳州市	73.33	38	53.63	161	63.48	51
	桂林市	65.96	112	53.28	176	59.62	136
	梧州市	69.30	58	53.20	178	61.25	94
	北海市	61.17	202	60.20	34	60.69	105
	防城港市	60.93	207	51.21	241	56.07	227
	钦州市	65.56	117	58.42	58	61.99	79
	贵港市	64.39	132	58.62	55	61.50	91
	玉林市	65.70	115	58.24	61	61.97	80
	百色市	63.87	142	53.62	162	58.75	156
	贺州市	62.34	173	55.82	99	59.08	145
	河池市	63.92	139	56.43	89	60.18	123
	来宾市	62.10	180	52.30	210	57.20	196

续表

城市		现状水平指数		动态变化趋势指数		综合指数	
		指数	排名	指数	排名	指数	排名
地级以上城市	崇左市	63.53	147	55.77	102	59.65	135
	指数均值	64.99	18	55.43	12	60.21	16
县级市	荔浦市	62.63	191	47.04	326	54.83	306
	岑溪市	71.99	37	63.78	77	67.89	40
	东兴市	60.41	238	47.57	314	53.99	314
	桂平市	64.76	137	58.90	133	61.83	138
	北流市	68.55	68	57.00	169	62.77	118
	靖西市	69.23	61	57.61	157	63.42	97
	合山市	60.66	231	54.06	219	57.36	250
	凭祥市	63.38	171	71.60	31	67.49	43
	指数均值	65.20	11	57.20	11	61.20	9

2018 年广西壮族自治区地级以上城市及县级市建设用地节约集约利用状况分布见图 22、图 23。

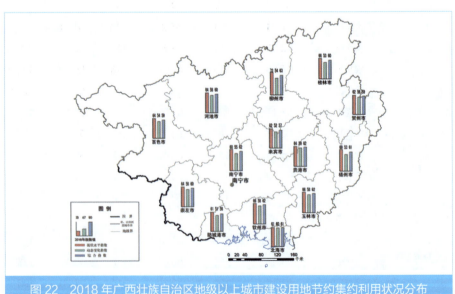

图 22　2018 年广西壮族自治区地级以上城市建设用地节约集约利用状况分布

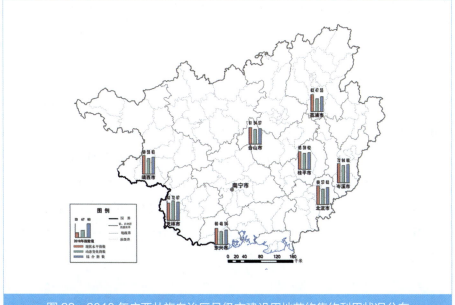

图 23 2018 年广西壮族自治区县级市建设用地节约集约利用状况分布

（三）重庆

1. 基本情况

2018 年，重庆市土地总面积为 8.24 万平方公里，国土开发强度为 8.41%，比 2015 年提升 0.40 个百分点；常住总人口为 3101.79 万人，较 2015 年增加了 85.24 万人，城镇化率为 65.50%，较 2015 年提升了 0.75 个百分点；GDP 为 2.04 万亿元，比 2015 年增加了 0.44 万亿元，常住人口人均 GDP 为 6.56 万元，比 2015 年增加了 1.29 万元。

2. 土地利用现状及变化分析

2018 年，重庆市农用地面积为 7.05 万平方公里，占土地总面积的 85.58%；建设用地面积为 0.69 万平方公里，占土地总面积的 8.41%；其他用地面积为 0.50 万平方公里，占土地总面积的 6.02%。建设用地面积中，城乡建设用地面积为 0.58 万平方公里，占比为 83.89%，交通水利用地面积为 0.11 万平方公里，占比为 15.28%，其他建设用地面积为 0.01 万平方公里，占比为

183

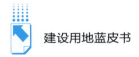
0.83%。国土开发强度从 2017 年的 8.31% 增加至 2018 年的 8.41%，比全国平均水平高 2.02 个百分点。

3. 土地利用强度及变化分析

2018 年，重庆市建设用地人口密度和城乡建设用地人口密度为 4478.48 人 / 公里 ^{2} 和 5338.51 人 / 公里 ^{2}，分别是全国平均水平的 1.24 倍和 1.18 倍，列全国 31 个省（区、市）的第 7 位和第 9 位。相较于 2015 年，建设用地人口密度下降了 93.53 人 / 公里 ^{2}，城乡建设用地人口密度下降了 99.95 人 / 公里 ^{2}。此外，重庆市建设用地地均 GDP 为 294.01 万元 / 公顷，是全国平均水平的 1.20 倍，列全国 31 个省（区、市）的第 8 位。同 2015 年相比，建设用地地均 GDP 增加了 52.80 万元 / 公顷，增长率达 22.16%，是全国平均增长水平的 1.18 倍。

4. 增长耗地及变化分析

2015~2018 年，重庆市常住总人口和城镇常住人口分别增加 85.24 万人和 193.18 万人，单位人口增长消耗新增城乡建设用地面积下降了 263.46 米 ^{2} / 人，降幅达 55.71%，列全国省（区、市）的第 22 位、直辖市的第 3 位。自 2015 年以来，重庆市的人口增长耗地量始终维持在较低的水平，其中 2015 年最高，为 472.91 米 ^{2} / 人，2018 年最低，为 209.45 米 ^{2} / 人，分别为同年度全国平均水平的 1.18 倍和 0.52 倍。此外，重庆市单位 GDP 增长消耗新增建设用地面积由 2015 年的 8.90 公顷 / 亿元下降到 2018 年的 6.24 公顷 / 亿元，人口和经济的增长耗地水平均呈现下降的态势，土地利用效益逐步提升。

5. 经济社会发展与用地变化匹配分析

2015~2018 年，重庆市的建设用地增加 328.12 平方公里，城乡建设用地增加 263.52 平方公里，城镇建设用地增加 212.80 平方公里。2016~2018 年，重庆市常住总人口增速分别为 1.06%、0.88%、0.87%，城乡建设用地增速分别为 2.41%、1.14%、1.13%，常住总人口和城乡建设用地增速均呈逐年下降趋势，重庆市常住总人口与城乡建设用地增长弹性系数由 0.44 变为 0.77，人地关系总体趋于协调；城镇常住人口增速分别为 3.81%、3.26%、3.09%，城镇工矿用地增速分别为 3.85%、3.26%、3.11%，城镇常住人口和城镇工矿用地增速均呈逐年下降趋势，城镇常住人口与城镇工矿用地增长弹性系数均为 0.99，人口城镇化与土地城镇化基本相匹配。相较于 2015 年，重庆市农村人口下降了 107.94 万人，而村庄用地面积增加了 46.13 平方公里，人口降幅明显大于土地增幅。此外，2018 年，重庆市人均村庄用地面积为 330.59 平方米，较 2015 年增加了 34.20 平方米，增幅分别是西部地区和全国的 1.32 倍和 1.44 倍，村庄用地面积呈增长趋势。

6. 建设用地节约集约利用综合分析

2018 年，重庆市建设用地节约集约利用现状水平指数为 69.76，建设用地节约集约利用动态变化趋势指数为 55.61，建设用地节约集约利用综合指数为 62.69，在全国 31 个省（区、市）中分别列第 9 位、第 10 位和第 7 位，在直辖市中分别居第 4 位、第 3 位和第 4 位。在全国地级以上参评城市中，重庆市的现状水平指数为第 54 位，动态变化趋势指数为第 104 位，综合指数为第 66 位，建设用地节约集约利用仍具有较大的提升空间（见表 12）。从年际变化来看，相较于 2015 年，现状水平指数和动态变化趋势指数分别提升了 1.54 和 1.00，综合指数降低了 0.03。现状水平指数排名提升了 1 位，动态变化趋势指数排名提升了 4 位，综合指数排名下降了 1 位。总体呈现一定的内涵集约化发展趋势，但节约集约用地水平仍有待加强。

表 12　2018 年重庆市城市建设用地节约集约利用状况及其排名

城市		现状水平指数		动态变化趋势指数		综合指数	
		指数	排名	指数	排名	指数	排名
地级以上城市	重庆市	69.76	9	55.61	10	62.69	7
	直辖市	83.53	—	61.49	—	72.51	—
	全国	65.84	—	54.90	—	60.37	—

2018 年重庆市建设用地节约集约利用状况分布见图 24。

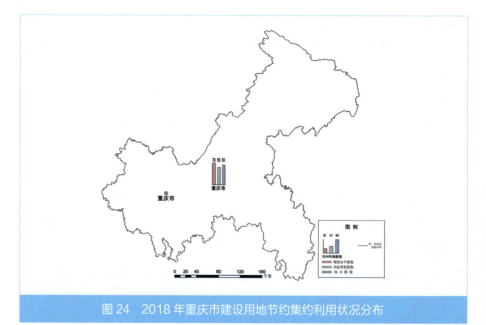

图 24　2018 年重庆市建设用地节约集约利用状况分布

（四）四川

1. 基本情况

2018 年，四川省共辖 18 个地级以上城市和 17 个县级市，全部参加城市建设用地节约集约利用评价。2018 年，四川省土地总面积为 19.32 万平方公里，国土开发强度为 8.79%，比 2015 年提升 0.30 个百分点，国土开发强度居我国 31 个省（区、市）的第 14 位；常住总人口为 7636.51 万人，比 2015 年增加 109.81 万人；城镇常住人口为 4086.99 万人，城镇化率为 53.52%，较 2015 年提高了 1.22 个百分点。GDP 为 3.98 万亿元，比 2015 年增加了 0.79 万亿元；常住人口人均 GDP 为 5.22 万元，比 2015 年增加了 0.97 万元。

2. 土地利用现状及变化分析

2018 年末，四川省农用地面积为 16.90 万平方公里，占土地总面积的 87.49%；建设用地面积为 1.70 万平方公里，占土地总面积的 8.79%；其他用地面积为 0.72 万平方公里，占土地总面积的 3.73%。建设用地面积中，城乡建设用地面积为 1.44 万平方公里，占比为 84.96%；交通水利用地面积为 0.24

万平方公里，占比为 14.08%；其他建设用地面积为 0.02 万平方公里，占比为 0.96%。国土开发强度从 2017 年的 8.71% 增加至 2018 年的 8.79%，同全国平均水平相比增加了 2.41 个百分点。

3. 土地利用强度及变化分析

2018 年，四川省建设用地人口密度和城乡建设用地人口密度分别为 4499.31 人／公里^2 和 5295.76 人／公里^2，建设用地人口密度比全国平均水平高 899.78 人／公里^2，城乡建设用地人口密度比全国平均水平高 783.39 人／公里^2，分别列全国 31 个省（区、市）的第 6 位和第 10 位。相较于 2015 年，建设用地人口承载水平有所下降，其中建设用地人口密度下降了 90.43 人／公里^2，城乡建设用地人口密度下降了 74.74 人／公里^2；同 2017 年相比，建设用地人口密度和城乡建设用地人口密度分别下降了 41.24 人／公里^2 和 45.59 人／公里^2。2018 年，四川省建设用地地均 GDP 为 234.69 万元／公顷，与全国平均水平基本相当，列全国 31 个省（区、市）的第 13 位。按 2015 年可比价进行计算，相较于 2015 年和 2017 年，建设用地地均 GDP 分别增加了 40.07 万元／公顷和 14.04 万元／公顷，增幅达 21.72% 和 6.67%，分别是全国平均增长水平的 1.16 倍和 1.15 倍。

4. 增长耗地及变化分析

2018 年，四川单位 GDP 建设用地使用面积为 44.52 公顷／亿元，比全国平均水平高 3.20 公顷／亿元，较 2015 年单位 GDP 建设用地使用面积减少 9.67 公顷／亿元，降幅为 17.84%，四川省土地资源利用效率较高。2015~2018 年，四川年均单位 GDP 耗地下降率为 6.34%，较全国平均水平高 0.76 个百分点，列全国各省（区、市）的第 11 位，其中 2018 年四川单位 GDP 耗地下降率为 6.25%，较全国平均水平高 0.77 个百分点。从经济增长消耗新增建设用地量看，四川省 2018 年单位 GDP 增长消耗新增建设用地面积为 6.28 公顷／亿元，比全国平均水平低 0.32 公顷／亿元，较 2016 年增加了 19.87%；四川单位人口增长消耗新增城乡建设用地面积为 –8497.45 米^2／人，列全国各省（区、市）的第 31 位。相较于 2016 年，人口增长耗地量下降了 8693.99 米^2／人，是全国平均水平的 650.05 倍。近年来，四川省人口、经济的增长与土地的匹配程度逐步趋于协调，土地资源利用效率不断提升。

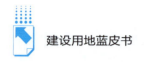
5. 经济社会发展与用地变化匹配分析

2015~2018 年，四川常住总人口与城乡建设用地增长弹性系数为 0.50，居全国各省（区、市）的第 17 位，人口增速仍慢于城乡建设用地增速。从动态变化看，四川常住总人口与城乡建设用地增长弹性系数逐年下降，由 2016 年的 1.15 下降到 2018 年的 −0.03，常住总人口与城乡建设用地变化协调程度有待提升。从城镇常住人口与用地变化匹配状况看，2015~2018 年，四川城镇常住人口与城镇工矿用地增长弹性系数为 1.93，比全国平均水平高 0.57。从年际变化看，2016~2018 年，四川城镇常住人口与城镇工矿用地增长弹性系数分别为 2.22、1.58 和 2.08，人口城镇化均快于土地城镇化，城镇化发展质量有待提升；2015~2018 年，四川农村人口减少 292.74 万人，村庄用地面积增加 146.47 平方公里，农村地区人地匹配协调程度有待提高。此外，2015~2018 年，四川经济发展水平逐年提升，GDP 与建设用地增长弹性系数高达 7.43，比全国平均水平高 0.57，居全国 31 个省（区、市）的第 10 位。

6. 建设用地节约集约利用排名分析

2018 年，四川省建设用地节约集约利用现状水平指数为 67.70，建设用地节约集约利用动态变化趋势指数为 54.36，建设用地节约集约利用综合指数为 61.03，在全国 31 个省（区、市）中分别居第 10 位、第 19 位和第 13 位。其中，地级以上城市建设用地节约集约利用综合指数均值为 60.80，居全国第 12 位；县级市建设用地节约集约利用综合指数均值为 63.38，居全国第 4 位（见表 13）。从年际变化来看，相较于 2015 年，四川省现状水平指数提升了 1.43，排名提升了 1 位；动态变化趋势指数提升了 1.01，排名下降了 4 位；综合指数提升了 1.22，排名下降了 1 位。城市建设用地节约集约利用趋势有所下滑，需进一步保持并提升。

表 13　2018 年四川省城市建设用地节约集约利用状况及其排名

城市		现状水平指数		动态变化趋势指数		综合指数	
		指数	排名	指数	排名	指数	排名
全省		67.70	10	54.36	19	61.03	13
地级以上城市	成都市	81.69	15	62.88	16	72.29	12
	自贡市	68.21	72	55.30	109	61.75	85
	攀枝花市	68.10	75	62.81	17	65.46	37

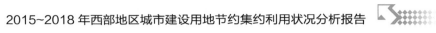

续表

城市		现状水平指数		动态变化趋势指数		综合指数	
		指数	排名	指数	排名	指数	排名
地级以上城市	泸州市	66.51	103	50.54	257	58.52	166
	德阳市	65.08	125	45.00	294	55.04	247
	绵阳市	62.28	175	58.07	63	60.18	122
	广元市	61.37	197	58.04	64	59.71	133
	遂宁市	65.25	122	57.47	72	61.36	92
	内江市	68.07	76	59.40	43	63.73	48
	乐山市	66.91	94	54.63	130	60.77	104
	南充市	67.64	82	56.46	86	62.05	78
	眉山市	62.95	160	52.63	198	57.79	184
	宜宾市	67.01	93	55.11	116	61.06	99
	广安市	61.83	187	53.81	153	57.82	183
	达州市	68.28	70	56.51	84	62.40	71
	雅安市	65.08	126	54.37	137	59.72	132
	巴中市	65.84	114	55.09	117	60.47	113
	资阳市	56.82	253	51.66	230	54.24	259
	指数均值	66.05	15	55.54	10	60.80	12
县级市	都江堰市	64.54	146	76.82	12	70.68	20
	彭州市	68.28	69	51.94	257	60.11	187
	邛崃市	62.34	197	72.24	30	67.29	46
	崇州市	63.33	173	54.79	205	59.06	202
	简阳市	64.64	144	51.79	261	58.22	230
	广汉市	69.52	58	50.59	280	60.05	189
	什邡市	66.46	105	72.49	29	69.48	28
	绵竹市	61.57	215	60.96	108	61.26	159
	江油市	62.49	192	60.60	109	61.55	151
	隆昌市	68.98	64	64.34	68	66.66	50
	峨眉山市	67.59	83	55.99	187	61.79	141
	阆中市	66.32	107	65.11	63	65.71	59
	华蓥市	66.54	102	63.97	74	65.25	64
	万源市	61.66	212	64.20	70	62.93	114
	马尔康市	67.77	79	47.14	325	57.45	249
	康定市	66.17	113	50.37	283	58.27	227
	西昌市	75.10	21	68.38	44	71.74	15
	指数均值	66.08	7	60.69	4	63.38	4

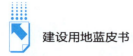

建设用地蓝皮书

2018 年四川省地级以上城市及县级市建设用地节约集约利用状况分布见图 25、图 26。

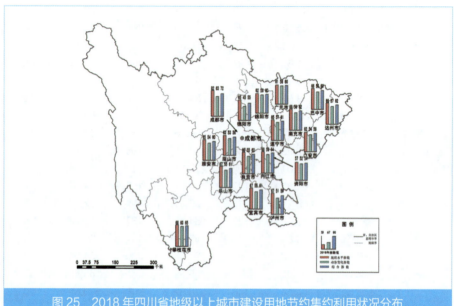

图 25　2018 年四川省地级以上城市建设用地节约集约利用状况分布

图 26　2018 年四川省县级市建设用地节约集约利用状况分布

190

（五）贵州

1. 基本情况

2018 年，贵州省共辖 6 个地级以上城市和 9 个县级市，全部纳入城市建设用地节约集约利用评价。2018 年，贵州省土地总面积为 10.28 万平方公里，国土开发强度为 4.98%，比 2015 年提升 0.45 个百分点，国土开发强度居我国 31 个省（区、市）的第 23 位。常住总人口为 2634.06 万人，比 2015 年增加 75.55 万人；城镇常住人口为 1413.09 万人，城镇化率为 53.65%，较 2015 年减少 0.13 个百分点。GDP 为 1.21 万亿元，比 2015 年增加 0.34 万亿元，常住人口人均 GDP 为 4.60 万元，比 2015 年增加了 1.20 万元。

2. 土地利用现状及变化分析

2018 年，贵州省农用地面积为 8.64 万平方公里，占土地总面积的 84.00%；建设用地面积为 0.51 万平方公里，占土地总面积的 4.98%；其他用地面积为 1.13 万平方公里，占土地总面积的 11.02%。建设用地面积中，城乡建设用地面积为 0.41 万平方公里，占比为 79.23%；交通水利用地面积为 0.10 万平方公里，占比为 19.41%；其他建设用地面积为 0.01 万平方公里，占比为 1.36%。国土开发强度从 2017 年的 4.94% 增加至 2018 年的 4.98%，比全国平均水平低 1.40 个百分点。

3. 土地利用强度及变化分析

2018 年，贵州省建设用地人口密度和城乡建设用地人口密度分别为 5141.35 人 / 公里^2 和 6489.50 人 / 公里^2，同全国平均水平相比，建设用地人口密度高出 1541.82 人 / 公里^2，城乡建设用地人口密度高出 1977.13 人 / 公里^2，均居全国 31 个省（区、市）的第 4 位。相较于 2015 年，建设用地人口承载水平有所下降，其中建设用地人口密度降低了 352.14 人 / 公里^2，城乡建设用地人口密度降低了 404.78 人 / 公里^2；同 2017 年相比，分别降低了 113.74 人 / 公里^2 和 140.45 人 / 公里^2。2018 年，贵州省建设用地地均 GDP 为 236.28 万元 / 公顷，是全国平均水平的 96.15%，居全国 31 个省（区、市）的第 12 位。按 2015 年可比价进行计算，相较于 2015 年和 2017 年，建设用地地均 GDP 分

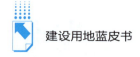

别增加了 49.08 万元 / 公顷和 15.07 万元 / 公顷，增幅达 25.24% 和 6.59%，分别是全国平均增长水平的 1.34 倍和 1.14 倍。

4. 增长耗地及变化分析

2018 年，贵州单位 GDP 建设用地使用面积为 41.06 公顷 / 亿元，比全国平均水平低 0.26 公顷 / 亿元，较 2015 年单位 GDP 建设用地使用面积下降 10.36 公顷 / 亿元，降幅为 20.15%，土地资源利用效率较高。2015~2018 年，贵州年均单位 GDP 耗地下降率为 7.22%，较全国平均水平高 1.65 个百分点，居全国各省（区、市）的第 24 位，其中 2018 年贵州单位 GDP 耗地下降率为 6.19%，较全国平均水平高 0.70 个百分点。从经济增长消耗新增建设用地量看，贵州省 2018 年单位 GDP 增长消耗新增建设用地面积为 10.13 公顷 / 亿元，比全国平均水平高 3.52 公顷 / 亿元，较 2016 年下降了 19.29%。贵州单位人口增长消耗新增城乡建设用地面积为 464.04 米^2 / 人，是全国平均水平的 1.16 倍，居全国各省（区、市）的第 9 位；相较于 2016 年，人口增长耗地量增加了 125.29 米^2 / 人，贵州省建设用地投入产出强度有所提升，但是人口增长与新增耗地协调程度有待提升。

5. 经济社会发展与用地变化匹配分析

2015~2018 年，贵州省常住总人口与建设用地增长弹性系数为 0.31，居全国各省（区、市）的第 24 位，人口增速仍慢于城乡建设用地增速。从动态变化看，贵州常住总人口与城乡建设用地增长弹性系数呈下降趋势，由 2016 年的 0.35 下降到 2018 年的 0.23，常住总人口与城乡建设用地变化协调程度有待提升。从城镇常住人口与用地变化匹配状况看，2015~2018 年，贵州城镇常住人口与城镇工矿用地增长弹性系数为 0.69，比全国平均水平低 0.67。2015~2018 年，贵州农村人口减少 83.44 万人，村庄用地面积增加 93.29 平方公里，农村地区人地匹配协调程度有待提高。此外，2015~2018 年，GDP 与建设用地增长弹性系数达 3.78，比全国平均水平低 3.08，居全国 31 个省（区、市）的第 28 位。

6. 建设用地节约集约利用排名分析

2018 年，贵州省建设用地节约集约利用现状水平指数为 71.13，建设用地节约集约利用动态变化趋势指数为 53.90，建设用地节约集约利用综合指数为 62.51，在全国 31 个省（区、市）中分别列第 7 位、第 22 位和第 10 位。其中，地级以上城市建设用地节约集约利用综合指数均值为 62.33，列全国第 9 位；县级市建设用地节约集约利用综合指数均值为 63.03，列全国第 5 位（见表 14）。从年际变化来看，相较于 2015 年，贵州省现状水平指数提升了 0.22，排名保持在第 7 位；动态变化趋势指数降低了 0.49，排名下降了 10 位；综合指数降低了 0.13，排名下降了 3 位。城市建设用地节约集约利用水平有所下滑，需进一步提升。

表 14　2018 年贵州省城市建设用地节约集约利用状况及其排名

城市		现状水平指数		动态变化趋势指数		综合指数	
		指数	排名	指数	排名	指数	排名
全省		71.13	7	53.90	22	62.51	10
地级以上城市	贵阳市	78.42	21	59.63	40	69.03	23
	六盘水市	70.68	48	53.76	154	62.22	73
	遵义市	69.07	59	54.29	140	61.68	87
	安顺市	69.70	56	50.89	250	60.30	121
	毕节市	73.69	37	51.86	222	62.77	63
	铜仁市	63.91	140	52.12	213	58.01	181
	指数均值	70.91	7	53.76	22	62.33	9
县级市	清镇市	66.03	117	56.40	180	61.22	161
	盘州市	66.74	99	59.73	122	63.24	104
	赤水市	66.92	97	57.34	161	62.13	130
	仁怀市	90.23	3	64.47	67	77.35	5
	兴义市	67.19	92	53.58	229	60.38	183
	兴仁市	67.84	78	51.16	268	59.50	197
	凯里市	66.31	108	59.01	132	62.66	120
	都匀市	68.24	71	56.60	178	62.42	125
	福泉市	62.81	183	53.96	221	58.38	224
	指数均值	69.14	4	56.92	12	63.03	5

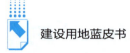
2018 年贵州省地级以上城市及县级市建设用地节约集约利用状况分布见图 27、图 28。

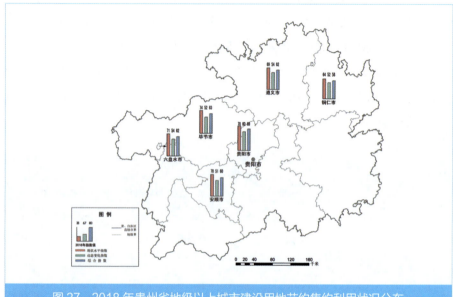

图 27　2018 年贵州省地级以上城市建设用地节约集约利用状况分布

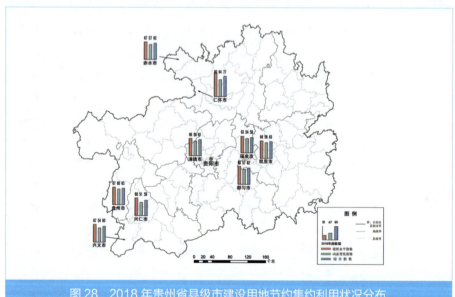

图 28　2018 年贵州省县级市建设用地节约集约利用状况分布

（六）云南

1. 基本情况

2018 年，云南省共辖 8 个地级以上城市和 16 个县级市，全部参加城市建设用地节约集约利用评价。2018 年，云南省土地总面积为 19.48 万平方公里，国土开发强度为 3.51%，比 2015 年提升 0.18%，国土开发强度居我国 31 个省（区、市）的第 27 位；常住总人口为 3001.00 万人，比 2015 年增加 52.00 万人；城镇常住人口为 1483.81 万人，城镇化率为 49.44%，较 2015 年提高了 1.41 个百分点。GDP 为 1.20 万亿元，比 2015 年增加了 0.29 万亿元，常住人口人均GDP 为 3.99 万元，比 2015 年增加了 0.90 万元。

2. 土地利用现状及变化分析

2018 年末，云南省农用地面积为 16.86 万平方公里，占土地总面积的86.53%，建设用地面积为 0.68 万平方公里，占土地总面积的 3.51%，其他用地面积为 1.94 万平方公里，占土地总面积的 9.96%。建设用地面积中，城乡建设用地面积为 0.52 万平方公里，占比为 75.54%；交通水利用地面积为 0.15 万平方公里，占比为 22.29%；其他建设用地面积为 0.01 万平方公里，占比为 2.17%。国土开发强度从 2017 年的 3.45% 增加至 2018 年的 3.51%，比全国平均水平低 2.87 个百分点。

3. 土地利用强度及变化分析

2018 年，云南省建设用地人口密度和城乡建设用地人口密度分别为4388.05 人 / 公里 ^{2} 和 5808.99 人 / 公里 ^{2}，建设用地人口密度比全国平均水平高788.52 人 / 公里 ^{2}，城乡建设用地人口密度比全国平均水平高 1296.62 人 / 公里 ^{2}，分别居全国 31 个省（区、市）的第 8 位和第 6 位。相较于 2015 年，建设用地人口承载水平有所下降，其中建设用地人口密度下降了 159.78 人 / 公里 ^{2}，城乡建设用地人口密度降低了 214.16 人 / 公里 ^{2}；同 2017 年相比，建设用地人口密度和城乡建设用地人口密度分别降低了 52.59 人 / 公里 ^{2} 和 82.78 人 / 公里 ^{2}。2018 年，云南省建设用地地均 GDP 为 175.27 万元 / 公顷，是全国平均水平的 71.32%，居全国 31 个省（区、市）的第 17 位。按 2015 年可比价进行计算，相较于 2015年和 2017 年，建设用地地均 GDP 分别增加了 34.17 万元 / 公顷和 13.44 万元 / 公

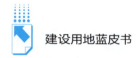

顷，增幅达 23.54% 和 8.10%，分别是全国平均增长水平的 1.25 倍和 1.40 倍。

4. 增长耗地及变化分析

2018 年，云南单位 GDP 建设用地使用面积为 55.76 公顷／亿元，比全国平均水平高 14.44 公顷／亿元，较 2015 年单位 GDP 建设用地使用面积低 13.13 公顷／亿元，降幅为 19.05%，土地资源利用效率较高。2015~2018 年，云南年均单位 GDP 耗地下降率为 6.80%，较全国平均水平高 1.23 个百分点，居全国各省（区、市）的第 5 位，其中 2018 年云南单位 GDP 耗地下降率为 7.50%，较全国平均水平高 2.01 个百分点。从经济增长消耗新增建设用地量看，云南省 2018 年单位 GDP 增长消耗新增建设用地面积为 8.77 公顷／亿元，比全国平均水平高 2.17 公顷／亿元，较 2016 年增加了 42.76%。云南单位人口增长消耗新增城乡建设用地面积为 613.97 米^2／人，是全国平均水平的 1.54 倍，居全国各省（区、市）的第 6 位。相较于 2016 年，人口增长耗地量增加了 133.00 米^2／人，云南省的建设用地投入产出强度下降，人口增长与新增耗地协调程度有待提升。

5. 经济社会发展与用地变化匹配分析

2015~2018 年，云南省常住总人口与建设用地增长弹性系数为 0.32，居全国各省（区、市）的第 23 位，人口增速仍慢于城乡建设用地增速。从动态变化看，云南常住总人口与城乡建设用地增长弹性系数先提高后下降，由 2016 年的 0.31 下降到 2018 年的 0.23，常住总人口与城乡建设用地变化协调程度需进一步提升。从城镇常住人口与用地变化匹配状况看，2015~2018 年，云南城镇常住人口与城镇工矿用地增长弹性系数为 1.84，比全国平均水平高 0.47。从年际变化看，2016 年、2017 年和 2018 年，云南城镇常住人口与城镇工矿用地增长弹性系数分别为 1.53、1.35 和 2.53，人口城镇化均快于土地城镇化，城镇化发展质量有待提升。2015~2018 年，云南农村人口减少 102.98 万人，村庄用地面积增加 155.72 平方公里，农村地区人地匹配协调程度有待提高。此外，2015~2018 年云南经济发展水平逐年提升，GDP 与建设用地增长弹性系数高达 5.54，比全国平均水平低 1.31，居全国 31 个省（区、市）的第 22 位。

6. 建设用地节约集约利用排名分析

2018 年，云南省建设用地节约集约利用现状水平指数为 67.21，建设用地节约集约利用动态变化趋势指数为 55.09，建设用地节约集约利用综合指数为 61.15，在全国 31 个省（区、市）中分别列第 11 位、第 13 位和第 11 位。其中，地级以上城市建设用地节约集约利用综合指数均值为 60.51，居全国第 15 位；县级市建设用地节约集约利用综合指数均值为 61.15，居全国第 10 位（见表 15）。从年际变化来看，相较于 2015 年，云南省三项指数分别提升了 0.38、2.45 和 1.41，从排名来看，现状水平指数下降 1 位，动态变化趋势指数提升 5 位，综合指数提升 2 位。城市建设用地节约集约利用水平位居全国参评省（区、市）中上游，总体来看趋势向好。

表 15 2018 年云南省城市建设用地节约集约利用状况及其排名

城市		现状水平指数		动态变化趋势指数		综合指数	
		指数	排名	指数	排名	指数	排名
全省		67.21	11	55.09	13	61.15	11
地级以上城市	昆明市	69.64	57	59.42	42	64.53	41
	曲靖市	66.53	102	52.44	206	59.48	139
	玉溪市	68.76	63	51.99	218	60.38	117
	保山市	62.72	164	53.51	169	58.11	178
	昭通市	75.45	30	53.28	175	64.37	42
	丽江市	61.18	201	52.77	193	56.98	201
	普洱市	61.22	198	52.55	200	56.89	204
	临沧市	66.69	99	60.02	38	63.35	57
	指数均值	66.52	12	54.50	19	60.51	15
县级市	安宁市	62.15	200	55.82	190	58.99	207
	宣威市	67.90	77	47.17	324	57.54	243
	腾冲市	59.66	251	53.87	223	56.77	266
	水富市	73.25	27	67.43	53	70.34	25
	楚雄市	66.27	109	67.05	54	66.66	51
	个旧市	62.19	199	65.90	59	64.05	82
	开远市	64.31	150	58.88	135	61.60	149
	蒙自市	63.39	170	54.29	212	58.84	212
	弥勒市	64.68	140	66.18	58	65.43	62
	文山市	66.81	98	54.57	208	60.69	173
	景洪市	62.12	201	60.15	117	61.13	163

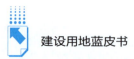
续表

城市		现状水平指数		动态变化趋势指数		综合指数	
		指数	排名	指数	排名	指数	排名
县级市	大理市	68.11	73	64.73	64	66.42	53
	瑞丽市	58.42	276	54.60	207	56.51	275
	芒市	60.25	240	53.08	238	56.67	268
	泸水市	75.39	19	47.35	321	61.37	156
	香格里拉市	57.56	288	53.33	234	55.45	297
	指数均值	64.53	12	57.78	9	61.15	10

2018 年云南省地级以上城市及县级市建设用地节约集约利用状况分布见图 29、图 30。

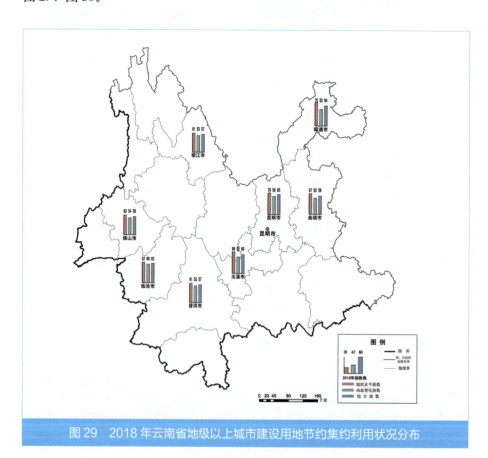

图 29　2018 年云南省地级以上城市建设用地节约集约利用状况分布

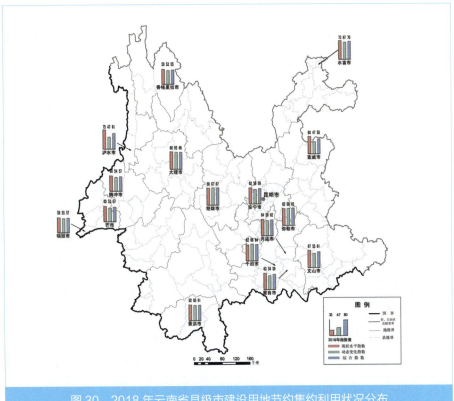

图 30　2018 年云南省县级市建设用地节约集约利用状况分布

（七）西藏

1. 基本情况

2018 年，西藏自治区共有 6 个地级以上城市，全部参加城市建设用地节约集约利用评价。2018 年，西藏自治区土地总面积为 86.50 万平方公里，国土开发强度为 0.17%，与 2015 年基本持平，开发强度居我国 31 个省（区、市）的第 31 位；常住总人口为 231.19 万人，较 2015 年增加了 14.6 万人。城镇化率为 54.11%，比 2015 年增加了 0.53 个百分点；GDP 为 0.14 亿元，比 2015 年增加 374.33 亿元，常住人口人均 GDP 为 6.17 万元，比 2015 年增加 1.33 万元。

2. 土地利用现状及变化分析

2018 年，西藏自治区农用地面积为 61.88 万平方公里，占土地总面积的

199

71.54%；建设用地面积为 0.14 万平方公里，占土地总面积的 0.17%；其他用地面积为 24.48 万平方公里，占土地总面积的 28.30%。建设用地中，城乡建设用地面积为 964.28 平方公里，占比为 67.22%；交通水利用地面积为 415.68 平方公里，占比为 28.98%；其他建设用地面积为 54.51 平方公里，占比为 3.80%。国土开发强度从 2017 年的 0.16% 提升至 2018 年的 0.17%，比全国平均水平低 6.22 个百分点。

3. 土地利用强度及变化分析

2018 年，西藏自治区建设用地人口密度和城乡建设用地人口密度分别为 1611.69 人 / 公里^2 和 2397.57 人 / 公里^2，比全国平均水平分别低 1987.83 人 / 公里^2 和 2114.79 人 / 公里^2，分别居全国 31 个省（区、市）的第 30 位和第 29 位。相较于 2015 年，建设用地人口承载水平有所下降，其中建设用地人口密度下降了 79.37 人 / 公里^2，城乡建设用地人口密度降低了 53.38 人 / 公里^2；同 2017 年相比，分别降低了 6.71 人 / 公里^2 和 1.10 人 / 公里^2。2018 年，西藏自治区建设用地地均 GDP 为 99.37 万元 / 公顷，是全国平均水平的 40.44%，居全国 31 个省（区、市）的第 30 位。按 2015 年可比价进行计算，相较于 2015 年和 2017 年，建设用地地均 GDP 分别增加了 17.83 万元 / 公顷和 6.99 万元 / 公顷，增幅分别达 23.10% 和 7.94%，分别是全国平均增长水平的 1.23 倍和 1.37 倍。

4. 增长耗地及变化分析

2018 年，西藏自治区单位 GDP 建设用地使用面积为 105.26 公顷 / 亿元，比全国平均水平高 63.94 公顷 / 亿元，较 2015 年单位 GDP 建设用地使用面积下降 24.32 公顷 / 亿元，降幅为 18.77%，土地资源利用效率较低。2015~2018 年，西藏自治区年均单位 GDP 耗地下降率为 6.69%，较全国平均水平高 1.11 个百分点，居全国各省（区、市）的第 30 位，其中 2018 年西藏自治区单位 GDP 耗地下降率为 7.36%，较全国平均水平高 1.88 个百分点。从经济增长消耗新增建设用地量看，西藏自治区 2018 年单位 GDP 增长消耗新增建设用地面积为 30.14 公顷 / 亿元，比全国平均水平高 23.53 公顷 / 亿元，较 2016 年减少了 52.61%；西藏自治区单位人口增长消耗新增城乡建设用地面积为 425.19

米²/人，是全国平均水平的 1.06 倍，居全国各省（区、市）的第 10 位；相较于 2016 年，人口增长耗地量下降了 189.40 米²/人，是全国平均水平的 14.16 倍，居全国各省（区、市）的第 13 位。近年来，西藏自治区人口、经济的增长与土地的匹配程度逐步趋于协调，土地资源利用效率不断提升。

5. 经济社会发展与用地变化匹配分析

2015~2018 年，西藏自治区常住总人口与城乡建设用地增长弹性系数为 0.74，居全国各省（区、市）的第 10 位，人口增速与城乡建设用地增速匹配性相对较好。从动态变化看，西藏自治区常住总人口与城乡建设用地增长弹性系数逐年提高，由 2016 年的 0.70 上升到 2018 年的 0.98，常住总人口与城乡建设用地变化协调程度逐步提升。从城镇常住人口与用地变化匹配状况看，2015~2018 年，西藏自治区城镇常住人口与城镇工矿用地增长弹性系数为 1.31，比全国平均水平低 0.05。从年际变化看，2016~2018 年，西藏自治区的城镇常住人口与城镇工矿用地增长弹性系数分别为 1.86、1.25 和 0.98，人口城镇化与土地城镇化协调程度逐年提升，趋势向好；2015~2018 年，西藏自治区农村人口减少 1.92 万人，村庄用地面积增加 48.30 平方公里，人口减少的同时用地面积有一定的增加，农村地区人地匹配协调程度有待提高。此外，2015~2018 年，西藏自治区经济发展水平逐年提升，GDP 与建设用地增长弹性系数为 3.16，比全国平均水平低 3.70，居全国 31 个省（区、市）的第 30 位。

6. 建设用地节约集约利用排名分析

2018 年，西藏自治区建设用地节约集约利用现状水平指数为 55.05，建设用地节约集约利用动态变化趋势指数为 53.24，建设用地节约集约利用综合指数为 54.15，在全国 31 个省（区、市）中分别居第 30 位、第 26 位和第 29 位，3 项指数总体呈现现状水平与动态变化较为均衡的格局。其中，地级以上城市建设用地节约集约利用综合指数均值为 54.37，居全国第 29 位（见表 16）。从年际变化来看，相较于 2015 年，西藏自治区现状水平指数提升了 0.58，排名提升了 1 位；动态变化趋势指数提升了 0.49，排名下降了 9 位；综合指数提升了 0.53，排名下降了 4 位。城市建设用地节约集约利用处于全国中下游水平，且呈下滑趋势，提升空间较大。

表 16   2018 年西藏自治区城市建设用地节约集约利用状况及其排名

城市		现状水平指数		动态变化趋势指数		综合指数	
		指数	排名	指数	排名	指数	排名
全区		55.05	30	53.24	26	54.15	29
地级以上城市	拉萨市	55.02	272	52.97	184	53.99	265
	日喀则市	55.78	263	52.96	186	54.37	256
	昌都市	58.81	234	53.33	174	56.07	226
	林芝市	50.78	294	56.43	90	53.60	269
	山南市	52.63	286	52.91	190	52.77	276
	那曲市	58.57	235	52.28	211	55.42	241
	指数均值	55.26	31	53.48	25	54.37	29

2018 年西藏自治区地级以上城市建设用地节约集约利用状况分布见图 31。

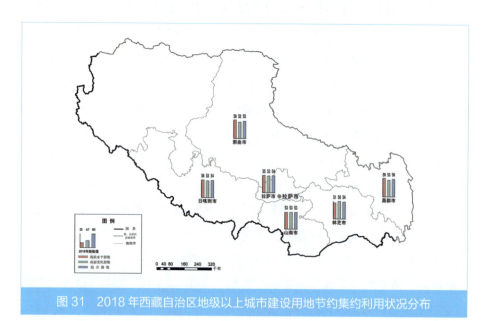

图 31   2018 年西藏自治区地级以上城市建设用地节约集约利用状况分布

（八）陕西

1. 基本情况

2018 年，陕西省共有 10 个地级以上城市和 5 个县级市参加城市建设用地节约集约利用评价。2018 年，陕西省土地总面积为 20.56 万平方公里，国土开发强度为 4.77%，比 2015 年提升 0.19 个百分点，开发强度居我国 31 个省（区、市）的第 24 位。常住总人口为 3928.74 万人，较 2015 年增加了 95.71 万人。城镇化率为 57.40%，比 2015 年增加了 3.09 个百分点。GDP 为 2.41 万亿元，比 2015 年增加 0.42 万亿元，常住人口人均 GDP 为 6.13 万元，比 2015 年增加 0.96 万元。

2. 土地利用现状及变化分析

2018 年，陕西省农用地面积为 18.55 万平方公里，占土地总面积的 90.22%；建设用地面积为 0.98 万平方公里，占土地总面积的 4.77%；其他用地面积为 1.03 万平方公里，占土地总面积的 5.01%。建设用地中，城乡建设用地面积为 0.81 万平方公里，占比为 82.70%；交通水利用地面积为 0.15 万平方公里，占比为 15.05%；其他建设用地面积为 220.19 平方公里，占比为 2.24%。国土开发强度从 2017 年的 4.71% 提升至 2018 年的 4.77%，比全国平均水平低 1.61 个百分点。

3. 土地利用强度及变化分析

2018 年，陕西省建设用地人口密度和城乡建设用地人口密度分别为 4004.23 人 / 公里^2 和 4841.83 人 / 公里^2，比全国平均水平分别高 404.70 人 / 公里^2 和 329.46 人 / 公里^2，分别居全国 31 个省（区、市）的第 12 位和第 13 位。相较于 2015 年，建设用地人口承载水平有所下降，其中建设用地人口密度下降了 67.29 人 / 公里^2，城乡建设用地人口密度降低了 75.11 人 / 公里^2；同 2017 年相比，分别降低了 22.30 人 / 公里^2 和 28.11 人 / 公里^2。2018 年，陕西省建设用地地均 GDP 为 245.38 万元 / 公顷，与全国平均水平基本相当，居全国 31 个省（区、市）的第 10 位。按 2015 年可比价进行计算，相较 2015 年和 2017 年，建设用地地均 GDP 分别增加了 35.42 万元 / 公顷和 13.74 万元 / 公顷，增幅分别达 18.69% 和 6.50%，分别是全国平均增长水平的 1.00 倍和 1.12 倍。

4. 增长耗地及变化分析

2018 年，陕西单位 GDP 建设用地使用面积为 44.46 公顷 / 亿元，比全国

平均水平高 3.14 公顷 / 亿元，较 2015 年单位 GDP 建设用地使用面积下降 8.31
公顷 / 亿元，降幅为 15.75%，陕西省土地资源利用效率不断提升。2015~2018
年，陕西年均单位 GDP 耗地下降率为 5.55%，较全国平均水平低 0.03 个百分
点，居全国各省（区、市）的第 19 位，其中 2018 年陕西单位 GDP 耗地下降
率为 6.11%，较全国平均水平高 0.62 个百分点。从经济增长消耗新增建设用
地量看，陕西省 2018 年单位 GDP 增长消耗新增建设用地面积为 7.37 公顷 / 亿
元，比全国平均水平高 0.77 公顷 / 亿元，较 2016 年降低了 45.28 公顷 / 亿元；
陕西单位人口增长消耗新增城乡建设用地面积为 318.12 米^2 / 人，是全国平
均水平的 0.80 倍，居全国各省（区、市）的第 16 位。相较于 2016 年，人
口增长耗地量下降了 231.60 米^2 / 人，人口增长与新增耗地呈逐步协调趋势。

5. 经济社会发展与用地变化匹配分析

2015~2018 年，陕西常住总人口与城乡建设用地增长弹性系数为 0.61，
居全国各省（区、市）的第 13 位，人口增速仍慢于城乡建设用地增速。从动
态变化看，陕西常住总人口与城乡建设用地增长弹性系数逐年提高，由 2016
年的 0.43 上升到 2018 年的 0.58，常住总人口与城乡建设用地变化协调程度
逐步提升。从城镇常住人口与用地变化匹配状况看，2015~2018 年，陕西城
镇常住人口与城镇工矿用地增长弹性系数为 1.53，比全国平均水平高 0.17。
从年际变化看，2016 年、2017 年和 2018 年，陕西省城镇常住人口与城镇工
矿用地增长弹性系数分别为 1.46、1.28 和 1.84，人口增速均快于土地增速。
2015~2018 年，陕西农村人口减少 126.92 万人，村庄用地面积增加了 103.68
平方公里，农村人口与村庄用地增长弹性系数为 –3.25，农村人口减少的同时
村庄用地面积增加，农村地区人地匹配协调程度有待提高。此外，2015~2018
年，陕西经济发展水平逐年提升，GDP 与建设用地增长弹性系数为 5.62，比
全国平均水平低 1.24，居全国 31 个省（区、市）的第 21 位。

6. 建设用地节约集约利用排名分析

2018 年，陕西省建设用地节约集约利用现状水平指数为 66.76，建设用
地节约集约利用动态变化趋势指数为 55.35，建设用地节约集约利用综合指数
为 61.05，在全国 31 个省（区、市）中分别居第 13 位、第 12 位和第 12 位，

3 项指数总体呈现现状水平与动态变化较为均衡的格局。其中，地级以上城市建设用地节约集约利用综合指数均值为 60.61，居全国第 14 位；县级市建设用地节约集约利用综合指数均值为 57.93，居全国第 19 位（见表 17）。从年际变化来看，相较于 2015 年，陕西省动态变化趋势指数、现状水平指数和综合指数分别提升了 1.66、4.51 和 3.09；从排名来看，现状水平指数保持在第 13 位，动态变化趋势指数提升了 10 位，综合指数提升了 4 位。城市建设用地节约集约利用水平趋势向好，提升较为明显。

表 17　2018 年陕西省城市建设用地节约集约利用状况及其排名

城市		现状水平指数		动态变化趋势指数		综合指数	
		指数	排名	指数	排名	指数	排名
全省		66.76	13	55.35	12	61.05	12
地级以上城市	西安市	79.93	18	72.24	5	76.09	7
	铜川市	61.92	183	52.03	217	56.98	200
	宝鸡市	67.63	83	53.34	173	60.49	112
	咸阳市	65.10	124	51.75	226	58.42	172
	渭南市	61.73	190	51.49	234	56.61	212
	延安市	61.18	200	51.35	238	56.27	220
	汉中市	66.33	106	54.56	132	60.44	115
	榆林市	59.98	218	54.84	125	57.41	192
	安康市	71.28	45	54.70	127	62.99	61
	商洛市	67.78	80	52.92	189	60.35	119
	指数均值	66.29	13	54.92	16	60.61	14
县级市	兴平市	70.26	50	53.00	241	61.63	145
	彬州市	63.14	177	46.00	336	54.57	310
	韩城市	64.85	135	49.56	294	57.21	254
	华阴市	66.50	104	45.39	349	55.95	287
	神木市	66.15	114	54.43	210	60.29	184
	指数均值	66.18	5	49.68	26	57.93	19

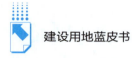

2018年陕西省地级以上城市及县级市建设用地节约集约利用状况分布见图32、图33。

（九）甘肃

1. 基本情况

2018年，甘肃省共辖12个地级以上城市和5个县级市，全部参加城市建设用地节约集约利用评价。2018年，甘肃省土地总面积为37.91万平方公里，国土开发强度为2.24%，比2015年提升0.08个百分点，开发强度居我国31

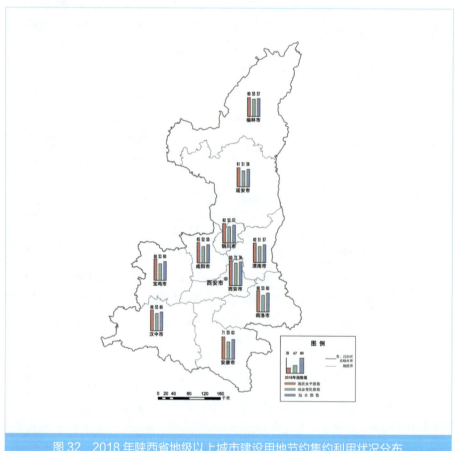

图32　2018年陕西省地级以上城市建设用地节约集约利用状况分布

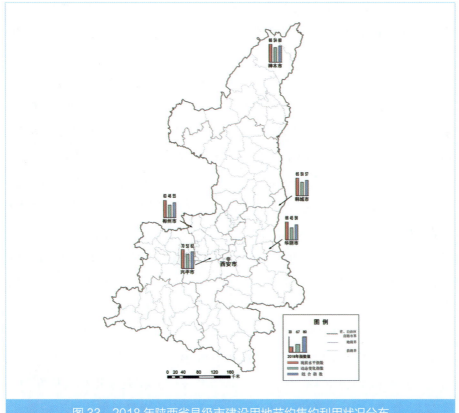

图 33　2018 年陕西省县级市建设用地节约集约利用状况分布

个省（区、市）的第 28 位。常住总人口为 2351.49 万人，较 2015 年增加了 21.99 万人。城镇化率为 48.11%，比 2015 年增加了 0.08 个百分点；GDP 为 0.78 万亿元，比 2015 年增加了 0.10 万亿元；常住人口人均 GDP 为 3.31 万元，比 2015 年增加了 0.40 万元。

2. 土地利用现状及变化分析

2018 年，甘肃省农用地面积为 14.31 万平方公里，占土地总面积的 37.76%；建设用地面积为 0.85 万平方公里，占土地总面积的 2.24%；其他用地面积为 22.75 万平方公里，占土地总面积的 60.00%。建设用地中，城乡建设用地面积为 0.69 万平方公里，占比为 81.85%；交通水利用地面积 0.11 万平方公里，占

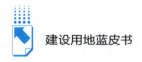
比为 12.45%；其他建设用地面积 483.68 平方公里，占比为 5.70%。国土开发强度从 2017 年的 2.22% 提升至 2018 年的 2.24%，比全国平均水平低 4.15 个百分点。

3. 土地利用强度及变化分析

2018 年，甘肃省建设用地人口密度和城乡建设用地人口密度分别为 2772.91 人 / 公里^2 和 3387.99 人 / 公里^2，比全国平均水平分别低 826.62 人 / 公里^2 和 1124.37 人 / 公里^2，分别居全国 31 个省（区、市）的第 23 位和第 24 位。相较于 2015 年，建设用地人口承载水平有所下降，其中建设用地人口密度下降了 80.81 人 / 公里^2，城乡建设用地人口密度下降了 80.31 人 / 公里^2；同 2017 年相比，分别下降了 24.49 人 / 公里^2 和 27.14 人 / 公里^2。2018 年，甘肃省建设用地地均 GDP 为 91.87 万元 / 公顷，是全国平均水平的 37.39%，居全国 31 个省（区、市）的第 31 位。按 2015 年可比价进行计算，相较于 2015 年和 2017 年，建设用地地均 GDP 分别增加了 8.78 万元 / 公顷和 3.64 万元 / 公顷，增幅分别达 11.21% 和 4.36%，分别是全国平均增长水平的 59.69% 和 75.19%。

4. 增长耗地及变化分析

2018 年，甘肃单位 GDP 建设用地使用面积为 114.83 公顷 / 亿元，比全国平均水平高 73.51 公顷 / 亿元，较 2015 年单位 GDP 建设用地使用面积下降 12.87 公顷 / 亿元，降幅为 10.08%，甘肃省土地资源利用效率不断提升。2015~2018 年，甘肃年均单位 GDP 耗地下降率为 3.47%，较全国平均水平低 2.10 个百分点，居全国各省（区、市）的第 28 位，其中 2018 年甘肃单位 GDP 耗地下降率为 4.18%，较全国平均水平低 1.30 个百分点。从经济增长消耗新增建设用地量看，甘肃省 2018 年单位 GDP 增长消耗新增建设用地面积为 19.12 公顷 / 亿元，比全国平均水平高 12.52 公顷 / 亿元，较 2016 年降低了 45.12%；甘肃单位人口增长消耗新增城乡建设用地面积为 -3002.41 米^2 / 人，居全国各省（区、市）的第 30 位；相较于 2016 年，人口增长耗地量下降了 4661.03 米^2 / 人，是全国平均水平的 348.50 倍，居全国第 2 位。近年来，甘肃省人口、经济的增长与土地的匹配程度逐步趋于协调，土地资源利用效率不断提升。

5. 经济社会发展与用地变化匹配分析

2015~2018 年，甘肃常住总人口与城乡建设用地增长弹性系数为 0.28，居全国各省（区、市）的第26位，人口增速仍慢于城乡建设用地增速。从动态变化看，甘肃常住总人口与城乡建设用地增长弹性系数有所下降，由2016 年的 0.17 下降到 2018 年的 −0.10，常住总人口与城乡建设用地变化协调程度有待提升。从城镇常住人口与用地变化匹配状况看，2015~2018 年，甘肃城镇常住人口与城镇工矿用地增长弹性系数为 1.78，比全国平均水平高 0.41；2015~2018 年，甘肃农村人口减少 91.93 万人，村庄用地面积增加104.93 平方公里，呈现人减地增的局面，农村地区人地匹配协调程度有待提高。此外，2015~2018 年，甘肃经济发展水平逐年提升，GDP 与建设用地增长弹性系数为 4.00，比全国平均水平低 2.86，居全国 31 个省（区、市）的第 27 位。

6. 建设用地节约集约利用排名分析

2018 年，甘肃省建设用地节约集约利用现状水平指数为 57.61，建设用地节约集约利用动态变化趋势指数为 49.83，建设用地节约集约利用综合指数为 53.72，在全国 31 个省（区、市）中分别居第 26 位、第 31 位和第 30 位，3 项指数总体呈现现状水平与动态变化较为均衡的格局。其中，地级以上城市建设用地节约集约利用综合指数均值为 54.08，居全国第 30 位；县级市建设用地节约集约利用综合指数均值为 57.64，居全国第 20 位（见表 18）。从年际变化来看，相较于 2015 年，甘肃省现状水平指数提升了 0.22，排名保持在第 26 位不变；动态变化趋势指数降低了 0.06，排名下降了 5 位；综合指数提升了 0.08，排名下降了 6 位。城市建设用地节约集约利用水平有下滑趋势，排名靠后，有待进一步提高。

表 18   2018 年甘肃省城市建设用地节约集约利用状况及其排名

城市		现状水平指数		动态变化趋势指数		综合指数	
		指数	排名	指数	排名	指数	排名
全省		57.61	26	49.83	31	53.72	30
地级以上城市	兰州市	70.09	52	52.51	202	61.30	93
	嘉峪关市	56.95	251	54.25	142	55.60	237

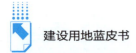

续表

城市		现状水平指数		动态变化趋势指数		综合指数	
		指数	排名	指数	排名	指数	排名
地级以上城市	金昌市	54.51	274	52.95	187	53.73	267
	白银市	55.49	266	50.15	262	52.82	275
	天水市	63.29	152	50.82	251	57.05	197
	武威市	55.19	267	50.09	263	52.64	277
	张掖市	55.05	271	48.94	281	51.99	281
	平凉市	55.51	265	47.24	289	51.38	286
	酒泉市	53.03	284	49.16	277	51.10	289
	庆阳市	53.05	282	49.38	275	51.22	288
	定西市	56.54	256	52.49	203	54.52	255
	陇南市	61.21	199	50.02	268	55.62	235
	指数均值	57.49	26	50.67	31	54.08	30
县级市	华亭市	59.32	257	55.01	202	57.16	257
	玉门市	54.97	325	57.09	166	56.03	284
	敦煌市	51.84	353	49.21	297	50.53	354
	临夏市	76.57	17	59.23	129	67.90	39
	合作市	62.47	194	50.74	276	56.60	272
	指数均值	61.04	17	54.25	21	57.64	20

2018 年甘肃省地级以上城市及县级市建设用地节约集约利用状况分布见图 34、图 35。

（十）青海

1. 基本情况

2018 年，青海省共有 2 个地级以上城市和 4 个县级市参加城市建设用地节约集约利用评价。2018 年，青海省土地总面积为 2.06 万平方公里，国土开发强度为 4.54%，比 2015 年提升 0.18 个百分点，国土开发强度居我国 31 个省（区、市）的第 25 位；常住总人口为 385.13 万人，较 2015 年增加了 8.62 万人；城镇化率为 59.17%，比 2015 年增加 0.56 个百分点；GDP 为 0.17 万亿

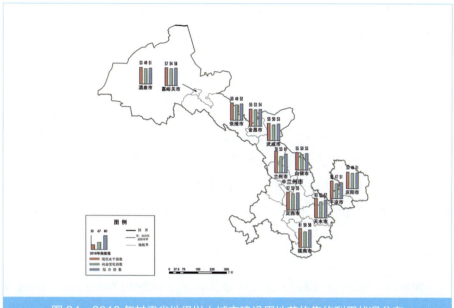

图 34　2018 年甘肃省地级以上城市建设用地节约集约利用状况分布

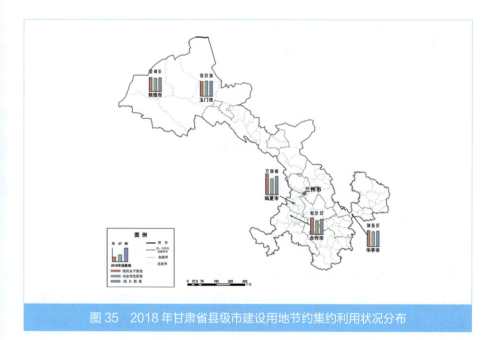

图 35　2018 年甘肃省县级市建设用地节约集约利用状况分布

元，比 2015 年可比价增加 426.54 万亿元，常住人口人均 GDP 为 4.51 万元，比 2015 年可比价增加 1.02 万元。

2. 土地利用现状及变化分析

2018 年，青海省农用地面积为 1.92 万平方公里，占土地总面积的 93.35%；建设用地面积为 935.29 平方公里，占土地总面积的 4.54%；其他用地面积为 433.30 平方公里，占土地总面积的 2.10%。建设用地中，城乡建设用地面积为 760.26 平方公里，占比为 81.29%；交通水利用地面积为 145.38 平方公里，占比为 15.54%；其他建设用地面积为 29.65 平方公里，占比为 3.17%。国土开发强度从 2017 年的 4.50% 提升至 2018 年的 4.54%，比全国平均水平低 1.84 个百分点。

3. 土地利用强度及变化分析

2018 年，青海省建设用地人口密度和城乡建设用地人口密度分别为 4117.76 人 / 公里^2 和 5065.75 人 / 公里^2，分别比全国平均水平高 518.23 人 / 公里^2 和 553.38 人 / 公里^2，居全国 31 个省（区、市）的第 11 位和第 12 位。相较于 2015 年，建设用地人口承载水平有所下降，其中建设用地人口密度下降了 70.69 人 / 公里^2，城乡建设用地人口密度下降了 26.84 人 / 公里^2；同 2017 年相比，分别下降了 10.03 人 / 公里^2 和 10.08 人 / 公里^2。2018 年，青海省建设用地地均 GDP 为 185.82 万元 / 公顷，是全国平均水平的 75.62%，居全国 31 个省（区、市）的第 15 位。按 2015 年可比价进行计算，相较于 2015 年和 2017 年，建设用地地均 GDP 分别增加了 39.05 万元 / 公顷和 13.70 万元 / 公顷，增幅分别达 23.15% 和 7.06%，分别是全国平均增长水平的 1.23 倍和 1.22 倍。

4. 增长耗地及变化分析

2018 年，青海单位 GDP 建设用地使用面积为 48.15 公顷 / 亿元，比全国平均水平高 6.83 公顷 / 亿元，较 2015 年单位 GDP 建设用地使用面积下降 11.15 公顷 / 亿元，降幅为 18.80%，青海省土地资源利用效率提升较快。2015~2018 年，青海年均单位 GDP 耗地下降率为 6.71%，较全国平均水平高 1.13 个百分点，居全国各省（区、市）的第 6 位，其中 2018 年青海单位 GDP 耗地下降率为 6.60%，较全国平均水平高 1.11 个百分点。从经济增长消耗新增建设用地量看，青海省 2018 年单位 GDP 增长消耗新增建设用地面积为 7.15 公顷 / 亿元，比全国平均水平高 0.55 公顷 / 亿元，较 2016 年降低了 48.16%；青海单位人口增长消耗新增城乡建设用地面积为 329.87 米² / 人，是全国平均水平的 0.83 倍，居全国各省（区、市）的第 15 位；相较于 2016 年，人口增长消耗新增建设用地量下降了 26.75 米² / 人，是全国平均水平的 2.00 倍，人口增长与新增耗地呈逐步协调趋势，下降速度居全国第 20 位。近年来，青海省人口、经济的增长与土地的匹配程度逐步趋于协调，土地资源利用效率不断提升。

5. 经济社会发展与用地变化匹配分析

2015~2018 年，青海常住总人口与城乡建设用地增长弹性系数为 0.81，居全国各省（区、市）的第 8 位，人口增速仍慢于城乡建设用地增速。从动态变化看，青海常住总人口与城乡建设用地增长弹性系数相对稳定，2016 年为 0.79，2018 年为 0.77，常住总人口与城乡建设用地变化相对比较协调。从城镇常住人口与用地变化匹配状况看，2015~2018 年，青海城镇常住人口与城镇工矿用地增长弹性系数为 1.76，比全国平均水平高 0.39 个百分点；2015~2018 年，青海农村人口减少了 7.10 万人，村庄用地面积增加了 8.68 平方公里，农村人口减少的同时村庄用地面积反而增加，农村地区人地匹配协调程度有待提高。此外，2015~2018，年青海经济发展水平逐年提升，GDP 与建设用地增长弹性系数高达 6.95，比全国平均水平高 0.10，居全国 31 个省（区、市）的第 13 位。

6. 建设用地节约集约利用排名分析

2018 年，青海省建设用地节约集约利用现状水平指数为 65.44，建设用地节约集约利用动态变化趋势指数为 55.80，建设用地节约集约利用综合指数为 60.62，在全国 31 个省（区、市）中分别列第 17 位、第 7 位和第 15 位，3 项指数总体呈现现状水平与动态变化较为均衡的格局。其中，地级以上城市建设用地节约集约利用综合指数均值为 60.14，列全国第 17 位；县级市建设用地节约集约利用综合指数均值为 52.83，列全国第 26 位（见表 19）。从年际变化来看，相较于 2015 年，青海省现状水平指数提升了 0.49，排名下降了 2 位；动态变化趋势指数提升了 0.63，排名提升了 1 位；综合指数提升了 0.56，

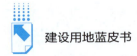

排名下降了 4 位。城市建设用地节约集约利用水平呈下滑趋势，总体处于全国中游水平，上升空间较大。

表 19　2018 年青海省城市建设用地节约集约利用状况及其排名

城市		现状水平指数		动态变化趋势指数		综合指数	
		指数	排名	指数	排名	指数	排名
全省		65.44	17	55.80	7	60.62	15
地级以上城市	西宁市	70.38	50	59.24	46	64.81	38
	海东市	60.15	215	50.80	252	55.48	239
	指数均值	65.26	16	55.02	15	60.14	17
县级市	格尔木市	58.32	277	67.87	48	63.10	107
	德令哈市	49.04	365	52.86	245	50.95	350
	玉树市	49.24	364	51.30	266	50.27	359
	茫崖市	49.02	366	45.00	353	47.01	368
	指数均值	51.41	26	54.26	20	52.83	26

2018 年青海省地级以上城市及县级市建设用地节约集约利用状况分布见图 36、图 37。

（十一）宁夏

1. 基本情况

宁夏回族自治区共有 5 个地级以上城市和 2 个县级市参加城市建设用地节约集约利用评价。2018 年，宁夏回族自治区土地总面积为 5.19 万平方公里，国土开发强度为 6.29%，比 2015 年提升 0.25 个百分点，国土开发强度列我国 31 个省（区、市）的第 21 位；常住总人口为 688.11 万人，较 2015 年增加了 20.23 万人；城镇化率为 58.88%，比 2015 年增加了 2.13 个百分点；GDP 为 3748.12 亿元，比 2015 年可比价增加 713.56 亿元；常住人口人均 GDP 为 5.45 万元，比 2015 年可比价增加 0.91 万元。

2. 土地利用现状及变化分析

2018 年，宁夏回族自治区农用地面积为 3.81 万平方公里，占土地总面积

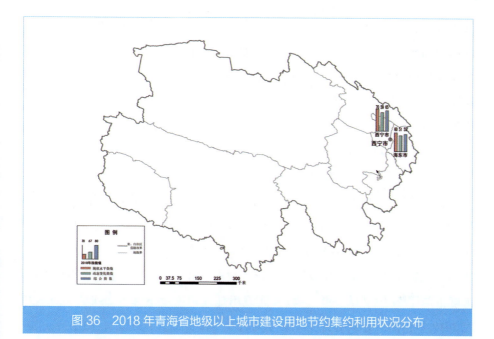

图 36　2018 年青海省地级以上城市建设用地节约集约利用状况分布

图 37　2018 年青海省县级市建设用地节约集约利用状况分布

的 73.43%；建设用地面积为 3264.22 平方公里，占土地总面积的 6.29%；其他用地面积为 1.05 万平方公里，占土地总面积的 20.28%。建设用地中，城乡建设用地面积为 2642.83 平方公里，占比 80.96%；交通水利用地面积为 507.21 平方公里，占比为 15.54%；其他建设用地面积为 114.18 平方公里，占比为 3.50%。国土开发强度从 2017 年的 6.24% 提升至 2018 年的 6.29%，比全国平均水平低 0.09 个百分点。

3. 土地利用强度及变化分析

2018 年，宁夏回族自治区建设用地人口密度和城乡建设用地人口密度为 2108.04 人 / 公里^2 和 2603.69 人 / 公里^2，分别比全国平均水平低 1491.48 人 / 公里^2 和 1908.67 人 / 公里^2，均列全国 31 个省（区、市）的第 28 位。相较于 2015 年，建设用地人口承载水平有所下降，其中建设用地人口密度下降了 21.03 人 / 公里^2，城乡建设用地人口密度下降了 2.98 人 / 公里^2；同 2017 年相比，分别提升了 1.80 人 / 公里^2 和 3.10 人 / 公里^2。2018 年，宁夏回族自治区建设用地地均 GDP 为 114.82 万元 / 公顷，是全国平均水平的 46.73%，列全国 31 个省（区、市）的第 28 位。按 2015 年可比价进行计算，相较于 2015 年和 2017 年，建设用地地均 GDP 分别增加了 18.23 万元 / 公顷和 6.47 万元 / 公顷，增幅分别达 19.61% 和 6.18%，增长幅度分别是全国平均增长水平的 1.04 倍和 1.07 倍。

4. 增长耗地及变化分析

2018 年，宁夏单位 GDP 建设用地使用面积为 89.93 公顷 / 亿元，比全国平均水平高 48.61 公顷 / 亿元，较 2015 年单位 GDP 建设用地使用面积下降了 17.64 公顷 / 亿元，降幅为 16.40%，宁夏回族自治区土地资源利用效率提升较快。2015~2018 年，宁夏年均单位 GDP 耗地下降率为 5.80%，较全国平均水平高 0.22 个百分点，列全国各省（区、市）的第 18 位，其中 2018 年宁夏单位 GDP 耗地下降率为 5.82%，较全国平均水平高 0.34 个百分点。从经济增长消耗新增建设用地量看，宁夏回族自治区 2018 年单位 GDP 增长消耗新增建设用地面积为 10.94 公顷 / 亿元，比全国平均水平高 4.34 公顷 / 亿元，较 2016 年降低了 63.73%；宁夏单位人口增长消耗新增城乡建设用地面积为

297.37 米^2/人，是全国平均水平的 74.43%，列全国各省（区、市）的第 18 位；相较于 2016 年，人口增长消耗新增建设用地量下降了 382.01 米^2/人，是全国平均水平的 28.56 倍，降速列全国第 8 位。近年来，宁夏人口、经济的增长与土地的匹配程度逐步趋于协调，土地资源利用效率不断提升。

5. 经济社会发展与用地变化匹配分析

2015~2018 年，宁夏常住总人口与城乡建设用地增长弹性系数为 0.96，居全国各省（区、市）的第 4 位，人口增速仍慢于城乡建设用地增速。从动态变化看，宁夏常住总人口与城乡建设用地增长弹性系数提升较为明显，从 2016 年的 0.78 提升至 2018 年的 1.15，常住总人口与城乡建设用地变化相对比较协调。从城镇常住人口与用地变化匹配状况看，2015~2018 年，宁夏城镇常住人口与城镇工矿用地增长弹性系数为 1.77，比全国平均水平高 0.41 个百分点。从年际变化看，2016~2018 年，宁夏人口城镇化均高于土地城镇化，城镇化发展质量有待提升；2015~2018 年，宁夏农村人口与村庄用地增长弹性系数为 -0.64，农村人口减少了 9.40 万人，村庄用地面积增加了 31.70 平方公里，农村地区人地匹配协调程度有待提高。此外，2015~2018 年，宁夏经济发展水平逐年提升，GDP 与建设用地增长弹性系数为 6.03，比全国平均水平低 0.82，列全国 31 个省（区、市）的第 17 位。

6. 建设用地节约集约利用排名分析

2018 年，宁夏建设用地节约集约利用现状水平指数为 56.14，建设用地节约集约利用动态变化趋势指数为 54.06，建设用地节约集约利用综合指数为 55.10，在全国 31 个省（区、市）中分别列第 28 位、第 21 位和第 26 位。其中，地级以上城市建设用地节约集约利用综合指数均值为 55.01，列全国第 27 位；县级市建设用地节约集约利用综合指数均值为 56.12，列全国第 22 位（见表 20）。从年际变化来看，相较于 2015 年，宁夏现状水平指数提升了 0.71，排名保持不变；动态变化趋势指数提升了 3.55，排名提升了 2 位；综合指数提升了 2.13，排名提升了 2 位。城市建设用地节约集约利用趋势向好，处于全国中下游水平，仍待进一步提升。

表 20   2018 年宁夏城市建设用地节约集约利用状况及其排名

城市		现状水平指数		动态变化趋势指数		综合指数	
		指数	排名	指数	排名	指数	排名
全区		56.14	28	54.06	21	55.10	26
地级以上城市	银川市	61.62	193	55.38	107	58.50	169
	石嘴山市	55.06	270	58.58	56	56.82	206
	吴忠市	53.69	281	52.72	195	53.20	273
	固原市	54.13	278	52.96	185	53.55	270
	中卫市	54.22	276	51.79	225	53.00	274
	指数均值	55.74	28	54.29	21	55.01	27
县级市	灵武市	54.63	328	48.74	300	51.68	343
	青铜峡市	57.17	296	63.93	75	60.55	178
	指数均值	55.90	22	56.33	13	56.12	22

2018 年宁夏回族自治区地级以上城市及县级市建设用地节约集约利用状况分布见图 38、图 39。

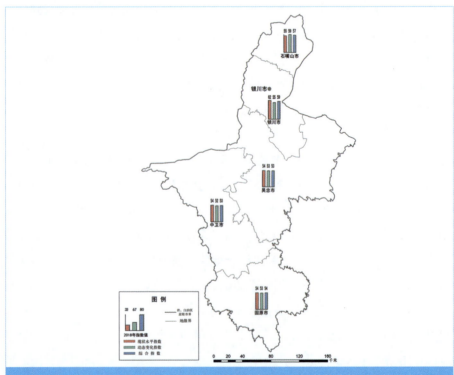

图 38   2018 年宁夏回族自治区地级以上城市建设用地节约集约利用状况分布

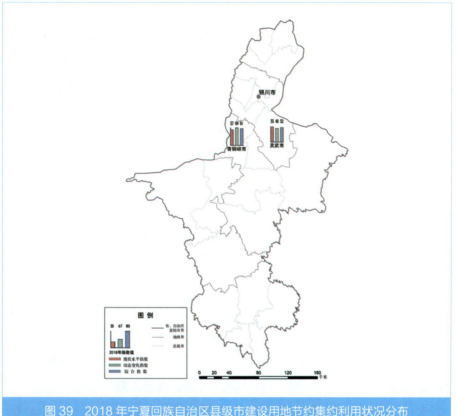

图 39   2018 年宁夏回族自治区县级市建设用地节约集约利用状况分布

（十二）新疆

1. 基本情况

2018 年，新疆维吾尔自治区（含新疆生产建设兵团）共有 4 个地级以上城市以及 17 个县级市参加城市建设用地节约集约利用评价。2018 年，新疆维吾尔自治区土地总面积为 17.91 万平方公里，国土开发强度为 2.20%，比 2015 年提升了 0.12 个百分点，国土开发强度列我国 31 个省（区、市）的第 29 位；常住总人口为 594.69 万人，较 2015 年增加了 9.91 万人；城镇化率为 60.27%，较 2015 年提升了 2.15 个百分点；GDP 为 5572.28 亿元，比 2015 年可比价增加了 955.09 亿元，常住人口人均 GDP 为 9.37 万元，比 2015 年可比价增加 1.49 万元。

219

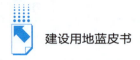

2. 土地利用现状及变化分析

2018 年，新疆维吾尔自治区农用地面积为 3.74 万平方公里，占土地总面积的 20.86%；建设用地面积为 3943.94 平方公里，占土地总面积的 2.20%；其他用地面积为 13.78 万平方公里，占土地总面积的 76.94%。建设用地中，城乡建设用地面积 2796.36 平方公里，占比为 70.90%；交通水利用地面积 1005.38 平方公里，占比为 25.49%；其他建设用地面积 142.19 平方公里，占比为 3.61%。国土开发强度从 2017 年的 2.17% 提升至 2018 年的 2.20%，比全国平均水平低 4.18 个百分点。

3. 土地利用强度及变化分析

2018 年，新疆维吾尔自治区建设用地人口密度和城乡建设用地人口密度为 1507.86 人 / 公里^2 和 2126.66 人 / 公里^2，分别比全国平均水平低 2091.67 人 / 公里^2 和 2385.71 人 / 公里^2，分别列全国 31 个省（区、市）的第 31 位和第 30 位。相较于 2015 年，建设用地人口承载水平有所下降，其中建设用地人口密度下降了 56.94 人 / 公里^2，城乡建设用地人口密度下降了 84.46 人 / 公里^2；同 2017 年相比，建设用地人口密度提高了 3.39 人 / 公里^2，城乡建设用地人口密度下降了 0.35 人 / 公里^2。2018 年，新疆建设用地地均 GDP 为 141.29 万元 / 公顷，是全国平均水平的 57.50%，列全国 31 个省（区、市）的第 26 位。按 2015 年可比价进行计算，相较 2015 年和 2017 年，建设用地地均 GDP 分别增加了 18.36 万元 / 公顷和 7.19 万元 / 公顷，增幅分别达 16.42% 和 5.85%，增长幅度分别是全国平均增长水平的 0.87 倍和 1.01 倍。

4. 增长耗地及变化分析

2018 年，新疆维吾尔自治区单位 GDP 建设用地使用面积为 76.85 公顷 / 亿元，比全国平均水平高 35.53 公顷 / 亿元，较 2015 年单位 GDP 建设用地使用面积下降了 12.62 公顷 / 亿元，降幅为 14.11%，新疆土地资源利用效率提升较快。2015~2018 年，新疆年均单位 GDP 耗地下降率为 4.94%，较全国平均水平低 0.64 个百分点，列全国各省（区、市）的第 23 位，其中 2018 年新疆单位 GDP 耗地下降率为 5.52%，较全国平均水平高 0.04 个百分点。从经济增长消耗新增建设用地量看，新疆 2018 年单位 GDP 增长消耗新增建设用地面积为 13.25 公顷 / 亿元，比全国平均水平高 6.65 公顷 / 亿元，较 2016 年降低了 63.31%。新疆单位人口增长消耗新增城乡建设用地面积为 396.11 米 ^{2} / 人，是全国平均水平的 0.99 倍，列全国各省（区、市）的第 13 位；相较于 2016 年，人口增长消耗新增建设用地量下降了 2671.13 米 ^{2} / 人，是全国平均水平的 199.72 倍，降速列全国第 3 位。近年来，新疆维吾尔自治区人口、经济的增长与土地的匹配程度逐步趋于协调，土地资源利用效率不断提升。

5. 经济社会发展与用地变化匹配分析

2015~2018 年，新疆维吾尔自治区常住总人口与城乡建设用地增长弹性系数为 0.30，居全国各省（区、市）的第 25 位，人口增速仍慢于城乡建设用地增速。从动态变化看，新疆常住总人口与城乡建设用地增长弹性系数提升较为明显，从 2016 年的 0.17 提升至 2018 年的 0.99，常住总人口与城乡建设用地变化协调程度有所提升。从城镇常住人口与用地变化匹配状况看，2015~2018 年，新疆城镇常住人口与城镇工矿用地增长弹性系数为 -0.39，比全国平均水平低 1.75。从年际变化看，新疆 2016 年、2017 年和 2018 年城镇常住人口与城镇工矿用地增长弹性系数分别为 0.78、-0.29 和 0.83，2017 年城镇常住人口外流导致弹性为负值，2018 年人口城镇化与土地城镇化趋于协调。2015~2018 年，新疆农村人口减少 16.64 万人，村庄用地面积减少 62.36 平方公里，农村地区人地匹配协调程度有待提高。此外，2015~2018 年，新疆经济发展水平逐年提升，GDP 与建设用地增长弹性系数为 4.13，比全国平均水平低 2.72，列全国 31 个省（区、市）的第 26 位。

6. 建设用地节约集约利用排名分析

2018 年，新疆建设用地节约集约利用现状水平指数为 55.65，建设用地节约集约利用动态变化趋势指数为 52.94，建设用地节约集约利用综合指数为 54.30，在全国 31 个省（区、市）中分别列第 29 位、第 28 位和第 28 位。其中，地级以上城市建设用地节约集约利用综合指数均值为 53.44，列全国第 31 位；县级市建设用地节约集约利用综合指数均值为 54.43，列全国第 24 位（见表 21）。从年际变化来看，相较于 2015 年，新疆现状水平指数提升了 0.73，排名下降了 1 位；动态变化趋势指数提升了 3.58，排名保持不变；综合指数提升了 2.15，排名下降了 3 位。城市建设用地节约集约利用水平趋势向好，但提升空间仍较大。

城市		现状水平指数		动态变化趋势指数		综合指数	
		指数	排名	指数	排名	指数	排名
全区		55.65	29	52.94	28	54.30	28
地级以上城市	乌鲁木齐市	70.18	51	52.98	183	61.58	89
	克拉玛依市	49.88	296	52.77	194	51.32	287
	吐鲁番市	50.98	293	50.55	256	50.77	291
	哈密市	50.63	295	49.52	274	50.08	294
	指数均值	55.42	30	51.46	30	53.44	31
县级市	昌吉市	56.80	301	57.56	158	57.18	256
	阜康市	49.58	363	45.00	353	47.29	366
	博乐市	52.29	349	45.00	353	48.64	362
	库尔勒市	58.55	273	51.17	267	54.86	304
	阿克苏市	53.98	332	51.95	256	52.96	331
	阿图什市	55.14	322	50.68	279	52.91	333
	喀什市	61.62	214	75.55	16	68.58	34
	和田市	58.67	269	46.88	327	52.77	334
	伊宁市	61.12	225	51.85	259	56.49	276
	奎屯市	53.10	337	45.54	342	49.32	360
	塔城市	51.12	358	59.88	121	55.50	296
	乌苏市	49.93	362	64.59	65	57.26	252
	阿勒泰市	51.81	354	48.93	299	50.37	357
	石河子市	65.13	128	63.38	82	64.26	80
	阿拉尔市	48.52	368	45.54	344	47.03	367
	图木舒克市	51.60	355	62.88	86	57.24	253
	五家渠市	52.94	339	52.49	251	52.71	335
	指数均值	54.82	24	54.05	22	54.43	24

表 21　2018 年新疆城市建设用地节约集约利用状况及其排名

2018 年新疆维吾尔自治区地级以上城市及县级市建设用地节约集约利用状况分布见图 40、图 41。

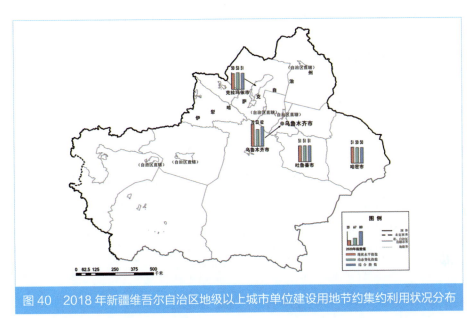

图 40　2018 年新疆维吾尔自治区地级以上城市单位建设用地节约集约利用状况分布

图 41　2018 年新疆维吾尔自治区县级市单位建设用地节约集约利用状况分布

223

B.5
2015~2018年东北部地区城市建设用地节约集约利用状况分析报告

中国国土勘测规划院

摘　要： 基于东北部地区3省34个城市建设用地节约集约利用状况整体评价基础数据，分析东北部地区土地利用现状、建设用地利用强度及变化情况、经济社会发展消耗建设用地状况、经济社会发展与建设用地变化匹配状况，揭示东北部地区城市建设用地节约集约利用现状水平、变化趋势、区域差异和总体特征。

关键词： 建设用地　节约集约利用　东北部地区

截至2018年底，东北部地区34个城市建设用地总面积为4.28万平方公里，占全国建设用地总面积的11.68%，国土开发强度为6.26%；常住总人口为1.04亿人，城镇常住人口为0.60亿人，城镇化率为57.49%，比全国平均水平低3.02个百分点；地区GDP为5.66万亿元，常住人口人均GDP为5.43万元。

一　土地利用现状及变化状况

（一）三大类用地结构

截至2018年底，东北部地区34个城市[1]土地总面积为68.42万平方公里，其中建设用地总面积为4.28万平方公里，占土地总面积的6.26%，比全国

---

[1]　东北部地区包括辽宁、吉林、黑龙江3省，涉及34个地级以上城市和56个县级市，参评县级市均隶属于参评的34个地级以上城市。

平均水平低 0.12 个百分点；农用地面积为 57.82 万平方公里，占土地总面积的 84.51%，其中耕地面积为 27.29 万平方公里，占农用地面积的 47.20%；其他土地面积为 6.32 万平方公里，占土地总面积的 9.24%。从各省份情况看，东北部 3 省均为农用地占比最多、其他用地占比次之、建设用地占比最少（见图 1）。2018 年，辽宁和吉林国土开发强度超过全国平均水平，分别为 11.11% 和 6.91%，黑龙江国土开发强度最低，为 4.16%（见图 2）。

图 1　2018 年东北部地区土地利用现状结构

图 2　2015~2018 年东北部地区国土开发强度变化

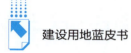

从动态变化看，东北部地区建设用地规模呈扩大趋势（见图3），2016年、2017年、2018年累计增加0.07万平方公里，2015~2018年年均增长率为0.54%。2015~2018年，建设用地面积累计增幅由高到低依次为吉林、辽宁、黑龙江，分别为2.10%、1.67%、1.26%。

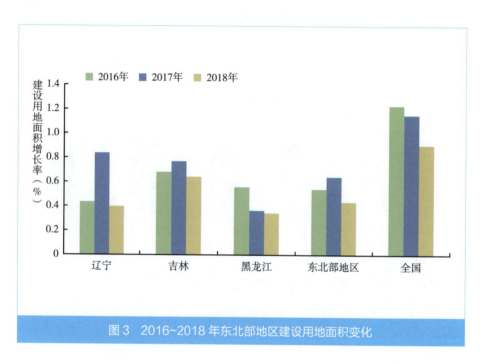

图3　2016~2018年东北部地区建设用地面积变化

（二）建设用地结构

截至2018年底，东北部地区34个城市建设用地总面积为4.28万平方公里，其中城乡建设用地面积为3.30万平方公里，占建设用地总面积的76.92%，比全国平均水平低2.85个百分点，其中辽宁占比最高，为79.57%，其次是吉林，为77.61%，黑龙江占比最低，为73.77%；交通水利用地面积为0.91万平方公里，占比为21.16%，比全国平均水平高2.88个百分点，其中黑龙江占比最高，为24.31%，其次是吉林，为20.76%，辽宁占比最低，为18.34%；其他建设用地面积为0.08万平方公里，占比为1.92%，比全国平均水平低0.03

个百分点, 其中辽宁占比最高, 为 2.09%, 其次是黑龙江, 为 1.92%, 吉林占比最低, 为 1.63%（见图 4）。从城乡建设用地内部结构看, 2018 年城镇用地面积为 0.92 万平方公里, 占城乡建设用地面积的 27.97%, 比全国平均水平低3.66 个百分点, 其中辽宁占比最高, 为 30.00%, 其次是黑龙江, 为 27.48%, 吉林占比最低, 为 25.34%; 村庄用地面积为 2.06 万平方公里, 占比为62.43%, 比全国平均水平高 1.02 个百分点, 其中吉林占比最高, 为 70.01%, 其次是黑龙江, 为 63.17%, 辽宁占比最低, 为 57.17%; 采矿用地面积为 0.32万平方公里, 占比为 9.60%, 比全国平均水平高 2.64 个百分点, 其中辽宁占比最高, 为 12.82%, 其次是黑龙江, 为 9.35%, 吉林占比最低, 为 4.64%（见图 5）。

从动态变化看, 2015~2018 年, 东北部地区城乡建设用地面积累计增加 417.53 平方公里, 增幅为 1.28%, 其中吉林增幅最大, 为 1.56%, 其次是辽宁, 为 1.24%, 黑龙江最小, 为 1.15%; 2018 年, 东北部地区城乡建

图 4　2018 年东北部地区建设用地内部结构

图5　2018年东北部地区城乡建设用地内部结构

设用地面积增幅为0.40%，与前三年相比，增幅有所下降，比2018年全国平均水平低0.45个百分点，省份间差异不明显，其中吉林增幅为0.55%，辽宁增幅为0.39%,黑龙江增幅为0.33%（见图6）。2015~2018年，东北部地区城镇工矿用地面积增加238.32平方公里，增幅为1.96%，年均增长0.65%，其中吉林增幅最大，为2.69%，其次是黑龙江，为2.05%，辽宁最小，为1.59%；2018年，东北部地区城镇工矿用地面积增幅为0.57%，其中吉林城镇工矿用地面积增幅最大，为0.89%，其次是辽宁，为0.52%，黑龙江最小，为0.47%（见图7）。2015~2018年，东北部地区城镇用地面积增加221.86平方公里，增幅为2.47%，年均增长0.82%,其中吉林增幅最大，为3.01%，其次是黑龙江，为2.55%，辽宁最小，为2.12%；2018年，东北部地区城镇用地面积增幅为0.69%，其中吉林增幅最大，为1.03%，其次是辽宁，为0.60%，黑龙江最小，为0.58%（见图8）。2015~2018年，东北部地区村庄用地面积增加179.21平方公里，增幅为0.88%，年均增长0.29%,其中吉林增幅最大，为1.09%，其次是辽宁，为0.97%，黑龙江最小,为 0.63%;2018 年,东北部地区村庄用地面积增幅为 0.30%,其中吉林增幅最大,为 0.40%,其次是辽宁,为 0.29%,黑龙江最小,为 0.24%(见图 9)。

图 6   2015~2018 年东北部地区城乡建设用地面积增长率

图 7   2015~2018 年东北部地区城镇工矿用地面积增长率

图8 2015~2018年东北部地区城镇用地面积增长率

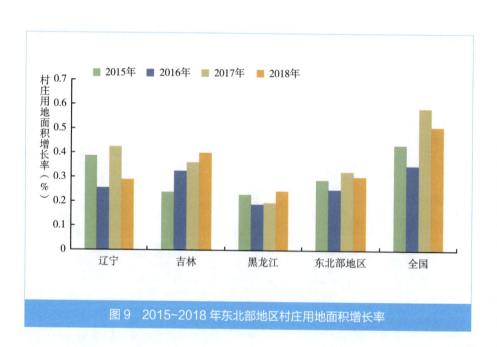

图9 2015~2018年东北部地区村庄用地面积增长率

二 建设用地节约集约利用总体状况

（一）建设用地利用强度

1. 建设用地人口承载水平

截至 2018 年底，东北部地区 34 个城市常住总人口为 1.04 亿人，比 2015 年末减少 162.58 万人，降幅为 1.54%；城镇常住人口为 0.60 亿人，比 2015 年末减少 41.59 万人，降幅为 0.69%；城镇化率为 57.49%，比 2015 年末提高了 3.94 个百分点。截至 2018 年底，东北部地区建设用地人口密度和城乡建设用地人口密度分别为 2434.42 人／公里^{2}和 3164.86 人／公里^2，比全国平均水平分别低 1165.10 人／公里^{2}和 1347.50 人／公里^2；建设用地人口密度和城乡建设用地人口密度最高的均为辽宁，分别为 2613.11 人／公里^{2}和 3283.99 人／公里^2；建设用地人口密度最低的是黑龙江，为 2286.28 人／公里^2，城乡建设用地人口密度最低的是吉林，为 3065.98 人／公里^2。

从动态变化看，2015~2018 年东北部地区及 3 个省份建设用地人口密度、城乡建设用地人口密度均呈下降态势。在建设用地人口密度方面，东北部地区建设用地人口密度由 2015 年的 2512.47 人／公里^{2}下降到 2018 年的 2434.42 人／公里^2，下降了 78.05 人／公里^2，降幅为 3.11%，年均下降 1.05%，其中辽宁降幅最小，为 2.31%，黑龙江降幅最大，为 4.10%（见图 10）。在城乡建设用地人口密度方面，东北部地区城乡建设用地人口密度从 2015 年的 3255.51 人／公里^{2}下降到 2018 年的 3164.86 人／公里^2，下降了 90.65 人／公里^2，降幅为 2.78%，年均下降 0.94%，其中辽宁降幅最小，为 1.89%，黑龙江降幅最大，为 3.99%（见图 11）。

2. 建设用地经济强度

截至 2018 年底，东北部地区 34 个城市 GDP 为 5.66 万亿元，建设用地地均 GDP 为 132.19 万元／公顷，比全国平均水平低 113.54 万元／公顷，其中建设用地地均 GDP 最高的是辽宁，为 155.23 万元／公顷，最低的是黑龙江，为 102.16 万元／公顷。按 2015 年可比价进行计算，相较 2015 年，2018 年东北

231

部地区建设用地地均 GDP 增加了 9.84 万元 / 公顷，增幅为 7.18%。其中黑龙江和吉林增幅较大，分别为 15.89% 和 10.42%，辽宁增幅较小，仅为 0.82%（见图 12）。

图 10　东北部地区建设用地人口承载水平及变化率

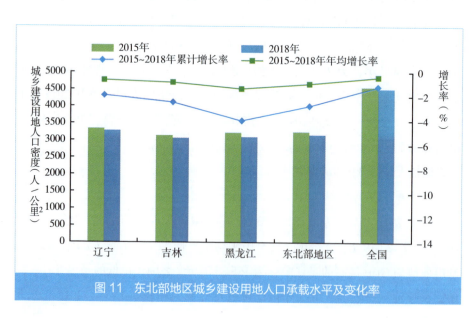

图 11　东北部地区城乡建设用地人口承载水平及变化率

图 12　东北部地区建设用地地均 GDP 及变化率

（二）经济社会发展耗地

1. 人口增长耗地

2018 年，东北部地区由于人口减少，单位人口增长消耗新增城乡建设用地量呈负值，为 –567.82 米^2／人，比 2016 年高 37.15 米^2／人。从各省份情况看，2018 年吉林单位人口增长消耗新增城乡建设用地量为 386.91 米^2／人，比全国平均水平低 12.63 米^2／人；辽宁单位人口增长消耗新增城乡建设用地量为 619.95 米^2／人，比全国平均水平高 220.41 米^2／人；黑龙江由于人口减少，单位人口增长消耗新增城乡建设用地量呈负值，为 –70.93 米^2／人。从动态变化看，3 个省份在不同年份均出现过人口减少导致人口增长消耗新增城乡建设用地量呈负值的状况，辽宁 2017 年、吉林 2018 年人口增长耗地状况有所好转，而黑龙江近两年人口持续减少，人地协调状况有待改善（见图 13）。

2. 经济增长耗地

2015~2018 年，东北部地区经济增长耗地量总体呈下降趋势，单位 GDP 建设用地使用面积由 2015 年的 72.98 公顷／亿元下降至 2018 年的 68.09 公

图 13　2016~2018 年东北部地区各省单位人口增长消耗新增城乡建设用地状况

顷/亿元，累计下降了 4.89 公顷/亿元，降幅为 6.70%，其中黑龙江单位 GDP 建设用地使用面积下降较为显著，累计下降 13.71%（见图 14）。从动态变化看，2015~2018 年，东北部地区单位 GDP 年均耗地下降率为 2.25%，较全国平均水平低 3.33 个百分点；2018 年，东北部地区单位 GDP 耗地下降率为

图 14　2015~2018 年东北部地区单位 GDP 建设用地使用面积

4.11%，较全国平均水平低 1.37 个百分点，其中辽宁和黑龙江单位 GDP 耗地下降率较大，分别为 4.57% 和 4.71%（见图 15）。

图 15　2015~2018 年东北部地区单位 GDP 耗地下降率状况

从经济增长消耗新增建设用地量上看，2016~2018 年，东北部地区单位 GDP 增长消耗新增建设用地量波动较大，2016 年因 GDP 呈负增长，经济增长消耗新增建设用地量为负值；2017 年 GDP 实现增长，耗地状况有所好转；2018 年又稍有回落，为 5.37 公顷/亿元，比全国平均水平低 1.23 公顷/亿元。2018 年，辽宁和黑龙江单位 GDP 增长消耗新增建设用地量较低，分别为 4.32 公顷/亿元和 4.34 公顷/亿元，吉林耗地量最高，为 10.55 公顷/亿元（见图 16）。

（三）经济社会发展与用地变化匹配状况

1. 人口增长与用地变化匹配状况

2015~2018 年，东北部地区及 3 个省份因常住总人口减少、城乡建设用地增加，常住总人口与城乡建设用地增长弹性系数为负值，东北部地区平均弹性系数为 −1.20，辽宁、吉林、黑龙江分别为 −0.55、−0.61、−2.52。从动态变化看，3 个省份在不同年份均存在因人减地增导致弹性系数为负值的情况。

图 16　2016~2018 年东北部地区单位 GDP 增长消耗新增建设用地量情况

2018 年，东北部地区常住总人口与城乡建设用地增长弹性系数为 -0.42，辽宁、吉林常住总人口与用地变化匹配状况较前两年有所好转，弹性系数分别为 0.46 和 0.56，均小于 1，说明常住总人口增速低于城乡建设用地增速，黑龙江弹性系数为 -2.69（见图 17）。

图 17　2015~2018 年东北部地区各省常住总人口与城乡建设用地增长弹性系数

从城镇常住人口与用地变化匹配状况看，2015~2018 年，东北部地区城镇常住人口减少、城镇工矿用地增加，城镇常住人口与城镇工矿用地增长弹性系数为 -0.35，其中辽宁弹性系数为 0.78，说明人口城镇化慢于土地城镇化，吉林、黑龙江弹性系数均为负值，分别为 -0.10 和 -1.71。从动态变化看，3 个省份在不同年份均存在因人减地增导致弹性系数为负值的情况。2018 年，东北部地区城镇常住人口与城镇工矿用地增长弹性系数为 1.05，其中辽宁弹性系数为 2.68，说明人口城镇化快于土地城镇化；黑龙江弹性系数为 0.56，较 2017 年明显好转，但低于 2016 年，此时人口城镇化慢于土地城镇化；吉林弹性系数为 -0.65，人地协调程度持续下降（见图 18）。

图 18　2015~2018 年东北部地区各省城镇常住人口与工矿用地增长弹性系数

2. 经济发展与用地变化匹配状况

2015~2018 年，东北部地区 34 个城市 GDP 与建设用地增长弹性系数为 5.50，说明地区生产总值增速快于城乡建设用地增速，其中黑龙江最高，为 13.73，辽宁最低，为 1.50。从动态变化看，2018 年，东北部地区 GDP 与建设用地增长弹性系数为 10.93，较前两年有所提升，其中辽宁 2016 年因 GDP

下降，弹性系数为负值，之后两年经济发展与用地匹配关系逐渐好转，2018年弹性系数为 13.14；黑龙江 2016~2018 年弹性系数先增加，之后略有回落，2018 年弹性系数为 15.49，高于 2016 年，也是当年 3 个省份中最高的；吉林 2018 年弹性系数 5.04，为本省 2016~2018 年来最低，也是当年 3 个省份中最低的（见图 19）。

图 19　2015~2018 年东北部地区各省 GDP 与建设用地增长弹性系数

三　建设用地节约集约利用分异状况

（一）节约集约利用现状水平分异状况

1. 总体状况

2018 年，东北部地区城市建设用地节约集约利用现状水平排在四大区域末位，节约集约利用现状水平指数为 58.30，比全国平均水平低 7.54。东北部地区 3 省位列全国 31 个省（区、市）的下游水平，具体排名为辽宁第 24 位、吉林第 25 位、黑龙江第 27 位。相比 2015 年，吉林和黑龙江排名维持不变，辽宁排名下降 1 位（见表 1）。

表 1 东北 3 省城市建设用地节约集约利用现状水平指数

省份	2018 年			2015 年		
	指数	排名	全国排名	指数	排名	全国排名
辽宁	59.39	1	24	60.26	1	23
吉林	58.35	2	25	58.39	2	25
黑龙江	57.13	3	27	57.35	3	27
东北部地区	58.30	—	—	58.72	—	—
全国	65.84	—	—	64.62	—	—

2. 地级以上城市状况

2018 年，东北部地区地级以上城市建设用地节约集约利用现状水平指数均值为 57.75，比全国平均水平低 7.12，辽宁、吉林、黑龙江 3 省地级以上城市建设用地节约集约利用现状水平指数均低于全国平均水平，均无城市进入全国 100 强（见表 2）。

表 2 东北 3 省地级以上城市建设用地节约集约利用现状水平指数分异状况

省份	城市数量（个）	节约集约利用现状水平指数				100 强数量（个）	区域城市中 100 强占比（%）	50 强数量（个）	区域城市中 50 强占比（%）	10 强数量（个）
		均值	标准差	最大值	最小值					
辽宁	14	58.58	3.81	66.13	52.59	0	0.00	0	0.00	0
吉林	8	58.26	3.38	62.43	52.36	0	0.00	0	0.00	0
黑龙江	12	56.45	3.40	65.12	53.05	0	0.00	0	0.00	0
东北部地区	34	57.75	3.60	66.13	52.36	0	0.00	0	0.00	0
全国	296	64.87	8.61	100.00	49.88	100	—	50	—	10

3. 县级市状况

2018 年，东北部地区县级市建设用地节约集约利用现状水平指数均值为 56.35，比全国平均水平低 6.90，仅有 1 个城市进入全国 50 强、2 个城市进入全国 100 强。辽宁、吉林、黑龙江 3 省县级市建设用地节约集约利用现状水平指数均低于全国平均水平，排名总体比较靠后（见表 3）。

表3　东北3省县级市建设用地节约集约利用现状水平指数分异状况

| 省份 | 城市数量（个） | 节约集约利用现状水平指数 | | | | 100强数量（个） | 区域城市中100强占比（%） | 50强数量（个） | 区域城市中50强占比（%） | 10强数量（个） |
		均值	标准差	最大值	最小值					
辽宁	16	55.77	2.62	61.76	51.16	0	0.00	0	0.00	0
吉林	20	57.23	4.23	70.48	52.13	1	5.00	1	5.00	0
黑龙江	20	55.94	4.05	68.77	50.60	1	5.00	0	0.00	0
东北部地区	56	56.35	3.76	70.48	50.60	2	3.57	1	1.79	0
全国	368	63.25	7.54	94.30	48.52	100	—	50	—	10

（二）节约集约利用动态变化趋势分异状况

1. 总体状况

2018年，东北部地区城市建设用地节约集约利用动态变化趋势状况排在四大区域末位，节约集约利用动态变化趋势指数为53.31，比全国平均水平低1.59，其中辽宁排名全国第8位，黑龙江排名第14位，吉林排名第29位。相比2015年，3省排名均有不同程度的上升，其中辽宁上升23位，黑龙江上升15位，吉林上升1位（见表4）。

表4　东北3省城市建设用地节约集约利用动态变化趋势指数

| 省份 | 2018年 | | | 2015年 | | |
	指数	排名	全国排名	指数	排名	全国排名
辽宁	55.77	1	8	45.00	3	31
吉林	50.99	3	29	48.08	2	30
黑龙江	54.97	2	14	49.21	1	29
东北部地区	53.31	—	—	45.00	—	—
全国	54.90	—	—	52.62	—	—

2. 地级以上城市状况

2018年，东北部地区地级以上城市建设用地节约集约利用动态变化趋势指数均值为 54.84，比全国平均水平低 0.27，占据全国 10 强城市的 1 席、50 强城市的 8 席和 100 强城市的 13 席。从区域分异看，辽宁和黑龙江指数略高于全国平均水平，吉林指数低于全国平均水平，区域内唯一的 10 强城市和多半 50 强城市均位于辽宁（见表 5）。

| 省份 | 城市数量（个） | 节约集约利用动态变化趋势指数 | | | | 100 强数量（个） | 区域城市中100 强占比（%） | 50 强数量（个） | 区域城市中50 强占比（%） | 10 强数量（个） |
		均值	标准差	最大值	最小值					
辽宁	14	55.17	9.54	82.87	45.00	5	35.71	5	35.71	1
吉林	8	53.25	6.34	65.13	45.00	3	37.50	1	12.50	0
黑龙江	12	55.50	4.68	65.75	47.88	5	41.67	2	16.67	0
东北部地区	34	54.84	7.25	82.87	45.00	13	38.24	8	23.53	1
全国	296	55.11	5.87	95.23	45.00	100	—	50	—	10

表 5　东北 3 省地级以上城市建设用地节约集约利用动态变化趋势指数分异状况

3. 县级市状况

2018 年，东北部地区县级市建设用地节约集约利用动态变化趋势指数均值为 61.92，比全国平均水平高 4.47，在 10 强城市中占据 5 席，在 50 强城市中占据 22 席，在 100 强城市中占据 27 席。从区域分异看，黑龙江和吉林的指数均高于全国平均水平，辽宁的指数低于全国平均水平，区域内大部分 10 强城市和一半多 100 强城市均位于黑龙江（见表 6）。

| 省份 | 城市数量（个） | 节约集约利用动态变化趋势指数 | | | | 100 强数量（个） | 区域城市中100 强占比（%） | 50 强数量（个） | 区域城市中50 强占比（%） | 10 强数量（个） |
		均值	标准差	最大值	最小值					
辽宁	16	55.25	10.25	72.50	45.00	4	25.00	4	25.00	0
吉林	20	59.19	12.78	84.93	45.00	9	45.00	6	30.00	1
黑龙江	20	69.98	13.27	100.00	52.54	14	70.00	12	60.00	4
东北部地区	56	61.92	13.61	100.00	45.00	27	48.21	22	39.29	5
全国	368	57.45	9.38	100.00	45.00	100	—	50	—	10

表 6　东北 3 省县级市建设用地节约集约利用动态变化趋势指数分异状况

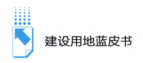

（三）节约集约利用综合水平分异状况

1. 总体状况

2018年，东北部地区城市建设用地节约集约利用综合水平居四大区域末位，节约集约利用综合指数为55.80，比全国平均水平低4.57，3省综合指数均低于全国平均水平，排名相对靠后，具体为辽宁第23位、黑龙江第25位、吉林第27位。同2015年相比，辽宁排名提升6位，黑龙江排名提升1位，吉林排名维持不变（见表7）。

省份	2018年			2015年		
	指数	排名	全国排名	指数	排名	全国排名
辽宁	57.58	1	23	52.63	3	29
吉林	54.67	3	27	53.24	2	27
黑龙江	56.05	2	25	53.28	1	26
东北部地区	55.80	—	—	51.86	—	—
全国	60.37	—	—	58.62	—	—

表7　东北3省城市建设用地节约集约利用综合指数

2. 地级以上城市状况

2018年，东北部地区地级以上城市建设用地节约集约利用综合指数均值为56.29，比全国平均水平低3.70，占据全国10强城市的1席、50强城市的1席和100强城市的4席。从区域分异看，3省的综合指数均低于全国平均水平，区域内唯一的10强城市位于辽宁（见表8）。

省份	城市数量（个）	节约集约利用综合指数				100强数量（个）	区域城市中100强占比（％）	50强数量（个）	区域城市中50强占比（％）	10强数量（个）
		均值	标准差	最大值	最小值					
辽宁	14	56.88	5.96	73.42	49.85	2	14.29	1	7.14	1
吉林	8	55.75	4.24	62.74	50.08	1	12.50	0	0.00	0
黑龙江	12	55.97	2.88	63.48	53.86	1	8.33	0	0.00	0

表8　东北3省地级以上城市建设用地节约集约利用综合指数分异状况

续表

省份	城市数量（个）	节约集约利用综合指数				100强数量（个）	区域城市中100强占比（%）	50强数量（个）	区域城市中50强占比（%）	10强数量（个）
		均值	标准差	最大值	最小值					
东北部地区	34	56.29	4.56	73.42	49.85	4	11.76	1	2.94	1
全国	296	59.99	6.33	97.61	49.85	100	—	50	—	10

3. 县级市状况

2018 年，东北部地区县级市建设用地节约集约利用综合指数均值为 59.14，比全国平均水平低 1.21，占据全国 10 强城市的 2 席、50 强城市的 6 席和 100 强城市的 14 席。从区域分异看，黑龙江的综合指数高于全国平均水平，辽宁和吉林的综合指数均低于全国平均水平，区域内全部 10 强城市和多半 100 强城市均位于黑龙江（见表 9）。

表 9 东北 3 省县级市建设用地节约集约利用综合指数分异状况										
省份	城市数量（个）	节约集约利用综合指数				100强数量（个）	区域城市中100强占比（%）	50强数量（个）	区域城市中50强占比（%）	10强数量（个）
		均值	标准差	最大值	最小值					
辽宁	16	55.51	5.03	64.82	48.55	1	6.25	0	0.00	0
吉林	20	58.21	6.41	71.78	48.56	4	20.00	2	10.00	0
黑龙江	20	62.96	6.72	78.88	52.96	9	45.00	4	20.00	2
东北部地区	56	59.14	6.79	78.88	48.55	14	25.00	6	10.71	2
全国	368	60.35	6.02	81.14	47.01	100	—	50	—	10

四 东北部地区各省状况综述

（一）辽宁

1. 基本情况

辽宁省共辖 14 个地级以上城市和 16 个县级市，全部纳入建设用地节约集

约利用评价。2018 年，辽宁省土地总面积为 14.86 万平方公里，国土开发强度为 11.11%，相比 2015 年提升 0.17 个百分点，开发强度居全国 31 个省（区、市）的第 12 位；常住总人口为 4313.45 万人，城镇化率为 64.13%，相比 2015 年提升了 4.95 个百分点；GDP 为 2.56 万亿元，相比 2015 年减少了 715.53 亿元，常住人口人均 GDP 为 5.94 万元，相比 2015 年增加了 0.21 万元。

2. 土地利用现状及变化分析

2018 年，辽宁省农用地面积为 11.53 万平方公里，占土地总面积的 77.60%；建设用地面积为 1.65 万平方公里，占土地总面积的 11.11%；其他用地面积为 1.68 万平方公里，占土地总面积的 11.29%。在建设用地中，城乡建设用地面积为 1.31 万平方公里，占比为 79.57%；交通水利用地面积为 0.30 万平方公里，占比为 18.34%；其他建设用地面积为 0.03 万平方公里，占比为 2.09%。辽宁省国土开发强度从 2017 年的 11.07% 增加至 2018 年的 11.11%，比全国平均水平高 4.73 个百分点。

3. 土地利用强度及变化分析

2018 年，辽宁省建设用地人口密度和城乡建设用地人口密度分别为 2613.11 人 / 公里 ^{2} 和 3283.99 人 / 公里 ^{2}，建设用地人口密度比全国平均水平低 986.42 人 / 公里 ^{2}，城乡建设用地人口密度比全国平均水平低 1228.38 人 / 公里 ^{2}，均居全国 31 个省（区、市）的第 25 位。同 2015 年相比，辽宁省建设用地人口承载水平有所下降，其中建设用地人口密度下降了 61.88 人 / 公里 ^{2}，城乡建设用地人口密度下降了 63.35 人 / 公里 ^{2}；同 2017 年相比，两项数值分别下降了 5.67 人 / 公里 ^{2} 和 6.81 人 / 公里 ^{2}。2018 年，辽宁省建设用地地均 GDP 为 155.23 万元 / 公顷，是全国平均水平的 63.17%，居全国 31 个省（区、市）的第 23 位。按 2015 年可比价进行计算，相较 2015 年和 2017 年，2018 年辽宁省建设用地地均 GDP 分别增加了 1.44 万元 / 公顷和 8.12 万元 / 公顷，增幅分别达 0.82% 和 4.79%，分别是全国平均增长水平的 4.34% 和 82.54%。

4. 增长耗地及变化分析

2018 年，辽宁省单位 GDP 建设用地面积为 56.29 公顷 / 亿元，相比全国平均水平高 14.97 公顷 / 亿元，较 2015 年低 0.46 公顷 / 亿元，降幅为 0.81%，说明辽宁省土地资源利用效率稍有提升。2015~2018 年，辽宁省年均单位 GDP 耗地下降率为 0.12%，较全国平均水平低 5.46 个百分点，居全国 31 个省（区、市）的第 31 位，其中 2018 年辽宁省单位 GDP 耗地下降率为 4.57%，较全国平均水平低 0.91 个百分点。从经济增长消耗新增建设用地量上看，辽宁省 2018 年单位 GDP 增长消耗新增建设用地面积为 4.32 公顷 / 亿元，比全国平均水平低 2.28 公顷 / 亿元，相较 2016 年下降了 201.60%。此外，2018 年辽宁省单位人口增长消耗新增城乡建设用地面积为 619.95 米²/ 人，是全国平均水平的 1.55 倍，居全国 31 个省（区、市）的第 5 位；相较 2016 年，辽宁省人口增长耗地量增加 757.00 米²/ 人，建设用地投入产出强度有所提升，但是人口与土地协调程度仍有待提升。

5. 经济社会发展与用地变化匹配分析

2015~2018 年，辽宁省常住总人口与城乡建设用地增长弹性系数为 -0.55，居全国 31 个省（区、市）的第 28 位。从动态变化看，辽宁省常住总人口与城乡建设用地增长弹性系数逐年提高，由 2016 年的 -2.65 上升到 2018 年的 0.46，总人口与城乡建设用地协调程度逐步提升。从城镇常住人口与用地变化匹配状况看，2015~2018 年，辽宁省城镇常住人口与城镇工矿用地增长弹性系数为 0.78，比全国平均水平低 0.58。2015~2018 年，辽宁省农村人口减少了 63.60 万人，村庄用地面积增加了 72.39 平方公里，农村地区人地匹配协调程度有待提高。此外，2015~2018 年辽宁省经济逐年提升，地区生产总值与建设用地增长弹性系数为 1.50，比全国平均水平低 5.36，居全国 31 个省（区、市）的第 31 位。

6. 建设用地节约集约利用排名分析

2018 年，辽宁省建设用地节约集约利用现状水平指数为 59.39，建设用地节约集约利用动态变化趋势指数为 55.77，建设用地节约集约利用综合指数为 57.58，在全国 31 个省（区、市）中分别居第 24、第 8 和第 23 位。2018 年辽宁省城市建设用地节约集约利用状况如图 20、图 21 所示。其中，地级以上城市建设用地节约集约利用综合指数均值为 56.88，位列全国第 24；县级市建设用地节约集约利用综合指数均值为 55.51，位列全国第 23（见表 10）。从年际变化来看，相较 2015 年，2018 年辽宁省现状水平指数下降了 0.87，排名下降

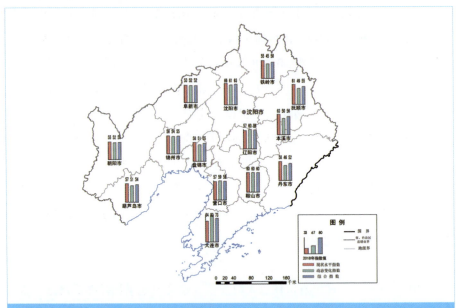

图20　2018年辽宁省地级以上城市建设用地节约集约利用状况分布

图21　2018年辽宁省县级市建设用地节约集约利用状况分布

了 1 位；动态变化趋势指数提升了 10.77，排名上升了 23 位；综合指数提升了 4.95，排名上升了 6 位，辽宁省城市建设用地节约集约利用取得一定成效，但仍存在较大提升空间。

表 10　2018 年辽宁省城市建设用地节约集约利用状况及其排名

		现状水平指数		动态变化趋势指数		综合指数	
		指数	排名	指数	排名	指数	排名
全省		59.39	24	55.77	8	57.58	23
地级以上城市	沈阳市	66.13	109	60.61	28	63.37	56
	大连市	63.97	138	82.87	3	73.42	9
	鞍山市	60.11	216	60.12	36	60.11	124
	抚顺市	61.38	196	49.05	278	55.21	243
	本溪市	62.65	165	50.08	264	56.37	216
	丹东市	57.77	240	45.52	293	51.64	284
	锦州市	56.14	260	54.11	146	55.13	244
	营口市	57.25	247	59.39	44	58.32	175
	阜新市	52.59	287	51.60	231	52.09	279
	辽阳市	57.09	249	60.19	35	58.64	161
	盘锦市	58.24	239	50.98	248	54.61	254
	铁岭市	54.71	273	45.00	294	49.85	296
	朝阳市	55.15	269	51.52	232	53.33	272
	葫芦岛市	56.92	252	51.41	236	54.16	261
	指数均值	58.58	24	55.18	13	56.88	24
县级市	新民市	52.68	342	53.61	228	53.14	326
	瓦房店市	54.33	330	70.25	38	62.29	126
	庄河市	57.13	297	72.50	25	64.82	70
	海城市	57.52	290	47.79	312	52.65	336
	东港市	55.90	313	45.00	353	50.45	356
	凤城市	55.52	317	57.85	150	56.69	267
	凌海市	51.16	357	45.93	339	48.55	364

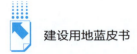
		现状水平指数		动态变化趋势指数		综合指数	
		指数	排名	指数	排名	指数	排名
县级市	北镇市	55.44	319	51.50	265	53.47	322
	盖州市	56.34	309	48.26	309	52.30	338
	大石桥市	58.74	266	67.73	49	63.24	103
	灯塔市	53.84	333	60.16	116	57.00	262
	调兵山市	61.76	208	45.00	353	53.38	324
	开原市	56.29	310	49.87	289	53.08	328
	北票市	52.58	343	72.50	25	62.54	123
	凌源市	58.13	279	45.00	353	51.57	344
	兴城市	54.95	326	51.08	269	53.02	329
	指数均值	55.77	23	55.25	16	55.51	23

续表

（二）吉林

1. 基本情况

2018年，吉林省共辖8个地级以上城市和20个县级市，全部纳入建设用地节约集约利用评价。2018年，吉林省土地总面积为14.79万平方公里，国土开发强度为6.91%，相比2015年提升了0.14个百分点，开发强度居全国31个省（区、市）的第18位；常住总人口为2410.37万人，相比2015年增加了23.60万人，城镇化率为50.96%，相比2015年增加了1.43个百分点；GDP为1.45万亿元，相比2015年减少了0.17万亿元，常住人口人均GDP为5.98万元，相比2015年减少了0.77万元。

2. 土地利用现状及变化分析

2018年，吉林省农用地面积为12.47万平方公里，占土地总面积的84.33%；建设用地面积为1.02万平方公里，占土地总面积的6.91%；其他用地面积为1.30万平方公里，占土地总面积的8.77%。在建设用地中，城乡建设用地面积为0.79万平方公里，占比为77.61%；交通水利用地面积为0.21万平方公里，占比为 20.76%；其他建设用地面积为 166.33 平方公里，占比为 1.63%。吉林省国土开发强度从 2015 年的 6.86% 增加至 2018 年的 6.91%，比全国平均水平高 0.52 个百分点。

3. 土地利用强度及变化分析

2018 年，吉林省建设用地人口密度和城乡建设用地人口密度分别为 2379.59 人／公里^2 和 3065.98 人／公里^2，建设用地人口密度比全国平均水平低 1219.93 人／公里^2，城乡建设用地人口密度比全国平均水平低 1446.39 人／公里^2，分别居全国 31 个省（区、市）的第 26 和第 27 位。同 2015 年相比，吉林省建设用地人口承载水平有所下降，其中建设用地人口密度下降了 73.56 人／公里^2，城乡建设用地人口密度下降了 78.20 人／公里^2；同 2017 年相比，两项数值分别下降了 7.94 人／公里^2 和 7.39 人／公里^2。2018 年，吉林省建设用地地均 GDP 为 142.39 万元／公顷，是全国平均水平的 57.95%，居全国 31 个省（区、市）的第 25 位。按 2015 年可比价进行计算，相较 2015 年和 2017 年，2018 年吉林省建设用地地均 GDP 分别增加了 14.17 万元／公顷和 3.76 万元／公顷，增幅分别达 10.42% 和 2.57%，分别是全国平均增长水平的 55.49% 和 44.28%。

4. 增长耗地及变化分析

2018 年，吉林省单位 GDP 建设用地面积为 66.61 公顷／亿元，相比全国平均水平高 25.29 公顷／亿元，较 2015 年减少 6.94 公顷／亿元，降幅为 9.44%。2015~2018 年吉林省年均单位 GDP 耗地下降率为 3.25%，较全国平均水平低 2.33 个百分点，居全国 31 个省（区、市）的第 29 位，其中 2018 年吉林省单位 GDP 耗地下降率为 2.50%，较全国平均水平低 2.98 个百分点。从经济增长消耗新增建设用地量上看，吉林省 2018 年单位 GDP 增长消耗新增建设用地面积为 10.55 公顷／亿元，比全国平均水平高 3.95 公顷／亿元，相较 2016 年减少了 20.92%。此外，2018 年吉林省单位人口增长消耗新增城乡建设用地面积为 386.91 米^2／人，与全国平均水平基本相当，居全国 31 个省（区、市）的第 14 位；相较 2016 年，人口增长耗地量增加了 891.50 米^2／人。吉林省建设用地投入产出强度提升，但是人口增长与新增耗地协调程度有待进一步提升。

5. 经济社会发展与用地变化匹配分析

2015~2018 年，吉林省常住总人口与城乡建设用地增长弹性系数为 -0.61，居全国 31 个省（区、市）的第 29 位，人口增速仍慢于城乡建设用地增速。从动态变化看，吉林省常住总人口与城乡建设用地增长弹性系数逐年提高，由 2016 年的 -0.66 上升到 2018 年的 0.56。从城镇常住人口与用地变化匹配状况看，2015~2018 年，吉林省城镇常住人口与城镇工矿用地增长弹性系数为 -0.10，比全国平均水平低 1.46。从年际变化看，吉林省 2017 年和 2018 年均出现了城镇常住人口减少的情况，土地城镇化快于人口城镇化。2015~2018 年，吉林省农村人口下降了 20.27 万人，村庄用地面积增加了 59.81 平方公里，农村地区人地匹配协调程度有待提高。此外，2015~2018 年吉林省生产总值与建设用地增长弹性系数为 6.07，比全国平均水平低 0.79，居全国 31 个省（区、市）的第 16 位。

6. 建设用地节约集约利用排名分析

2018 年，吉林省建设用地节约集约利用现状水平指数为 58.35，建设用地节约集约利用动态变化趋势指数为 50.99，建设用地节约集约利用综合指数为 54.67，在全国 31 个省（区、市）中分别居第 25、第 29 和第 27 位。2018 年吉林省城市建设用地节约集约利用状况如图 22、图 23 所示。其中，地级以

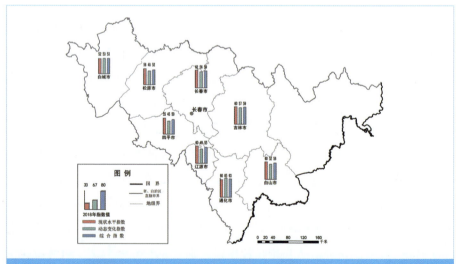

图 22　2018 年吉林省地级以上城市建设用地节约集约利用状况分布

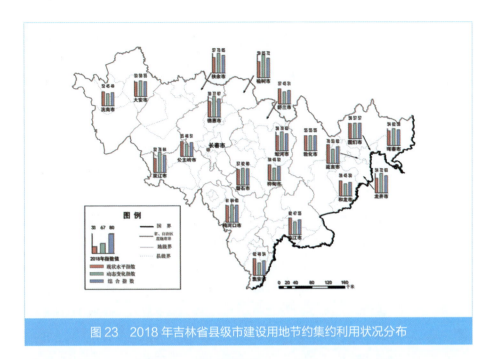

图 23　2018 年吉林省县级市建设用地节约集约利用状况分布

上城市建设用地节约集约利用综合指数均值为 55.75，位列全国第 26；县级市建设用地节约集约利用综合指数均值为 58.21，位列全国第 23（见表 11）。从年际变化来看，相较 2015 年，2018 年吉林省现状水平指数下降了 0.04，排名未发生变动；动态变化趋势指数提升了 2.91，排名提升了 1 位；综合指数提升了 1.43，排名未发生变化，吉林省城市建设用地节约集约利用取得一定成效，但仍处于全国参评省（区、市）的中下游水平，有待进一步提升。

表 11　2018 年吉林省城市建设用地节约集约利用状况及其排名

		现状水平指数		动态变化趋势指数		综合指数	
		指数	排名	指数	排名	指数	排名
全省		58.35	25	50.99	29	54.67	27
地级以上城市	长春市	62.43	170	56.11	94	59.27	142
	吉林市	59.59	223	57.43	74	58.51	167
	四平市	55.15	268	45.00	294	50.08	295
	辽源市	60.49	211	48.89	283	54.69	252

251

		现状水平指数		动态变化趋势指数		综合指数	
		指数	排名	指数	排名	指数	排名
地级以上城市	通化市	60.36	214	65.13	13	62.74	65
	白山市	59.71	221	52.47	204	56.09	225
	松原市	56.02	261	48.13	286	52.07	280
	白城市	52.36	289	52.80	192	52.58	278
	指数均值	58.26	25	53.25	27	55.75	26
县级市	榆树市	58.64	270	84.93	6	71.78	14
	德惠市	57.55	289	76.77	13	67.16	47
	蛟河市	56.28	311	69.74	39	63.01	112
	桦甸市	58.04	280	45.00	353	51.52	345
	舒兰市	56.95	299	45.00	353	50.98	349
	磐石市	57.39	293	61.63	100	59.51	196
	公主岭市	55.09	323	46.42	330	50.75	353
	双辽市	52.17	350	76.08	15	64.12	81
	梅河口市	61.04	227	64.09	71	62.57	122
	集安市	61.65	213	45.98	337	53.81	319
	临江市	62.01	205	47.46	318	54.73	308
	扶余市	56.94	300	72.58	23	64.76	71
	洮南市	52.13	351	45.00	353	48.56	363
	大安市	52.85	340	57.89	147	55.37	299
	延吉市	70.48	48	53.06	239	61.77	142
	图们市	56.46	307	57.16	163	56.81	265
	敦化市	55.05	324	54.87	203	54.96	302
	珲春市	54.42	329	62.43	94	58.42	222
	龙井市	53.63	334	72.50	25	63.07	108
	和龙市	55.83	315	45.15	351	50.49	355
	指数均值	57.23	23	59.19	16	58.21	23

（三）黑龙江

1. 基本情况

2018 年，黑龙江省共辖 12 个地级以上城市和 20 个县级市，全部纳入建设用地节约集约利用评价。2018 年，黑龙江省土地总面积为 38.78 万平方公里，国土开发强度为 4.16%，与 2015 年基本持平，开发强度居全国 31 个省（区、市）的第 26 位；常住总人口为 3687.67 万人，相比 2015 年减少了 109.72 万人，城镇化率为 54.02%，相比 2015 年提升了 2.77 个百分点；GDP 为 1.65 万亿元，相比 2015 年减少了 0.27 万亿元，常住人口人均 GDP 为 4.47 万元，相比 2015 年增加了 0.85 万元。

2. 土地利用现状及变化分析

2018 年，黑龙江省农用地面积为 33.82 万平方公里，占土地总面积的 87.21%；建设用地面积为 1.61 万平方公里，占土地总面积的 4.16%；其他用地面积为 3.34 万平方公里，占土地总面积的 8.63%。在建设用地中，黑龙江省城乡建设用地面积为 1.19 万平方公里，占比为 73.77%；交通水利用地面积为 0.39 万平方公里，占比为 24.31%；其他建设用地面积为 0.03 万平方公里，占比为 1.92%。黑龙江省国土开发强度从 2017 年的 4.15% 增加至 2018 年的 4.16%，比全国平均水平低 2.22 个百分点。

3. 土地利用强度及变化分析

2018 年，黑龙江省建设用地人口密度和城乡建设用地人口密度分别为 2286.28 人 / 公里^2 和 3099.23 人 / 公里^2，建设用地人口密度比全国平均水平低 1313.25 人 / 公里^2，城乡建设用地人口密度比全国平均水平低 1413.13 人 / 公里^2，分别居全国 31 个省（区、市）的第 27 位和第 26 位。同 2015 年相比，黑龙江省建设用地人口承载水平有所下降，其中建设用地人口密度下降了 97.79 人 / 公里^2，城乡建设用地人口密度下降了 128.86 人 / 公里^2；同 2017 年相比，两项数值分别下降了 28.11 人 / 公里^2 和 37.60 人 / 公里^2。2018 年，黑龙江省建设用地地均 GDP 为 102.16 万元 / 公顷，是全国平均水平的 41.57%，居全国 31 个省（区、市）的第 29 位。按 2015 年可比价进行计

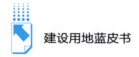

算，相较 2015 年和 2017 年，2018 年黑龙江省建设用地地均 GDP 分别增加了 15.53 万元 / 公顷和 5.33 万元 / 公顷，增幅分别达 15.89% 和 4.94%，分别是全国平均增长水平的 84.61% 和 85.15%。

4. 增长耗地及变化分析

2018 年，黑龙江省单位 GDP 建设用地面积为 88.27 公顷 / 亿元，相比全国平均水平高 46.94 公顷 / 亿元，较 2015 年低 14.03 公顷 / 亿元，降幅为 13.71%，黑龙江省土地资源利用效率有所提升。2015~2018 年黑龙江省年均单位 GDP 耗地下降率为 4.80%，较全国平均水平低 0.78 个百分点，居全国 31 个省（区、市）的第 24 位，其中 2018 年黑龙江省单位 GDP 耗地下降率为 4.71%，较全国平均水平低 0.78 个百分点。从经济增长消耗新增建设用地量上看，黑龙江省 2018 年单位 GDP 增长消耗新增建设用地面积为 4.34 公顷 / 亿元，比全国平均水平低 2.26 公顷 / 亿元，相较 2016 年减少了 55.58%。此外，2018 年黑龙江省单位人口增长消耗新增城乡建设用地面积为 -70.93 米 ^{2}/ 人，居全国各省（区、市）的第 27 位；相较 2016 年，人口增长耗地量下降了 264.68 米 ^{2}/ 人，是全国平均水平的 19.79 倍，降速居全国第 9 位。近年来，黑龙江省人口、经济的增长与土地的匹配程度趋于协调，土地资源利用效率不断提升。

5. 经济社会发展与用地变化匹配分析

2015~2018 年，黑龙江省常住总人口与城乡建设用地增长弹性系数为 -2.52，居全国 31 个省（区、市）的第 30 位，人口降幅快于城乡建设用地增幅；从动态变化看，黑龙江省常住总人口与城乡建设用地增长弹性系数由 2016 年的 1.40 下降到 2018 年的 -2.69，总人口与城乡建设用地变化协调程度有待进一步提升。从城镇常住人口与用地变化匹配状况看，2015~2018 年黑龙江省城镇常住人口与城镇工矿用地增长弹性系数为 -1.71，比全国平均水平低 3.07；2015~2018 年黑龙江省农村人口减少了 37.39 万人，而村庄用地面积增加了 47.01 平方公里，农村地区人地匹配协调程度有待提高。此外，2015~2018 年黑龙江省经济逐年提升，地区生产总值与建设用地增长弹性系数高达 13.73，比全国平均水平高 6.87，居全国 31 个省（区、市）的第 4 位。

6. 建设用地节约集约利用排名分析

2018 年，黑龙江省建设用地节约集约利用现状水平指数为 57.13，建设用地节约集约利用动态变化趋势指数为 54.97，建设用地节约集约利用综合指数为 56.05，在全国 31 个省（区、市）中分别居第 27、第 14 和第 25 位。2018 年黑龙江省城市建设用地节约集约利用状况如图 24、图 25 所示。其中，地级以上城市建设用地节约集约利用综合指数均值为 55.97，位列全国第 25；县级市建设用地节约集约利用综合指数均值为 62.96，位列全国第 6（见表 12）。从年际变化来看，相较 2015 年，2018 年黑龙江省现状水平指数下降了 0.22，排名第 27 保持不变；动态变化趋势指数提升了 5.76，排名提升了 15 位；综合指数提升了 2.77，排名提升了 1 位。黑龙江省城市建设用地节约集约利用取得一定成效，集约化内涵式发展程度处于全国中下游水平，仍待进一步提升。

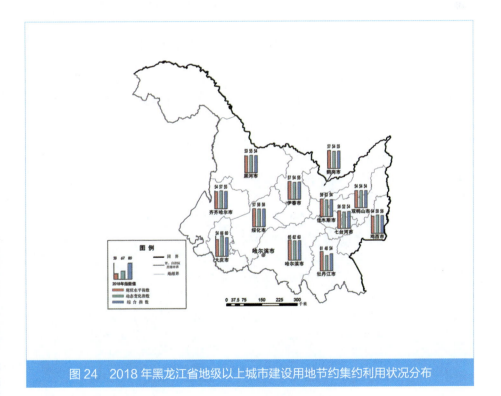

图 24　2018 年黑龙江省地级以上城市建设用地节约集约利用状况分布

255

图25　2018年黑龙江省县级市建设用地节约集约利用状况分布

表12　2018年黑龙江省城市建设用地节约集约利用状况及其排名

		现状水平指数		动态变化趋势指数		综合指数	
		指数	排名	指数	排名	指数	排名
全省		57.13	27	54.97	14	56.05	25
地级以上城市	哈尔滨市	65.12	123	61.84	22	63.48	52
	齐齐哈尔市	53.94	280	56.64	83	55.29	242
	鸡西市	54.19	277	57.73	66	55.96	229
	鹤岗市	56.96	250	53.93	149	55.45	240
	双鸭山市	54.50	275	53.50	170	54.00	264
	大庆市	53.97	279	65.75	11	59.86	130
	伊春市	56.52	257	53.61	163	55.07	245
	佳木斯市	55.56	264	52.81	191	54.19	260
	七台河市	56.27	259	51.80	224	54.04	263
	牡丹江市	60.72	210	47.88	288	54.30	257
	黑河市	53.05	283	54.67	128	53.86	266
	绥化市	56.56	255	55.85	97	56.21	222
	指数均值	56.45	27	55.50	11	55.97	25

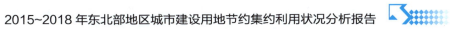

		现状水平指数		动态变化趋势指数		综合指数	
		指数	排名	指数	排名	指数	排名
县级市	尚志市	57.76	284	100.00	1	78.88	2
	五常市	57.73	287	68.72	41	63.23	105
	讷河市	52.37	346	60.27	113	56.32	277
	虎林市	52.37	345	53.56	230	52.96	332
	密山市	52.31	347	74.33	19	63.32	100
	铁力市	56.77	302	90.20	4	73.49	10
	同江市	50.60	361	70.55	34	60.57	177
	富锦市	54.27	331	53.52	232	53.89	318
	抚远市	53.52	336	55.53	194	54.52	311
	绥芬河市	68.77	67	53.80	225	61.28	157
	海林市	57.45	291	70.47	36	63.96	85
	宁安市	58.74	267	67.63	51	63.18	106
	穆棱市	58.73	268	52.54	250	55.63	289
	东宁市	57.39	292	83.54	7	70.47	23
	北安市	56.03	312	70.91	33	63.47	95
	五大连池市	52.83	341	89.18	5	71.01	19
	安达市	57.32	294	74.01	20	65.66	60
	肇东市	57.75	286	65.84	60	61.79	140
	海伦市	55.50	318	72.50	25	64.00	84
	漠河市	50.64	360	72.51	24	61.57	150
	指数均值	55.94	21	69.98	1	62.96	6

续表

城 市 篇
Cities

B.6
2015~2018 年全国城市建设用地
节约集约利用总体格局

中国国土勘测规划院

摘　要：　基于全国城市建设用地节约集约利用评价的理论框架、技术体系和基础数据，从建设用地节约集约利用的现状水平、动态变化趋势以及综合水平三个层面，分析全国城市建设用地节约集约利用的总体格局和分布特征。

关键词：　建设用地　节约集约利用　城市

一 全国城市建设用地节约集约利用现状水平

本报告基于城乡建设用地人口密度、建设用地地均 GDP 等建设用地利用强度表征指标，测算建设用地节约集约利用现状水平指数，旨在反映不同城市在评价时点建设用地所承载的社会经济总量高低，综合分析揭示全国参评城市建设用地节约集约利用现状水平的总体格局和分布特征。

（一）建设用地节约集约利用现状水平指数情况

2018 年全国地级以上城市城乡建设用地人口密度排名前十的城市依次为深圳（15275.81 人 / 公里²）、汕头（10278.56 人 / 公里²）、揭阳（9803.47 人 / 公里²）、广州（9772.40 人 / 公里²）、温州（9716.69 人 / 公里²）、厦门（9586.93 人 / 公里²）、昭通（9300.77 人 / 公里²）、汕尾（9037.58 人 / 公里²）、上海（8939.32 人 / 公里²）和潮州（8243.15 人 / 公里²）。与 2015 年相比，2018 年前十名的城市不变，但有个别城市排名发生了变化，广州超越温州、汕尾等城市跻身第 4 位，厦门超越了汕尾、昭通等城市跻身第 6 位。区域分布结果显示，前十名的城市中，除云南昭通位于西部外，其余 9 个城市均位于东部地区（见表 1）。

2018 年全国县级市城乡建设用地人口密度排名前十的城市依次为陆丰（13069.91 人 / 公里²）、普宁（11919.38 人 / 公里²）、瑞安（10470.87 人 / 公里²）、福鼎（10054.17 人 / 公里²）、乐清（8992.83 人 / 公里²）、临夏（8770.56 人 / 公里²）、泸水（8284.79 人 / 公里²）、石狮（8127.88 人 / 公里²）、福安（7785.83 人 / 公里²）和温岭（7493.81 人 / 公里²）。与 2015 年相比，2018 年仁怀退出前十名城市，温岭跻身第 10 位，其他城市及排名没有变化。区域分布结果显示，前十名的城市除甘肃临夏和云南泸水外，其他城市均属于东部地区。

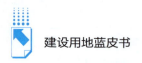

表 1　参评城市城乡建设用地人口密度排名前十								
地级以上城市					县级市			
城市	2018 年人口密度（人/公里²）	2018 年排名	2015 年排名	所属省（区、市）	城市	2018 年人口密度（人/公里²）	2018 年排名	2015 年排名	所属省（区、市）
深圳市	15275.81	1	1	广东省	陆丰市	13069.91	1	1	广东省
汕头市	10278.56	2	2	广东省	普宁市	11919.38	2	2	广东省
揭阳市	9803.47	3	3	广东省	瑞安市	10470.87	3	3	浙江省
广州市	9772.40	4	7	广东省	福鼎市	10054.17	4	4	福建省
温州市	9716.69	5	4	浙江省	乐清市	8992.83	5	5	浙江省
厦门市	9586.93	6	8	福建省	临夏市	8770.56	6	6	甘肃省
昭通市	9300.77	7	6	云南省	泸水市	8284.79	7	7	云南省
汕尾市	9037.58	8	5	广东省	石狮市	8127.88	8	8	福建省
上海市	8939.32	9	9	上海市	福安市	7785.83	9	9	福建省
潮州市	8243.15	10	10	广东省	温岭市	7493.81	10	11	浙江省

2018 年全国地级以上城市单位建设用地地均 GDP 排名前十的城市依次为深圳（2407.88 万元/公顷）、广州（1206.88 万元/公顷）、上海（1059.85 万元/公顷）、北京（848.13 万元/公顷）、厦门（832.22 万元/公顷）、无锡（753.40 万元/公顷）、武汉（736.02 万元/公顷）、苏州（719.08 万元/公顷）、东莞（686.14 万元/公顷）和佛山（665.08 万元/公顷）。与 2015 年相比，2018 年排名前十的城市不变，但有个别城市排名发生了变化，无锡和武汉超越苏州和佛山排在第 6 位和第 7 位，东莞超越佛山跻身第 9 位。区域分布结果显示，前十名的城市中，除湖北武汉外，全部为东部沿海发达城市（见表 2）。

2018 年全国县级市建设用地地均 GDP 排名前十的城市依次为江阴（921.32 万元/公顷）、昆山（919.45 万元/公顷）、张家港（803.66 万元/公顷）、石狮（802.00 万元/公顷）、仁怀（741.51 万元/公顷）、晋江（603.30 万元/

公顷）、常熟（601.11 万元 / 公顷）、瑞安（587.90 万元 / 公顷）、乐清（567.63 万元 / 公顷）和靖江（556.13 万元 / 公顷）。与 2015 年相比，2018 年除张家港、石狮、仁怀和瑞安外，其他城市及排名都发生了变化，江阴由第 2 位提升至第 1 位，昆山由第 1 位降低至第 2 位，常熟由第 6 位降低至第 7 位，龙口、太仓和扬中退出前十名，晋江、乐清和靖江分别从第 11 位、第 17 位和第 19 位提升至第 6 位、第 9 位和第 10 位。区域分布结果显示，前十名的城市除贵州仁怀外，其他城市均属于东部地区。

表 2 参评城市建设用地地均 GDP 排名前十							
地级以上城市				县级市			
城市	2018 年地均 GDP（万元 / 公顷）	2018 年排名	2015 年排名	所属省（区、市）	城市	2018 年地均 GDP（万元 / 公顷）	2018 年排名	2015 年排名	所属省（区、市）
深圳市	2407.88	1	1	广东省	江阴市	921.32	1	2	江苏省
广州市	1206.88	2	2	广东省	昆山市	919.45	2	1	江苏省
上海市	1059.85	3	3	上海市	张家港市	803.66	3	3	江苏省
北京市	848.13	4	4	北京市	石狮市	802.00	4	4	福建省
厦门市	832.22	5	5	福建省	仁怀市	741.51	5	5	贵州省
无锡市	753.40	6	8	江苏省	晋江市	603.30	6	11	福建省
武汉市	736.02	7	9	湖北省	常熟市	601.11	7	6	江苏省
苏州市	719.08	8	6	江苏省	瑞安市	587.90	8	8	浙江省
东莞市	686.14	9	10	广东省	乐清市	567.63	9	17	浙江省
佛山市	665.08	10	7	广东省	靖江市	556.13	10	19	江苏省

2018 年全国地级以上城市建设用地节约集约利用现状水平指数排名前十的城市依次为广州（100.00）、深圳（100.00）、厦门（99.42）、上海（97.84）、北京（93.49）、东莞（89.47）、温州（89.01）、武汉（88.66）、福州（87.46）和汕头（85.21）。与 2015 年相比，2018 年排名前十的城市不变，但有个别

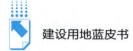

城市的排名发生了变化，广州、深圳并列第1位，厦门超越上海跻身第3位，东莞超越温州排名第6位。区域分布结果显示，前十名城市之中，除湖北武汉外，其他全部为东部城市（见表3）。

2018年全国县级市建设用地节约集约利用现状水平指数排名前十的城市依次为石狮（94.30）、瑞安（91.75）、仁怀（90.23）、乐清（89.08）、福鼎（87.44）、昆山（86.58）、江阴（85.71）、晋江（84.65）、张家港（83.25）和普宁（82.97）。与2015年相比，2018年除张家港外，其他前十名城市不变，排名上，仁怀、乐清分别由第4位、第5位提升至第3位和第4位，福鼎由第3位下降至第5位，江阴和晋江分别从第8位和第9位上升到第7位和第8位，普宁从第7位下降到第10位，义乌退出前十名城市，张家港从第14位上升到第9位。区域分布结果显示，前十名的城市除贵州仁怀外，其他城市均属东部地区。

2018年全国296个地级以上城市建设用地节约集约利用现状水平指数排名分布见图1。2018年全国368个县级市城市建设用地节约集约利用现状水平指数排名分布见图2。

表3 参评城市建设用地节约集约利用现状水平指数排名前十

地级以上城市					县级市				
城市	2018年指数值	2018年排名	2015年排名	所属省（区、市）	城市	2018年指数值	2018年排名	2015年排名	所属省（区、市）
广州市	100.00	1	2	广东省	石狮市	94.30	1	1	福建省
深圳市	100.00	1	1	广东省	瑞安市	91.75	2	2	浙江省
厦门市	99.42	3	4	福建省	仁怀市	90.23	3	4	贵州省
上海市	97.84	4	3	上海市	乐清市	89.08	4	5	浙江省
北京市	93.49	5	5	北京市	福鼎市	87.44	5	3	福建省
东莞市	89.47	6	7	广东省	昆山市	86.58	6	6	江苏省
温州市	89.01	7	6	浙江省	江阴市	85.71	7	8	江苏省
武汉市	88.66	8	8	湖北省	晋江市	84.65	8	9	福建省
福州市	87.46	9	9	福建省	张家港市	83.25	9	14	江苏省
汕头市	85.21	10	10	广东省	普宁市	82.97	10	7	广东省

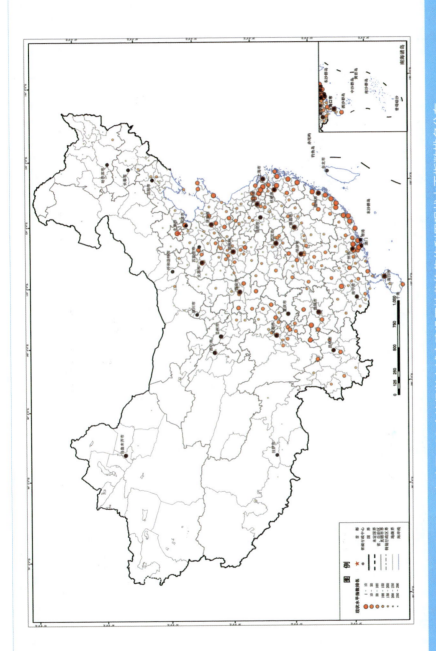

图 1 2018 年全国 296 个地级以上城市建设用地节约集约利用现状水平指数排名分布

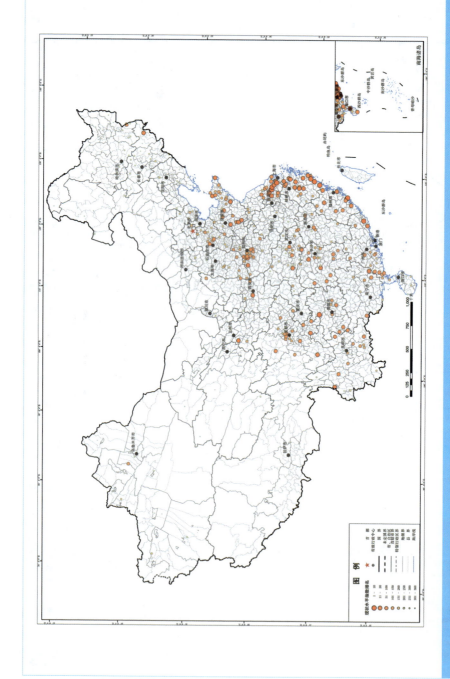

图2 2018年全国368个县级市城市建设用地节约集约利用现状水平指数排名分布

（二）区域总体格局

2018 年全国参评城市建设用地节约集约利用现状水平指数为 65.84（见表 4），从区域分布看，东部地区现状水平指数为 71.60，其中广州和深圳指数（100.00）最高，张家口指数（57.64）最低；中部地区现状水平指数为 63.65，其中武汉指数（88.66）最高，滁州指数（55.83）最低；西部地区现状水平指数为 63.48，其中成都指数（81.69）最高，阿拉尔指数（48.52）最低；东北部地区现状水平指数为 58.30，其中沈阳指数（66.13）最高，白城指数（52.36）最低。总体呈现"东部优于中部、中部优于西部、西部优于东北部"的区域分布特征，具体如下。

首先，从四大区域城市建设用地节约集约利用现状水平指数分布看，2018 年东部地区城市建设用地节约集约利用现状水平指数高于全国平均水平，而中部、西部和东北部地区均低于全国平均水平。与 2015 年相比，2018 年东部、中部和西部地区现状水平指数均有一定程度的提升：东部提升最大，提升了 2.16，其中万宁（59.66）、文昌（59.39）、厦门（99.42）、珠海（75.42）、无锡（84.11）等 15 个城市提升超过 5%；中部提升 1.15，其中武汉（88.66）、长沙（77.50）、太原（77.67）等 3 个城市提升超过 5%；西部提升 0.67，成都（81.69）、西安（79.93）等 2 个城市提升超过 5%。东北部地区有小幅下降，下降了 0.42，其中沈阳（66.13）、吉林（59.59）、鞍山（60.11）、本溪（62.65）等 4 个城市降幅超过 2%。从排名来看，中部、西部名次互换，2018 年呈现东部优于中部、西部和东北部的规律。

表 4　2015 年、2018 年四大区域城市建设用地节约集约利用现状水平指数

地区	2018 年		2015 年	
	现状指数	指数排名	现状指数	指数排名
东部	71.60	1	69.44	1
中部	63.65	2	62.50	3

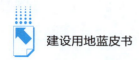
地区	2018 年		2015 年		续表
	现状指数	指数排名	现状指数	指数排名	
西部	63.48	3	62.81	2	
东北部	58.30	4	58.72	4	
全国	65.84	—	64.62	—	

其次，从建设用地节约集约利用现状水平指数均值分布看（见表5），2018 年东部地区地级以上城市指数均值为 71.09，比全国平均水平高 6.22，其中，珠海、无锡、杭州等 55 个城市位于全国百强，厦门、北京、福州、东莞、温州、汕头、广州、上海、深圳等 9 个城市位于全国 10 强；东部地区县级市指数均值为 67.73，比全国平均水平高 4.48，辛集、新乐、宜兴等 57 个城市位于全国百强，江阴、张家港、昆山、瑞安、乐清、石狮、晋江、福鼎、普宁等 9 个城市位于全国 10 强。中部地区地级以上城市指数均值为 63.90，比全国平均水平低 0.97，长沙、太原、合肥等 17 个城市位于全国百强，武汉位于全国 10 强；中部地区县级市指数均值为 63.19，比全国平均水平低 0.06，乐平、丰城、巩义等 19 个城市位于全国百强。西部地区地级以上城市指数均值为 62.56，比全国平均水平低 2.31，成都、西安、重庆等 28 个城市位于全国百强；西部地区县级市指数均值为 61.40，比全国平均水平低 1.85，北流、西昌、盘州等 22 个城市位于全国百强城市，仁怀位于全国 10 强。东北部地区地级以上城市指数均值为 57.75，比全国平均水平低 7.12，地级以上城市没有百强城市；东北部地区县级市指数均值为 56.35，比全国平均水平低 6.90，延吉、绥芬河等 2 个城市位于全国百强。

表5　四大区域城市建设用地节约集约利用现状水平指数情况一览

类型	区域范围	节约集约利用现状水平指数					入百强城市数量及占比		
		城市数量（个）	均值	最大值	最小值	标准偏差	百强城市数量（个）	区域中百强城市占比（%）	10强城市数量（个）
地级以上城市	东部	87	71.09	10.27	100.00	57.64	55	63.22	9
	中部	80	63.90	5.11	88.66	55.83	17	21.25	1
	西部	95	62.56	7.01	81.69	49.88	28	29.47	0
	东北	34	57.75	3.60	66.13	52.36	0	0.00	0
	全国	296	64.87	8.61	100.00	49.88	100	—	10
县级市	东部	126	67.73	7.79	94.30	52.29	57	45.24	9
	中部	92	63.19	4.30	75.38	55.42	19	20.65	0
	西部	94	61.40	7.56	90.23	48.52	22	23.40	1
	东北	56	56.35	3.76	70.48	50.60	2	3.57	0
	全国	368	63.25	7.54	94.30	48.52	100	—	10

（三）主要特征

1. 2018 年全国参评城市建设用地节约集约利用现状水平与城市、区域的经济发展水平有较强关联性，现状水平指数总体呈现东部优于中部、西部和东北部的趋势特征

全国参评城市城乡建设用地人口密度、建设用地地均生产总值和建设用地节约集约利用现状水平指数存在较为明显的差异。2018 年全国参评城市的城乡建设用地人口密度指标值最大的深圳市（15275.81 人 / 公里^2）是最小值克拉玛依市（521.42 人 / 公里^2）的 29.30 倍，建设用地地均生产总值指标值最大的深圳市（2407.88 万元 / 公顷）是最小值阿拉尔市（17.38 万元 / 公顷）的 138.54 倍，节约集约利用现状水平指数最大值广州市和深圳市（100.00）是最小值阿拉尔市（48.52）的 2.06 倍（见表6）。2015 年城乡建设用地人口密度最大值深圳市（13817.55 人 / 公里^2）是最小值克拉玛依市（488.97 人 / 平方公里）的 28.26 倍，建设用地地均生产总值最大值深圳市（1793.05 万元 / 公顷）是最小值阿尔拉市（18.39 万元 / 公顷）的 97.50 倍，建设用地节约集

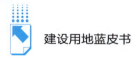

约利用现状水平指数深圳市（100.00）是最小值茫崖市（48.44）的2.06倍。与2015年相比，2018年城乡建设用地人口密度与建设用地地均生产总值的差距进一步拉大，现状水平指数基本保持不变。

表6　2018年全国不同城市建设用地节约集约利用现状水平分异情况

范围	城乡建设用地人口密度（人／公里²）			
	均值	最大值	最小值	最大值／最小值
参评城市整体	4293.94	15275.81	521.42	29.30
地级以上城市	4528.62	15275.81	521.42	29.30
县级市	4105.17	13069.91	558.79	23.39
范围	建设用地地均生产总值（万元／公顷）			
	均值	最大值	最小值	最大值／最小值
参评城市整体	212.53	2407.88	17.38	138.54
地级以上城市	224.08	2407.88	40.52	59.42
县级市	203.24	921.32	17.38	53.01
范围	现状水平指数			
	均值	最大值	最小值	最大值／最小值
参评城市整体	63.96	100.00	48.52	2.06
地级以上城市	64.87	100.00	49.88	2.00
县级市	63.23	94.30	48.52	1.94

从分异规律看，全国城市建设用地节约集约利用现状水平与城市人均GDP呈现正相关关系（见图3）。从整体趋势上看，人均GDP越高，建设用地节约集约利用现状水平指数相对越大。其中，安庆、安顺、安阳、巴彦淖尔、巴中等309个人均GDP在5万元以下的城市，节约集约利用现状水平指数值为61.19，比全国平均水平低4.65；鞍山、白山、蚌埠、宝鸡、北海等263个人均GDP在5万~10万元的城市，节约集约利用现状水平指数均值为65.07，比全国平均水平低0.77；北京、常州、大连、佛山、福州等69个人均GDP在10万~15万元的城市，节约集约利用现状水平指数均值为69.13，比全国平均水平高3.29；广州、南京、深圳、苏州、无锡等23个人均GDP在15万元以上的城市，节约集约利用现状水平指数均值为73.00，比全国平均

水平高 7.16。相较"十二五"末期，包头、安阳、铜川、西宁、太原等 625
个城市的人均 GDP 有所提升，其中江阴、常熟、昆山、太仓、扬中等 92 个
城市人均 GDP 提升高于 5%，现状水平指数均值为 73.50，比全国平均水平高
7.66；乌海、鞍山、抚顺、本溪、丹东等 39 个城市的人均 GDP 有所下降，现
状水平指数均值为 56.78，比全国平均水平低 9.06（见图 4）。

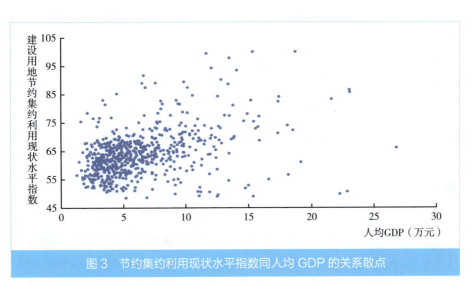

图 3　节约集约利用现状水平指数同人均 GDP 的关系散点

图 4　节约集约利用现状水平指数同人均 GDP 的关系频率分布

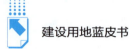
2018 年全国参评城市建设用地节约集约利用现状水平指数同国土开发强度的频率分布见图5，国土开发强度越高，建设用地节约集约利用现状水平指数越高。安康、安顺、百色、包头、本溪等 319 个国土开发强度在 10% 以内的参评城市，建设用地节约集约利用现状水平指数均值为 61.65，比全国平均水平低 4.19；安庆、鞍山、北海、亳州、常德等 241 个国土开发强度在 10%~20% 的参评城市，建设用地节约集约利用现状水平指数均值为 63.79，比全国平均水平低 2.04；北京、成都、广州、济南、南京等 80 个国土开发强度在 20%~30% 的参评城市，建设用地节约集约利用现状水平指数均值为 68.70，比全国平均水平高 2.87；佛山、厦门、上海、天津、无锡等 17 个国土开发强度在 30%~40% 的参评城市，建设用地节约集约利用现状水平指数均值为 77.36，比全国平均水平高 11.53；东莞、深圳等 7 个国土开发强度在 40% 以上的参评城市，建设用地节约集约利用现状水平指数均值为 88.18，比全国平均水平高 22.35。相较"十二五"末期，2018 年吕梁、包头、赤峰、长治等 257 个城市国土开发强度提升低于 0.2 个百分点，现状水平指数均值为 59.81，比全国平均水平低 6.03；天津、石家庄、唐山等 275 个城市国土开发强度提升在 0.2~0.6 个百分点，现状水平指数均值为 64.86，比全国平均水平低 0.98。

图 5　节约集约利用现状水平指数同国土开发强度的关系频率分布

邯郸、邢台、廊坊等 132 个城市国土开发强度提升高于 0.6 个百分点，现状水平指数均值为 70.17，比全国平均水平高 4.33。

2. 相较"十二五"末期，除东北部外，其余三大区域参评城市的建设用地节约集约利用现状水平均有一定程度的提升

当前全国城市建设用地节约集约利用现状水平指数总体呈现东部沿海发达地区向中西部、东北部递减的格局（见图 6），从变动趋势上看，东部地区现状水平指数由 2015 年的 69.44 提高至 2018 年的 71.60，增幅为 3.11%，其中万宁、厦门、北京等 15 个城市增幅超过 5%；中部地区现状水平指数由 62.50 提高至 63.65，增幅为 1.84%，其中武汉、长沙、太原等 3 个城市增幅超过 5%；西部地区现状水平指数由 62.81 提高至 63.48，增幅为 1.07%，其中成都、西安等 2 个城市增幅超过 5%；东北部地区现状水平指数出现下降趋势，由 58.72 下降至 58.30，降幅为 0.72%，其中鞍山、本溪、吉林、沈阳等 4 个城市降幅超过 2%。

图 6 建设用地节约集约利用现状水平指数均值

3. 全国参评城市建设用地节约集约利用现状水平总体随城市规模等级提高而提升

全国参评城市建设用地节约集约利用现状水平与城市等级规模具有较高的关联，总体呈现城市等级规模越高，建设用地节约集约利用现状水平指数

271

越大的分布规律。2018 年，北京、上海、广州、深圳和重庆等 5 个超大城市
的现状水平指数为 92.40，比全国平均水平高 26.56；天津、沈阳、南京、杭
州、郑州、武汉、东莞和成都等 8 个特大城市的现状水平指数为 78.24，比全
国平均水平高 12.40；石家庄、唐山、秦皇岛等 71 个大城市的现状水平指数
为 68.21，比全国平均水平高 2.32；滦州、邢台、张家口等 159 个中等城市的
现状水平指数为 62.39，比全国平均水平低 3.45；辛集、晋州、新乐等 421 个
小城市的现状水平指数为 61.26，比全国平均水平低 4.58。2015 年以来，持续
呈现的"超大城市＞特大城市＞大城市＞中等城市＞小城市"的建设用地节
约集约利用现状水平分异特征更加明显（见图 7）。与 2015 年相比，2018 年
超大城市的现状水平指数提升最大，提升了 5.55，特大城市、大城市、小城
市分别提升了 3.02、1.55、0.63，中等城市提升最小，提升了 0.59。

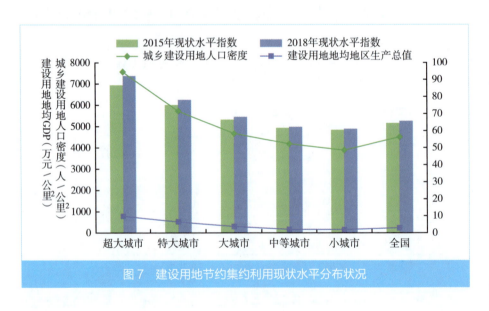

图 7　建设用地节约集约利用现状水平分布状况

二　全国城市建设用地节约集约利用动态变化趋势

通过分析单位人口增长消耗新增城乡建设用地量、单位地区生产总值增
长消耗新增建设用地量等反映增长耗地状况的表征指标，比较人口与城乡建

设用地增长弹性系数、地区生产总值与建设用地增长弹性系数等两个反映建设用地消耗同人口和经济增长协调匹配程度的表征指标，旨在揭示人口和经济增长对新增建设用地的依赖程度和协调状况，测算建设用地节约集约利用动态变化趋势指数，综合分析全国参评城市建设用地节约集约利用动态变化趋势的区域格局和分异特征。

（一）建设用地节约集约利用动态变化趋势指数现状

2018 年全国地级以上城市单位人口增长消耗新增城乡建设用地量最小的十个城市依次为深圳（15.44 米²/人）、厦门（20.32 米²/人）、通化（33.94 米²/人）、大连（35.74 米²/人）、西安（39.83 米²/人）、铜陵（46.82 米²/人）、六安（59.76 米²/人）、广州（68.40 米²/人）、杭州（78.06 米²/人）、北海（80.91 米²/人）（见表7）。攀枝花、株洲、商洛、吐鲁番等 64 个城市的单位人口增长消耗新增城乡建设用地量为负值，常住人口减少，而新增城乡建设用地量有所增加。与 2015 年相比，2018 年哈密、抚顺、锦州、荆州、黑河等 103 个城市，单位人口增长消耗新增城乡建设用地量有所上升，延安、泰安、黄冈、宝鸡、广安等 193 个城市有所下降。

2018 年全国县级市单位人口增长消耗新增城乡建设用地量最小的十个城市依次为铁力（2.99 米²/人）、漠河（3.91 米²/人）、双辽（5.24 米²/人）、北票（6.65 米²/人）、榆树（8.82 米²/人）、庄河（9.29 米²/人）、霍州（10.07 米²/人）、密山（10.12 米²/人）、扶余（11.48 米²/人）和古交（16.78 米²/人）。常熟、曲阜、海安等 117 个城市单位人口增长消耗新增城乡建设用地量为负值，常住人口减少，新增城乡建设用地量扩张明显。与 2015 年相比，2018 年慈溪、荣成、新民、如皋、昌邑等 148 个城市的单位人口增长消耗新增城乡建设用地量有所上升，常熟、曲阜、海安、启东、仙桃等 220 个城市有所下降。

2018 年全国地级以上城市中，单位 GDP 增长消耗新增建设用地量最小的十个城市依次为深圳（0.58 公顷/亿元）、上海（0.79 公顷/亿元）、大连（0.86 公顷/亿元）、厦门（1.27 公顷/亿元）、大庆（1.52 公顷/亿元）、襄阳（1.54

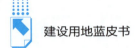

公顷／亿元）、铜陵（1.59公顷／亿元）、北京（1.64公顷／亿元）、乌海（1.93公顷／亿元）、哈尔滨（2.00公顷／亿元）（见表8）。德阳、四平、宿迁、铁岭4个城市单位GDP增长消耗新增建设用地量为负值，GDP减少但建设用地增加，地区生产总值与建设用地的协调关系有待进一步改善。与2015年相比，2018年铁岭、那曲、平凉、丹东、梅州等80个城市的单位GDP增长消耗新增建设用地量有所上升，德阳、四平、宿迁、张掖、山南等216个城市有所下降。

表7 参评城市单位人口增长消耗新增城乡建设用地量逆序排名前十

| 地级以上城市 | | | | 县级市 | | | |
城市	2018年人口增长消耗新增城乡建设用地量（米²／人）	2018年排名	2015年排名	所属省（区、市）	城市	2018年人口增长消耗新增城乡建设用地量（米²／人）	2018年排名	2015年排名	所属省（区、市）
深圳市	15.44	1	1	广东省	铁力市	2.99	1	319	黑龙江省
厦门市	20.32	2	5	福建省	漠河市	3.91	2	13	黑龙江省
通化市	33.94	3	13	吉林省	双辽市	5.24	3	366	吉林省
大连市	35.74	4	261	辽宁省	北票市	6.65	4	358	辽宁省
西安市	39.83	5	81	陕西省	榆树市	8.82	5	200	吉林省
铜陵市	46.82	6	88	安徽省	庄河市	9.29	6	323	辽宁省
六安市	59.76	7	141	安徽省	霍州市	10.07	7	114	山西省
广州市	68.40	8	4	广东省	密山市	10.12	8	333	黑龙江省
杭州市	78.06	9	19	浙江省	扶余市	11.48	9	332	吉林省
北海市	80.91	10	31	广西壮族自治区	古交市	16.78	10	18	山西省

2018年全国县级市中，单位GDP增长消耗新增建设用地量最小的10个城市依次为蛟河（0.41公顷／亿元）、冷水江（0.45公顷／亿元）、海伦（0.72

公顷 / 亿元）、海林（0.74 公顷 / 亿元）、霍州（0.76 公顷 / 亿元）、五常（0.87 公顷 / 亿元）、龙井（0.94 公顷 / 亿元）、尚志（0.96 公顷 / 亿元）、肇东（0.97 公顷 / 亿元）、什邡（1.03 公顷 / 亿元）。张家港、北票、深州等 39 个城市单位 GDP 增长消耗新增建设用地量为负值，地区生产总值与建设用地的协调关系有待进一步改善。与 2015 年相比，2018 年海安、锡林浩特、邹平、阜康、辉县等 121 个城市的单位人口增长消耗新增城乡建设用地量有所上升，卫辉、句容、阿拉尔、新乐、张家港等 247 个城市有所下降。

表 8　参评城市单位 GDP 增长消耗新增建设用地量逆序排名前十

地级以上城市				县级市			
城市	单位 GDP 增长消耗新增建设用地量（公顷 / 亿元）	2018 年排名	2015 年排名	所属省（区、市）	城市	单位 GDP 增长消耗新增建设用地量（公顷 / 亿元）	2018 年排名	2015 年排名	所属省（区、市）
---	---	---	---	---	---	---	---	---	---
深圳市	0.58	1	1	广东省	蛟河市	0.41	1	217	吉林省
上海市	0.79	2	3	上海市	冷水江市	0.45	2	11	湖南省
大连市	0.86	3	289	辽宁省	海伦市	0.72	3	338	黑龙江省
厦门市	1.27	4	7	福建省	海林市	0.74	4	344	黑龙江省
大庆市	1.52	5	281	黑龙江省	霍州市	0.76	5	96	山西省
襄阳市	1.54	6	102	湖北省	五常市	0.87	6	330	黑龙江省
铜陵市	1.59	7	44	安徽省	龙井市	0.94	7	220	吉林省
北京市	1.64	8	2	北京市	尚志市	0.96	8	313	黑龙江省
乌海市	1.93	9	274	内蒙古自治区	肇东市	0.97	9	50	黑龙江省
哈尔滨市	2.00	10	112	黑龙江省	什邡市	1.03	10	85	四川省

2018 年全国地级以上城市建设用地节约集约利用动态变化趋势指数排名前十的城市依次是深圳（95.23）、厦门（95.00）、大连（82.87）、铜陵（79.07）、

西安（72.24）、襄阳（70.44）、上海（70.09）、广州（66.87）、北京（66.75）、乌海（66.10）。相比于2015年，2018年大连、铜陵、西安、襄阳和乌海分别取代了辽源、衡阳、绥化、杭州和无锡，进入前十名（见表9）。

2018年全国县级市建设用地节约集约利用动态变化趋势指数排名前十的城市依次是尚志（100.00）、古交（97.02）、霍州（92.43）、铁力（90.20）、五大连池（89.18）、榆树（84.93）、东宁（83.54）、禹城（82.02）、涿州（80.39）和永济（78.09）。相比于2015年，2018年除东宁外，都江堰、乐清、舒兰、延吉、玉树、马尔康、五指山、水富和醴陵退出前十名城市，尚志、古交、霍州、铁力、五大连池、榆树、禹城、涿州和永济跻身前十。

2018年全国296个地级以上城市建设用地节约集约利用动态变化趋势指数排名分布见图8。2018年全国368个县级市城市建设用地节约集约利用动态变化趋势指数排名分布见图9。

表9　参评城市建设用地节约集约利用动态变化趋势指数排名前十

地级以上城市				县级市			
城市	2018年指数值	2018年排名	2015年排名	所属省（区、市）	城市	2018年指数值	2018年排名	2015年排名	所属省（区、市）
深圳市	95.23	1	1	广东省	尚志市	100.00	1	349	黑龙江省
厦门市	95.00	2	6	福建省	古交市	97.02	2	25	山西省
大连市	82.87	3	285	辽宁省	霍州市	92.43	3	130	山西省
铜陵市	79.07	4	48	安徽省	铁力市	90.20	4	291	黑龙江省
西安市	72.24	5	193	陕西省	五大连池市	89.18	5	349	黑龙江省
襄阳市	70.44	6	141	湖北省	榆树市	84.93	6	156	吉林省
上海市	70.09	7	5	上海市	东宁市	83.54	7	8	黑龙江省
广州市	66.87	8	4	广东省	禹城市	82.02	8	113	山东省
北京市	66.75	9	3	北京市	涿州市	80.39	9	27	河北省
乌海市	66.10	10	273	内蒙古自治区	永济市	78.09	10	307	山西省

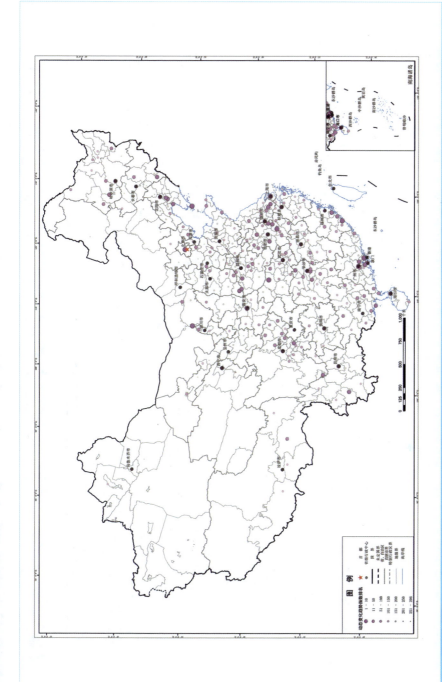

图 8　2018 年全国 296 个地级以上城市建设用地节约集约利用动态变化趋势指数排名分布

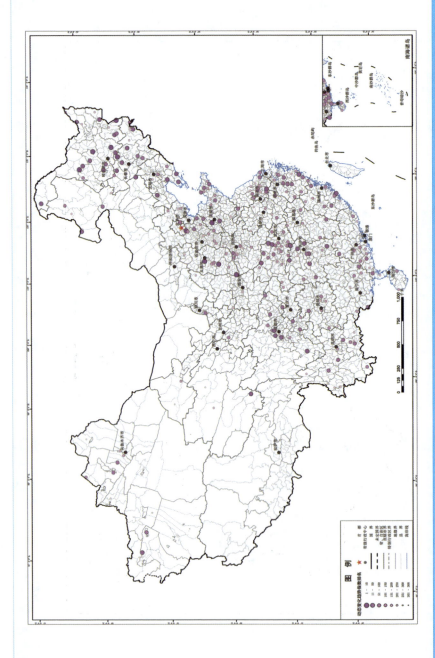

图 9　2018 年全国 368 个县级市城市建设用地节约集约利用动态变化趋势指数排名分布

（二）区域总体格局

2018 年全国参评城市建设用地节约集约利用动态变化趋势指数为 54.90，从区域分布看，东部地区动态变化趋势指数为 55.61，其中深圳（95.23）、厦门（95.00）、上海（70.09）等 40 个城市指数高于全国平均水平，梅州（46.10）、滨州（45.83）、宿迁（45.59）等 52 个城市指数低于全国平均水平；中部地区动态变化趋势指数为 55.71，其中铜陵（79.07）、襄阳（70.44）、长沙（65.66）等 45 个城市指数高于全国平均水平，忻州（50.28）、濮阳（49.85）、朔州（48.06）等 39 个城市指数低于全国平均水平；西部地区动态变化趋势指数为 53.64，其中西安市（72.24）、乌海市（66.10）、石河子市（63.38）等 32 个城市指数高于全国平均水平，平凉市（47.24）、阿拉尔市（45.54）、德阳市（45.00）等 67 个城市指数低于全国平均水平；东北部地区动态变化趋势指数为 53.31，其中大连（82.87）、大庆（65.75）、通化（65.13）等 13 个城市指数高于全国平均水平，丹东（45.52）、铁岭（45.00）、四平（45.00）等 21 个城市指数低于全国平均水平；总体呈现"东部和中部优于西部和东北部"的区域分布特征，具体如下。

首先，从四大区域城市建设用地节约集约利用动态变化趋势指数分布看，东部、中部地区高于全国平均水平，西部、东北部地区低于全国平均水平（见表 10）。与 2015 年相比，2018 年东部、中部、西部和东北部地区建设用地节约集约利用动态变化趋势指数均有所提升：东北部地区提升最大，提升了 8.31，其中大连（82.87）、大庆（65.75）、辽阳（60.19）等 22 个城市提升超过 10%；中部地区提升了 2.34，其中铜陵（79.07）、襄阳（70.44）、晋城（56.34）等 15 个城市提升超过 10%；西部地区提升了 1.92，其中乌海（66.10）、西安（72.24）、内江（59.40）等 29 个城市提升超过 10%；东部地区提升最小，提升了 1.00，其中厦门（95.00）、东莞（64.06）、中山（64.52）等 10 个城市提升超过 10%。

表 10　四大区域城市建设用地节约集约利用动态变化趋势指数分布及排名

地区	2018 年		2015 年	
	动态变化趋势指数	指数排名	动态变化趋势指数	指数排名
东部	55.61	2	54.61	1
中部	55.71	1	53.37	2
西部	53.64	3	51.72	3
东北部	53.31	4	45.00	4
全国	54.90	—	52.62	—

　　其次，从四大区域城市建设用地节约集约利用动态变化趋势指数分布及排名情况来看（见表 11），2018 年东部地区地级以上城市指数均值为 55.50，比全国平均水平高 0.39，其中，中山、东莞、海口等 30 个城市位于全国百强，深圳、厦门、上海、广州、北京等 5 个城市位于全国 10 强；东部地区县级市指数均值为 55.91，比全国平均水平低 1.54，晋江、肥城、乐清等 29 个城市位于全国百强，禹城、涿州等 2 个城市位于全国 10 强。中部地区地级以上城市指数均值为 56.05，比全国平均水平高 0.94，其中，长沙、芜湖、武汉等 34 个城市位于全国百强，铜陵、襄阳等 2 个城市位于全国 10 强；中部地区县级市指数均值为 58.09，比全国平均水平高 0.64，津市、广水、资兴等 20 个城市位于全国百强，古交、霍州、永济等 3 个城市位于全国 10 强。西部地区地级以上城市指数均值为 54.05，比全国平均水平低 1.06，其中，成都、攀枝花、北海等 23 个城市位于全国百强，西安、乌海等 2 个城市位于全国 10 强；西部地区县级市指数均值为 56.22，比全国平均水平低 1.23，大理、乌苏、仁怀等 24 个城市位于全国百强。东北部地区地级以上城市指数均值为 54.84，比全国平均水平低 0.27，其中，哈尔滨、沈阳、长春等 13 个城市位于全国百强，大连位于全国 10 强；东北部地区县级市指数均值为 61.92，比全国平均水平高 4.47，德惠、双辽、密山等 27 个城市位于全国百强，尚志、铁力、五大连池、榆树、东宁等 5 个城市位于全国 10 强。

表 11　四大区域城市建设用地节约集约利用动态变化趋势指数情况一览

类型	地区	节约集约利用动态变化趋势指数					入百强城市数量及占比		
		城市数量（个）	均值	最大值	最小值	标准偏差	百强城市数量（个）	区域中百强城市占比（%）	10 强城市数量（个）
地级以上城市	东部	87	55.50	7.71	95.23	45.59	30	34.48	5
	中部	80	56.05	4.52	79.07	48.06	34	42.50	2
	西部	95	54.05	3.99	72.24	45.00	23	24.21	2
	东北部	34	54.84	7.25	82.87	45.00	13	38.24	1
	全国	296	55.11	5.87	95.23	45.00	100	—	10
县级市	东部	126	55.91	7.24	82.02	45.00	29	23.02	2
	中部	92	58.09	9.48	97.02	45.49	20	21.74	3
	西部	94	56.22	7.87	76.82	45.00	24	25.53	0
	东北部	56	61.92	13.61	100.00	45.00	27	48.21	5
	全国	368	57.45	9.38	100.00	45.00	100	—	10

（三）主要特征

1. 不同城市建设用地节约集约利用动态变化趋势指数年间变动较大，东北部地区城市提升较为明显

比较分析全国城市建设用地节约集约利用动态变化趋势指数值和排名的年间变化状况，结果显示动态变化趋势指数年间变动比较明显。与 2015 年相比，2018 年动态变化趋势指数波动较大，其中辽源、天津、揭阳、昭通、台州等 127 个城市动态变化趋势指数下降 100 位以上；济南、常州、衡阳、淄博、漯河等 69 个城市动态变化指数下降 50~100 位；广州、上海、北京、福州、无锡等 147 个城市动态变化趋势指数下降 50 位以内；深圳、厦门、武汉、佛山、苏州等 122 个城市动态变化指数上升 50 位以内；中山、宁德、海口、南昌、珠海等 77 个城市动态变化趋势指数上升 50~100 位；东莞、西安、南充、石家庄、三明等 122 个城市动态变化趋势指数上升 100 位以上（见图 10）。

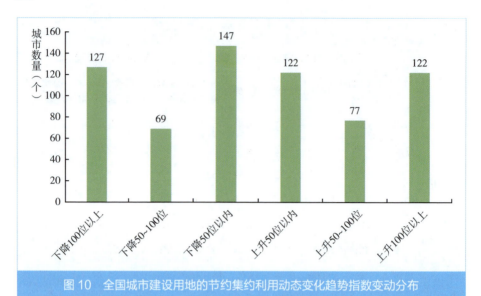

图 10　全国城市建设用地的节约集约利用动态变化趋势指数变动分布

2. 建设用地节约集约利用动态变化趋势指数与城市规模等级之间呈正相关关系，超大城市动态变化趋势指数优势明显

城市规模越大，建设用地节约集约型发展趋向越明显。2018 年超大城市的动态变化趋势指数明显高于特大城市、大城市、中等城市和小城市。2018 年，北京、上海、广州、深圳和重庆等 5 个超大城市的综合指数为 67.26，比全国平均水平高 12.36；天津、沈阳、南京、杭州、郑州、武汉、东莞和成都等 8 个特大城市的综合指数为 59.94，比全国平均水平高 5.05；石家庄、唐山、秦皇岛等 71 个大城市的综合指数为 56.26，比全国平均水平高 1.36；滦州、邢台、张家口等 159 个中等城市的综合指数为 53.52，比全国平均水平低 1.38；辛集、晋州、新乐等 421 个小城市的综合指数为 52.32，比全国平均水平低 2.58。与 2015 年相比，2018 年超大城市提升最大，为 3.97；特大城市、大城市和中等城市分别提升了 3.06、3.29 和 2.93；小城市提升最小，为 2.49。总体来看，超大城市、特大城市等城市的动态变化趋势指数处于高位，建设用地内涵集约型发展趋向较为显著（见图 11）。

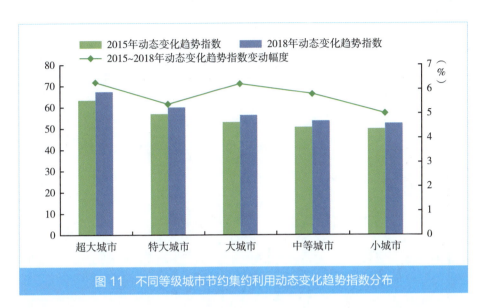

图 11 不同等级城市节约集约利用动态变化趋势指数分布

3. 与"十二五"末期相比，现状水平与动态变化"双高""双低"并存，但参评城市建设用地节约集约利用状况总体趋好

为了揭示全国城市建设用地节约集约利用现状水平指数与动态变化趋势指数的分布特征，利用分位数法进一步分析现状水平指数和动态变化趋势指数的分布情况，按双高型、互补Ⅰ型、互补Ⅱ型、双低型、适度型五种城市建设用地节约集约利用类型，分析揭示 2018 年不同节约集约利用类型城市建设用地节约集约利用的总体特征、分异规律。

2018 年全国地级以上城市节约集约利用类型分布见图 12。2018 年全国县级市节约集约利用类型分布见图 13。

数据显示，北京、上海、广州、深圳等 16 个地级以上城市，在土地利用强度已经处于高位的基础上，加快经济转型升级的步伐，积极推进城市高质量发展，建设用地增长获得的经济、人口增长也相对较高，从而展现出"强度与动态双高"的格局，土地内涵集约发展取向显著。但是，松原、平凉、乌兰察布等 15 个城市则呈现土地利用强度和动态变化趋势指数"双低"的态势，其中 12 个城市位于西部地区、3 个城市位于东北部地区，节约集约用地提升空间较大。相较"十二五"末期，"双高型"城市数量由北京、天津、上

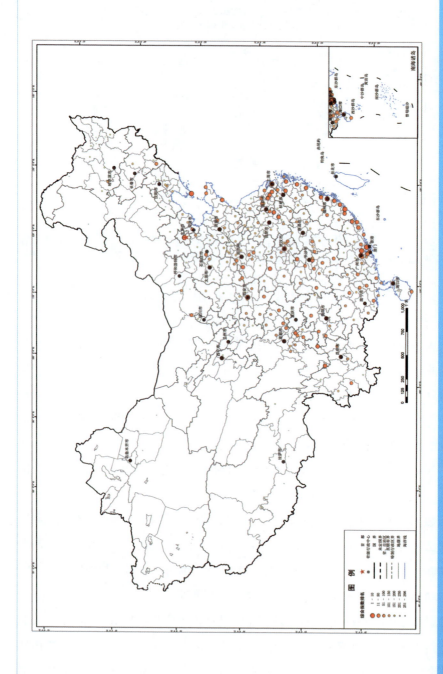

图12 2018年全国地级以上城市节约集约利用类型分布

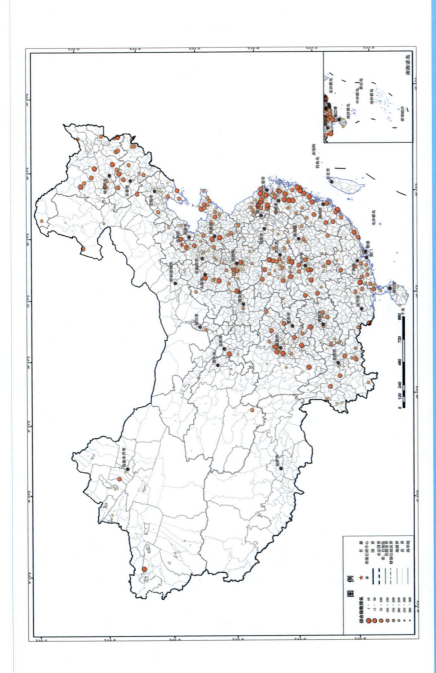

图 13 2018 年全国县级市节约集约利用类型分布

海、厦门、广州、深圳等 6 个扩充至 16 个，纳入了武汉、长沙、成都、西安等中、西部城市；而"双低型"城市虽仍以西部和东北部城市为主，但数量由 2015 年的 22 个减少至 15 个，全国城市建设用地节约集约利用现状指数和动态变化趋势指数的协调程度总体更加均衡（见表 12）。

表 12　2018 年全国城市建设用地节约集约利用现状水平于动态变化趋势关系类型一览

类型	地级以上城市	县级市
双高型	深圳市、广州市、厦门市、上海市、北京市、东莞市、武汉市、佛山市、南京市、苏州市、成都市、杭州市、西安市、泉州市、长沙市、中山市（共 16 个）	石狮市、乐清市、晋江市、冷水江市（共 4 个）
互补 I 型（现状高、动态低）	揭阳市、潮州市、汕尾市、毕节市、惠州市、兰州市、金华市、安顺市、镇江市、舟山市、玉溪市、枣庄市、济宁市、河源市、肇庆市、宜昌市、南平市（共 17 个）	昆山市、张家港市、桐乡市、泸水市、常熟市、平湖市、邹城市、诸城市、义马市、广汉市、兴仁市、太仓市、信宜市、吴川市、宣威市、邹平市、马尔康市、曲阜市、海安市、新乐市（共 20 个）
互补 II 型（现状低、动态高）	广元市、北海市、通化市、鞍山市、阜阳市、运城市、唐山市、吉林市、安庆市、亳州市、随州市、乌海市、营口市、六安市、辽阳市、绥化市、石嘴山市、鸡西市、大庆市、齐齐哈尔市、林芝市（共 21 个）	尚志市、古交市、铁力市、榆树市、五大连池市、东宁市、德惠市、安达市、庄河市、扶余市、满洲里市、双辽市、海伦市、海林市、北安市、密山市、五常市、玉树市、龙井市、蛟河市、北票市、瓦房店市、肇东市、漠河市、同江市、青铜峡市、阿尔山市、钟祥市、磐石市、珲春市、黄骅市、乌苏市、图木舒克市（共 33 个）
双低型	松原市、平凉市、白银市、武威市、四平市、张掖市、铁岭市、庆阳市、酒泉市、赤峰市、乌兰察布市、通辽市、呼伦贝尔市、吐鲁番市、哈密市（共 15 个）	德兴市、公主岭市、锡林浩特市、奎屯市、牙克石市、博乐市、洮南市、凌海市、霍林郭勒市、阜康市、阿拉尔市、茫崖市（共 12 个）
适度型	温州市、福州市、汕头市、无锡市、济南市、贵阳市、常州市、太原市、宁波市、宁德市等（共 227 个）	瑞安市、仁怀市、霍州市、福鼎市、福安市、义乌市、西昌市、涿州市、普宁市、禹城市等（共 299 个）

三 全国城市建设用地节约集约利用综合状况

本报告基于建设用地节约集约利用现状水平和动态变化趋势两方面，测算节约集约利用综合指数，旨在反映建设用地承载经济总量能力、经济增长耗地水平及其协调匹配程度等方面的综合状况，并揭示全国城市建设用地节约集约利用综合状况的区域格局和分布特征。

（一）建设用地节约集约利用综合指数现状

2018 年全国地级以上城市建设用地节约集约利用综合指数前十名城市依次是深圳（97.61）、厦门（97.21）、上海（83.97）、广州（83.44）、北京（80.12）、东莞（76.77）、西安（76.09）、武汉（75.32）、大连（73.42）和福州（73.06）。相比于 2015 年，2018 年无锡、汕头和成都退出前十名城市，东莞、西安和大连分别从第 16 位、第 38 位和 227 位提升至第 6 位、第 7 位和第 9 位（见表 13）。从区域分布上看，除西安和大连外，全部为东部沿海经济发达地区，特别是长三角、粤港澳、京津冀三大城市群的核心城市和重点城市。

2018 年全国县级市建设用地节约集约利用综合指数前十名城市依次是石狮（81.14）、尚志（78.88）、乐清（78.67）、瑞安（77.89）、仁怀（77.35）、霍州（77.24）、晋江（77.08）、古交（76.43）、冷水江（74.66）和铁力（73.49）。相比于 2015 年，2018 年前十名城市除石狮、乐清、瑞安、仁怀和冷水江外，其他城市均发生了变化，仁怀、霍州、福鼎、喀什、满洲里、尚志、涿州和古交跻身前十名，舒兰、延吉、江阴、昆山、洪江、冷水江、马尔康、水富退出前十名。从区域分布上看，前十名城市中，东部地区占据 4 席、中部占据 3 席、东北部占据 2 席、西部占据 1 席。

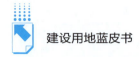
表 13　参评城市建设用地节约集约利用综合指数排名前十								
地级以上城市				县级市				
城市	2018年指数值	2018年排名	2015年排名	所属省（区、市）	城市	2018年指数值	2018年排名	2015年排名	所属省（区、市）
深圳市	97.61	1	1	广东省	石狮市	81.14	1	4	福建省
厦门市	97.21	2	5	福建省	尚志市	78.88	2	323	黑龙江省
上海市	83.97	3	3	上海市	乐清市	78.67	3	1	浙江省
广州市	83.44	4	2	广东省	瑞安市	77.89	4	10	浙江省
北京市	80.12	5	4	北京市	仁怀市	77.35	5	8	贵州省
东莞市	76.77	6	16	广东省	霍州市	77.24	6	183	山西省
西安市	76.09	7	38	陕西省	晋江市	77.08	7	13	福建省
武汉市	75.32	8	7	湖北省	古交市	76.43	8	151	山西省
大连市	73.42	9	227	辽宁省	冷水江市	74.66	9	6	湖南省
福州市	73.06	10	6	福建省	铁力市	73.49	10	320	黑龙江省

2018年全国296个地级以上城市建设用地节约集约利用综合指数排名分布见图14。2018年全国368个县级市城市建设用地节约集约利用综合指数排名分布见图15。

（二）区域总体格局

2018年全国参评城市建设用地节约集约利用综合指数为60.37（见表14），从区域分布看，东部地区综合指数为63.61，其中深圳（97.61）指数最高，滨州指数最低（51.79）；中部地区综合指数为59.68，其中武汉指数最高（75.32），朔州指数最低（53.48）；西部地区综合指数为58.56，其中西安指数最高（76.09），阿拉尔指数最低（47.03）；东北部地区综合指数为55.80，其中大连指数最高（73.42），铁岭指数最低（49.85）；总体呈现"东部优于中部、中部优于西部、西部优于东北部"的格局，具体如下。

从四大区域城市建设用地节约集约利用综合指数分布看，2018年东部地

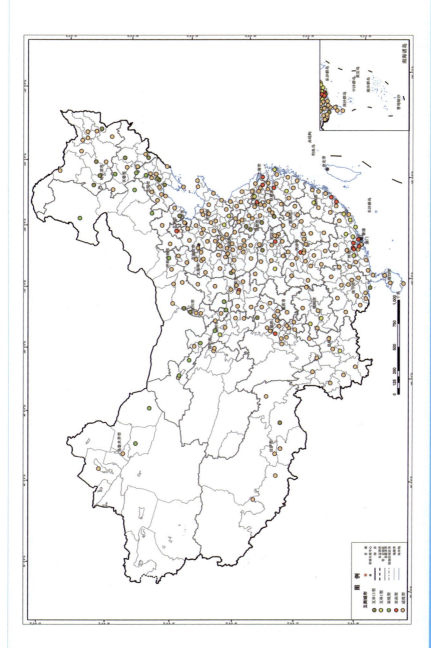

图 14　2018 年全国 296 个地级以上城市建设用地节约集约利用综合指数排名分布

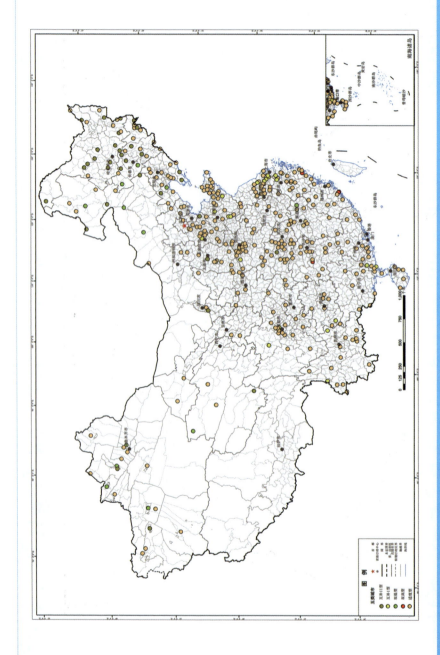

图15 2018年全国368个县级市城市建设用地节约集约利用综合指数排名分布

区（63.61）明显高于全国平均水平（60.37），而中部（59.68）、西部（58.56）和东北部地区（55.80）均低于全国平均水平。与 2015 年相比，2018 年东部、中部、西部和东北部的综合指数均有所提升，东北部提升最大，提升了 3.94，其中大连（73.42）、大庆（59.86）、辽阳（58.64）等 8 个城市提升超过 10%；中部提升了 1.74，其中铜陵（70.60）、襄阳（67.27）、湘潭（63.54）、晋城（60.80）等 4 个城市提升超过 10%；东部提升了 1.58，其中厦门（97.21）、东莞（76.77）、文昌（58.01）、中山（70.41）等 4 个城市提升超过 10%；西部提升最小，为 1.29，其中西安（76.09）、乌海（62.22）、北海（60.69）等 7 个城市提升超过 10%。此外，相比 2015 年，2018 年综合指数最高的东部地区与最低的东北部地区指数差值由 10.17 缩小至 7.81，与综合指数排名第 2 位的中部地区差距由 4.09 缩小至 3.93，但是与综合指数排名第 3 位的西部地区差距由 4.76 扩大至 5.05。

表 14　四大区域城市建设用地节约集约利用综合指数

地区	2018 年		2015 年	
	综合指数	指数排名	综合指数	指数排名
东部	63.61	1	62.03	1
中部	59.68	2	57.94	2
西部	58.56	3	57.27	3
东北部	55.80	4	51.86	4
全国	60.37	—	58.62	—

从建设用地节约集约利用综合指数均值分布看，无论是在地级以上城市还是在县级市中，东部地区的综合指数值均高于全国平均水平和其他三个区域，并占据全国排名 10 强城市和百强城市的绝大多数（见表 15）。2018 年东部地区地级以上城市指数均值为 63.29，比全国平均水平高 3.30，其中，佛山、南京、无锡等 43 个城市位于全国百强，深圳、厦门、上海、广州、北京、东莞、福州等 7 个城市位于全国 10 强；东部地区县级市指数均值为 61.82，比全国平均水平高 1.47，福鼎、福安、义乌等 43 个城市位于全国百强，石狮、

291

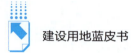

乐清、瑞安、晋江等 4 个城市位于全国 10 强。中部地区地级以上城市指数均值为 59.98，比全国平均水平低 0.01，其中，长沙、铜陵、太原等 25 个城市位于全国百强，武汉位于全国 10 强；中部地区县级市指数均值为 60.64，比全国平均水平高 0.29，津市、永济、资兴等 23 个城市位于全国百强，霍州、古交、冷水江等 3 个城市位于全国 10 强。西部地区地级以上城市指数均值为 58.30，比全国平均水平低 1.69，其中，成都、贵阳、攀枝花等 28 个城市位于全国百强，西安位于全国 10 强；西部地区县级市指数均值为 58.81，比全国平均水平低 1.54，西昌、都江堰、水富等 20 个城市位于全国百强，仁怀位于全国 10 强。东北部地区地级以上城市指数均值为 56.29，比全国平均水平低 3.70，其中，哈尔滨、沈阳、通化等 4 个城市位于全国百强，大连位于全国 10 强；东北部地区县级市指数均值为 59.14，比全国平均水平低 1.21，榆树、五大连池、东宁等 14 个城市位于全国百强，尚志、铁力等 2 个城市位于全国 10 强。

表 15　四大区域城市建设用地节约集约利用综合指数情况一览									
类型	地区	节约集约利用动态变化趋势指数					入百强城市数量及占比		
		城市数量（个）	均值	最大值	最小值	标准差	百强城市数量（个）	区域中百强城市占比（%）	10 强城市数量（个）
地级以上城市	东部	87	63.29	8.39	97.61	51.79	43	49.43	7
	中部	80	59.98	3.92	75.32	53.48	25	31.25	1
	西部	95	58.30	4.81	76.09	50.08	28	29.47	1
	东北部	34	56.29	4.56	73.42	49.85	4	11.76	1
	全国	296	59.99	6.33	97.61	49.85	100	—	10
县级市	东部	126	61.82	5.73	81.14	51.11	43	34.13	4
	中部	92	60.64	5.14	77.24	50.76	23	25.00	3
	西部	94	58.81	6.29	77.35	47.01	20	21.28	1
	东北部	56	59.14	6.79	78.88	48.55	14	25.00	2
	全国	368	60.35	6.02	81.14	47.01	100	—	10

（三）主要特征

1. 建设用地节约集约利用综合指数与城市经济发展水平之间显著相关，东部沿海发达地区优势明显

评价结果显示，全国城市建设用地节约集约利用综合指数与城市人均GDP 之间的关联度呈现正相关关系（见图 16），从整体趋势上看，人均 GDP越高，建设用地节约集约利用综合指数越大。2018 年，安庆、巴中、百色、本溪、昌都等 309 个人均 GDP 在 5 万元以下的城市，节约集约利用综合指数均值为 58.34，比全国平均水平低 2.03；白山、北海、常德、大庆、德州等 263 个人均 GDP 为 5 万 ~10 万元的城市，节约集约利用综合指数均值为61.09，比全国平均水平高 0.72；北京、常州、大连、佛山、福州等 69 个人均GDP 为 10 万 ~15 万元的城市，节约集约利用综合指数均值为 63.46，比全国平均水平高 3.09；广州、南京、深圳、苏州、无锡等 23 个人均 GDP 在 15 万元以上的城市，节约集约利用综合指数均值为 64.62，比全国平均水平高 4.26。

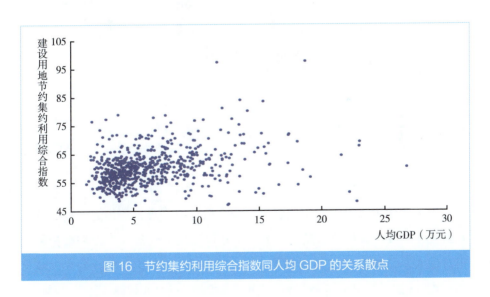

图 16　节约集约利用综合指数同人均 GDP 的关系散点

从变动趋势上看，人均 GDP 在 5 万元以下的城市由 2015 年的 365 个减少至 2018 年的 309 个，综合指数均值提升 1.58；人均 GDP 为 5 万 ~10 万元的城市由 245 个上升至 263 个，综合指数均值提升 2.93；人均 GDP 为 10 万~15 万元的城市由 44 个上升至 69 个，综合指数均值提升 2.14；人均 GDP 在 15 万元以上的城市由 10 个上升至 23 个，综合指数均值提升 2.39。相较"十二五"末期，包头、安阳、铜川、西宁、太原等 625 个城市的人均 GDP 有所提升，其中江阴、常熟、昆山、太仓、扬中等 92 城市人均 GDP 提升高于 5%，综合指数为 67.15，比全国平均水平高 6.78；乌海、鞍山、抚顺、本溪、丹东等 39 个城市的人均 GDP 有所下降，综合指数均值为 57.03，比全国平均水平低 3.34（见图 17）。

图 17　不同发展阶段城市建设用地节约集约利用综合指数均值分布

2. 建设用地节约集约利用综合水平随城市规模等级的提升而升高

2018 年建设用地节约集约利用综合指数与城市规模等级之间具有较强的相关性。城市规模等级越高的城市，建设用地节约集约利用综合指数值相对越大，总体呈现"超大城市（79.83）＞特大城市（69.09）＞大城市（62.24）＞中等城市（57.95）＞小城市（56.79）"的分布规律。

2018 年，北京、上海、广州、深圳和重庆等 5 个超大城市的综合指数为 79.83，比全国平均水平高 19.46；天津、沈阳、南京、杭州、郑州、武汉、东莞和成都等 8 个特大城市的综合指数为 69.09，比全国平均水平高 8.72；石家庄、唐山、秦皇岛等 71 个大城市的综合指数为 62.24，比全国平均水平高 1.87；滦州、邢台、张家口等 159 个中等城市的综合指数为 57.97，比全国平均水平低 2.42；辛集、晋州、新乐等 421 个小城市的综合指数为 56.79，比全国平均水平低 3.58。2015 年以来，持续呈现的"超大城市 > 特大城市 > 大城市 > 中等城市 > 小城市"的建设用地节约集约利用综合分异特征更加明显。与 2015 年相比，2018 年超大城市的综合指数提升最大，提升了 4.76，特大城市、大城市、小城市分别提升了 3.04、2.42、1.76，中等城市提升最小，提升了 1.56（见图 18）。

图 18　全国不同等级城市节约集约利用综合指数分布

3. 全国参评城市总体呈现国土开发强度越高，建设用地节约集约利用综合指数越高的特征

通过对参评城市建设用地节约集约利用综合指数与城市国土开发强度的相关分析，结果显示，国土开发强度越大，建设用地节约集约利用综合指数越高（见图 19）。安康、安顺、百色、包头、本溪等 319 个国土开发强度在 10% 以内的参评城市，建设用地节约集约利用综合指数均值为 58.91，比全国平均水平低 1.46；安庆、鞍山、北海、亳州、常德等 241 个国土开发强度为 10%~20% 的参评城市，建设用地节约集约利用现状水平指数均值为 60.24，比全国平均水平低 0.13；北京、成都、广州、济南、南京等 80 个国土开发强度为 20%~30% 的参评城市，建设用地节约集约利用现状水平指数均值为 61.92，比全国平均水平高 1.56；佛山、厦门、上海、天津、无锡等 17 个国土开发强度为 30%~40% 的参评城市，建设用地节约集约利用现状水平指数均值为 68.01，比全国平均水平高 2.08；东莞、深圳等 7 个国土开发强度在 40% 以上的参评城市，建设用地节约集约利用现状水平指数为 76.75，比全国平均水平高 3.20。

从年间变化看，国土开发强度在 10% 以内的城市由 2015 年的 325 个减少至 2018 年的 319 个，综合指数均值提升了 2.51；国土开发强度为 10%~20% 的城市由 246 个减少至 241 个，综合指数均值减少了 2.42；国土开发强度为 20%~30% 的城市由 75 个上升至 80 个，综合指数均值提升了 1.95；国土开发强度为 30%~40% 的城市由 12 个上升至 17 个，综合指数均值提升了 2.08；国土开发强度在 40% 以上的城市由 6 个上升至 7 个，综合指数均值提升了 3.20（见图 20）。

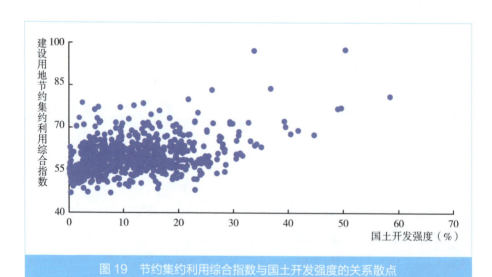

图 19　节约集约利用综合指数与国土开发强度的关系散点

图 20　城市建设用地节约集约利用综合指数均值与国土开发强度对应关系

B.7

2015~2018 年不同行政级别城市建设用地节约集约利用状况分析报告

中国国土勘测规划院

摘　要：　基于"全国城市建设用地节约集约利用评价"基础数据，按直辖市、副省级城市、一般省会城市、一般地级市、县级市五个行政级别，从建设用地利用现状、利用趋势等方面对 2015~2018 年全国不同行政级别城市建设用地节约集约利用总体状况进行综合分析，揭示了 2015~2018 年全国不同行政级别城市建设用地节约集约利用的总体特征、分异规律，提出节约集约用地的政策建议。

关键词：　建设用地　节约集约利用　城市

为揭示全国（不含港、澳、台地区）不同行政级别城市建设用地节约集约利用现状及分异特征，本报告按直辖市、副省级城市、一般省会城市、一般地级市、县级市五个行政级别进行分析。其中直辖市涉及北京、天津、上海、重庆 4 个城市；副省级城市涉及沈阳、大连、长春、哈尔滨、南京、杭州、宁波、厦门、济南、青岛、武汉、广州、深圳、成都、西安等 15 个城市（其中深圳、大连、青岛、宁波、厦门 5 个城市是计划单列市，其余均为省会城市）；一般省会城市指除直辖市、副省级城市以外的省会城市，包括石家庄、太原、呼和浩特、合肥、福州、南昌、郑州、长沙、南宁、海口、贵阳、昆明、拉萨、兰州、西宁、银川、乌鲁木齐等 17 个城市，一般地级市指除 36

个省会城市和计划单列市外的其余 260 个地级参评城市，县级市即为 368 个县级参评城市。

一　不同行政级别城市建设用地节约集约利用状况

（一）土地利用现状

1. 三大类用地结构

由于我国不同城市社会经济发展水平和自然区位条件差异显著，不同行政级别城市土地利用现状结构存在较大分异。国土开发强度方面，总体呈现"副省级城市 > 直辖市 > 一般省会城市 > 县级市 > 一般地级市"的规律，其中一般省会城市建设用地扩张速度最快。

2018 年，副省级城市的国土开发强度最高，为 16.09%，其次是直辖市，为 14.94%，一般省会城市为 10.30%，副省级城市、直辖市、一般省会城市的国土开发强度分别是全国平均水平的 2.52 倍、2.34 倍、1.61 倍，但县级市和一般地级市的国土开发强度低于全国平均水平，分别为 6.07% 和 5.63%；农用地占比方面，副省级城市最高，为 77.71%，是全国农用地占比的 1.03 倍，一般省会城市占比最低，为 71.81%，是全国占比的 95.37%；其他用地占比方面，县级市最高，为 22.11%，是全国其他用地占比的 1.21 倍，副省级城市占比最低，为 6.20%，仅为全国占比的 33.85%（见图 1）。

从土地利用结构动态变化看，2015~2018 年，一般省会城市建设用地增长较快，累计增长了 5.38%，比全国参评城市平均水平高 2.06 个百分点，国土开发强度累计提高了 0.53 个百分点，比全国参评城市平均水平高 0.32 个百分点；副省级城市次之，四年来建设用地累计增长了 3.34%，比全国参评城市平均水平高 0.02 个百分点，国土开发强度累计提高了 0.51 个百分点，比全国参评城市平均水平高 0.31 个百分点；一般地级市、县级市 2015~2018 年建设用地累计增幅分别为 3.17% 和 3.21%，低于全国参评城市平均水平，国土开发强度累计分别提高了 0.18 个和 0.19 个百分点，比全国参评城市平均水平分别低 0.03 个和 0.02 个百分点；直辖市 2016~2018 年建设用地累计增幅最小，为

2.49%，比全国参评城市平均水平低 0.82 个百分点，国土开发强度累计提高了 0.36 个百分点，比全国参评城市平均水平高 0.16 个百分点（见图 2、图 3）。

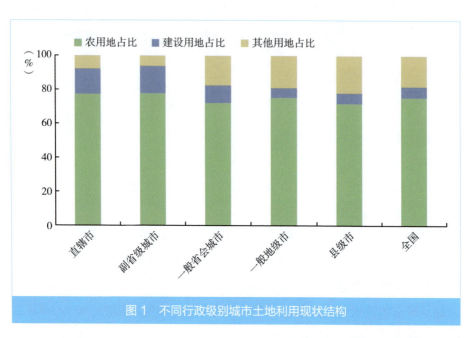

图 1　不同行政级别城市土地利用现状结构

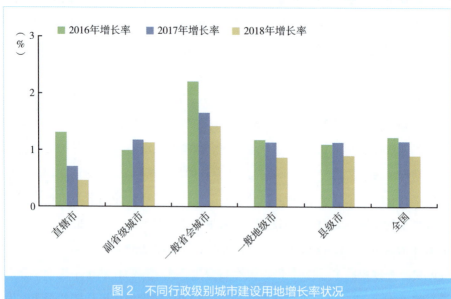

图 2　不同行政级别城市建设用地增长率状况

图3　不同行政级别城市国土开发强度变化

2．建设用地结构

2018年，全国不同行政级别城市建设用地内部结构比例总体比较均衡，直辖市和副省级城市城乡建设用地和城镇用地占比相对较高，一般省会城市城乡建设用地和城镇用地增长最为明显。

首先，建设用地内部结构中，全国不同行政级别城市城乡建设用地占比在80%左右，其中直辖市占比最高，为82.81%，比全国城乡建设用地占比高3.04个百分点；县级市占比最低，为77.69%，比全国占比低2.08个百分点。交通运输用地占比方面，县级市占比最高，为20.11%，比全国交通运输用地占比高1.82个百分点；直辖市占比最低，为15.65%，比全国占比低2.64个百分点。其他建设用地占比方面，一般省会城市占比最高，为2.96%，比全国其他建设用地占比高1.02个百分点；直辖市占比最低，为1.54%，比全国占比低0.41个百分点（见图4）。

城乡建设用地内部结构中，副省级城市城镇用地占比最高，为50.28%，是全国城镇用地占比的1.59倍；直辖市次之，为49.52%，是全国占比的1.57倍；一般省会城市为44.61%，是全国占比的1.41倍；县级市为28.56%，是全国占比的90.29%；一般地级市最低，为27.51%，是全国占比的86.99%。一般地级市村庄用地占比最高，为 64.99%，是全国村庄用地占比的 1.06 倍；直辖市、副省级城市、一般省会城市占比较低，均不足 50%，均低于全国村庄用地占比。县级市采矿用地占比最高，为 7.92%，是全国采矿用地占比的 1.14 倍；直辖市和副省级城市较低，均不足 5%（见图 5）。

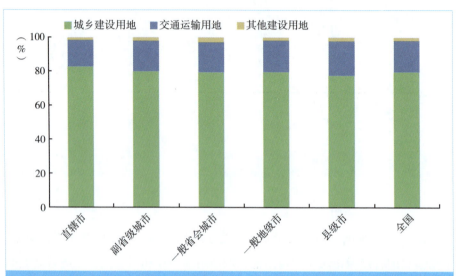

图 4　2018 年不同行政级别建设用地内部结构占比情况

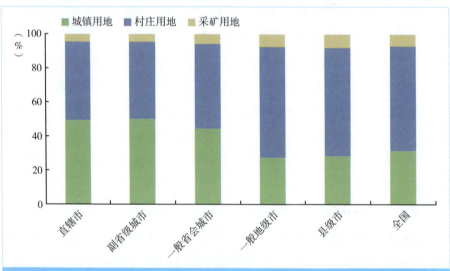

图 5　2018 年不同行政级别城乡建设用地内部结构占比情况

其次，从动态变化看（见图6），2016~2018年除副省级城市外，其余各行政级别城市的城乡建设用地增长速度整体有所回落，如一般省会城市三年的增长率虽在各行政级别的城市中均为最高，但增长率从2016年的2.06%下降到2018年的1.42%，下降了0.64个百分点；直辖市增速回落最为明显，从1.26%下降到0.36%，下降了0.90个百分点；此外，近三年县级市、一般地级市、直辖市的城乡建设用地年均增长率均低于全国参评城市平均水平，三年年均增长率分别为0.95%、0.95%、0.74%。

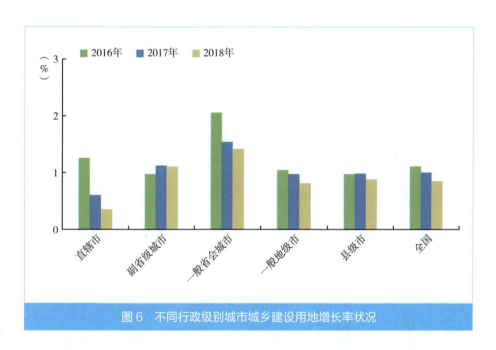

图6　不同行政级别城市城乡建设用地增长率状况

2016~2018年城镇用地增长最快的是一般省会城市，年均增长率为2.93%，比全国参评城市平均水平高0.68个百分点；其次为一般地级市、县级市，年均增长率分别为2.39%和2.26%，均高于全国参评城市平均水平；副省级城市和直辖市增速较小，年均增速分别为1.60%和1.43%，仅为一般省会城市增长率的一半左右（见图7）。从村庄用地扩张看，一般省会城市的村庄用地增长最快，2016~2018年均增长率为0.78%，比全国平均水平高0.30个百分点；副省级城市增长较快，年均增长率为0.61%，比全国平均水平高0.13

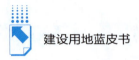
个百分点;直辖市的村庄用地增长最小,年均增长 0.13%,比全国平均水平低 0.35 个百分点,且 2017 年、2018 年村庄用地为负增长(见图 8)。

图 7　不同行政级别城市城镇建设用地增长率状况

图 8　不同行政级别城市村庄用地增长率状况

（二）建设用地利用强度

1. 建设用地人口承载水平

2015~2018 年，全国不同行政级别城市建设用地人口承载水平随城市行政级别降低而降低。2018 年，直辖市的建设用地人口承载水平最高，建设用地和城乡建设用地人口密度分别为 5193.33 人／公里^{2}和 6271.16 人／公里^2，是全国参评城市平均水平的 1.44 倍和 1.39 倍；副省级城市的建设用地和城乡建设用地人口密度次之，分别为 4709.81 人／公里^{2}和 5883.25 人／公里^2；一般省会城市的建设用地人口密度和城乡建设用地人口密度排名第 3，分别为 4185.46 人／公里^{2}和 5261.94 人／公里^2；一般地级市的建设用地人口密度和城乡建设用地人口密度排名第 4，分别为 3356.25 人／公里^{2}和 4209.42 人／公里^2；县级市的建设用地人口密度和城乡建设用地人口密度最低，分别为 3063.73 人／公里^{2}和 3943.31 人／公里^2，仅为直辖市的 60% 左右（见图 9、图 10）。

从动态变化看，近年来除副省级城市的建设用地和城乡建设用地人口承载水平有所上升外，直辖市、一般省会城市、一般地级市、县级市的建设用地人口承载水平均表现为逐年下降。其中，2015~2018 年副省级城市的建设用地和城乡建设用地人口密度年均小幅提升 0.40% 和 0.42%；直辖市的建设用地和城乡建设用地人口密度年均分别下降 0.49% 和 0.41%；一般省会城市的建设用地和城乡建设用地人口密度年均分别下降 0.48% 和 0.39%；一般地级市的建设用地和城乡建设用地人口密度年均分别下降 0.64% 和 0.53%；县级市的建设用地和城乡建设用地人口密度降幅最明显，年均分别下降 0.72% 和 0.62%。

2. 建设用地经济强度

2018 年，全国不同行政级别城市建设用地经济强度基本呈现行政级别越高、建设用地地均 GDP 越高的特征，副省级城市和直辖市的建设用地地均 GDP 较高，一般地级市和县级市的建设用地地均 GDP 较低。其中，直辖市的建设用地地均 GDP 最高，为 574.30 万元／公顷，是全国参评城市平均水平

305

图 9　不同行政级别城市建设用地人口密度及增长率

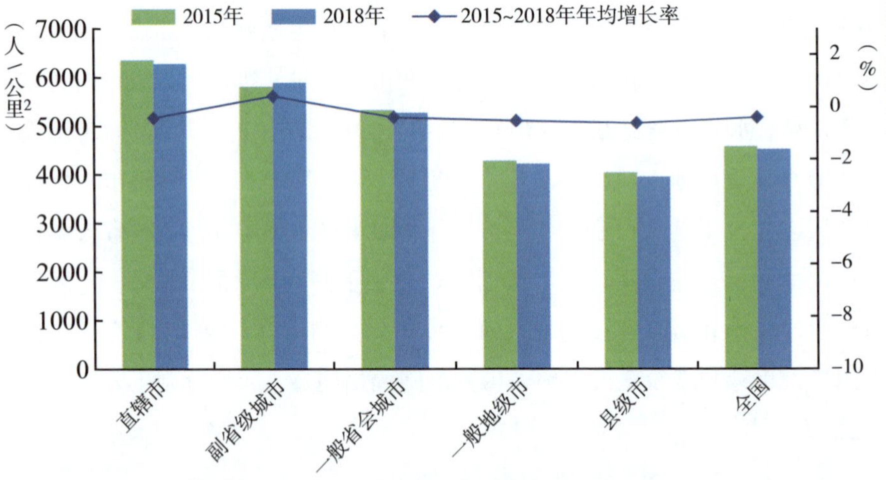

图 10　不同行政级别城市城乡建设用地人口密度及增长率

的 2.34 倍；副省级城市次之，为 559.47 万元 / 公顷，是全国参评城市平均水平的 2.28 倍；一般省会城市排名第三，为 361.15 万元 / 公顷，是全国参评城市平均水平的 1.47 倍；县级市和一般地级市较低，分别为 205.34 万元 / 公顷和 184.80 万元 / 公顷，仅为直辖市水平的 35.75% 和 32.18%。从动态变化看，2015~2018 年不同行政级别城市建设用地经济强度的年均增长率呈现副省级城市最高（7.30%）、一般省会城市次之（7.29%）、直辖市第三（6.91%）、一般地级市第四（5.95%）、县级市最后（5.43%）的分布规律（见图 11）。

图 11　不同行政级别城市建设用地地均 GDP 及增长率

（三）经济社会发展耗地

1. 人口增长耗地

2016~2018 年，副省级城市和一般省会城市的单位人口增长消耗新增城乡建设用地量总体呈下降趋势，分别由 2016 年 134.24 米^2/ 人和 365.51 米^2/ 人下降到 2018 年 91.79 米^2/ 人和 192.91 米^2/ 人；直辖市、一般地级市、县级市单位人口增长消耗新增城乡建设用地量较大，三年平均值高于全国平均水平，分别为 590.61 米^2/ 人、636.68 米^2/ 人和 856.48 米^2/ 人，其中县级市三年平均值是全国平均水平的 2.04 倍，建设用地节约集约利用潜力巨大（见图 12）。

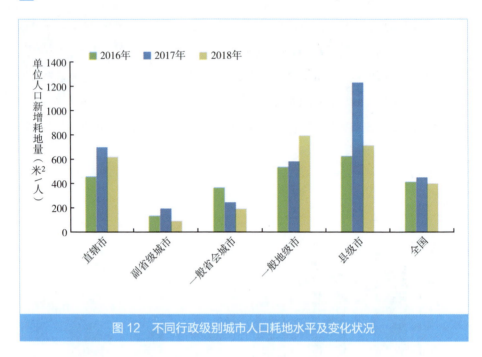

图 12　不同行政级别城市人口耗地水平及变化状况

2. 经济增长耗地

2018 年，不同行政级别城市单位 GDP 耗地下降率在 4.99% 至 6.31%，其中一般省会城市单位 GDP 耗地下降率最高，为 6.31%，比全国平均水平高 0.82 个百分点；其次为副省级省市，为 5.48%，与全国水平相当；一般地级市、直辖市、县级市分别为 5.41%、5.12%、4.99%，比全国平均水平低 0.08 个、0.37 个、0.49 个百分点。

2016~2018 年不同行政级别城市单位 GDP 耗地下降率相差不大，其中下降最为显著的是一般省会城市，3 年年均单位 GDP 耗地下降率达 6.41%，超过全国平均水平 0.50 个百分点；省级城市次之，3 年年均下降率为 6.20%，高于全国平均水平 0.30 个百分点；直辖市、一般地级市分别排名第 3 位、第 4 位，3 年年均下降率分别为 5.83%、5.74%，均低于全国平均水平；下降率最小的是县级市，3 年年均下降率为 5.54%，低于全国平均水平 0.37 个百分点（见图 13）。

从不同行政级别城市的经济增长消耗新增建设用地量分异特征看，直辖

图 13 不同行政级别城市单位 GDP 耗地下降率

市、副省级城市单位 GDP 消耗新增建设用地量小于一般省会城市、一般地级市、县级市。2016~2018 年，一般地级市、县级市单位 GDP 消耗新增建设用地量相对较高，3 年平均值分别为 10.38 公顷 / 亿元、9.14 公顷 / 亿元，是全国平均水平的 1.31 倍和 1.16 倍；一般省会城市单位 GDP 消耗新增建设用地量平均值为 7.29 公顷 / 亿元，接近全国平均水平；直辖市和副省级城市单位GDP 消耗新增建设用地量较低，平均值分别为 3.38 公顷 / 亿元和 3.18 公顷 / 亿元，不足全国平均水平的一半。从动态变化看，各行政级别城市 GDP 消耗新增建设用地量均有所下降，其中直辖市降幅最为显著，从 2016 年的 4.88 公顷 / 亿元下降到 2018 年的 2.64 公顷 / 亿元，累计下降了 45.90%；其次为一般省会城市，2018 年为 5.30 公顷 / 亿元，较 2016 年下降了 4.37 公顷 / 亿元，降幅为 45.19%；县级市、一般地级市降幅分别为 31.72% 和 25.46%；副省级城市降幅最小，2018 年为 3.03 公顷 / 亿元，较 2016 年下降了 0.36 公顷 / 亿元，降幅为 10.62%（见图 14）。

图 14　不同行政级别城市单位 GDP 消耗新增建设用地量

（四）经济社会发展与用地变化匹配

1. 人口增长与用地变化匹配状况

2015~2018 年全国常住人口与城乡建设用地弹性系数为 0.59，人口增长速度低于城乡建设用地增长速度。其中，直辖市弹性系数为 0.44，比全国平均水平低 0.15。随着北京人口疏解政策的推进，人口有所减少，人口密度有所下降，同时城乡建设用地有所减少，人口降幅大于城乡建设用地降幅；随着上海"减量化"政策的推进，2015~2018 年城乡建设用地略有下降，且城乡建设用地降幅小于人口增幅；天津和重庆近年来的人口、城乡建设用地呈逐年小幅上升趋势，且城乡建设用地增速快于人口增速。2015~2018 年副省级城市人口与城乡建设用地增长弹性系数为 1.40，是唯一人口增速快于城乡建设用地增速的行政级别城市，比全国平均水平高 0.81；从年间变化看，副省级城市弹性系数总体呈先降后升的趋势，2017 年弹性系数最低，为 0.93，2018 年达到最高，为 1.76。一般省会城市、一般地级市、县级市人口增速快于城乡建设用地增速，2015~2018 年常住人口与城乡建设用地增长弹性系数分别为 0.76、0.43、0.34，其中一般省会城市比全国平均水平高 0.81，一般地级市和县级市分别比全国平均水平低 0.16 和 0.25。从动态变化看，一般省会城市弹性系数呈逐年增长趋势，三年弹性系数分别为 0.54、0.84、0.99；一般地级市弹性系数呈逐年下降趋势，三年弹性系数分别为 0.47、0.46、0.35；县级市弹性系数呈先下降后上升趋势，2016 年最高（0.43），2017 年最低（0.22），2018 年小幅提升至 0.36（见图 15）。

图 15　不同行政级别城市常住人口与城乡建设用地增长弹性系数

2. 经济发展与用地变化匹配状况

2018 年，全国不同行政级别城市 GDP 增速均高于建设用地增长速度，GDP 与建设用地增长的弹性系数整体较高，总体呈现为"直辖市＞一般地级市＞县级市＞副省级城市＞一般省会城市"的趋势，其中直辖市、一般地级市弹性系数分别为 12.77、7.64，比全国平均水平高 5.29 和 0.15，县级市、副省级城市、一般省会城市弹性系数分别为 6.87、6.19 和 5.80，分别比全国平均水平低 0.62、1.30 和 1.69。2015~2018 年直辖市的 GDP 与建设用地增长弹性系数最高，为 8.62，是全国平均水平的 1.26 倍；其次为副省级城市，弹性系数

311

为 7.13，是全国平均水平的 1.04 倍；一般地级市排名第 3，弹性系数为 6.86，与全国平均水平相当；县级市和一般省会城市的弹性系数相对较低，分别为 6.71 和 5.01，分别是直辖市弹性系数的 77.84% 和 58.12%（见图 16）。

从动态变化看，除副省级城市地区生产总值与建设用地增长弹性系数逐年下降外，其余各行政级别城市均表现为逐年增长。其中，直辖市提升最多，达 7.20，是全国平均提升水平的 4.58 倍；其次为一般省会城市和一般地级市，分别提升了 2.01 和 1.66，均高于全国平均提升水平；县级市弹性系数提升了 1.32，不足直辖市提升水平的 20%；副省级城市三年下降了 1.33。

图 16　不同行政级别城市 GDP 与建设用地增长弹性系数

二　不同行政级别城市建设用地节约集约
利用现状水平分异状况

一般地，城市行政级别越高，区域的辐射能力越强，经济发展水平越高，建设用地节约集约利用程度相对较高。全国不同行政级别城市的城乡建设用地人口密度、建设用地地均 GDP、建设用地节约集约利用现状水平均呈现"直辖市＞副省级城市＞一般省会城市＞一般地级市＞县级市"的规律。2018年，除副省级城市的城乡建设用地人口密度相比2015年有所提升外，其余行政级别城市的城乡建设用地人口密度均有所下降，下降量为60~80人/公里^2。其中，直辖市的下降量最多，下降了78.24人/公里^2；一般省会城市的下降量最少，下降了62.71人/公里^2。建设用地地均GDP提升幅度最大的是副省级城市，提升了23.53%；其次是一般省会城市，提升了23.51%；直辖市、一般地级市、县级市分列第3到第5位，分别提升了22.19%、18.92%、17.20%。相较2015年，2018年各行政级别城市建设用地节约集约利用现状水平指数均有所上升，其中副省级城市现状水平指数提升较快，提升了3.70；其次是直辖市，提高了3.19；一般省会城市、一般地级市和县级市分别提升了2.07、0.77和0.77（见表1）。

表1 不同行政级别城市建设用地节约集约利用现状水平一览					
城市行政级别	城乡建设用地人口密度（人/公里^2）		建设用地地均GDP（万元/公里^2）		建设用地节约集约利用现状水平指数	
	2015年	2018年	2015年	2018年	2015年	2018年
直辖市	6349.40	6271.16	470.00	574.30	78.39	81.58
副省级城市	5809.65	5883.25	452.91	559.47	76.30	80.00
一般省会城市	5324.65	5261.94	292.40	361.15	69.67	71.74
一般地级市	4277.34	4209.42	155.40	184.80	62.21	62.98
县级市	4018.15	3943.31	175.20	205.34	62.13	62.90
全国	4567.46	4512.37	203.72	245.73	64.62	65.84

三 不同行政级别城市建设用地节约集约利用动态变化趋势分异状况

全国不同行政级别城市的建设用地节约集约利用动态变化趋势指数总体

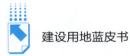

呈"副省级城市＞直辖市＞一般省会城市＞县级市＞一般地级市"的特征，建设用地内涵集约型发展趋势向好。特别是直辖市和副省级城市节约集约利用动态变化趋势指数处于相对高值（均高于60），与2015年相比，2018年副省级城市提升最多，提升了5.85，直辖市提升最少，提升了1.06%，县级市、一般省会城市和一般地级市分别提升了4.33、4.20和1.82（见表2）。具体来看，单位人口增长消耗新增城乡建设用地量方面，2018年直辖市和县级市较2015年有所提升，直辖市提升了1.2倍，县级市增幅为14.74%；副省级城市、一般省会城市、一般地级市较2015年均有所下降，降幅分别为50.14%、41.40%和1.19%。单位GDP耗地下降率方面，2018年县级市提升幅度最大，较2015年提升了1.2倍，一般地级市、一般省会城市、副省级城市分别提升了16.85%、15.78%和7.24%；直辖市有所下降，降幅为13.80%。单位GDP增长消耗新增城乡建设用地量方面，所有行政级别城市均呈现下降趋势，且行政级别越低，下降量越高。2015~2018年，县级市单位GDP增长消耗新增城乡建设用地量下降量最多，为13.30公顷/亿元；一般地级市下降量排名第2，为5.40公顷/亿元；一般省会城市、副省级城市、直辖市分别下降了4.61公顷、1.25公顷和1.04公顷/亿元。

表2　不同行政级别城市建设用地节约集约利用动态变化趋势一览

城市行政级别	单位人口增长消耗新增城乡建设用地量（米²/人）		单位GDP耗地下降率（%）		单位GDP增长消耗新增城乡建设用地量（公顷/亿元）		建设用地节约集约利用动态变化趋势指数	
	2015年	2018年	2015年	2018年	2015年	2018年	2015年	2018年
直辖市	281.27	619.41	5.94	5.12	3.68	2.64	59.04	60.10
副省级城市	184.09	91.79	5.11	5.48	4.28	3.03	58.37	64.22
一般省会城市	329.19	192.91	5.45	6.31	9.91	5.30	53.83	58.03
一般地级市	804.71	795.15	4.63	5.41	14.05	8.65	51.38	53.20
县级市	623.09	714.91	2.26	4.99	20.93	7.63	49.01	53.34
全国	534.14	399.54	4.94	5.48	10.47	6.60	52.62	54.90

四 不同行政级别城市建设用地节约集约 利用综合水平分异状况

各级行政级别城市节约集约利用综合指数情况显示，城市行政级别越高，建设用地越趋于节约集约利用，各类资源要素的集聚能力越强。如图17所示，2018年，全国不同行政级别城市建设用地节约集约利用综合指数总体呈现"副省级城市＞直辖市＞一般省会城市＞县级市＞一般地级市"的分布规律，副省级城市人口、经济和用地水平提升较快，所以建设用地节约集约利用综合水平相对偏高；一般地级市核心城区要素集聚能力一般，且下辖各县的城镇化水平和经济发展水平总体偏低等因素，导致综合水平指数相对偏低。从动态变化看，2018年各行政级别城市建设用地节约集约利用综合指数相较2015年均有所提升，副省级城市提升最多，提高了4.78；一般省会城市次之，提升了3.14；县级市、直辖市、一般地级市分别提升了2.56、2.13、1.29。

图17 全国不同行政级别城市建设用地节约集约利用综合指数

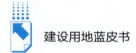

综合看来，全国不同城市在落实"节约优先"战略的过程中，建设用地节约集约利用水平呈现梯度推进的格局：行政级别越高的城市，在经济社会发展、人口产业集聚、公共服务配套水平等方面优势越明显，资源要素集聚能力越突出，建设用地利用规模效应优势越显著，建设用地节约集约利用水平推进成果越好，现状水平、动态趋势、综合指数均较为突出。例如，直辖市和副省级城市，经济发展水平高、产业门类齐全，节约集约用地技术具有明显优势，节约集约用地推进速度居全国前列，节约集约用地成效显著。城市行政等级越低，建设用地节约集约利用水平推进速度越慢，现状水平、动态趋势、综合指数也相应较低，节约集约用地潜力巨大。例如，一般省会城市和一般地级市的节约集约用地政策应更加着眼于引导产业和公共资源的集聚，提升土地、资本的集聚能力，充分依靠产业结构调整，持续促进建设用地节约集约利用，进一步提高建设用地节约集约利用和经济发展水平，不断吸引周边人口的集聚；县级市需在公服配套、特色产业发展等方面加大扶持力度，合理满足特色发展的用地诉求，使其与大城市功能疏解、人口等要素引导流动等方面相结合，在吸纳农业人口方面发挥更重要的作用。

2015~2018年全国重点城市及城市群建设用地节约集约利用状况分析报告

中国国土勘测规划院

摘　要：　基于"全国城市建设用地节约集约利用评价"基础数据，对北京、天津等31个直辖市和省会城市，以及深圳、厦门、宁波、大连、青岛等5个计划单列市，共计36个重点城市2015~2018年建设用地节约集约用地状况进行对比分析；对京津冀、长三角、珠三角等19个城市群2015~2018年建设用地节约集约利用的总体特征、分异规律等进行客观分析，并对京津冀、长三角、珠三角、长江中游、成渝等5个重点城市群建设用地节约集约利用特征进行深入分析，提出节约集约用地的政策建议。

关键词：　建设用地　节约集约利用　重点城市　重点城市群

　　36个重点城市是我国区域发展的增长极，而城市群是国家新型城镇化战略的主体形态，区域内土地承载社会经济总量的能力总体较强。为揭示全国（不含港、澳、台地区）重点城市及城市群建设用地节约集约利用现状及分异特征，本报告对36个重点城市和19个城市群进行分析。其中重点城市涉及北京等31个直辖市和省会城市，以及深圳、大连、青岛、宁波、厦门5个计划单列市；城市群涉及京津冀、长三角、珠三角、哈长、辽中南、山西中部、山东半岛、中原、长江中游、海峡西岸、北部湾、呼包鄂榆、宁夏沿黄、兰州－西宁、关中平原、成渝、黔中、滇中、天山北坡等19个城市群。

一　36个重点城市节约集约用地状况

北京等36个重点城市地理位置优越，水、陆、空交通发达，经济基础良好，是国家层面优化开发、重点开发区域的重点城市，具备较大的人口规模、经济总量，以及较强的土地承载能力。本部分对上述城市建设用地节约集约利用水平进行横向比较，分析了36个重点城市建设用地节约集约利用评价情况。

截至2018年底，36个重点城市的常住人口为3.31亿人，占全国总人口的25.11%；土地面积为52.62万平方公里，国土开发强度高达13.49%，是全国平均水平的2.11倍；GDP为35.63万亿元，占全国总量的39.54%；人均GDP为10.75万元/人，是全国平均水平的1.57倍。与2015年相比，36个重点城市常住人口提升3.35%，GDP提升23.80%，国土开发强度提升3.71%，其综合实力和发展速度均较为突出，与重点城市的定位相匹配。

（一）重点城市建设用地节约集约利用现状水平比较

通过对重点城市城乡建设用地人口密度、建设用地地均GDP等指标的综合分析、评价，结果显示，2018年全国重点城市建设用地节约集约利用总体水平位居全国前列，土地承载社会经济总量的能力总体较强，其中东部和中部地区重点城市的节约集约利用现状水平尤为突出，东北部和西部仍有较大提升空间。

首先，从建设用地人口密度看，重点城市2018年建设用地和城乡建设用地人口密度分别为4669.18人/公里^{2}和5793.91人/公里^2。其中，深圳最高，分别为12874.93人/公里^{2}和15275.81人/公里^2，广州、上海、厦门、北京、西安、福州、成都、武汉、贵阳、太原、济南等城市也处于前列，建设用地和城乡建设用地人口密度均高于36个重点城市平均水平；建设用地人口密度和城乡建设用地人口密度最低的城市是拉萨，仅为1045.19人/公里^{2}和1533.28人/公里^2，南宁、乌鲁木齐、天津、合肥、哈尔滨、青岛、沈阳、呼和浩特、长春、银川、大连等城市也较低。相较 2015 年，2018 年 36 个重点城市建设用地人口密度下降了 17.55 人 / 公里 ^{2}，城乡建设用地人口密度下降了 11.00 人 / 公里 ^{2}。从具体城市来看，相较 2015 年，2018 年深圳、广州、厦门、长沙、杭州、西安、合肥、宁波、成都、南昌、长春等 11 个城市建设用地人口承载水平有所上升，而其余 25 个城市则有所下降。

其次，从建设用地产出强度看，36 个重点城市 2018 年建设用地地均 GDP 为 501.98 万元 / 公顷，其中深圳最高，为 2407.88 万元 / 公顷；广州次之，为 1206.88 万元 / 公顷，再次为上海，为 1059.85 万元 / 公顷。此外，北京、厦门、武汉、南京、福州等 5 个城市地均产出水平也较高，高于 600 万元 / 公顷；而拉萨、哈尔滨、南宁、银川、长春、石家庄、呼和浩特、沈阳、西宁、重庆、海口等 11 个城市相对较低，不足 300 万元 / 公顷。按 2015 年可比价进行计算，相较 2015 年，2018 年 36 个重点城市建设用地地均 GDP 提高了 78.99 万元 / 公顷。其中，深圳、上海、广州、北京、厦门、武汉、长沙、南京、杭州、福州等 11 个城市提升较大，提升量超过 100 万元 / 公顷，拉萨、石家庄、南宁、沈阳 4 个城市地均产出水平提升较小，提升量不足 30 万元 / 公顷。

综合比较分析 36 个重点城市建设用地节约集约利用现状水平指数分布状况，深圳、广州、厦门、上海、北京等 5 个城市的建设用地节约集约利用现状水平位居全国参评地级以上城市的前 5 名，武汉、福州、南京、成都、杭州、西安、济南、贵阳、太原、宁波、长沙等 11 个城市位于前 30 名；而拉萨、银川、长春、呼和浩特 4 个城市的建设用地节约集约利用现状水平相对偏低，仅位居全国的第 272、第 193、第 170、第 154 名。与 2015 年相比，2018 年合肥、长春、银川、太原、宁波、南昌、拉萨、杭州、西安、济南、长沙、郑州、青岛、重庆、成都、广州、厦门、昆明等 18 个城市排名有所上升；上海、兰州、西宁、乌鲁木齐、贵阳、天津、南宁、哈尔滨、呼和浩特、大连、沈阳等 11 个城市排名出现了一定程度的下滑（见表 1）。

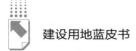
城市	建设用地人口密度（人/公里²）		城乡建设用地人口密度（人/公里²）		建设用地地均GDP（万元/公顷）		建设用地节约集约利用现状水平指数		
	2018年	较2015年变化	2018年	较2015年变化	2018年	较2015年变化	指数值	排名	较2015年排名变化
北京	6025.90	−53.10	7402.89	−27.15	848.13	141.78	93.49	5	0
天津	3707.58	−48.28	4723.82	−66.14	447.16	48.64	73.03	41	−6
石家庄	4479.62	−53.99	5417.96	−71.11	248.80	27.66	68.51	68	0
太原	5253.58	−57.07	6194.46	−57.35	461.55	80.49	77.67	23	5
呼和浩特	2809.17	−95.79	3391.75	−97.09	261.94	34.92	63.19	154	−14
沈阳	3513.34	−40.15	4384.27	−51.85	265.84	7.72	66.13	109	−46
大连	2534.84	−164.39	3193.91	−191.60	302.87	61.12	63.97	138	−21
长春	2795.64	6.12	3356.74	6.87	241.61	30.08	62.43	170	18
哈尔滨	3650.94	−208.83	4649.76	−257.00	211.85	36.16	65.12	123	−13
上海	7860.64	−3.67	8939.32	33.96	1059.85	178.13	97.84	4	−1
南京	4357.04	−52.22	5700.72	−49.62	662.13	112.60	82.84	13	0
杭州	4011.14	198.34	6363.35	255.93	552.59	105.06	81.13	17	4
宁波	4168.63	28.14	5214.72	32.63	546.13	86.50	77.66	24	5
合肥	3661.52	45.65	4632.73	96.15	354.19	68.53	69.73	55	34
福州	5928.21	−130.70	8028.77	−120.78	601.77	100.54	87.46	9	0
厦门	7138.70	262.37	9586.93	518.62	832.22	135.31	99.42	3	1
南昌	4294.83	12.98	5565.47	14.39	408.49	78.84	74.15	34	5
济南	5023.25	−67.57	5957.26	−76.46	509.58	86.69	78.57	20	4
青岛	3640.41	−39.79	4552.08	−43.58	465.05	80.86	73.13	39	4
郑州	4377.38	−91.76	5107.09	−124.19	438.05	59.24	73.82	36	4
武汉	5493.17	−5.31	6901.50	20.03	736.02	115.17	88.66	8	0
长沙	4189.73	205.57	4933.64	255.37	565.33	113.47	77.50	26	4
广州	7868.92	361.40	9772.40	425.51	1206.88	168.46	100.00	1	1

表1　36个重点城市建设用地节约集约利用现状水平一览

续表

城市	建设用地人口密度（人/公里²）		城乡建设用地人口密度（人/公里²）		建设用地地均GDP（万元/公顷）		建设用地节约集约利用现状水平指数		
	2018年	较2015年变化	2018年	较2015年变化	2018年	较2015年变化	指数值	排名	较2015年排名变化
深圳	12874.93	1218.06	15275.81	1458.26	2407.88	427.19	100.00	1	0
南宁	3873.66	−44.71	5561.64	−85.06	215.03	24.12	67.81	79	−7
海口	4562.18	−41.26	6308.44	14.19	299.32	46.22	72.68	42	0
重庆	4478.48	−93.53	5338.51	−99.95	294.01	52.80	69.76	54	3
成都	5861.34	24.16	6584.01	54.88	550.70	89.34	81.69	15	2
贵阳	5267.46	−197.94	7055.66	−284.39	409.84	84.99	78.42	21	−3
昆明	4057.61	−132.87	5129.18	−152.69	308.43	62.76	69.64	57	1
拉萨	1045.19	−88.07	1533.28	−45.33	173.33	29.16	55.02	272	5
西安	5962.79	121.89	6800.37	118.00	478.07	50.56	79.93	18	4
兰州	4334.26	−233.99	5206.40	−309.32	315.57	35.66	70.09	52	−1
西宁	5058.40	−44.05	5781.75	−20.50	274.44	66.34	70.38	50	−2
银川	2582.05	−58.94	3344.89	−60.91	218.16	32.20	61.62	193	8
乌鲁木齐	3814.72	−346.16	4988.50	−437.88	337.29	45.99	70.18	51	−2
36个城市	4669.18	−17.55	5793.91	−11.00	501.98	78.99	77.86	—	—

（二）重点城市建设用地节约集约利用动态变化趋势状况比较

对36个重点城市单位人口增长消耗新增城乡建设用地量、单位GDP耗地下降率、单位GDP增长消耗新增建设用地量等建设用地节约集约利用动态变化趋势指数开展多个维度的综合评价，结果显示，近年来重点城市在人口增长、经济总量提升、建设用地扩张的同时，逐渐呈现集约化发展的良性趋势，建设用地消耗与自身人口、社会经济的发展总体趋于协调。其中大连、沈阳、西安、石家庄等城市建设用地节约集约利用动态变化趋势指数2018年

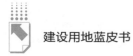
提升明显，较 2015 年排名提升了 150 名以上，呼和浩特、天津、济南等城市排名下降超过 50 名，提升空间相对较大（见表 2）。

城市	单位人口增长消耗新增城乡建设用地量（米²/人）		单位 GDP 耗地下降率（%）		单位 GDP 增长消耗新增建设用地量（公顷/亿元）		建设用地节约集约利用动态变化趋势指数		
	2018 年	较 2015 年变化	2018 年	较 2015 年变化	2018 年	较 2015 年变化	指数值	排名	较 2015 年排名变化
北京	−124.09	−211.08	6.90	0.82	1.64	0.55	66.75	9	−6
天津	876.49	799.58	2.63	−1.71	4.61	0.63	53.52	167	−154
石家庄	209.75	−119.15	5.92	4.19	5.08	−15.49	57.70	67	163
太原	278.20	28.45	7.15	1.62	4.57	1.46	58.66	53	−38
呼和浩特	−233.82	−371.86	4.00	−3.58	7.05	−0.47	52.05	215	−193
沈阳	420.71	−5449.06	4.75	4.81	2.54	−31.61	60.61	28	242
大连	35.74	59.81	5.92	6.96	0.86	45.81	82.87	3	282
长春	111.36	−165.88	2.99	1.29	7.12	−4.63	56.11	94	113
哈尔滨	−77.42	−366.15	4.41	−0.13	2.00	−9.69	61.84	22	102
上海	242.85	442.96	6.34	0.19	0.79	−0.67	70.09	7	−2
南京	210.56	−1550.15	6.38	−0.77	3.11	0.09	61.37	24	−6
杭州	78.06	−63.26	4.99	−1.33	4.15	1.39	62.52	19	−10
宁波	137.62	−1262.05	4.71	−2.59	5.05	1.07	58.11	62	−34
合肥	146.29	−134.61	7.76	0.88	3.96	−2.84	61.83	23	20
福州	207.26	−70.02	6.03	−4.47	4.39	−1.37	58.65	54	−38
厦门	20.32	−47.78	6.46	2.18	1.27	−1.66	95.00	2	4
南昌	181.44	−201.38	7.03	2.10	4.11	−5.61	60.26	33	79
济南	495.41	289.60	5.29	−1.35	4.41	0.77	56.46	87	−73
青岛	240.72	−303.16	4.77	1.15	5.06	−1.74	56.44	88	38
郑州	152.44	−117.24	5.58	2.24	6.69	−7.16	57.15	76	92

表 2 36 个重点城市建设用地节约集约利用动态变化趋势一览

续表

城市	单位人口增长消耗新增城乡建设用地量（米²/人）		单位GDP耗地下降率（%）		单位GDP增长消耗新增建设用地量（公顷/亿元）		建设用地节约集约利用动态变化趋势指数		
	2018年	较2015年变化	2018年	较2015年变化	2018年	较2015年变化	指数值	排名	较2015年排名变化
武汉	125.39	-9.51	5.90	-0.18	3.42	-1.44	61.97	21	0
长沙	92.08	-121.22	6.81	1.35	2.91	-2.36	65.66	12	26
广州	68.40	7.17	4.45	-1.01	2.60	0.35	66.87	8	-4
深圳	15.44	3.43	6.21	-0.30	0.58	-0.08	95.23	1	0
南宁	123.55	-193.64	3.77	-1.29	9.73	-1.53	55.27	110	0
海口	101.80	-87.89	6.52	2.81	3.86	-5.27	62.63	18	71
重庆	209.45	-263.46	4.55	-3.35	6.24	-2.66	55.61	104	-45
成都	112.57	-4.99	6.57	-1.31	3.49	-0.27	62.88	16	-5
贵阳	172.04	-189.85	6.94	-2.30	4.63	-3.59	59.63	40	-5
昆明	339.11	-279.23	8.89	3.31	4.83	-6.73	59.42	42	88
拉萨	1071.94	661.10	7.53	4.05	21.20	0.51	52.97	184	28
西安	39.83	-294.28	6.35	3.79	3.22	-8.25	72.24	5	188
兰州	390.37	-285.66	3.50	-0.17	8.22	-9.88	52.51	202	14
西宁	244.12	-13.55	7.30	1.31	4.42	-2.76	59.24	46	11
银川	286.96	-381.10	5.27	3.10	6.42	-31.25	55.38	107	143
乌鲁木齐	298.27	-828.61	4.62	-1.73	11.38	-1.82	52.98	183	-49
36个城市	144.40	-103.20	5.51	0.14	3.53	-1.88	60.83	—	—

首先，36个重点城市2018年单位人口增长消耗新增城乡建设用地量为144.40米²/人，明显低于全国平均水平的399.54米²/人，新增建设用地消耗管理成效显著，其中呼和浩特、北京、哈尔滨、深圳等4个城市的新增耗地量不到20米²/人，厦门、大连、西安、广州、杭州、长沙、海口、长春、成都、南宁、武汉、宁波、合肥等13个城市在150米²/人以下，但昆明、兰州、沈阳、济南、天津、拉萨等6个城市仍然偏高，超过300米²/人。相较2015

年，2018 年沈阳、南京、宁波、乌鲁木齐、银川、呼和浩特、哈尔滨、青岛、西安、兰州、昆明、重庆、北京、南昌、南宁、贵阳、长春、合肥、长沙、石家庄、郑州、海口、福州、杭州、厦门、西宁、武汉、成都等 28 个城市单位人口增长消耗新增城乡建设用地量下降，其中沈阳、南京、宁波、乌鲁木齐下降显著，下降超过 500 米²/ 人；天津、拉萨、上海、济南、大连、太原、广州、深圳等 8 个城市单位人口增长消耗新增城乡建设用地量有所增加，其中天津、拉萨、济南增长均超过 400 米²/ 人。此外，2015~2018 年 36 个重点城市的城镇常住人口与城镇工矿用地增长弹性系数为 1.26，城镇常住人口增长速度总体快于城镇工矿用地扩张速度。其中石家庄、深圳、杭州、成都、武汉、青岛、西宁、广州、宁波、长沙、呼和浩特、长春、海口、拉萨、西安、合肥、济南、昆明、南昌等 19 个城市弹性系数大于 1，人口城镇化快于土地城镇化，建设用地节约集约化发展趋势明显；重庆、贵阳、福州、银川、太原、南宁、郑州、上海、天津、沈阳、南京、兰州等 12 个城市弹性系数小于 1，土地城镇化仍快于人口城镇化；乌鲁木齐、大连、哈尔滨、北京、厦门还出现了人口外流而城乡建设用地持续扩张的不利局面，建设用地粗放利用的状况亟须改善。

其次，36 个重点城市经济发展建设用地消耗程度不断下降，2015~2018 年 36 个重点城市年均单位 GDP 耗地下降率为 6.07%。其中西宁、合肥、昆明、贵阳、杭州、南昌、长沙、太原、深圳较高，均超过 7%；沈阳较低，不足 1%。另外，2015~2018 年 36 个重点城市年均单位 GDP 与建设用地增长弹性系数为 6.36，所有城市弹性系数均大于 1，其中北京、上海、哈尔滨、合肥、大连尤为突出，弹性系数大于 10，建设用地投入产出增速远大于建设用地扩张速度，建设用地节约集约利用动态变化趋势显著。

综合比较分析 36 个重点城市建设用地节约集约利用动态变化趋势指数分布状况，深圳、厦门、大连、西安的建设用地节约集约利用动态变化趋势指数分列全国第 1、第 2、第 3、第 5 位，上海、广州、北京、长沙、成都、海口、杭州、武汉、哈尔滨、合肥、南京、沈阳等 12 市位列前 30 名；兰州、呼和浩特的动态变化趋势指数排名相对靠后，位列全国地级以上参评城市的 200 位以外。

（三）重点城市建设用地节约集约利用综合水平状况比较

综合分析比较我国 36 个重点城市建设用地节约集约利用综合指数及排名情况，结果显示，2018 年重点城市建设用地节约集约利用综合水平总体处于全国或所在区域的前列，占据全国地级以上参评城市建设用地节约集约利用综合水平 10 强的 9 席（深圳、厦门、上海、广州、北京、西安、武汉、大连、福州）和 50 强的 24 席，深圳、厦门、上海位居全国前 3 名，拉萨排名在 200 位之后（见表 3）。

城市	2018 年指数	排名	2015 年指数	排名	排名变化
表 3　36 个重点城市建设用地节约集约利用综合水平状况一览					
北京	80.12	5	80.86	4	−1
天津	63.28	58	67.05	20	−38
石家庄	63.10	59	58.46	118	59
太原	68.16	24	66.99	21	−3
呼和浩特	57.62	188	61.14	61	−127
沈阳	63.37	56	56.82	178	122
大连	73.42	9	54.89	227	218
长春	59.27	142	55.90	205	63
哈尔滨	63.48	52	59.13	100	48
上海	83.97	3	82.63	3	0
南京	72.10	13	69.15	14	1
杭州	71.83	15	69.95	11	−4
宁波	67.89	25	65.80	25	0
合肥	65.78	35	61.49	56	21
福州	73.06	10	71.60	6	−4

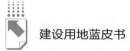
续表

城市	2018 年指数	排名	2015 年指数	排名	排名变化
厦门	97.21	2	78.27	5	3
南昌	67.21	30	62.27	50	20
济南	67.51	27	67.90	17	−10
青岛	64.78	40	61.61	54	14
郑州	65.49	36	61.36	58	22
武汉	75.32	8	71.26	7	−1
长沙	71.58	16	65.28	27	11
广州	83.44	4	84.61	2	−2
深圳	97.61	1	97.74	1	0
南宁	61.54	90	60.26	79	−11
海口	67.65	26	62.29	49	23
重庆	62.69	66	61.93	52	−14
成都	72.29	12	70.18	10	−2
贵阳	69.03	23	67.18	19	−4
昆明	64.53	41	60.45	72	31
拉萨	53.99	265	52.34	265	0
西安	76.09	7	63.46	38	31
兰州	61.30	93	59.71	89	−4
西宁	64.81	38	62.69	45	7
银川	58.50	169	54.47	237	68
乌鲁木齐	61.58	89	61.14	62	−27
36 个城市	69.35	—	65.68	—	—

二　19个城市群土地利用状况

（一）重点城市群建设用地节约集约利用状况

1. 土地利用现状

（1）三大类用地结构

截至2018年底，我国19个城市群共计217个城市土地总面积为285.78万平方公里，农用地面积225.06万平方公里，占土地总面积的78.75%；建设用地面积29.62万平方公里，占土地总面积的10.36%；其他用地面积31.10万平方公里，占土地总面积的10.88%（见图1）。国土开发强度为10.37%，比全国平均水平高3.98%，其中珠三角城市群国土开发强度最高，为18.59%，呼包鄂榆城市群最低，为3.17%。

图1　19个城市群样本城市土地利用现状结构

从动态变化看，2015~2018年我国19个城市群建设用地累计增长0.95万平方公里，年均增长1.09%，和全国平均水平基本持平。其中，建设用地增长最快的是黔中城市群，年均增长3.24%；增长最慢的是哈长城市群，年均

增长 0.52%（见图 2）。2015~2018 年 19 个城市群国土开发强度提高了 0.33%，
其中提升最快的是珠三角城市群，提高了 0.90%；提升最慢的是哈长城市群，
3 年提升了 0.10 个百分点（见图 3）。

图 2 19 个城市群建设用地增长率

图 3 19 个城市群国土开发强度变化状况

（2）建设用地结构

2018 年，19 个城市群 217 个城市城乡建设用地面积为 23.96 万平方公里，占建设用地总面积的 80.89%；交通水利用地面积为 5.13 万平方公里，占建设用地面积的 17.32%；其他建设用地面积为 0.53 万平方公里，占比为 1.79%。城乡建设用地占比最高的是关中平原城市群，为 87.08%；占比最低的是北部湾城市群，为 74.31%（见图 4）。

图 4　19 个城市群建设用地面积占比

2018 年 19 个城市群城镇用地总面积为 7.86 万平方公里，占城乡建设用地面积的 32.80%，比全国城镇用地占比高 1.89 个百分点；村庄用地 14.48 万平方公里，占比为 60.48%，比全国平均占比低 0.92 个百分点；采矿用地 1.61 万平方公里，占比为 6.72%，比全国平均占比低 0.26 个百分点。其中城镇用地占比最高的是珠三角城市群，为 58.56%；占比最低的是中原城市群，为 22.72%（见图 5）。

从动态变化看，19 个城市群样本城市 2015~2018 年城乡建设用地累计增加 0.70 万平方公里，年均增长 0.99%，与全国年均增长率基本持平。其中增长最快的是黔中城市群，年均增长 2.97%；增长最慢的是哈长城市群，年均增长率仅为 0.42%（见图 6）。

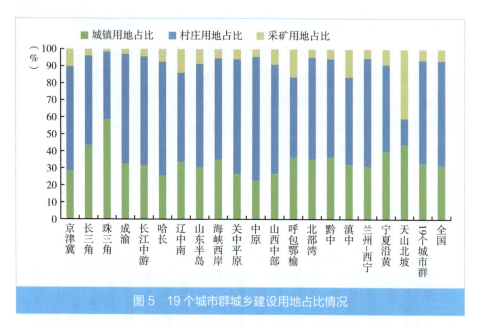

图5　19个城市群城乡建设用地占比情况

图6　19个城市群城乡建设用地增长率

2015~2018年19个城市群城镇用地累计增加0.50万平方公里，年均增长2.23%。其中，黔中城市群增长最快，年均增长6.54%；辽中南城市群增长最慢，年平均增长 0.69%。村庄用地累计增加 0.20 万平方公里，其中天山北坡、滇中、珠三角城市群村庄用地增长较快，3 年年均增长率均高于 1.4%（见图 7）。

图 7　19 个城市群城镇和村庄用地年均增长率

2. 建设用地利用强度

（1）建设用地人口承载水平

截至 2018 年底，19 个城市群常住总人口 11.16 亿、城镇常住人口 6.93 亿，相较 2015 年分别增加了 2084.64 万和 4916.16 万，比全国平均水平分别少了 209.33 万和 480.31 万。建设用地人口密度为 3766.20 人 / 公里 ^{2}，相较 2015 年降低了 51.44 人 / 公里 ^{2}，比全国平均水平高 166.67 人 / 公里 ^{2}。其中建设用地人口密度最高的是珠三角城市群，为 6182.69 人 / 公里 ^{2}；人口密度最低的是呼包鄂榆城市群，为 2085.23 人 / 公里 ^{2}（见图 8）。

19 个城市群 2018 年度城乡建设用地人口密度为 4656.22 人 / 公里 ^{2}，相较 2015 年降低了 50.69 人 / 公里 ^{2}，比全国平均水平高 143.85 人 / 公里 ^{2}。其中城乡建设用地人口密度最高的是珠三角城市群，最低的是呼包鄂榆城市群。相较 2015 年，2018 年珠三角城市群城乡建设用地人口密度增加了 140.71 人 / 公里 ^{2}，

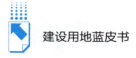

其他城市群城乡建设用地人口密度均有所下降，其中黔中城市群下降最多，下降了385.61人/公里²（见图9）。

图8　19个城市群建设用地人口密度及增长率

图9　19个城市群城乡建设用地人口密度及增长率

（2）建设用地经济强度

2018 年，19 个城市群 GDP 总计为 81.83 万亿元，相比 2015 年增加了 15.11 万亿元，增长率为 22.65%；建设用地地均 GDP 为 276.20 万元 / 公顷，比全国平均水平高 30.47 万元 / 公顷，较 2015 年提升了 43.55 万元 / 公顷（见图 10）。其中建设用地地均 GDP 最高的是珠三角城市群，为 796.17 万元 / 公顷；地均 GDP 最低的是宁夏沿黄城市群，为 127.81 万元 / 公顷。2015~2018 年，珠三角、长三角、海峡西岸、黔中 4 个城市群提升幅度较大，高于 50 万元 / 公顷。

图 10　19 个城市群建设用地地均 GDP 及增长率

3. 经济社会发展耗地

（1）人口增长耗地

截至 2018 年底，19 个城市群单位人口增长消耗新增城乡建设用地 362.23 米^2 / 人，相较 2015 年下降了 79.82 米^2 / 人（见图 11）。其中，珠三角城市群 2018 年人口增长耗地处于较低水平，为 94.02 米^2 / 人；呼包鄂榆、京津冀、成渝、山东半岛、滇中等 5 个城市群处于较高水平，高于 500 米^2 / 人。从动态变化上看，哈长城市群 2018 年人口外流，但城乡建设用地继续增长；黔中城市群人口增长新增耗地管理成效显著，单位人口增长消耗新增城乡建设用地从 2015 年的 6443.72 米²/ 人下降至 2018 年的 399.92 米²/ 人。

图 11　19 个城市群单位人口新增耗地量

（2）经济增长耗地

2015~2018 年，19 个城市群经济增长耗地量有所下降（见图 12），单位 GDP 建设用地耗地量由 2015 年的 43.91 公顷 / 亿元下降至 2018 年的 41.37 公顷 / 亿元。其中，黔中城市群单位 GDP 建设用地耗地量下降最为明显，2015~2018 年单位 GDP 建设用地耗地量下降率为 5.69%；耗地量最低的是辽中南城市群，下降率为 0.69%。

从经济增长新增耗地量看，19 个城市群 2018 年单位 GDP 增长消耗新增城乡建设用地量为 5.96 公顷 / 亿元，比全国平均水平低 0.64 公顷 / 亿元（见图 13）。其中，兰州 - 西宁、天山北坡、黔中、中原 4 个城市群，单位 GDP 增长消耗新增建设用地量较高，分别为 10.85 公顷 / 亿元、10.31 公顷 / 亿元、9.58 公顷 / 亿元、9.56 公顷 / 亿元，远高于全国平均水平 6.60 公顷 / 亿元。长三角、珠三角、辽中南 3 个城市群单位 GDP 增长消耗新增建设用地量较低，分别为 4.61 公顷 / 亿元、3.30 公顷 / 亿元、3.24 公顷 / 亿元。

图 12   19 个城市群单位 GDP 建设用地耗地量

图 13   19 个城市群单位 GDP 增长消耗新增城乡建设用地量

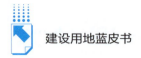

4. 经济社会发展与用地变化匹配状况

（1）人口增长与用地变化匹配状况

2015~2018年，19个城市群的常住总人口与城乡建设用地增长弹性系数为0.63，城乡建设用地增长速度总体快于人口增长速度。横向比较看，只有珠三角城市群弹性系数大于1，人口增长速度快于城乡建设用地增长速度；哈长、辽中南城市群常住总人口2015~2018年增长幅度分别为−1.76%和−0.83%，城乡建设用地增长幅度为1.27%和1.35%，人口负增长、建设用地正增长造成哈长、辽中南城市群弹性系数小于0；北部湾城市群和宁夏沿黄城市群常住总人口与城乡建设用地增长弹性系数趋近于1，人口增长速度与城乡建设用地面积增长速度趋于协调。从动态趋势看，相比2016年，辽中南、北部湾、宁夏沿黄、天山北坡城市群2018年人口增长与城乡建设用地面积增长协调性有所提高，其中辽中南城市群从2016年的−3.05提升到0.76，北部湾城市群从0.57提升到0.90，宁夏沿黄城市群从0.79提升到1.05，天山北坡城市群也提升了1.10。哈长城市群2015~2018年人口增幅为0.57%、0.82%、−2.19%、−0.37%，城乡建设用地增幅为0.70%、0.40%、0.43%、0.43%，2017年和2018年人口降幅较为明显，导致哈长城市群2015~2017年弹性系数平均值和2018年的弹性系数值呈现负值。辽中南城市群2015~2018年人口增幅为−2.00%、−1.17%、0.05%、0.30%，建设用地增长幅度为0.75%、0.38%、0.56%、0.40%，2015年和2016年人口降幅较大，导致2015~2017年弹性系数平均值为负值（见图14）。

19个城市群2015~2018年城镇常住人口与城镇工矿用地增长弹性系数为1.37，人口城镇化增长速度进程略快于城镇工矿用地增长速度。从年际变化看，2016~2018年19个城市群城镇常住人口与城镇工矿用地增长弹性系数为1.20、1.46、1.68，人地协调程度呈逐年减弱的趋势。其中，2016~2018年，海峡西岸城市群弹性系数从0.70提升到1.03、长江中游城市群从1.59降低至1.16、兰州−西宁城市群从0.47上升到1.17，人地关系趋于协调。总体来看，2018年京津冀、滇中、宁夏沿黄、珠三角、关中平原、山西中部等8个城市群弹性系数远高于全国平均水平（1.53），均是由于人口增速快于城镇工矿用地增速。哈长、辽中南城市群、天山北坡城市群均出现了城镇常住人口负增长，导致弹性系数为负值（见图15）。

图14　19个城市群常住总人口与城乡建设用地增长弹性系数

图15　19个城市群城镇常住人口与城镇工矿用地增长弹性系数

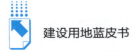

（2）经济发展与用地变化匹配状况

从经济发展与建设用地增长匹配状况看，19个城市群2015~2018年地区GDP与建设用地增长弹性系数为7.02，其中最高的哈长城市群为9.82，建设用地在扩张的同时总体趋于集约化发展；最低的辽中南城市群为2.15，建设用地的集约化程度有待提升。从动态变化看，2018年19个城市群弹性系数为7.46，相比2016年，辽中南、宁夏沿黄、呼包鄂榆、中原、长江中游、京津冀、关中平原7个城市群弹性系数提升明显，山西中部、黔中、珠三角、山东半岛城市群有所回落（见图16）。辽中南城市群2015年和2016年GDP（2015年可比价）增幅为-2.35%和-5.97%，导致弹性系数为负。

图16　19个城市群地区GDP与建设用地增长弹性系数

（二）重点城市群建设用地节约集约利用现状水平分异状况

综合分析19个城市群城乡建设用地人口密度、建设用地地均GDP等建设用地利用强度指标状况，结果显示，2018年珠三角城市群建设用地节约集约利用现状水平指数最高，为92.42，比全国平均水平高26.58；长三角城市群次之，为73.55，比全国平均水平高7.71；此外，海峡西岸、黔中城市群现状水平指数均处于70.00以上；成渝、山东半岛、滇中、长江中游、北部湾、山西中部、兰州－西宁、中原、京津冀、关中平原、呼包鄂榆、辽中南、天山北坡等13个城市群的现状水平指数在60.00至70.00；哈长、宁夏沿黄城市群的现状指数较低，均处在60.00以下。

相比于2015年的排名，2018年中原、长三角城市群上升2位，成渝、长江中游、山东半岛、山西中部4个城市群均上升1位，黔中、滇中、关中平原3个城市群排名下降1位，辽中南、北部湾城市群排名下降2位，其他城市群排名无变化（见表4）。

表4　19个城市群建设用地节约集约利用现状水平指数

城市群	城市数量（个）	2018年		2015年	
		现状水平指数	排名	现状水平指数	排名
京津冀	13	66.69	7	65.63	7
长三角	26	73.55	2	70.42	4
珠三角	9	92.42	1	87.06	1
成渝	16	68.59	5	67.06	6
长江中游	28	65.98	8	64.77	9
哈长	10	58.54	18	58.65	18
辽中南	10	61.11	15	62.21	13
山东半岛	16	65.86	9	64.59	10
海峡西岸	20	72.67	4	70.74	3
关中平原	11	63.80	12	62.64	11
中原	29	62.39	13	61.48	15
山西中部	4	63.97	11	62.25	12
呼包鄂榆	4	60.32	16	60.80	16
北部湾	11	65.70	10	64.92	8
黔中	4	72.72	3	72.33	2
滇中	3	68.33	6	67.51	5

城市群	城市数量（个）	2018 年		2015 年	
		现状水平指数	排名	现状水平指数	排名
兰州－西宁	5	62.18	14	61.64	14
宁夏沿黄	4	56.56	19	55.81	19
天山北坡	2	60.21	17	59.01	17
19 个城市群	217	67.24	—	65.80	—

续表

　　从年间变化看，13 个城市群建设用地节约集约利用现状水平指数均有所上升，其中珠三角城市群提升最大，从 2015 年的 87.06 提升到 2018 年的 92.42，提升了 5.36；其次为长三角城市群，从 2015 年的 70.42 提升到 2018 年的 73.55，提升了 3.13；而辽中南、呼包鄂榆、哈长城市群出现了回落（见图 17）。

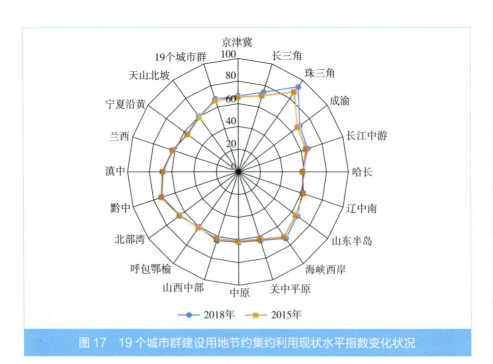

图 17　19 个城市群建设用地节约集约利用现状水平指数变化状况

从各城市群建设用地节约集约利用现状水平指数分异状况看，2018 年 19 个城市群集聚了全国地级以上参评城市建设用地节约集约利用现状水平内部 10 强城市中的 10 席、50 强城市中的 45 席，以及百强城市中的 87 席。其中，珠三角、海峡西岸、黔中、长三角、滇中城市群内部各样本城市节约集约利用现状水平指数均值居前 5 位，占 10 强城市的 8 席、50 强城市的 31 席和百强城市的 46 席；成渝、山东半岛、长江中游、北部湾、山西中部城市群居第 6~10 位；而呼包鄂榆、辽中南、天山北坡、哈长、宁夏沿黄城市群居末 5 位（见表 5）。

表 5　2018 年 19 个城市群建设用地节约集约利用现状水平指数分异状况

城市群	城市数量（个）	节约集约利用现状水平指数				入百强城市数量及占比				
		均值	标准差	最大值	最小值	百强数量（个）	百强占比（%）	50 强数量（个）	50 强占比（%）	10 强数量（个）
京津冀	13	64.39	9.39	93.49	57.64	3	21.43	2	14.29	1
长三角	26	70.88	9.83	97.84	55.83	17	65.38	12	46.15	1
珠三角	9	81.41	12.74	100.00	67.36	9	100.00	7	77.78	3
成渝	16	66.46	5.19	81.69	56.82	8	50.00	1	6.25	0
长江中游	28	65.74	6.09	88.66	57.32	8	28.57	3	10.71	1
哈长	10	58.40	3.82	65.12	53.94	0	0.00	0	0.00	0
辽中南	10	60.07	3.35	66.13	56.14	0	0.00	0	0.00	0
山东半岛	16	66.15	5.36	78.57	57.76	8	50.00	3	18.75	0
海峡西岸	20	73.52	10.74	99.42	62.33	14	70.00	10	50.00	4
关中平原	11	63.24	7.16	79.93	53.05	3	27.27	1	9.09	0
中原	29	62.99	3.59	73.82	56.33	4	14.29	1	3.57	0
山西中部	4	64.63	8.75	77.67	59.00	1	25.00	1	25.00	0
呼包鄂榆	4	60.82	3.22	63.50	56.62	0	0.00	0	0.00	0
北部湾	11	65.16	3.56	72.68	60.93	3	27.27	1	9.09	0
黔中	4	72.72	4.32	78.42	69.07	4	100.00	2	50.00	0

续表

城市群	城市数量（个）	节约集约利用现状水平指数				入百强城市数量及占比				
		均值	标准差	最大值	最小值	百强数量（个）	百强占比（%）	50强数量（个）	50强占比（%）	10强数量（个）
滇中	3	68.31	1.60	69.64	66.53	2	66.67	0	0.00	0
兰州-西宁	5	62.53	7.24	70.38	55.49	2	40.00	1	20.00	0
宁夏沿黄	4	56.15	3.70	61.62	53.69	0	0.00	0	0.00	0
天山北坡	2	60.03	14.36	70.18	49.88	1	50.00	0	0.00	0
19个城市群	217	66.31	0.69	67.24	65.55	87	40.09	45	20.74	10

（三）重点城市群建设用地节约集约利用动态变化趋势指数分异状况

综合分析19个城市群单位人口增长消耗新增城乡建设用地量、单位GDP耗地下降率、单位GDP增长消耗新增建设用地量等增长耗地指数，以及人口与城乡建设用地增长弹性系数、地区GDP与建设用地增长弹性系数等表征建设用地节约集约利用动态变化趋势指标，结果显示，19个城市群的节约集约利用动态变化趋势指数由2015年的53.08提升至2018年的55.53（见表6）。

表6　19个城市群建设用地节约集约利用动态变化趋势指数					
城市群	城市数量（个）	2018年动态变化趋势指数	排名	2015年动态变化趋势指数	排名
京津冀	13	54.07	15	52.69	8
长三角	26	57.31	3	56.73	2
珠三角	9	62.95	1	59.07	1
成渝	16	54.48	10	54.44	3
长江中游	28	56.59	4	53.60	5

续表

城市群	城市数量（个）	2018年动态变化趋势指数	排名	2015年动态变化趋势指数	排名
哈长	10	52.37	19	49.95	18
辽中南	10	58.71	2	45.00	19
山东半岛	16	53.30	16	53.36	6
海峡西岸	20	55.28	6	53.08	7
关中平原	11	55.06	7	51.08	15
中原	29	54.11	13	52.03	10
山西中部	4	54.56	9	51.76	12
呼包鄂榆	4	52.66	18	51.48	14
北部湾	11	54.89	8	51.08	16
黔中	4	54.28	12	53.80	4
滇中	3	55.97	5	52.21	9
兰州－西宁	5	53.02	17	51.90	11
宁夏沿黄	4	54.43	11	50.22	17
天山北坡	2	54.09	14	51.53	13
19个城市群	217	55.53		53.08	

2018年，珠三角动态变化趋势指数最高，为62.95，比全国平均水平高8.05；辽中南、长三角、长江中游、滇中、海峡西岸、关中平原等6个城市群动态变化趋势指数超过55.00，呼包鄂榆和哈长两个城市群的动态变化趋势指数相对较小，低于53.00。从年间变化看，18个城市群动态变化趋势指数均呈上升趋势，其中辽中南、宁夏沿黄、珠三角、北部湾、滇中城市群动态变化趋势指数提升均超过3.00，辽中南提升最大，从2015年的45.00提升到2018年的58.71；山东半岛城市群出现了回落，从2015年的53.36下降到2018年的53.30（见图18）。

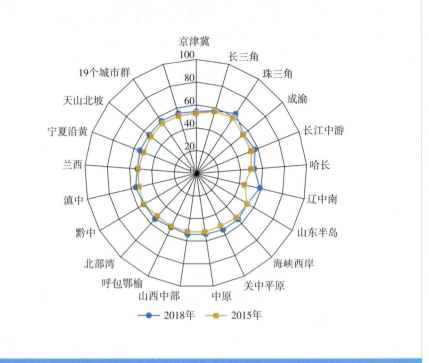

图 18　19 个城市群建设用地节约集约利用动态变化趋势指数

　　从各城市群建设用地节约集约利用动态变化趋势内部分异看，2018 年 19 个城市群集聚了全国地级以上参评城市建设用地节约集约利用动态变化趋势 10 强城市中的 9 席、50 强城市中的 45 席以及百强城市中的 85 席。其中，珠三角、长三角、辽中南、长江中游、海峡西岸等 5 个城市群的节约集约利用动态变化趋势状况居前 5 位，占 10 强城市中的 7 席、50 强城市中的 29 席和百强城市中的 41 席；北部湾、成渝、中原、宁夏沿黄、滇中等 5 个城市群居第 6~10 位；而关中平原、山东半岛、山西中部、兰州－西宁、天山北坡城市群居末 5 位（见表 7）。

表 7　2018 年 19 个城市群建设用地节约集约利用动态变化趋势分异状况

| 城市群 | 城市数量（个） | 节约集约利用动态变化趋势指数 | | | | 入百强城市数量及占比 | | | | |
		均值	标准差	最大值	最小值	百强数量（个）	百强占比（%）	50强数量（个）	50强占比（%）	10强数量（个）
京津冀	13	54.12	4.42	66.75	49.70	4	7.39	1	1.85	1
长三角	26	57.55	6.36	79.07	48.93	12	20.85	8	13.90	2
珠三角	9	63.04	13.33	95.23	51.38	6	9.52	6	9.52	2
成渝	16	54.97	4.00	62.88	45.00	6	10.92	2	3.64	0
长江中游	28	56.75	4.29	70.44	51.80	12	21.14	7	12.33	1
哈长	10	54.35	6.70	65.75	45.00	6	11.04	2	3.68	0
辽中南	10	57.29	10.51	82.87	45.52	5	8.73	5	8.73	1
山东半岛	16	53.19	2.89	58.33	45.83	3	5.64	0	0.00	0
海峡西岸	20	56.49	9.66	95.00	46.10	6	10.62	3	5.31	1
关中平原	11	53.91	6.84	72.24	47.24	2	3.71	2	3.71	1
中原	29	54.94	2.95	60.47	49.85	11	20.02	4	7.28	0
山西中部	4	53.14	3.79	58.66	50.28	1	1.88	0	0.00	0
呼包鄂榆	4	54.17	3.10	58.26	51.51	1	1.85	0	0.00	0
北部湾	11	55.76	4.27	62.63	48.99	6	10.76	2	3.59	0
黔中	4	54.17	3.91	59.63	50.89	1	1.85	1	1.85	0
滇中	3	54.61	4.17	59.42	51.99	1	1.83	1	1.83	0
兰州－西宁	5	53.04	3.62	59.24	50.15	1	1.89	1	1.89	0
宁夏沿黄	4	54.62	3.05	58.58	51.79	1	1.83	0	0.00	0
天山北坡	2	52.87	0.15	52.98	52.77	0	0.00	0	0.00	0
19 个城市群	217	55.94	2.02	58.84	54.30	85	39.17	45	20.74	9

（四）重点城市群建设用地节约集约利用综合水平分异状况

综合分析 19 个城市群建设用地节约集约利用综合水平状况，结果显示，19 个城市群节约集约综合指数由 2015 年的 59.44 提升到 2018 年的 61.39。

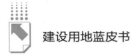

2018 年珠三角城市群节约集约利用综合状况最佳，节约集约利用综合指数为 77.68，高于全国平均水平 17.23。长三角、海峡西岸、黔中、滇中、成渝、长江中游、京津冀、北部湾等 8 个城市群，综合水平指数为 60~70，宁夏沿黄和哈长城市群综合指数处于较低水平（见表 8）。

表 8　19 个城市群建设用地节约集约利用综合指数

城市群	城市数量（个）	2018 年节约集约综合指数	排名	2015 年节约集约综合指数	排名
京津冀	13	60.38	8	59.16	8
长三角	26	65.43	2	63.58	2
珠三角	9	77.68	1	73.07	1
成渝	16	61.54	6	60.75	5
长江中游	28	61.28	7	59.19	7
哈长	10	55.45	19	54.30	17
辽中南	10	59.91	10	53.61	18
山东半岛	16	59.58	11	58.97	9
海峡西岸	20	63.98	3	61.91	4
关中平原	11	59.43	12	56.86	12
中原	29	58.25	14	56.76	14
山西中部	4	59.26	13	57.00	11
呼包鄂榆	4	56.49	17	56.14	15
北部湾	11	60.30	9	58.00	10
黔中	4	63.50	4	63.06	3
滇中	3	62.15	5	59.86	6
兰州 – 西宁	5	57.60	15	56.77	13
宁夏沿黄	4	55.50	18	53.02	19
天山北坡	2	57.15	16	55.27	16
19 个城市群	217	61.39	—	59.44	—

相比 2015 年，2018 年 19 个城市群节约集约综合指数均呈增长趋势，其中，辽中南城市群提升最多，从 53.61 提升到 59.91，提升了 6.30，排名从第 18 位提升至第 10 位；其次为珠三角城市群，从 73.07 提升到 77.68，提升了 4.61，排名保持第一；呼包鄂榆城市群提升最少，从 56.14 提升到 56.49，提升了 0.35，排名从第 15 位下滑到第 17 位（见图 19）。

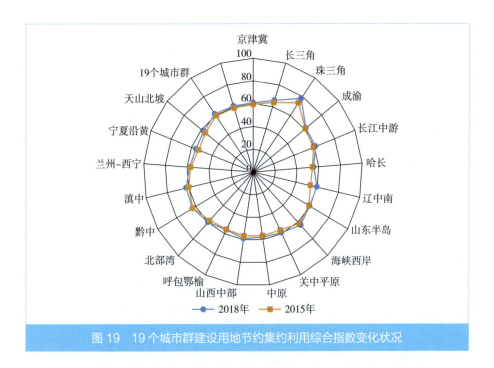

图 19　19 个城市群建设用地节约集约利用综合指数变化状况

从各城市群建设用地节约集约利用综合指数内部分异看，2018 年 19 个城市群集聚了全国地级以上参评城市建设用地节约集约综合水平 10 强城市中的 10 席、50 强城市中的 48 席及百强城市中的 86 席。其中，珠三角、海峡西岸、长三角、黔中、滇中 5 个城市群的节约集约利用综合水平居前 5 位，占 10 强城市中的 6 席、50 强城市中的 30 席及百强城市中的 39 席；长江中游、成渝、北部湾、山东半岛、京津冀城市群居第 6~10 位；而兰州－西宁、呼包鄂榆、天山北坡、哈长、宁夏沿黄城市群居末 5 位（见表 9）。

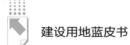

表9　2018年19个城市群建设用地节约集约利用综合指数分异状况

城市群	城市数量（个）	节约集约利用综合指数				入百强城市数量及占比				
		均值	标准差	最大值	最小值	百强数量（个）	百强占比（%）	50强数量（个）	50强占比（%）	10强数量（个）
京津冀	13	59.26	6.64	80.12	53.67	3	5.06	1	1.69	1
长三角	26	64.21	6.59	83.97	55.64	17	26.47	12	18.69	1
珠三角	9	72.23	12.34	97.61	59.70	7	9.69	6	8.31	3
成渝	16	60.71	4.08	72.29	54.24	8	13.18	2	3.29	0
长江中游	28	61.25	4.51	75.32	55.69	12	19.59	6	9.80	1
哈长	10	56.37	3.97	63.48	50.08	1	1.77	0	0.00	0
辽中南	10	58.68	6.12	73.42	51.64	2	3.41	1	1.70	1
山东半岛	16	59.67	3.76	67.51	51.79	5	8.38	2	3.35	0
海峡西岸	20	65.00	9.22	97.21	55.06	11	16.92	10	15.38	2
关中平原	11	58.57	6.61	76.09	51.22	1	1.71	1	1.71	1
中原	29	58.97	2.54	65.49	54.85	6	10.18	2	3.39	0
山西中部	4	58.88	6.26	68.16	54.64	1	1.70	1	1.70	0
呼包鄂榆	4	57.49	2.78	60.88	54.07	0	0.00	0	0.00	0
北部湾	11	60.46	3.47	67.65	55.84	5	8.27	1	1.65	0
黔中	4	63.44	3.86	69.03	60.30	3	4.73	1	1.58	0
滇中	3	61.46	2.69	64.53	59.48	1	1.63	1	1.63	0
兰州－西宁	5	57.79	5.06	64.81	52.82	2	3.46	1	1.73	0
宁夏沿黄	4	55.38	2.72	58.50	53.00	0	0.00	0	0.00	0
天山北坡	2	56.45	7.26	61.58	51.32	1	1.77	0	0.00	0
19个城市群	217	55.94	2.02	58.84	54.30	86	39.63	48	22.12	10

（五）五大重点城市群状况综述

1. 京津冀城市群

（1）基本情况

京津冀地区不仅是我国北方地区的人口、经济聚集区，也是我国科技、信息、人才、文化等各类资源要素较为集中的区域。为推动京津冀协同发展这一国家战略，建立以首都为核心的世界级城市群、区域整体协同发展改革引领区、全国创新驱动经济增长新引擎、生态修复环境改善示范区，北京市定位为"全国政治中心、文化中心、国际交往中心、科技创新中心"；天津市定位为"全国先进制造研发基地、北方国际航运核心区、金融创新运营示范区、改革开放先行区"；河北省定位为"全国现代商贸物流重要基地、产业转型升级试验区、新型城镇化与城乡统筹示范区、京津冀生态环境支撑区"。在保障整体协同发展的大背景下，突出优势互补、错位发展。京津冀城市群共涉及13个城市，包括北京、天津"双城"，石家庄、唐山、保定3个区域性中心城市和张家口、承德、廊坊、秦皇岛、沧州、邯郸、衡水、邢台8个节点城市，全部纳入全国城市建设用地节约集约利用评价。

截至2018年底，京津冀城市群的13个城市土地总面积为21.70万平方公里，其中建设用地为3.04万平方公里，国土开发强度为14.02%，较2015年提升了0.39个百分点；常住总人口为1.13亿人，相比2015年末增加了127.70万人；城镇常住人口为0.74亿人，相比2015年末增加了440.94万人；城镇化率为65.88%，相比2015年末提高了1.22个百分点；GDP为8.44万亿元，相比2015年末增加了1.23万亿元；常住人口人均GDP为7.49万元，相比2015年末提高了1.02万元。2018年京津冀城市群各城市建设用地节约集约利用状况见图20。

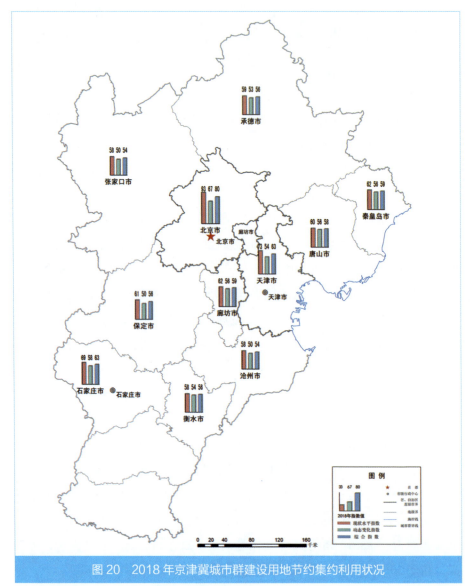

图 20　2018 年京津冀城市群建设用地节约集约利用状况

（2）现状格局与特征

随着京津冀协同发展战略的不断推进，北京非首都功能有序疏解，京津冀区域一体化格局逐渐形成，京津冀城市群建设用地节约集约利用水平取得了一定提升，但城市群内部各城市发展不均衡的问题仍较突出。2018 年京津冀城市群建设用地节约集约利用现状水平指数均值为 66.69，在 19 个城市群中排名第 7，相比 2015 年排名维持不变；节约集约利用动态变化趋势指数为54.07，在 19 个城市群中排名第 15，相比 2015 年排名下降了 6 位；节约集约利用综合指数为 60.38，在 19 个城市群中排名第 8，相比 2015 年提升了 1 名（见表 10）。

表 10 2018 年京津冀城市群城市建设用地节约集约利用状况排名					
城市	现状水平指数及排名		动态变化趋势指数及排名		综合指数及排名	
	指数	排名	指数	排名	指数	排名
北京市	93.49	5	66.75	9	80.12	5
天津市	73.03	41	53.52	167	63.28	58
石家庄市	68.51	68	57.70	67	63.10	59
唐山市	59.60	222	55.83	98	57.71	187
秦皇岛市	62.03	181	55.80	101	58.92	151
邯郸市	65.38	119	51.93	220	58.66	160
邢台市	61.41	194	51.33	239	56.37	217
保定市	60.78	209	50.45	259	55.61	236
张家口市	57.64	242	49.70	271	53.67	268
承德市	59.45	225	52.94	188	56.20	223
沧州市	58.47	236	50.04	265	54.25	258
廊坊市	61.86	185	56.19	92	59.02	147
衡水市	58.41	237	54.19	145	56.30	219
指数均值	66.69	7	54.07	15	60.38	8

当前京津冀城市群建设用地节约集约利用总体呈现以下特征。

第一，城市群内部各区域建设用地节约集约利用现状水平发展不均衡，现状水平北京、天津较高，河北偏低。2018 年京津冀城市群 13 个城市之间建设用地节约集约利用现状水平差距明显，北京和天津 2 个直辖市的现状水平

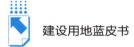

位于全国前列，分别列全国地级以上参评城市的第5位和第41位，河北省所辖各城市除省会城市石家庄列第68位外，其余10个城市排在100名之外。同时，河北省各城市建设用地节约集约利用现状水平总体不高，为61.30。从排名变化上看，相比2015年，2018年廊坊、秦皇岛、唐山、衡水、张家口等5个城市排名有所提升，其中廊坊、秦皇岛提升明显，分别提升了19位、16位，邯郸、邢台、保定、承德、天津、沧州等6个城市排名下降。此外，仅北京、天津、石家庄3个城市的现状指数高于京津冀城市群的平均水平，也仅有这3个城市高于全国平均水平。

第二，建设用地节约集约利用动态变化趋势在城市群内部的平衡性有待提升。2018年京津冀城市群节约集约利用动态变化趋势指数为54.07，位居19个城市群第15位。其中北京、石家庄、廊坊、唐山四市的建设用地节约集约利用动态变化趋势指数居全国地级以上参评城市的第9位、第67位、第92位、第98位，其余9个城市排名均比较靠后。同时，相较2015年，石家庄、廊坊、承德、秦皇岛、邯郸等5个城市排名提升，其中，石家庄、廊坊均提升了100名以上。邢台、沧州、邯郸、承德、张家口、保定等6个城市的排名下降。北京、石家庄、廊坊、唐山、秦皇岛、衡水趋势指数高于京津冀平均水平，北京、石家庄、廊坊、唐山、秦皇岛等5个城市趋势指数高于全国平均水平。

第三，建设用地节约集约利用综合水平两极分化比较突出。2018年京津冀城市群建设用地节约集约利用综合指数为60.38，居19个城市群第8位，其中北京和天津两个直辖市分别居全国第5位和第58位，而河北省张家口、沧州、保定、承德、衡水、邢台等6城市排名均在200名之外，建设用地节约集约利用综合水平两极分化明显。同时，相较2015年，京津冀城市群各城市中廊坊、石家庄、秦皇岛、承德、邯郸、邢台等8市排名有所提升，其余5市排名均有明显下降，城市群内部各城市之间建设用地节约集约利用水平差距继续趋于扩大。

第四，人口城镇化总体快于土地城镇化，但人地协调关系仍有待改善。2015~2018年京津冀城市群常住人口与城乡建设用地增长弹性系数为0.40，且近三年呈逐年递减趋势，城乡建设用地增速仍高于人口的发展速度，人地的协调性有待提升。2015~2018年城镇常住人口与城镇工矿用地弹性系数为3.07，其中，2015年到2018年城镇常住人口增速分别为3.48%、2.77%、2.16%、1.26%，城镇工矿用地增速为1.12%、1.50%、0.95%、0.81%，人口城镇化均快于土地城镇化。从发展趋势来看，弹性系数从4.20下降为2.82，城镇常住人口与城镇工矿用地不断趋于协调。此外，2015~2018年，京津冀城市群常住农村人口增速为-4.03%、-3.14%、-2.81%、-1.78%，农村人口均呈现负增长；村庄用地增速为1.32%、1.37%、1.12%、0.86%，在常住农村人口趋于减少的同时，村庄用地扩张，村庄用地节约集约利用形势依然严峻。

（3）政策建议

第一，做到京津冀"一盘棋"，持续推进建设用地节约集约利用评价。随着京津冀协同发展这一国家战略的深入推进，土地集约利用成为有效推进区域协调发展的重要保障。京津冀区域应不断、深入地推进建设用地节约集约利用评价，优化完善科学合理的节约集约评价体系，全面掌握建设用地开发利用和投入产出情况、集约利用程度、潜力规模和空间分布情况，探索差别化管理政策的制定。

第二，巩固北京、天津的区域定位，提升河北省建设用地节约集约利用水平。在京津冀协同发展的大背景下，河北省面临重大的发展机遇，要充分利用京津两大城市的经济优势、技术优势，有效承接非首都功能，破解河北省城镇化与建设用地协调发展的瓶颈制约。在科学合理编制国土空间规划、扎实推进雄安新区建设的基础上，不断优化完善用地结构、产业布局、要素分配等，充分发掘城市土地利用潜力，全面实行建设用地总量与强度双控，完善低效用地再开发等政策机制，提高建设用地节约集约利用水平。

2. 长三角城市群

（1）基本情况

长三角城市群是"一带一路"与长江经济带的重要交汇地带，在中国国家现代化建设大局和开放格局中占有举足轻重的战略地位，是中国参与国际竞争的重要平台、经济社会发展的重要引擎、长江经济带的引领者，是中国

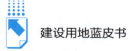
城镇化基础最好的地区之一。长三角城市群包括苏浙皖沪三省一市的全部区域，由以上海为核心、联系紧密的 26 个城市组成，主要分布于国家"两横三纵"城市化格局的优化开发和重点开发区域。

截至 2018 年底，长三角城市群 26 个地级以上参评城市土地总面积为 21.59 万平方公里，其中建设用地为 3.97 万平方公里，国土开发强度为 18.37%，较 2015 年提升了 0.49 个百分点；常住总人口为 1.54 亿人，相比 2015 年末增加了 303.56 万人；城镇常住人口为 1.11 亿人，相比 2015 年末增加了 617.38 万人；城镇化率为 71.94%，相比 2015 年末提高了 1.85 个百分点；GDP 为 17.86 万亿元，相比 2015 年末增加了 2.03 万亿元；常住人口人均 GDP 为 11.60 万元，相比 2015 年末提高了 2.03 万元。2018 年长三角城市群各城市建设用地节约集约利用状况分布见图 21。

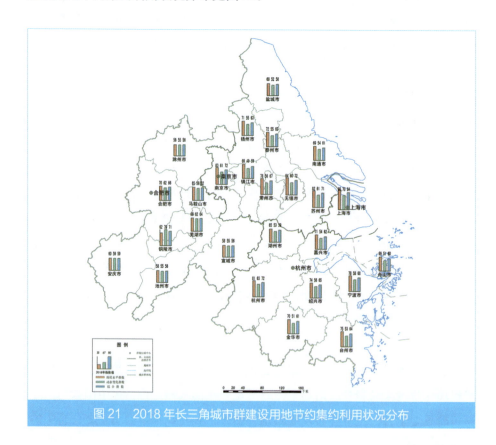

图 21　2018 年长三角城市群建设用地节约集约利用状况分布

（2）现状格局与特征

长三角城市群是我国经济最具活力、开放程度最高、创新能力最强、吸纳外来人口最多的区域之一。近年来，在"减量化""双提升"等政策机制的推动下，建设用地节约集约利用水平不断提升，成效明显。2018年长三角城市群建设用地节约集约利用现状水平指数均值为73.55，相比2015年排名提升了1位；节约集约利用动态变化趋势指数均值为57.31，同2015年排名一致，排在第3位；节约集约利用综合指数均值为65.43，同2015年排名一致，排在第2位（见表11）。

表 11　2018 年长三角城市群城市建设用地节约集约利用状况及排名

城市	现状水平指数及排名		动态变化趋势指数及排名		综合指数及排名	
	指数	排名	指数	排名	指数	排名
上海市	97.84	4	70.09	7	83.97	3
南京市	82.84	13	61.37	24	72.10	13
无锡市	84.11	12	59.68	39	71.90	14
常州市	78.12	22	55.87	96	67.00	32
苏州市	82.42	14	60.58	29	71.50	17
南通市	68.67	65	53.58	165	61.13	97
盐城市	60.40	213	51.68	229	56.04	228
扬州市	70.59	49	55.24	112	62.92	62
镇江市	68.95	60	48.93	282	58.94	150
泰州市	72.27	44	54.65	129	63.46	53
杭州市	81.13	17	62.52	19	71.83	15
宁波市	77.66	24	58.11	62	67.89	25
嘉兴市	71.13	46	53.67	158	62.40	70
湖州市	64.96	127	52.64	197	58.80	153
绍兴市	73.98	35	55.59	105	64.79	39
金华市	69.87	53	51.44	235	60.65	106

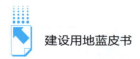
城市	现状水平指数及排名		动态变化趋势指数及排名		综合指数及排名	
	指数	排名	指数	排名	指数	排名
舟山市	68.81	62	51.30	240	60.06	126
台州市	75.40	32	53.22	177	64.31	43
合肥市	69.73	55	61.83	23	65.78	35
芜湖市	66.05	110	62.00	20	64.02	45
马鞍山市	65.45	118	58.97	50	62.21	74
铜陵市	62.14	178	79.07	4	70.60	20
安庆市	59.53	224	58.53	57	59.03	146
滁州市	55.83	262	55.46	106	55.64	234
池州市	57.50	244	54.92	121	56.21	221
宣城市	57.56	243	55.22	113	56.39	214
指数均值	73.55	2	57.31	3	65.43	2

续表

长三角城市群建设用地节约集约利用总体呈现以下特征。

第一，建设用地节约集约利用现状水平和动态变化趋势呈现"双高"态势，核心城市及都市圈优势显著。2018 年长三角城市群 26 个地级以上参评城市建设用地节约集约利用现状水平指数均值为 73.55，在 19 个城市群中排第 2 位，占据了全国地级以上参评城市建设用地节约集约利用现状水平 10 强城市中的 1 席（上海）、50 强城市中的 12 席（无锡、南京、苏州等），以及百强城市中的 17 席。在长三角城市群高质量协同发展的影响下，宁波都市圈、苏锡常都市圈城市建设用地节约集约利用现状水平指数均较高，分别为 73.96、81.55，杭州都市圈（72.80）、南京都市圈（66.75）城市次之，合肥都市圈城市相对偏低（65.48）。除芜湖、马鞍山、湖州、铜陵、盐城、安庆、池州、滁州等 8 个城市节约集约利用水平相对较低，排名处于全国 100 位后之外，其余城市节约集约利用水平相对较高。

2018 年长三角城市群 26 个地级以上参评城市建设用地节约集约利用动

态变化趋势指数均值为57.31，列19个城市群中的第3位，占据了全国地级以上参评城市建设用地节约集约利用动态变化趋势指数平均水平10强城市中的2席（铜陵、上海）、50强城市中的8席（杭州、芜湖、合肥等），以及百强城市中的12席。从内部分异上看，上海、铜陵、杭州、芜湖、合肥、南京、苏州、无锡等8个城市名列全国地级以上参评城市50强，盐城、金华、舟山、镇江等7个城市相对靠后。

第二，建设用地节约集约利用综合水平处于全国前列，地区内部差距逐步缩小。2018年长三角城市群26个地级以上参评城市建设用地节约集约利用综合指数均值为65.43，列19个城市群中的第2位。其中上海、南京的综合指数较高，列全国第3位和第13位，无锡、杭州、苏州、铜陵、宁波、常州、合肥、绍兴、台州、芜湖等10个城市位居全国50强。除宣城、池州、盐城、滁州等4个城市相对偏低，排名在全国200位后之外，其余城市节约集约利用水平总体较高。与2015年相比，2018年上海、扬州、舟山、镇江等4个城市的综合指数提升较快，均提升了70位以上，盐城、安庆、滁州、池州等4个城市下降最为明显，均下滑了100位以上。

第三，土地城镇化快于人口城镇化，人口增长耗地量大，人地协调关系有待提升。

2015~2018年长三角城市群城镇常住人口与城镇工矿用地增长弹性系数为0.86，城镇化进程中土地城镇化快于人口城镇化；从年际变化上看，2016年到2018年城镇常住人口与城镇工矿用地弹性系数从1.14提升到1.54，人口与土地协调性有待提升。2015~2018年长三角城市群单位人口增长消耗新增城乡建设用地平均达684.61米^2/人，其中2018年为309.75米^2/人，与京津冀、珠三角等城市群相比明显偏高，单位人口增长消耗新增城乡建设用地量偏大。同时，2015~2018年农村人口与村庄用地增长弹性系数为-138.12，其中，2015~2018年，农村人口增速为-1.28%、-2.63%、-2.44%、-1.86%，村庄用地增速为0.17%、0.28%、-0.22%、-0.01%；2015~2016年，开始呈现人减地增的趋势；2017~2018年，农村人口与村庄用地均为负增长，同时农村人口减少速度要快于村庄用地减少速度。人均村庄用地面积从2015年的

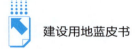

358.08 公顷提升到 2018 年的 384.27 公顷。农村人口与村庄用地协调关系需进一步提升。

（3）政策建议

第一，强化对国土空间规划的监督管理，建设统一的城乡建设用地市场。国土空间规划是统筹国土空间开发、保护的总体部署，其核心任务之一是实现国土空间开发格局的优化。城乡建设用地作为国土空间开发的主要载体，其结构和布局的优化有利于构建协调有序的国土空间开发保护格局。长三角城市群城乡建设用地存在显著的空间集聚性，农村建设用地与城市建设用地空间关联增强，表明当前城乡土地要素关系紧密。国土空间规划可严控城乡建设用地规模倒逼土地制度改革，统一的城乡建设用地市场可以畅通城乡土地要素流动，消除阻碍生产要素资金流动的行政壁垒和体制机制障碍，提高国土空间开发效率和效益。

第二，推进城市之间、城乡之间的协调发展。长三角城市群城乡建设用地结构与功能的协调存在空间差异，国土空间规划应关注不同地区、城乡之间的建设空间发展诉求和功能定位，构建区域利益协调机制，避免产生空间规划管制导致区域社会经济发展差距加大的问题，从而促进区域协调可持续发展。探索开展城乡之间、地区与地区之间的人地挂钩模式，切实提高城乡建设用地利用效益。

3. 珠三角城市群

（1）基本情况

珠三角城市群是亚太地区最具活力的经济区之一，是有全球影响力的先进制造业基地和现代服务业基地，是南方地区对外开放的门户，中国参与经济全球化的主体区域，全国科技创新与技术研发基地，全国经济发展的重要引擎，起到辐射带动华南、华中和西南发展的龙头作用，包括广州、佛山、肇庆、深圳、东莞、惠州、珠海、中山、江门、香港、澳门等 11 个城市。本次建设用地节约集约利用评价主要涉及广州、深圳、珠海、佛山、江门、肇庆、惠州、东莞、中山等 9 个城市。

截至 2018 年底，珠三角城市群 9 个地级以上城市土地总面积为 5.48 万平方公里，其中建设用地为 1.02 万平方公里，国土开发强度为 18.59%，较 2015 年提升了 0.90 个百分点；常住总人口为 0.63 亿人，相比 2015 年末增加了 419.18 万人；城镇常住人口为 0.54 亿人，相比 2015 年末增加了 447.53 万人；城镇化率为 85.90%，相比 2015 年末提高了 4.62 个百分点；GDP 为 8.10 万亿元，相比 2015 年末增加了 1.57 万亿元；常住人口人均 GDP 为 12.88 万元，相比 2015 年末提高了 1.79 万元。2018 年珠三角城市群各城市建设用地节约集约利用状况分布见图 22。

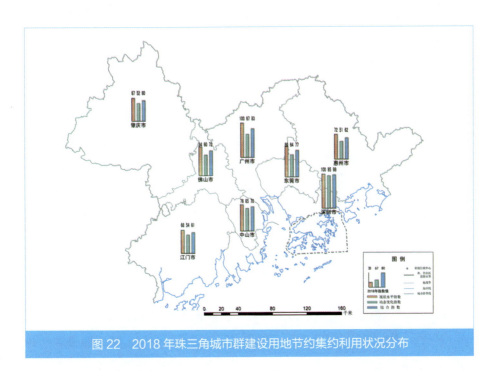

图 22 2018 年珠三角城市群建设用地节约集约利用状况分布

（2）现状格局与特征

珠三角城市群位于我国沿海通道纵轴和京哈京广通道纵轴的南端，是我国乃至亚太地区最具活力的经济区和国家层面的优化发展区。近年来，珠三角城市群依托核心城市，不断优化城市功能，强化珠三角城市间的分工合作与统筹协调，深入推进"三旧"改造和低效用地再开发等政策机制落实，在建设用地节约集约利用方面总体走在全国前列。2018 年珠三角城市群建设用

地节约集约利用现状水平指数均值为 92.42，相比 2015 年排名保持不变，排名第一；节约集约利用动态变化趋势指数均值为 62.95，相比 2015 年排名维持不变，排名第一；节约集约利用综合指数均值为 77.68，相比 2015 年排名仍保持不变，排名第一（见表 12）。

表 12　2018 年珠三角城市群城市建设用地节约集约利用状况排名

城市	现状水平指数及排名		动态变化趋势指数及排名		综合指数及排名	
	指数	排名	指数	排名	指数	排名
广州市	100.00	1	66.87	8	83.44	4
深圳市	100.00	1	95.23	1	97.61	1
珠海市	75.42	31	59.29	45	67.35	28
佛山市	84.29	11	60.48	30	72.38	11
江门市	67.58	84	53.52	168	60.55	109
肇庆市	67.36	87	52.04	216	59.70	134
惠州市	72.30	43	51.38	237	61.84	83
东莞市	89.47	6	64.06	15	76.77	6
中山市	76.31	29	64.52	14	70.41	21
指数均值	92.42	1	62.95	1	77.68	1

珠三角城市群建设用地节约集约利用总体呈现以下特征。

第一，建设用地节约集约利用现状水平位居全国前列，城市群整体水平较高，内部差异较小。

2018 年珠三角城市群 9 个地级以上城市建设用地节约集约利用现状水平指数均值为 92.42。列全国 19 个城市群的第 1 位，聚集了全国地级以上参评城市建设用地节约集约利用现状水平 10 强城市中的 3 席、50 强城市中的 7 席，参与节约集约利用现状水平排名的 9 个城市全部进入全国百强城市，其中深圳、广州并列全国第一，建设用地节约集约利用整体优势明显。

第二，建设用地节约节约利用动态变化趋势指数名列前茅，城市群内部

差距较为明显

2018年珠三角城市群9个城市建设用地节约集约利用动态变化趋势指数均值为62.95，列全国19个城市群第1位。聚集了全国地级以上参评城市建设用地节约集约动态变化趋势10强城市中的2席、50强城市中的6席、百强城市中的6席。从动态变化来看，同2015年相比，珠三角城市群动态变化趋势指数领先地位较为稳固，稳居第一。但是城市群内部差距比较明显，其中深圳市趋势指数较为突出，名列全国第一，广州、中山、东莞、佛山、珠海位列50席之内，而惠州、肇庆等城市排名在200席之外。

第三，建设用地节约集约利用综合优势明显，且内部城市发展均衡化趋势明显。2018年珠三角城市群9个城市建设用地节约集约利用综合指数均值为77.68，列全国19个城市群的第1位，集聚了全国地级以上参评城市建设用地节约集约利用综合指数10强城市中的3席、50强城市中的6席，以及百强城市中的7席，其中深圳市建设用地节约集约综合水平列全国第1位，广州、东莞、佛山、中山、珠海分别列全国第4位、第6位、第11位、第21位、第28位，江门和肇庆2个城市相对逊色，但也排名全国地级以上城市的第109位和第134位，城市群内部各城市发展相较均衡，建设用地节约集约利用综合优势明显。

第四，人口增长速度快于建设用地增长速度，人地协调关系呈弱化趋势，农村人减递增问题突出。

2015~2018年常住总人口与城乡建设用地增长弹性系数为1.39，人口增长速度快于城乡建设用地增长速度。2015~2018年城镇常住人口与城镇工矿用地增长弹性系数为1.61，从年际变化上看，2016~2018年城镇常住人口与城镇工矿用地增长弹性系数从1.30提升到2.02，人口与土地协调性呈弱化趋势，人口城镇化快于土地城镇化。2015~2018年，珠三角城市群单位人口增长消耗新增城乡建设用地平均达144.30米^2/人，其中2018年为309.75米^2/人，远低于全国平均水平305.52米^2/人，人口增长新增耗地较少。同时，2015~2018年农村人口与村庄用地弹性系数为 -4.19，其中，2015~2018年常住农村人口增速为 -2.06%、-2.25%、-2.11%、-1.84%，村庄用地增速为0.43%、0.45%、0.58%、

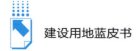
0.51%，农村人口近年来呈现负增长，村庄用地呈正增长，人减地增问题突出，村庄用地节约集约利用形式依然严峻。

（3）政策建议

第一，严格控制建设用地总量增长。开展资源环境承载能力和国土空间开发适宜性评价，摸清国土资源本底条件，编制珠三角国土空间规划，统筹土地资源配置。按照总量控制、增量递减、存量盘活的思路，探索分区分类土地供给制度，严格控制粤港澳内圈层的建设用地供给，适度增加外圈层建设用地供给，优先保障基础设施、民生工程和战略性新兴产业及现代服务业等用地，重点保障满足粤港澳跨境合作开发平台建设的用地需求。

第二，大力创新土地管理体制机制。创新用地指标调配机制，探索建立用地指标跨行政区灵活调配制度和跨境、跨地市土地合作开发模式；建立空间留白机制，为跨市线性工程预留廊道空间，保障不可预期的重大事件、重大项目等建设用地。建立健全"三旧"（旧城区、旧厂房、旧村居）改造、土地节约集约利用、农村土地流转、农村宅基地等制度。完善节地技术和节地模式、土地立体开发、围填海成陆土地利用和管理等政策。

4. 长江中游城市群

（1）基本情况

长江中游城市群是以武汉城市圈、环长株潭城市群、环鄱阳湖城市群为主体形成的特大型城市群，承东启西、连南接北，是长江经济带的重要组成部分，也是实施促进中部地区崛起战略、全方位深化改革开放和推进新型城镇化的重点区域，在我国区域发展格局中占有重要地位。长江中游城市群涉及湖北、湖南、江西3省，共计28个城市参与全国城市建设用地节约集约利用评价。

截至2018年底，长江中游城市群28个城市土地总面积为34.98万平方公里，其中建设用地面积为3.61万平方公里，国土开发强度为10.33%，国土开发强度比2015年提升了0.33个百分点；常住总人口为1.30亿人，相比2015年末增加了209.03万人，城镇常住人口为0.78亿人，相比2015年末增加了0.73万人；城镇化率为60.07%，比2015年末提升了2.10个百分点；GDP为

8.46万亿元，相比2015年末增加了1.77万亿元；常住人口人均GDP为6.50万元，相比2015年末提高了1.28万元。2018年长江中游城市群各城市建设用地节约集约利用状况分布见图23。

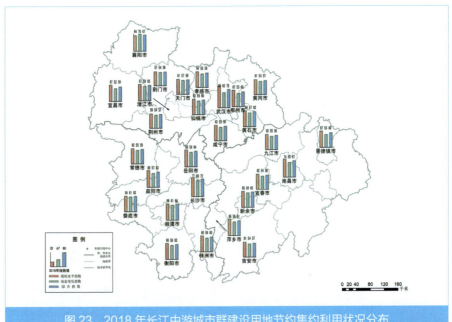

图23　2018年长江中游城市群建设用地节约集约利用状况分布

（2）现状格局与特征

长江中游城市群以浙赣线、长江中游交通走廊为主轴，依托沿江、沪昆，和京广、京九、二广重点轴线紧密相连，是全国重要的高新技术产业、先进制造业和现代服务业基地，是全国重要的综合交通枢纽、区域性科技创新基地。近年来，长江中游城市群持续推进建设用地节约集约利用评价工作，节约集约用地总体处于全国中等水平。2018年长江中游城市群建设用地节约集约利用现状水平指数均值为65.98，比2015年排名提升了1位；节约集约利用动态变化趋势指数均值为56.69，比2015年排名提升了2位；节约集约利用综合指数均值为61.28，比2015年排名提升了1位（见表13）。

城市	现状水平指数及排名		动态变化趋势指数及排名		综合指数及排名	
	指数	排名	指数	排名	指数	排名
南昌市	74.15	34	60.26	33	67.21	30
景德镇市	67.02	92	53.15	180	60.08	125
萍乡市	66.21	108	55.81	100	61.01	100
九江市	61.88	184	54.62	131	58.25	176
新余市	64.81	129	58.68	52	61.74	86
鹰潭市	62.99	157	54.89	122	58.94	149
吉安市	61.03	205	53.76	155	57.39	193
宜春市	61.66	192	53.56	166	57.61	189
抚州市	62.86	162	52.61	199	57.74	186
上饶市	63.06	155	53.07	182	58.06	180
武汉市	88.66	8	61.97	21	75.32	8
黄石市	66.36	104	57.28	75	61.82	84
宜昌市	66.79	95	51.80	223	59.30	141
襄阳市	64.10	135	70.44	6	67.27	29
鄂州市	67.32	88	53.41	171	60.37	118
荆门市	57.32	246	54.07	147	55.69	233
孝感市	63.82	144	54.71	126	59.26	143
荆州市	59.41	227	54.24	143	56.82	205
黄冈市	60.94	206	53.65	159	57.29	195
咸宁市	62.57	168	54.53	133	58.55	165
长沙市	77.50	26	65.66	12	71.58	16
株洲市	64.80	130	56.00	95	60.40	116
湘潭市	65.89	113	61.19	25	63.54	50
衡阳市	66.22	107	57.54	68	61.88	82

表 13 2018 年长江中游城市群城市建设用地节约集约利用状况排名

续表

城市	现状水平指数及排名		动态变化趋势指数及排名		综合指数及排名	
	指数	排名	指数	排名	指数	排名
岳阳市	68.58	66	59.14	47	63.86	46
常德市	62.10	179	55.34	108	58.72	159
益阳市	68.50	69	56.70	81	62.60	68
娄底市	64.25	133	60.98	26	62.62	67
指数均值	65.98	8	56.69	4	61.28	7

长江中游城市群建设用地节约集约利用总体呈现以下特征。

第一，建设用地节约集约利用现状水平总体高于全国平均水平，城市群内部发展差异化较为明显。2018年长江中游城市群28个地级以上参评城市建设用地节约集约利用现状水平指数均值为65.98，比全国平均水平高3.70，集聚了全国地级以上参评城市建设用地节约集约利用现状水平10强城市中的1席、50强城市中的3席、百强城市中的8席。其中武汉列全国第8位，居中部地区城市首位，长沙和南昌分别列全国第26位和第34位，节约集约利用水平位列区域前茅。从动态变化上看，与2015年相比，鄂州、襄阳、湘潭、鹰潭建设用地节约集约利用现状水平有所提升，而衡阳、萍乡、景德镇、九江排名则下降10位以上。从区域分异上看，长江中游城市群建设用地节约集约利用现状水平内部差异逐年凸显，2015~2018年，武汉市现状水平指数均为最高，分别为83.02、84.59、86.66、88.66，荆门市现状水平指数均为最低，分别为56.71、56.86、57.01、57.32，差异值从2015年的26.31逐年增加至2018年的31.34。

第二，建设用地节约集约利用动态变化趋势年际提升明显，环长株潭城市群成效最为显著。2018年长江中游城市群28个地级以上参评城市建设用地节约集约利用动态变化趋势指数均值为56.69，比全国平均水平高1.79，列全国19个城市群第4位，相比2015年排名提升了2位。从内部分异上看，襄阳、长沙、武汉、湘潭、娄底、南昌、岳阳等7个城市名列全国参评地级以上城市 50 强。景德镇、上饶、抚州、宜昌等 4 个城市相对逊色，排名 180 位之后。相比 2015 年，襄阳、湘潭排名提升较快，均提升了 100 位以上，衡阳、荆门和咸宁则下降较为明显，下降 60 位以上。从区域分异上看，2015~2018年，襄阳市动态变化趋势指数为 52.51、53.78、52.78 和 70.44，长沙市动态变化趋势指数为 57.09、64.44、65.91 和 65.66，抚州市动态变化趋势指数为 51.66、52.60、52.96 和 52.61，宜昌市动态变化趋势指数为 50.16、49.81、50.73 和 51.80。襄阳市和抚州市相比，动态变化趋势指数差异值从 2015 年的 0.85 提高到 2018 年的 17.83；长沙市和宜昌市相比，动态变化趋势指数差异值从 2015 年的 6.93 提高到 2018 年的 13.86。总体来看，城市群内部城市间的建设用地节约集约利用动态变化趋势提升较为明显，内部趋于均衡化发展。

第三，建设用地节约集约利用综合水平处于全国中上游水平，与往年相比趋势向好。2018 年长江中游城市群 28 个地级以上参评城市建设用地节约集约利用综合指数均值为 61.28，高于全国平均水平 0.91，列全国 19 个城市群的第 7 位，相比 2015 年上升了 1 位。集聚了全国地级以上参评城市建设用地节约集约利用综合指数百强城市中的 12 席、50 强城市中的 6 席、10 强城市中的 1 席。其中，武汉、长沙、襄阳 3 个城市建设用地节约集约利用综合水平位居长江中游城市群前三位，分别列参评地级以上城市的第 8 位、第 16 位和第 29 位。从区域分异上看，长江中游城市群建设用地节约集约利用综合水平总体比较均衡，其中武汉城市圈、环长株潭城市群、环鄱阳湖城市群重点城市节约集约利用现状水平相对较高，而宜春、荆州、荆门、吉安、黄冈、抚州 6 个城市相对偏低，节约集约利用综合指数均排名在 180 位之后。

第四，建设用地投入产出效益提升明显，但经济增长新增耗地偏大。人口城镇化快于土地城镇化。2018 年建设用地地均 GDP 为 236.21 万元 / 公顷，相比 2015 年增加了 42.87 万元 / 公顷，GDP 增长消耗新增建设用地量逐年递减，从 2015 年的 10.25 公顷 / 亿元下降到 2018 年的 5.53 公顷 / 亿元。2015~2018年地区生产总值与建设用地增长弹性系数呈逐年提升趋势，从 2015 年的 5.87提高到 2018 年的 8.85。2015~2018 年城镇常住人口与城镇工矿用地增长弹性系数为 1.38，其中 2016 年和 2017 年的弹性系数均高于 1.3，总体已经形成了人口城镇化快于土地城镇化的格局。2015~2018 年单位人口增长消耗新增城乡建设用地面积为 609.66 米²/人，从年际变化上看，单位人口增长消耗新增城乡建设用地面积呈逐年下降趋势，从 2015 年的 516.43 米²/人逐年下降到 2018 年的 426.85 米²/人。随着国家中部崛起战略的不断深入实施，长江中游城市群用地投入产出效益将进一步提升。

（3）政策建议

第一，严控建设用地总量，提升土地开发强度。充分考虑长江中游城市群内不同地区经济发展水平，对于经济水平较高的地区从严控制开发强度，充分发挥开发强度控制的引导作用，促进产业结构升级优化；对于开发强度较低的地区，提升国土开发强度，同时提高土地利用效率，增强国土开发与经济增长之间的协调性。强化不同区域差别化的土地调控政策，创新土地开发利用策略，以促进长江中游城市群形成功能互补、结构合理的城市体系和结构。

第二，发挥市场在土地资源配置中的作用，加强存量建设用地挖潜，提高城市用地管理水平。探索土地利用市场的市场机制，不断完善区域差别化的土地调控政策，严格控制新增城乡建设用地，将建设用地分配同不同地区特色发展相适应，兼顾经济发展需求和生态安全需要，全面推进用地的高效化。深度完善城乡建设用地增减挂钩政策，通过合村并居、建设用地空间整合、土地承包经营权流转等手段，积极推动建设用地盘活利用、农业生产专业化和集约化发展。

5. 成渝城市群

（1）基本情况

成渝城市群是西部大开发的重要平台，是长江经济带的战略支撑，也是国家推进新型城镇化的重要示范区。2018 年，中共中央、国务院明确要求以重庆、成都为中心，引领成渝城市群发展，带动相关板块融合发展，使成渝地区成为具有全国影响力的重要经济中心、科技创新中心、改革开放新高地、高品质生活宜居地，助推城市高质量发展。本次对成渝城市群的分析包括重庆以及四川成都、达州、德阳、广安、乐山、泸州、眉山、绵阳、南充、内江、遂宁、雅安、宜宾、资阳、自贡等 16 个城市。

截至 2018 年底，成渝城市群 16 个地级以上城市土地总面积为 23.95 万平方公里，其中建设用地面积为 2.21 万平方公里，国土开发强度为 9.23%，比 2015 年提升了 0.34 个百分点；常住总人口为 1.00 亿人，比 2015 年末增加了 191.66 万人；城镇常住人口为 0.58 亿人，比 2015 年末增加了 546.76 万人；城镇化率为 57.66%，比 2015 年提高了 0.79 个百分点；GDP 为 5.75 万亿元，比 2015 年末增加了 0.40 万亿元；常住人口人均 GDP 为 5.74 万元，比 2015 年末增加了 1.09 万元。2018 年成渝城市群各城市建设用地节约集约利用状况分布见图 24。

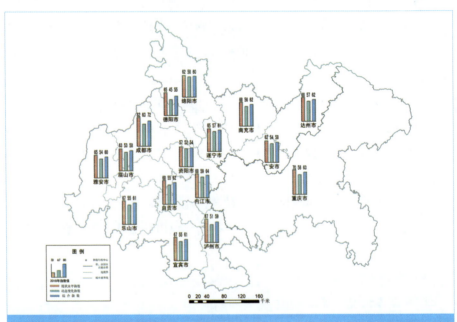

图 24　2018 年成渝城市群建设用地节约集约利用状况分布

（2）现状格局与特征

成渝城市群处于全国"两横三纵"城市化战略格局沿长江通道横轴和包昆通道纵轴的交汇地带，是全国重要的城镇化区域，具有承东启西、连接南北的区位优势。自然禀赋优良，综合承载力较强，交通体系比较健全。近年来成渝城市群全面融入"一带一路"和长江经济带建设，建设用地节约集约利用水平总体处于全国中上游。2018年成渝城市群建设用地节约集约利用现状水平指数均值为68.59，比2015年排名提升了1位；节约集约利用动态变化趋势指数均值为54.48，比2015年排名下降了6位；节约集约利用综合指数均值为61.54，比2015年末排名下降了1位（见表14）。

表14　2018年成渝城市群建设用地节约集约利用状况排名

城市	现状水平指数及排名		动态变化指数及排名		综合指数及排名	
	指数	排名	指数	排名	指数	排名
重庆市	69.76	54	55.61	104	62.69	66
成都市	81.69	15	62.88	16	72.29	12
自贡市	68.21	72	55.30	109	61.75	85
泸州市	66.51	103	50.54	257	58.52	166
德阳市	65.08	125	45.00	294	55.04	247
绵阳市	62.28	175	58.07	63	60.18	122
遂宁市	65.25	122	57.47	72	61.36	92
内江市	68.07	76	59.40	43	63.73	48
乐山市	66.91	94	54.63	130	60.77	104
南充市	67.64	82	56.46	86	62.05	78
眉山市	62.95	160	52.63	198	57.79	184
宜宾市	67.01	93	55.11	116	61.06	99
广安市	61.83	187	53.81	153	57.82	183
达州市	68.28	70	56.51	84	62.40	71
雅安市	65.08	126	54.37	137	59.72	132
资阳市	56.82	253	51.66	230	54.24	259
指数均值	68.59	5	54.48	10	61.54	6

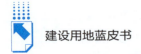

成渝城市群建设用地节约集约利用主要呈现以下特征。

第一，建设用地节约集约利用现状水平高于全国平均水平，城市群内部中心与外围城市分异特征明显。2018年成渝城市群16个地级以上参评城市建设用地节约集约利用现状水平指数均值为68.59，高于全国平均水平2.75，列19个城市群的第5位，集聚了全国地级以上参评城市建设用地节约集约利用现状水平50强城市中的1席，100强城市中的8席。城市群内部城市间差异明显，成都和重庆两个中心城市优势突出。除成都和重庆两个中心城市分别名列参评地级以上城市的第15位和第54位外，达州、自贡、内江、南充、宜宾、乐山等6个城市列参评地级以上城市的前100位，其余8个城市由于城市规模较小、经济发展水平相对偏弱，建设用地节约集约利用现状水平排名均在100位之后，其中资阳相对较低，列第253位。

第二，建设用地节约集约利用动态变化趋势指数处于全国中游水平，年际呈下降趋势。2018年成渝城市群16个地级以上参评城市建设用地节约集约利用动态变化趋势指数为54.48，列全国19个城市群第10位，排名比2015年下降了6位。从内部分异上看，成都、内江、绵阳、遂宁、达州、南充等6个城市名列全国参评地级以上城市前100强，重庆、自贡、宜宾、乐山、雅安、广安、眉山、资阳、泸州、德阳10个城市列全国100位之后。

第三，建设用地节约集约利用综合水平略高于全国平均水平，中心—外围分异特征明显。2018年成渝城市群16个地级以上参评城市建设用地节约集约利用综合指数均值为61.54，高于全国平均水平1.17，居19个城市群第6位，比2015年综合指数排名下降了1位。占据全国参评地级以上50强城市中的1席、百强城市中的8席。除成都中心城市优势比较突出，排名第12位，内江、重庆、达州、南充、自贡、遂宁、宜宾等7个城市排名在百强之内以外，其余8个城市建设用地节约集约利用综合水平排名在100位之后，其中资阳排名第259位，建设用地节约集约利用综合水平呈现比较明显的"心外围"特征。

第四，人口城镇化快于土地城镇化，人口增长耗地偏高，人地协调关系有待改善，单位地区生产总值耗地下降明显趋势向好。2015~2018年成渝城市群城镇常住人口与城镇工矿用地增长弹性系数为1.47，城镇化进程中城镇常住人口增长速度快于城镇工矿用地增长速度。从年际变化看，除了2015年弹性系数小于1外，2016~2018年弹性系数均高于1。2015~2018年城镇常住人口增速为1.27、3.50、3.29、3.68，城镇工矿用地增速为3.60、2.42、2.76、2.51，除了2015年人口增速慢于城镇工矿用地增速外，2016~2018年人口增速均快于城镇工矿用地增速，特别是2018年城镇常住人口增长速度快，弹性系数上升到1.58。2015~2018年单位人口增长消耗新增城乡建设用地平均达584.88米²/人，其中2018年高达788.84米²/人。人口增长消耗新增城乡建设用地量仍偏大。单位GDP增长消耗新增城乡建设用地面积为6.35公顷/万元，比2015年减少了3.36公顷/万元。2018年成渝城市群常住人口与城乡建设用地弹性系数为0.25，新型城镇化发展质量有待于进一步改善提升，人地关系有待进一步协调。

（3）政策建议

第一，优化城市空间布局，坚持规划引领。以培育发展西部城市群为导向，强化创新驱动、夯实产业基础，优化整合城市群内各类资源要素，重点提升重庆、成都两大核心城市辐射带动作用。科学编制国土空间规划，积极支持区域中心城市培育壮大，引导促进大中小城市和小城镇协调发展，增强人口经济集聚能力，加快形成结构合理、功能完备的城镇体系，深入推进城乡一体化发展，着力提升区域整体竞争力。

第二，坚持"控制总量、优化增量、盘活存量、用好流量、提升质量"的发展思路，在更高水平上推进土地节约集约利用。成渝城市群受地形地貌等自然区位条件影响较大，应在全面开展建设用地节约集约利用评价的基础上，严格控制建设用地总量，深入推进存量盘活挖潜和低效用地再开发等工作，不断完善城市群内低效和闲置土地退出机制。积极探索通过多元主体参与城镇低效用地再开发工作的模式，全面提升效率，促进土地利用的集约与高效。

19个城市群城市名单及经济社会基本情况见表15。

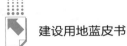

城市群	城市	城市数量（个）	建设用地面积（万平方公里）	国土开发强度（%）	常住总人口（亿人）	城镇化率（%）	GDP（万亿元）	人均GDP（万元）
								表15 19个城市群城市名单及经济社会基本情况
京津冀	北京市、天津市、石家庄市、唐山市、秦皇岛市、邯郸市、邢台市、保定市、张家口市、承德市、沧州市、廊坊市、衡水市	13	3.04	14.02	1.13	65.88	8.44	7.49
长三角	上海市、南京市、无锡市、常州市、苏州市、南通市、盐城市、扬州市、镇江市、泰州市、杭州市、宁波市、嘉兴市、湖州市、绍兴市、金华市、舟山市、台州市、合肥市、芜湖市、马鞍山市、铜陵市、安庆市、滁州市、池州市、宣城市	26	3.97	18.37	1.54	71.94	17.86	11.60
珠三角	广州市、深圳市、珠海市、佛山市、江门市、肇庆市、惠州市、东莞市、中山市	9	1.02	18.59	0.63	85.90	8.10	12.88
成渝	重庆市、成都市、自贡市、泸州市、德阳市、绵阳市、遂宁市、内江市、乐山市、南充市、眉山市、宜宾市、广安市、达州市、雅安市、资阳市	16	2.21	9.23	1.00	57.66	5.75	5.74
长江中游	南昌市、景德镇市、萍乡市、九江市、新余市、鹰潭市、吉安市、宜春市、抚州市、上饶市、武汉市、黄石市、宜昌市、襄阳市、鄂州市、荆门市、孝感市、荆州市、黄冈市、咸宁市、长沙市、株洲市、湘潭市、衡阳市、岳阳市、常德市、益阳市、娄底市	28	3.61	10.33	1.30	60.07	8.46	6.50

续表

城市群	城市	城市数量（个）	建设用地面积（万平方公里）	国土开发强度（%）	常住总人口（亿人）	城镇化率（%）	GDP（万亿元）	人均GDP（万元）
哈长	长春市、吉林市、四平市、辽源市、松原市、哈尔滨市、齐齐哈尔市、大庆市、牡丹江市、绥化市	10	1.86	6.65	0.46	49.92	2.54	5.52
辽中南	沈阳市、大连市、鞍山市、抚顺市、本溪市、丹东市、锦州市、营口市、辽阳市、盘锦市	10	1.20	12.61	0.33	70.93	2.30	7.00
山东半岛	济南市、青岛市、淄博市、枣庄市、东营市、烟台市、潍坊市、济宁市、泰安市、威海市、日照市、临沂市、德州市、聊城市、滨州市、菏泽市	16	2.88	18.48	1.00	61.08	7.79	7.76
海峡西岸	温州市、衢州市、丽水市、福州市、厦门市、莆田市、三明市、泉州市、漳州市、南平市、龙岩市、宁德市、鹰潭市、赣州市、抚州市、上饶市、汕头市、梅州市、潮州市、揭阳市	20	1.96	7.18	0.93	61.26	5.88	6.35
关中平原	运城市、临汾市、西安市、铜川市、宝鸡市、咸阳市、渭南市、商洛市、天水市、平凉市、庆阳市	11	1.14	7.04	0.45	53.52	2.08	4.62
中原	邯郸市、邢台市、长治市、晋城市、运城市、蚌埠市、淮北市、阜阳市、宿州市、亳州市、聊城市、菏泽市、郑州市、开封市、洛阳市、平顶山市、安阳市、鹤壁市、新乡市、焦作市、濮阳市、许昌市、漯河市、三门峡市、南阳市、商丘市、信阳市、周口市、驻马店市	29	4.47	15.64	1.63	51.33	7.19	4.41

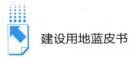

续表

城市群	城市	城市数量（个）	建设用地面积（万平方公里）	国土开发强度（%）	常住总人口（亿人）	城镇化率（%）	GDP（万亿元）	人均GDP（万元）
山西中部	太原市、晋中市、忻州市、吕梁市	4	0.40	5.74	0.15	61.96	0.77	5.21
呼包鄂榆	呼和浩特市、包头市、鄂尔多斯市、榆林市	4	0.55	3.17	0.12	70.65	1.35	11.71
北部湾	湛江市、茂名市、阳江市、南宁市、北海市、防城港市、钦州市、玉林市、崇左市、海口市、儋州市	11	1.07	9.35	0.41	50.75	1.96	4.76
黔中	贵阳市、遵义市、安顺市、毕节市	4	0.37	5.01	0.20	54.42	0.95	4.69
滇中	昆明市、曲靖市、玉溪市	3	0.36	5.57	0.15	59.70	0.87	5.67
兰州—西宁	兰州市、白银市、定西市、西宁市、海东市	5	0.34	4.58	0.12	59.21	0.53	4.39
宁夏沿黄	银川市、石嘴山市、吴忠市、中卫市	4	0.27	6.51	0.06	63.50	0.34	6.11
天山北坡	乌鲁木齐、克拉玛依	2	0.19	8.70	0.04	62.76	0.44	9.99
19个城市群	—	217	29.63	10.37	11.16	62.43	81.81	7.33

探索实践篇

Exploration and Practice

B.9

产业用地全生命周期管理实践及理论模式研究

——以江苏省为例

周小丹 陆春锋 施海霞 贾文慧[*]

摘　要： 产业用地全生命周期管理是优化土地资源要素配置、提升集约利
用水平的重要途径。本报告从企业生命周期、产业用地管理周
期两个维度测算产业用地全生命周期，并运用非线性回归模型识

---

* 周小丹，江苏省国土资源研究中心高级工程师，研究方向为国土资源利用与评价、土地政
策研究；陆春锋，江苏第二师范学院高级工程师，研究方向为土地利用与规划、国土资源
评价及管理政策研究；施海霞，江苏省土地勘测规划院高级工程师，研究方向为土地调查
与评价、土地资源利用与管理理论及政策研究、土地资源管理宏观形势分析等；贾文慧，
江苏省土地勘测规划院工程师，研究方向为土地调查与评价、土地资源利用与管理理论及
政策研究。

别生命周期阶段，分析产业用地供应准入阶段、效益评价阶段和权益退出阶段全过程管理的实践经验和现实矛盾，探索基于生命周期的产业用地集约利用水平评价方法。研究结果表明：研究区66.1%的企业生命周期不超过 5 年，99.6%的企业生命周期不超过 30 年；产业用地集约利用水平随着企业生命周期的演变呈先升后降的变化态势，衰退阶段产业用地利用效率低；研究区企业生命周期与土地供应年期不同步、供后监管主体难落实、盘活退出机制难推进等现实矛盾突出，应结合企业生命周期阶段特征实施弹性供地和差别化管理政策。

关键词：　全生命周期管理　产业用地　集约利用　管理模式　江苏省

生命周期起源于生物学内涵，生物体经历出生、成长、成熟、衰老、死亡等生命历程。相对于生物生命周期，企业的发展也表现出成立、成长、成熟和衰退的演变过程，形式上与生物生命周期相似[1]，但在内涵上又区别于生物学定义[2]。相对于生物体生老病死的必然法则，企业的消亡并非不可避免，可以通过企业经营改善或再生产等方式持续经营[3]；而且企业经营阶段并非固定不变，部分企业因经营不善或市场问题出现短时间消亡的现象。生命周期管理（LCM）是基于生命周期评价原则与框架的一种环境管理手段或环境管理体系（EMS），联合国环境规划署（UNEP）和国际环境毒理学与环境化学学会（SETAC）于 2002 年启动了生命周期行动，对生命周期管理进行了深入全面的研究。[4]产业用地是企业生产活动的空间载体，企业生命周期的演变过程对产业用地的利用效率具有直接的影响，处于成长期或成熟期的产业用地经济效益显著高于衰退期。因此，为了延续企业生命周期、有效提升产业用地集约利用水平，实现土地资源的合理配置，有必要开展产业用地全生命周期管理研究。本报告以江苏省为例，客观评价不同行业企业生命周期，总结产业用地全生命周期管理实践经验，剖析现实问题，并从政府调控、市场调节两个维度提出产业用地全生命周期管理的理论模式，为产业用地全生命周期管理政策的制定提供参考依据。

一 江苏省工业企业生命周期现状

（一）资料来源和调查方法

（1）研究调查了江苏省注销企业信息，共收集 18055 家企业数据，其中有效样点工业企业 10508 家。注销企业信息包括企业位置、企业名称、行业类型、成立时间、注销时间等。通过注销企业数据调查，掌握全省典型地区分行业企业实际经营周期。

（2）研究采用问卷调查的方式，以县（市、区）为调查单元，每个调查单元选取 10 家以上典型企业，共收集 2356 家企业数据，其中有效样点工业企业 2084 家。通过现场访谈和电话访谈的方式详细调查样点企业经营状况，包括企业基本概况、近 5 年产出情况、产业用地出让年期、预期经营生命周期等信息，以掌握工业企业经营状况和发展态势。

（二）企业生命周期测算方法

企业生命周期是企业成长与发展的动态轨迹，包括成立、成长、成熟、衰退几个阶段。从狭义的角度分析，企业生命周期可以认定为法定意义的存续时长，即可以通过企业注册登记时间和注销登记时间来确定。从广义的角度分析，企业生命周期不仅是单一企业的存续时间，同时还应关注企业创立前期准备阶段以及注销后期的资产处置或转产、产业升级等。广义的企业生命周期更长，可从经营主体、经营对象角度进行测算，存在三种不同类型：一是同一经营主体的不同经营对象的运行轨迹周期；二是同一经营对象的不同经营主体的运行轨迹周期；三是同一经营主体同一经营对象的运行轨迹周期。广义内涵类型多样，测算规则不易确定，部分学者通过调查对企业存续时间的认知来确定企业生命周期。[5-6] 广义内涵测算的生命周期结果受被访者对象、认知差异影响大，因此，本报告从狭义角度确定企业生命周期。

研究中行业类别代码参照《2017 年国民经济行业分类》(GB/T 4754—2017),工业行业类别代码涵盖 13~43,共计 30 种[①]行业类别。

(三)江苏省工业企业生命周期测算

1. 基于全省注销企业调查样点数据

研究收集了江苏省注销企业样点数据,按不同地区、不同行业测算样点企业生命周期。经测算,研究区工业企业平均生命周期仅为 5.17 年,存续时间最长为 48 年,最短不足 1 年。注销企业中占比最高的生命周期为 1 年,中位数是 4 年(见图 1)。按周期年限由小到大排序,累计占比达到 80% 时,工业企业生命周期仅 8 年。由统计分析可知,研究区注销企业的生命周期集中分布在 5 年内,累计占比达 66.1%。当生命周期达到 30 年时,企业累计占比达 99.6%,仅 0.4% 的企业经营年限超过 30 年。

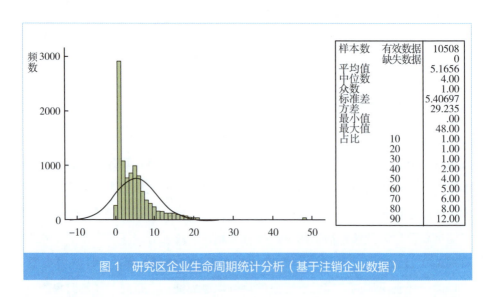

图 1 研究区企业生命周期统计分析(基于注销企业数据)

基于行业分析,黑色金属冶炼和压延加工业(31)企业的平均生命周期最长,为 11.05 年;其次为印刷和记录媒介复制业(23),企业的平均生命周期为 10.12 年;而家具制造业(21)企业的平均生命周期最短,仅为 3.10 年(见图 2)。

---

① 由于缺少烟草制品业的数据,故以下分析不包含该行业。

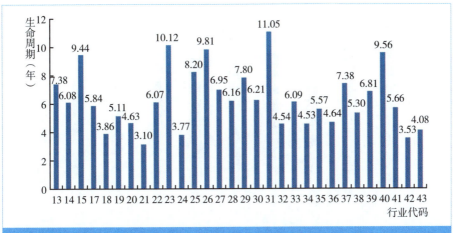

图2 研究区工业企业生命周期分行业统计（基于注销企业数据）

基于地区分析，由于有效样本数地区差异较大，将样本数量级相近的地区分组类比分析。常州市、盐城市有效样本数量大，同组比较分析可知，常州市企业的平均生命周期为7.45年，远高于盐城市（3.31年）；南通市、无锡市、徐州市有效样本数接近，企业的平均生命周期表现为无锡市（12.06年）＞南通市（6.85年）＞徐州市（5.24年）；连云港市、泰州市、淮安市、苏州市有效样本数接近，企业的平均生命周期表现为苏州市（9.11年）＞淮安市（7.58年）＞泰州市（6.47年）＞连云港市（4.51年）。综合三组数据，工业企业生命周期总体表现为苏南地区＞苏中地区＞苏北地区。

2. 基于典型企业调查样点数据

研究收集了各设区的市典型企业问卷调查数据，它们均为在业企业。截至2020年，研究区典型企业的平均经营年限为11.80年，最长经营年限达到70年。从地区分布分析，无锡市典型企业的平均经营年限最长（15.00年）、淮安市最短（9.58年）（见图3）。研究区样本标准偏差为7.16年，各设区的市离散程度接近，标准偏差位于5~9年。

3. 多口径生命周期测算结果对比分析

研究运用注销企业数据以及典型企业调查样点数据分别测算了企业生命周期，结果表明，基于典型企业数据测算的平均生命周期较长（11.80年）。一是

图3　研究区典型企业经营年限统计（截至 2020 年）

由于大部分典型企业经营状况较好，企业发展态势在各个县（市、区）中处于中上水平；二是由于典型企业样点数据较少，而注销企业样点数据较多，尤其是小微企业数量多但生命周期短，因而基于注销企业数据测算的生命周期较短。

江苏省于 2016 年开展了工业用地产业类型与土地资源配置关系研究，通过典型开发区调查测算了基于地方认知的工业企业生命周期，江苏省工业企业平均生命周期为 19.1 年[6]，该研究调查对象集中在典型开发区，样本经营状况处于全省中上水平，且测算数据是基于地方认知预估的，主观因素影响较大。

综合上述多口径测算结果，基于注销企业的生命周期能较为客观地反映工业企业的真实运营情况，即能反映工业企业尤其是小微企业的生命周期演变特征。

二　基于生命周期阶段识别的集约利用评价

（一）生命周期阶段识别方法

企业生命周期发展理论将企业划分为成立、成长、成熟、衰退四个阶段，不同阶段企业经营状况及发展需求存在差异，阶段异质性必然导致产业用地管理内容和矛盾的差异。因此，无论是基于企业发展需求，抑或是基于产业用地管理需求角度，企业生命周期的阶段判定尤为关键。然而由于企业生命周期是一个动态的演变过程，企业的存续周期具有不确定性，在不具备完整演变过程的情况下，很难准确评定或划分生命周期演变阶段。王聪聪等从企业规模、发展潜力两个角度采用多因素综合评价法判定企业生命周期[7]；Deangelo等则运用企业现金流组合分析法、增长率法定量判定企业演变阶段[8]。但是由于企业的经营、投资、筹措等现金流数据获取相对困难，增长率法不符合企业非线性变化规律，因此，研究基于企业近几年的经营状况数据，通过构建非线性数学模型模拟其演变规律[9]，进而判定该企业处于的生命周期阶段。

（1）假定企业经历了成立、成长、成熟、衰退全生命周期，则可以采用一元二次数学模型进行模拟，数学模型如式（1）所示：

$$y = at^2 + bt + c \qquad (1)$$

式中，y 表示企业销售收入；t 表示企业经营年限；a、b、c 表示常数。

如图4所示，企业销售收入随时间呈现先增长后减少的变化趋势，随着曲线的波动，企业经历了成立、成长、成熟、衰退阶段。k_1、k_2 分别表示企业销售收入波动的极小值、极大值。

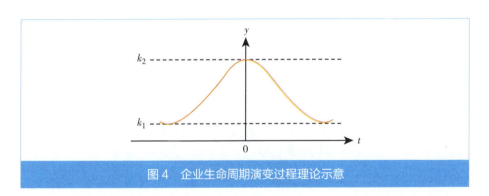

图4　企业生命周期演变过程理论示意

（2）假定企业数据仅表征短期内变化趋势，无法呈现企业生命周期时，可以采用式（2）进行模拟判定：

$$y = k + a \times b^t \qquad (2)$$

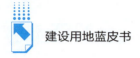

式中，y 表示企业销售收入；t 表示企业经营年限；a、b 表示常数。k 表示企业销售收入波动的极值。

如图 5 所示，不同阶段企业演变曲线呈显著差异。具体表现为：当 $a > 0$ 且 $b > 1$ 时，企业位于成长阶段，产业用地集约利用水平呈增长趋势；当 $a < 0$ 且 $0 < b < 1$ 时，企业位于成熟阶段，产业用地集约利用水平高；当 $a < 0$ 且 $b > 1$ 时，企业位于衰退阶段，产业用地集约利用水平趋于下降；当 $a > 0$ 且 $0 < b < 1$ 时，企业将被淘汰，产业用地集约利用水平下降较快。

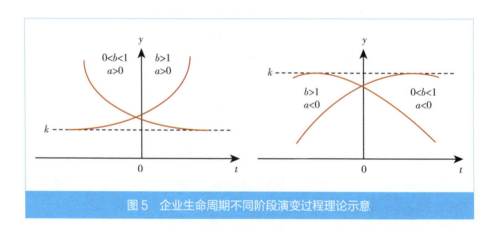

图 5　企业生命周期不同阶段演变过程理论示意

（二）产业用地集约利用水平评价

研究调查了典型企业 2015~2019 年的销售收入，经营状况数据周期仅 5 年，因此，阶段识别时不宜采用全生命周期评价方法。研究采用短期指数非线性回归分析法，运用 SPSS 软件拟合典型企业回归模型，识别企业所处的生命周期阶段，并基于生命周期阶段评价产业用地集约利用水平。

测算结果表明，通过指数模型可以定量评定企业生命周期阶段（见表 1）。其中，典型企业 6 和典型企业 8 处于衰退阶段（$a < 0$ 且 $b > 1$），产业用地集约利用水平呈下降趋势；典型企业 2 处于成熟阶段（$a < 0$ 且 $0 < b < 1$），产业用地集约利用水平高；其余 5 家典型企业均处于成长阶段，发展势头良好，产业用地集约利用水平呈增长态势。

典型企业序号		1	2	3	4	5	6	7	8
县级行政区		南通启东市	泰州海陵区	无锡锡山区	淮安淮阴区	南通开发区	泰州姜堰区	无锡新吴区	淮安洪泽区
注册资金（万元）		2235	10080	10000	9638	80000	2596	6861	6255
行业类别		27	38	37	18	26	33	39	38
经营时长（年）		10	10	10	10	20	20	20	20
土地规模（公顷）		5.20	2.85	3.32	5.27	54.00	10.55	5.75	13.33
销售收入（万元）	2015 年	7646	5645	153065	4870	179713	17921	26657	12628
	2016 年	10325	6128	133979	4403	208864	17557	28250	130063
	2017 年	12857	8998	180115	4141	316095	17350	24217	13196
	2018 年	11641	9747	185470	5127	440229	17148	27955	11938
	2019 年	17586	2604	322823	5696	389836	14059	40512	10021
模型参数	k	5.256E+03	6.636E+03	1.487E+05	4.499E+03	−4.203E+07	1.767E+04	2.645E+04	6.613E+04
	a	2.294E+03	−96.047	180.130	2.616	4.214E+07	−0.475	0.053	−5.952E+03
	b	1.385	0.375	3.951	3.426	1.002	5.972	12.157	1.606
阶段识别		成长阶段	成熟阶段	成长阶段	成长阶段	成长阶段	衰退阶段	成长阶段	衰退阶段
集约利用水平		增长	高	增长	增长	增长	下降	增长	下降

表 1　典型企业生命周期阶段识别

注：泰州姜堰区的注册资金为 2596 美元。

三　产业用地全生命周期管理目标及问题剖析

基于企业生命周期测算和阶段识别可知，研究区工业企业平均生命周期短，经历成立、成长、成熟和衰退四个阶段，不同阶段企业的运营状况、产业用地集约利用水平差异显著，为了使产业用地资源配置与企业经营状况相匹配、相适应，有必要对不同生命周期阶段提供针对性服务支持、差别化管理政策。

（一）产业用地阶段管理目标

对应企业成立、成长、成熟、衰退不同成长阶段，产业用地全生命周期管理则从供地、监管、权益退出等环节配套相应管理政策（见图6）。

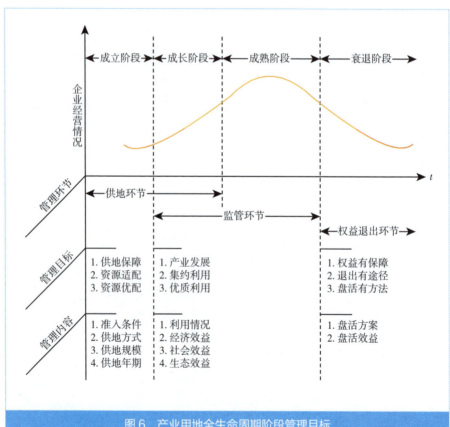

图6 产业用地全生命周期阶段管理目标

在企业成立阶段，为了确保企业落地，在准入条件审核的基础上，明确供地方式、规模和年期等内容，并配套差别化供地政策，确保企业合理用地，实现土地资源在规模、类型等方面的适配和优配。在企业进入成长阶段，经营效益快速增长，部分企业面临升级扩容需求，则需要延续提供供地政策，但其余成长阶段的产业用地则更应从监管的角度配套管理政策。在企业进入成熟阶段，经营体制、市场环境整体趋于平稳，产业用地主要从监管角度管理。产业用地监管往往发生在成长阶段、成熟阶段的企业，通过客观评价利用情况、经济效益、社会效益和生态效益，为企业产业发展提供政策保障，通过监管推动企业良性发展，实现资源的集约利用和优质利用。在企业进入衰退阶段，企业经营面临效益低下、生存环境恶劣等负面情境，此时，产业用地管理则从优化盘活方案角度出发，通过企业权益退出或转型升级等多种途径盘活低效产业用地，为了保障原土地使用权人的合法权益，必须制定相关的政策保障权益不受损，且土地资源利用更充分、效益有提升。

（二）产业用地全生命周期管理实践问题剖析

江苏省工业经济活跃，产业用地需求旺盛。为了推动产业用地提质增效，近几年开始探索全生命周期管理，实践中存在一些问题亟待解决。

1. 企业生命周期与土地供应年期不同步

由江苏省产业用地全生命周期现状分析可知，企业生命周期与区域经济发展水平、企业规模、行业类型等因素紧密相关，基于江苏省注销企业调查数据分析，研究区平均生命周期仅为 5.17 年，超过 99% 的样点企业生命周期不足 30 年。现行法律规定，工业用地出让最高年限为 50 年，长期以来工业用地出让年期定为 50 年。企业生命周期与土地供应年期的不同步，意味着当企业到达了其生命周期的消亡阶段，但是由于土地使用权尚未到期，企业依然占据地块，导致地块被低效利用甚至闲置。

2. 供后监管主体难落实

供后监管是提升建设用地集约利用水平的重要保障，也是全生命周期管理的重要环节。虽然供后监管意识逐步加强，但是在实践中，由于企业经营过程中涉及经济、税务、环保等各类主管部门，仅将自然资源部门或者开

发区管委会作为监管主体，很难全方位监管企业的生产经营状况，监管力度弱。因此，需要由政府明确监管主体并提供与之相匹配的行政职权和政策措施。

3. 盘活退出机制难推进

部分企业存在投资强度不大、产出效益不高、税收贡献不足等问题，特别是在经济形势不景气的情况下，部分企业还存在停产、半停产，利用土地不充分的情况。低效用地再开发的全面推进为产业用地权益退出搭建了一个比较完善的政策体系，但是在实施过程中，盘活意愿低、成本高、途径单一、市场不活跃等因素加大了低效用地再开发的难度，导致大量低效用地无法有效盘活利用，建设发展空间仍然占据大量新增用地，存量低效利用和增量空间不足的矛盾无法得到有效缓解。由于缺乏相应的政策支撑，产业用地无法通过行政或法律手段进行强制干预，而只能采取引导使用、协商回购等方式加以处理，加大了低效用地的处理难度。

四 产业用地全生命周期管理模式构建

（一）产业用地全生命周期影响因素分析

产业用地全生命周期管理实施成效从内因分析受制于企业内部经营环境，从外因分析则受制于市场经济环境和政策管制环境，由于内因是企业的个别性因素，外因则是地区宏观政策体系制定过程中的主控因素，因此，研究从市场调节和政府调控两大环境分析产业用地全生命周期影响因素。

1. 市场经济环境

市场经济环境是产业用地实现有效开发利用并获取价值显化的重要外部宏观因素。良好的市场经济环境能够为企业发展提供良性的竞争市场，通过市场的正向反馈效应，实时调整企业内部经营环境，激发企业产品生命力，从而延长产业用地全生命周期；反之，市场经济环境较差，企业市场不能得到有效培育，需求市场萎缩必然导致企业发展受阻，在负向反馈作用下企业发展轨迹逐步走向衰退，产业用地全生命周期大大缩短。

2. 政策管制环境

资源禀赋、生产条件、市场需求存在空间不均衡性特点，完全依赖市场经济调控必然会导致空间极化现象更加严重。部分地区过度开发，造成开发强度超过土地承载能力，增值效应逐步减小，资源不能得到有效配置；部分地区则成为发展洼地，资源效应未能得到有效开发利用。通过构建良好的政策管制环境，采用供地、财税、监管、开发补偿等政策途径，能够实现产业用地综合效益的可持续提升。

（二）产业用地全生命周期管理理论模式

研究将市场经济环境简化为强、弱两种情境。市场调节作用强的情境特征表现为：社会经济及其运行状况良好，经济总量高且增幅平稳，产业经济结构合理，资源稀缺性显著，二级市场活跃，市场需求旺盛，价格调节作用显著。市场调节作用弱的情境特征表现为：产业经济尚处于培育期，产业特色和结构仍处于构筑阶段，市场需求相对较少，土地供给以一级市场为主，二级市场不活跃，价格调节作用弱。

研究将政府管制环境简化为强、弱两种情境。政府调控作用强的情境特征表现为：政府主导型特征明显，具有较强的政策执行力，且在政策体系的制定和管理上具有一定的积累。政府调控作用弱的情境特征表现为：政策执行力弱，政策管理与实际需求不匹配，导致政策实施不到位或政策管控缺失。

以市场经济环境和政策管制环境不同情境建立关联矩阵（见表2），形成创新型、开拓型、平稳型、保守型四类产业用地全生命周期管理模式。

表2　产业用地全生命周期管理模式关联矩阵		
政府调控＼市场调节	强	弱
强	创新型	平稳型
弱	开拓型	保守型

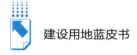

1. 创新型管理模式

该模式下，区域市场调节作用强、政府调控作用强。资源市场需求旺盛，在产业经济发展方面具备较强的选择权。因此，加强全生命周期管理有助于推进区域产业的转型升级，对短期内可能存在的产业流失风险具有较大的承受力。创新型管理模式下，供地环节应提高准入标准、全面开展弹性供地政策；监管环节应扩大监管内容的范围，强化监管的预警功能，实现提前干预调控的目的；权益退出环节应创新盘活途径，从规划、财税、政策扶持等方面实现多途径、多类型的低效用地再开发。

2. 开拓型管理模式

该模式下，区域市场调节作用强、政府调控作用弱。资源市场需求旺盛，区域经济条件一般较好，二级市场活跃，政府管控相对较弱，强调以市场调节为主，探索适合市场主体运营的经济体系。市场导向下的产业用地全生命周期与经济效益直接挂钩，对企业经营以及后期的盘活退出具有很好的推动作用，经济利益驱动下会自发地提升产业用地利用效率、优化产业用地配置，但是也可能会带来逐利下的虚假经济、资源流失或市场失控等负面效应。开拓型管理模式下，总体应强化政策的适当引导，在原则性问题上制定政策框架，限定管理的底线和上线。供地环节应优化不同用途、类型供地的弹性政策；监管环节，应结合考评结果加大财税及其他奖惩政策的落实力度，显化政策的经济效益；权益退出环节，应充分发挥市场主体的再开发作用，明确再开发原则，给予充分的弹性空间，由市场推动自主开发。

3. 平稳型管理模式

该模式下，区域市场调节作用弱、政府调控作用强。区域政策的执行力度强，市场经济对政府的依赖性大，地区产业经济仍处于成长阶段或区域竞争优势不明显，政策的调整对企业经济运营影响较大，因此，应遵循逐步推进的原则加强前后政策的衔接性，弹性空间不宜过大。平稳型管理模式下，供地环节，应注重产业准入审核，做好源头把控，加大对生命周期较长、综合效益较高企业的政策扶持力度；监管环节应发挥政府强执行力的优势，做好产业用地利用强度和综合效益评价工作，并建立动态反馈预警机制，对实施效益较好的产业用地实施政策给予奖励；权益退出环节应强调政府的主导功能，结合"城市更新""三旧改造"，以政府收储回购等方式实施低效用地再开发，并完善权益退出的实施计划和相关制度。

4. 保守型管理模式

该模式下，区域市场调节作用弱、政府调控作用弱。该区域经济欠发达，产业经济竞争优势不突出，政策对产业经济发展的引导作用弱，应侧重社会效益和生态效益评价，不能将企业生命周期局限于经济效益，在政策导向上更应以扶持为主，同时做好资源的集约利用。保守型管理模式下，供地环节应注重产业用地的准入审核，严格禁止类、环境污染类、危险类产业进入，弹性设定区域准入标准；监管环节应加强达产评价和综合效益评价，强调社会效益和生态效益的重要性；权益退出环节应以政策鼓励为主，尊重原土地使用权人意愿，通过政策扶持激发原土地使用权人自主开发，实现产业用地的提质升级。

五　研究结论和措施建议

（一）研究结论

研究通过调查注销企业样点数据以及典型企业经营状况，分析不同地区、不同行业工业企业生命周期，基于生命周期阶段识别评价产业用地集约利用水平，并从不同生命周期阶段产业用地管理需求角度出发，梳理产业用地全生命周期阶段管理目标，剖析研究区管理实践存在的问题，从市场调节与政府调控两个维度构建理论模式。具体研究结论如下。

（1）基于注销企业调查样点数据分析，研究区工业企业平均生命周期仅为 5.17 年，最长存续时间为 48 年，66.1% 的企业生命周期不超过 5 年，99.6% 的企业生命周期不超过 30 年。

（2）基于典型企业调查样点数据分析，研究区中上水平优质企业平均经营年限为 11.80 年，大于注销企业样点数据测算结果。

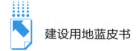

（3）运用非线性回归模型识别在业企业生命周期阶段。当经营年限达到10年时，样点企业生命周期大部分处于成长阶段、成熟阶段；当经营年限达到20年时，进入衰退阶段的企业比重开始增加，产业用地集约利用水平趋于下降。

（4）产业用地全生命周期管理应结合企业生命周期演变规律制定不同阶段差别化的管理目标和内容，研究区实践过程中显现出企业生命周期与土地供应年期不同步、供后监管主体难落实、盘活退出机制难推进等现实问题。

（5）市场经济环境和政策管制环境是产业用地全生命周期管理重要的影响因素，从市场调节与政府调控视角下构建创新型、平稳型、开拓型和保守型四类基本理论模式，不同模式下管理需求和目标存在差异。

（二）措施建议

1. 建立"全资源 + 全周期"的产业用地生命周期管理制度

针对"供地、监管、权益退出"三个环节，建立前后衔接的包括土地经济、社会、生态等多种资源属性在内的综合管理制度，坚持体现土地利用综合效益，实现资源节约、生态环保、提质增效、和谐发展的目标；落实好土地利用"全资源"管理，明确建设用地的投入产出、节能环保、促进就业等经济、社会、生态等约束性指标；通过签订"双合同""大合同"等形式实施好土地利用"全周期"管理，监管项目开竣工、投达产、土地利用绩效评估和土地使用权退出的全周期管理；以设区的市为支撑，推进信息数据平台建设，即建设"全资源""全周期"管理的基础数据和管理平台；遵循产业发展和土地利用规律，合理确定弹性出让年期与供应方式，明确政策的法定性和统一性，兼顾地区的差异性和可操作性，制定"全资源 + 全周期"的指导性管理办法。

2. 探索多元化的产业用地供应方式

基于工业企业生命周期规律分析，探索先租后让、租让结合、长期租赁、"10+N"弹性出让等产业用地供应方式。研究结果表明，5年是许多工业企业，尤其是小微企业是否能存续的关键节点，10年是企业逐步发展甚至走向成熟的关键节点；20 年是企业由成熟走向衰退的重要节点；30 年是企业能否实现由衰退走向再开发的新起点。因此，在产业用地弹性供应时，可以结合 5 年、10 年、20 年、30 年四个关键的时间点，创新如 5 年期的先租后让、"10+N"的分段出让、20 年期或 30 年期的弹性年期出让等多种供地方式。

3. 实行工业企业资源节约集约利用综合监管

产业用地全生命周期管理涵盖的内容多、时间长、社会矛盾多，因此，需要从政府层面推动政策的实施，明晰监管责任主体，建立"合同 + 协议"的综合监管模式，构建多部门共同参与的综合评估考核机制，加强对企业投入产出、土地利用、环境保护、安全生产等方面的综合监管，促使企业实现正常生产经营，实现产业转型升级，落实节约集约用地要求，防范闲置和低效利用。

4. 健全低效用地退出机制

客观评价产业用地集约利用现状，识别低效用地影响因素，对由企业个体主观因素造成的闲置或利用效率低下，通过税收、行政执法等管理手段实施倒逼机制，增加低效产业用地持有成本，倒逼企业提质增效；对确由宏观经济调控、市场不景气等非人为因素造成闲置或利用效率低下的，可鼓励其通过转产、"腾笼换鸟"、有偿退出等方式，并制定优惠扶持政策鼓励该类低效、闲置土地加以充分利用。充分发挥市场配置作用，鼓励土地利用不充分、经济效益低的企业通过引入各类市场资本实施低效用地再开发；对于城市区片整体改造、重点工程建设区域，可采用以政府投资为主、融合其他开发主体的方式实施低效用地再开发。

参考文献：

［1］Haire, M., Biological Models and Empirical Histories of the Growth of Organizations. New York John Wiley, 1959.

［2］Gardner, J. W., "How to Prevent Organizational Dry Rot," *Harper's Magazine*, 1965.

［3］魏光兴：《企业生命周期理论综述及简评》，《生产力研究》2005 年第 6 期。

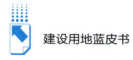
［4］宋常、刘司慧:《中国企业生命周期阶段划分及其度量研究》,《商业研究》2011 年第 1 期。

［5］赵小风、刘梦丽、楼佳俊等:《江苏省工业企业对用地供应方式选择偏好及影响因素——11 个地级市 1300 家企业的调研分析》,《中国土地科学》2019 年第 7 期。

［6］楼佳俊、赵小风、王黎明等:《基于企业生命周期的工业用地供应:以江苏省为例》,《现代城市研究》2017 年第 10 期。

［7］王聪聪、张俊峰、翁煜炜:《基于生命周期理论的产业用地差别化管理研究》,《资源开发与市场》2019 年第 8 期。

［8］Deangelo, H., Deangelo, L., Stulz, R.M., "Dividend Policy and the Earned/Contributed Capital Mix: A Test of the Life-Cycle Theory," *Journal of Financial Economics*, 2006, 81（2）.

［9］熊义杰:《企业生命周期分析方法研究》,《数理统计与管理》2002 年第 3 期。

B.10
"亩均论英雄"的浙江实践

——以"标准地"改革为例

蒋明利　王维维　于梦婵*

摘　要:　进入 21 世纪以来，面对日益趋紧的资源环境约束，浙江省积极
推进"亩均论英雄"改革，建立"亩均效益"综合评价机制，以
提高经济发展的质量和效益。在促进土地资源的节约集约利用方
面，"亩均论英雄"改革直接催生了土地出让环节的"标准地"
改革，推动了土地管理领域的制度创新。本报告以"标准地"改
革为例，介绍了改革实施情况，总结了所取得的成效及存在的问
题，提出了对策建议。

关键词:　"亩均论英雄"　"标准地"改革　土地供应管理　浙江实践

　　浙江省是我国土地面积较小的省份之一，陆域面积在全国 31 个省（自治
区、直辖市）[①] 中排第 25 位。由于土地资源总量受限，加上其"七山一水二
分田"的自然地理特征，浙江省的经济社会发展受资源环境约束严重。同时，
由于中央层面对建设用地指标供应的收紧，对建设用地需求相对旺盛的浙江
省面临明显的建设用地供给紧缺问题。浙江省的人均建设用地面积排在全国

---

*　蒋明利，浙江省自然资源调查登记中心高级工程师，研究方向为土地法规与土地政策、土
地利用与土地管理；王维维，浙江省国土空间规划研究院经济师，研究方向为土地经济与
土地政策、土地利用与土地管理；于梦婵，浙江省国土空间规划研究院助理工程师，研究
方向为土地利用与土地管理。

①　未包含港澳台地区。

第 23 位（以 2016 年为例），远低于全国的平均水平。

面对自身资源要素的制约和中央层面对建设用地指标供应的收紧，浙江省积极探索提高土地资源利用效率、促进土地节约集约利用的路径。2006 年，浙江绍兴首次提出了"亩产论英雄"的理念，坚持以提高"亩产效益"为核心，通过正向激励和反向倒逼，促进企业对土地的集约利用，进而推动经济发展方式的转变。2015 年 9 月，浙江省印发了《关于全面开展县域经济体制综合改革的指导意见》，全面建立以"亩产效益"为导向的资源要素市场化配置机制。2018 年 1 月，浙江省印发了《关于深化"亩均论英雄"改革的指导意见》，将"亩均论英雄"改革上升到政策和制度层面。

一 "亩均论英雄"改革的基本情况

"亩均论英雄"改革是经济领域的系统性改革，它从企业和地区两个层面，通过"亩均效益"综合评价，实现对企业和基层地方政府的正向激励和反向倒逼，进而促进对土地资源利用效率的提高，实现以最少的资源要素投入获得最多的经济、社会、生态效益，推动经济发展方式的转变和经济的高质量发展。

1. 建立"亩均效益"综合评价机制

在全省范围内全面开展企业综合评价，不断建立健全企业"亩均效益"综合评价机制。对规模以上工业企业的综合评价以亩均税收、亩均增加值、全员劳动生产率、单位能耗增加值、单位排放增加值、R&D 经费支出占主营业务收入比重 6 项指标为主，评价结果分为 A、B、C、D 四档；对规模以下工业企业的综合评价以亩均税收等指标为主。对规模以上服务业企业的综合评价以亩均税收、亩均营业收入等指标为主。[1] 同时，开展分行业和分区域（县、市、区）的"亩均效益"综合评价。

2. 推进资源要素市场化配置改革

在企业"亩均效益"综合评价的基础上，依据综合评价的结果，实施城

---

① 参见《浙江省人民政府关于深化"亩均论英雄"改革的指导意见》（浙政发〔2018〕5 号）。

镇土地使用税、用地、用能、用水、碳排放、排污等资源要素差别化政策。同时，推动资源要素区域差别化配置。按照利用效率高、要素供给多的原则，构建年度用地、用能、排放等资源要素分配与各地区的"亩均效益"绩效相挂钩的激励约束机制。对于工业亩均税收低于全省平均水平的地区，减少年度新增工业用地指标；对于单位增加值能耗、碳排放、排污方面表现较好的地区，在用能和生态环境政策方面给予倾斜。

3. "亩均效益"指标稳步提升

"亩均论英雄"改革使工业用地亩均税收、亩均增加值、全员劳动生产率、单位能耗增加值、单位排放增加值、R&D经费支出占主营业务收入比重6项"亩均效益"指标稳步提升。以2018年为例[1]，全省规模以上工业企业亩均税收为28.5万元，同比增长11.8%；规模以上工业企业亩均增加值为119.8万元，同比增长16.1%；全员劳动生产率为22.9万元/（人·年），扣除价格因素增长8.3%；规模以上工业企业单位能耗增加值为1.36万元/吨标准煤，同比增长3.0%；规模以上工业企业单位排放增加值为554.1万元/吨，同比增长29.4%；规模以上工业企业R&D经费支出占主营业务收入比重为1.65%，同比提高0.09个百分点。

二 深化"亩均论英雄"改革的土地管理创新——"标准地"改革

"亩均论英雄"改革的目标是促进全要素生产率的提高，推动经济的高质量发展。在促进土地要素的优化配置方面，"亩均论英雄"改革直接催生了土地管理领域的一项制度创新，即"标准地"改革。"标准地"改革是在土地出让环节，将投资、亩产、能耗、环境、建设等指标纳入土地招拍挂条件，通过在供地环节明确用地标准，即建立对企业的约束激励机制，促进土地资源要素的市场化配置和对土地资源的节约集约利用。

---

① 资料来源于《2019年全省11个设区市"亩均论英雄"绩效报告》。

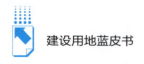
（一）"标准地"改革的基本情况

自 2017 年德清县组织实施第一块"标准地"出让以来，浙江省人民政府逐步把试点扩展到全省省级以上工业平台，再扩展到工业园区，制度不断完善，实现了阶段性的改革目标。

一是试点逐步扩面。浙江省于 2017 年 8 月，在德清县启动"标准地"改革试点，推动企业投资项目"最多跑一次"改革。2018 年 7 月，《浙江省人民政府办公厅关于加快推进"标准地"改革的实施意见》（浙政办发〔2018〕73号）出台，工业用地"标准地"改革从试点到省级以上平台全面推开。2019年 2 月，《浙江省企业投资工业项目"标准地"负面清单（2019）》出台，明确了除负面清单以外的工业用地均实行"标准地"出让，推动了"标准地"改革从省级以上平台向所有园区的应用扩面。

二是制度不断完善。从 2017 年 8 月开始试点到 2018 年基本制度形成，再到 2019 年对制度进行修正，"标准地"改革的制度不断完善。2018 年 4 月，《2018年浙江省深化"最多跑一次"改革工作要点》出台，将"最多跑一次"改革向企业投资项目领域延伸，从德清县试点到全省推广。2018 年 7 月，《浙江省人民政府办公厅关于加快推进"标准地"改革的实施意见》出台，提出改革目标、重点任务及责任单位。2018 年 8 月，浙江省发改委、省国土资源厅按照省政府分工要求制定了《浙江省企业投资工业项目"标准地"工作指引》，明确了改革的核心规范要求，对操作流程、数据平台、考核监督、新增工业项目指导性指标标准和地区修正系数等进行了明确和规范。2018 年 12 月 21 日，浙江省地方标准《企业投资工业项目"标准地"管理规范》出台，对投资建设合同示范文本进行了统一规范。2019 年 2 月，浙江省发改委发布《浙江省企业投资工业项目"标准地"负面清单（2019 年）》，明确 6 类项目列入负面清单，负面清单是对制度的微调，列入负面清单的项目不能按照"标准地"出让。

三是实现了阶段性的改革目标。按照省政府的目标要求，2018 年底前，各设区的市所辖的省级以上经济技术开发区（园区）、省级以上高新技术产业开发区（园区）、省级产业集聚区、省级特色小镇（以下简称"省级以上产业平台")等重点区域新批工业用地不低于 30% 按照"标准地"制度供地，以"标准地"制度供地的企业投资项目实现开工前审批最多 100 天。2019 年在上述重点区域全面推行工业项目"标准地"制度，并探索向其他投资项目延伸推广。从浙江省的实施情况来看，2018 年，全省省级以上产业平台"标准地"供应占新批工业用地的比例为 77.6%，"标准地"项目从备案赋码到拿下施工许可证的时间为 71 个自然日，各设区的市省级以上产业平台"标准地"供应占新批工业用地的比重在 42%~100%；2019 年，省级以上产业平台均已达到 100% 的"标准地"供应，全省以"标准地"供应的工业用地占比为 99.8%，顺利实现了省政府制定的目标。

（二）"标准地"改革前后控制性指标的对比

"标准地"是在完成区域能评、规划环评等区域评估的基础上，带着固定资产投资强度、亩均税收、单位能耗标准、单位排放标准、容积率等指标出让的国有建设用地。"标准地"与"非标准地"的区别主要体现在供地环节政府与企业约定的各项控制性指标上。"非标准地"重点关注固定资产投资强度和容积率等企业开发建设指标，"标准地"除了关注固定资产投资强度和容积率指标外，更加关注地均产出、地均税收等企业产出指标，以及能耗、排放等企业运行指标，从节约集约用地、企业生产经营、生态环保角度出发，更加注重高质量发展。本报告采用浙江省建设用地供应动态监管系统的数据，对全省范围内"标准地"改革前后工业用地的固定资产投资强度、地均产出、地均税收、容积率下限四项主要控制性指标（剔除异常值[1]）进行分析，详见表 1。

由表 1 中的数据对比可以看出，"标准地"制度实施以后，相比"非标准地"，政府对工业用地"标准地"项目的"固定资产投资强度""地均产出""地均税收""容积率下限"等指标的要求总体有明显提高。从表 1 中也可以看出，"标准地"制度在全省全面推广后，"标准地"的控制性指标显著高于"非标准地"，并且大部分的控制性指标在逐年增长。以 2018 年为例，

---

① 采取删除最小的 2% 和最大的 2% 数值的方法剔除异常值。

表 1 "标准地"改革前后工业用地控制性指标对比

单位：万元/亩

年份	改革前		改革后	
	2016	2017	2018	2019
固定资产投资强度				
标准地		300	319	322
非标准地	258	260	265	165
地均产出				
标准地		454	451	415
非标准地	370	397	401	212
地均税收				
标准地		20	28	30
非标准地	17	21	21	15
容积率下限				
标准地		1.14	1.16	1.17
非标准地	1.07	1.03	1.02	0.76

注：表格中的数据为约定值，全省平均值根据项目地块面积加权平均计算得出。

"标准地"的约定固定资产投资强度为 319 万元/亩，比"非标准地"的 265 万元/亩提高 20.4%；"标准地"的约定地均产出为 451 万元/亩，比"非标准地"的 401 万元/亩提高 12.5%；"标准地"的约定地均税收为 28 万元/亩，比"非标准地"的 21 万元/亩提高 33.3%；"标准地"的约定容积率下限为 1.16，显著高于"非标准地"的 1.02。由此可见，"标准地"改革后，政府在供地环节显著提高了工业用地的控制性指标，对企业节约集约用地提出了更高的要求。

三 "标准地"改革的成效

（一）优化了营商环境

各地在"标准地"出让前均由政府集中统一做好事先的评估工作，包括区域环境影响评估、节能评估、地质灾害危险性评估、压覆重要矿产资源评估、水土保持方案评估、地震安全性评估等，将原来的分部门、分阶段的审批改为由政府统一实施区域评估，实现多部门集中联合审批，通过项目审批过程中的"减事项、减环节、减材料、减时限、减费用"大大降低了企业的交易成本。结合企业投资项目承诺制改革，企业在拿到"标准地"以后的一些事项由审批制改为承诺制，进一步加速了项目的开工落地。金华市施行"标准地"改革以后，企业从拿到地到开工最短时间为13天，诸暨市基本实现了企业投资项目从土地摘牌到开工最多30天，全流程实现"最多跑一次"。浙江省发改委官方数据显示，2018年浙江省"标准地"项目从备案赋码到拿到施工许可证全流程的时间从改革前的平均192个自然日压缩到71个自然日。由此可见，通过简化审批程序，提高审批效率，"标准地"改革极大地减轻了企业在拿地环节的负担，加快了企业投资项目的落地速度，极大地优化了营商环境，也促进了全省范围内整体经济运行效率的提高。

（二）促进了节约集约利用

"标准地"改革实施以前，浙江省工业项目土地低效利用现象较为普遍，为此省政府实施了城镇低效用地再开发工作和"三改一拆"工作，鼓励各地采用"腾笼换鸟"等方式盘活低效、闲置工业用地，支持企业通过提高容积率和固定资产投资强度、促进技术改造和产业升级等方式提升土地利用效率、产出效率。"标准地"改革实施以后，土地节约集约利用水平有了明显提升，囤地、闲置等现象明显减少。以2018年为例，全省供应的"标准地"平均容积率下限为1.16，比"非标准地"1.02的容积率下限，粗略估算，节地率约13.7%，促进了土地资源的节约集约利用。另外，从政府角度来看，"标准地"

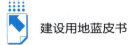

改革则有效地减少了批而未供、供而未用问题，减轻了政府部门批后监管的压力。浙江省建设用地供应动态监管系统数据显示，大部分"标准地"项目按时开工建设，进展情况良好，囤地行为明显减少。从企业角度来看，政府将使用要求、产出标准和运营标准一并纳入"标准地"土地出让公告，企业会评估项目能否达到各项控制性指标，考虑地均产出、地均税收等重要指标约束，审慎拿地，并加快项目实施。

（三）创新了治理方式

作为土地供应环节的"最多跑一次"改革，"标准地"改革要求政府职能要从重审批向优服务、强监管转变。"标准地"改革后，政府要负责改革前由企业承担的区域评估工作，并做好"三通一平"等基础服务工作，同时，很多地方政府为企业投资项目审批提供代办服务，这些改革举措均体现了政府职能和治理理念的转变，体现了地方政府积极打造"服务型"政府所做的努力。与此同时，为方便企业办事，提高行政效率，实践中各地纷纷采取措施简化审批流程，提高审批效率，促进了企业投资项目审批制度改革，体现了地方政府治理方式的创新。此外，围绕推动土地资源市场化配置，促进土地资源的节约集约利用的改革目标，政府需要加强对企业用地达标情况的事后监管，提高政府监管能力。总的来说，"标准地"改革在一定程度上促进了地方政府职能的转变，推动了政府治理方式的创新。

四 "标准地"改革存在的问题

（一）"标准地"指标设置的科学性和合理性有待提高

在指标制定方面，各市县均以《浙江省新增工业项目"标准地"指导性指标（试行）》为基础，制定了当地的标准，涵盖固定资产投资强度、容积率、单位能耗标准、单位排放标准、亩均税收五项指标，指标设置存在以下问题。一是指标设置全省不统一。杭州市按工业项目和创新型产业设置了不同的指标，湖州市按工业项目和研发总部类项目设置了不同的指标，而其他有些市只设置了工业项目的控制性指标，对创新型产业用地未考虑。二是指标设置区域不均衡。例如，杭州市分行业的固定资产投资强度要求在 350 万元 / 亩以上、湖州市为 400 万元 / 亩以上、绍兴市为 400 万元 / 亩以上，指标设置存在区域不均衡现象。三是指标的制定均是静态的、固定的标准。企业生产经营受企业管理者个人能力、企业生命周期、经济社会形势等多方面影响，存在动态变化和不确定性因素，而地方在指标设置中未考虑相关因素，使企业在"地均产出"和"地均税收"的达标方面存在较大压力。目前，《浙江省人民政府办公厅关于加快推进"标准地"改革的实施意见》提出，要研究建立指标动态调整机制，但是地方尚未出现相关的实践。

（二）各地对"标准地"约定指标履约期限的问题存在较多分歧

对"标准地"出让公告中约定的指标如固定资产投资强度、亩均税收、单位能耗标准、单位排放标准等的履约期限是多久，是竣工验收和达产复核的时候达到就可以，还是整个出让年限都要达到，各地的认识尚不统一。从目前各地的做法来看，有些地市规定履约期限是到竣工验收和达产复核的当年，有些地方规定履约期限为达产复核后 3 年，也有地方认为应当实行土地使用年限内企业全生命周期管理。各地对于"标准地"约定指标的履约期限尚未形成共识。

（三）"标准地"约定指标履行监管难

目前，各地在实践中采取的"标准地"的监管措施主要包括两方面：一是未通过"竣工验收"和"达产复核"之前不允许抵押；二是对于未通过"达产复核"，且经整改后仍不合格的，由企业支付违约金或由政府收回土地。但是，限制土地抵押的规定与我国《物权法》第 180 条规定相违背，使得这条监管措施缺少法律支撑。"标准地"出让后的监管措施缺少法律支撑，造成惩戒措施执行难，削弱了"标准地"投资建设协议的约束力，进而导致企业违约成本低，给政府带来监管的困难。另外，《企业投资工业项目"标准地"

管理规范》① 的企业投资工业项目"标准地"投资建设合同示范文本中规定：亩均税收指标不符合本合同约定的，乙方应按照约定最低标准与实际差额部分支付违约金。按此规范亩均税收不达标的按照差额补缴违约金，该做法可以解决亩均税收不达标的问题，但其导向存在一定的不合理性，会给履约监管带来一定的问题。

（四）"标准地"竞拍过程中市场竞争程度不激烈，土地资源的市场化配置尚未完全实现

2019 年，全省"标准地"出让平均竞拍企业数为 1.2 个，竞拍"标准地"的竞争程度不激烈，主要有两方面原因。一是大多市县的工业项目投资仍处于"招商"阶段，还未达到"选商"阶段，造成"标准地"出让土地资源市场化配置程度不高。二是市县为了加快工业项目投资落地，"标准地"出让一般按招商要求实施，出让公示时间较短，尤其是对开工时间要求较严格，潜在投资商在未进行有效谈判前很难参与竞拍。"标准地"出让时间设置和开工建设的时间要求虽然加快了项目的落地速度，但也降低了"标准地"出让过程中的市场竞争程度，土地资源的市场化配置目标尚未完全实现。

五　深化"标准地"改革的对策建议

（一）建立对控制性指标的动态调整机制，提高指标设置的科学性和合理性

综合运用大数据统计分析手段，全面考虑地区经济发展实际，即企业生命周期、行业差异、经济社会形势变化、企业生产经营的不确定性等因素，不断完善"标准地"控制性指标体系，提高指标的精细化程度，建立指标动态调整机制，适时修订指标体系，不断提高指标设置的科学性、合理性和可行性。同时，在"亩均税收"指标的设置上，要兼顾提高土地利用效率和减

---

① 浙江省市场监督管理局发布，2019 年 1 月 21 日开始实施。

轻企业负担两个政策目标，在两者之间寻找一个平衡点。在"标准地"指标设置上应重点关注三个方面：一是引导发展方向，指标设置应体现高质量发展要求；二是符合当地实际，指标应与当地发展水平相匹配；三是及时动态调整，指标应根据发展形势变化、当地"标准地"实施情况和企业履约情况，适时调整。

（二）明确"标准地"约定指标的履约期限，对"标准地"进行全生命周期管理

按照《浙江省企业投资工业项目"标准地"工作指引》，"标准地"项目通过达产复核正常运营后，由政府有关部门按照"亩均效益"综合评价进行管理。因此，"标准地"约定指标的监管周期是整个出让年限，只是监管的方式不同。本报告建议进一步明确"标准地"约定指标履约期限：对已经供应的"标准地"，出让公告中对约定指标监管期限有约定的按约定处理，没有约定监管期限的要在土地使用权出让年限内对指标履行进行全过程监管；对今后供应的"标准地"，应明确将土地出让年限作为地均产出、地均税收、单位排放标准、单位能耗标准等指标履约监管期限，以实现对"标准地"的全生命周期管理。

（三）完善竣工验收和"亩均效益"评价机制，强化"标准地"指标履约监管

一是完善"标准地"竣工验收机制，由政府组织相关部门对企业是否按"标准地"出让公告或出让合同约定的开工期限、竣工期限、固定资产投资强度、容积率、规划建设条件等管控指标，以及建筑物、生产设备、节能环保设施、消防安全设施等建设内容进行综合竣工验收，竣工验收通过的允许企业进入生产经营阶段。二是强化"亩均效益"评价机制，在企业生产经营阶段，由政府组织相关部门每年对企业生产运行情况进行"亩均效益"评价，地均产出、地均税收、单位能耗标准、单位排放标准等指标符合"标准地"出让约定条件的，按评价结果 A 档或 B 档享受优惠和扶持政策，未达到约定指

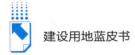

标条件的应该对其减档处理，不能享受优惠和扶持政策，并按约定落实惩罚机制。

（四）构建"标准地"选商环境，提高市场竞争程度

随着节约集约用地制度、国土空间用途管制制度的不断深化和土地资源要素市场配置改革的逐步深入，工业用地供应将进入适度从紧状态，工业投资项目将逐步从招商进入选商阶段，"标准地"的竞争机制将进一步完善。本报告建议建立"标准地"勾地制度，每年年初由地方政府制定"标准地"读地手册，向社会公开"标准地"的供应计划、产业要求、约定指标等，接受企业要约，供市场选择，构建"标准地"选商环境，提高市场竞争程度。进一步优化"标准地"供应方式，按"定地价、竞指标"方式进行出让，切实降低企业投资初期的建设成本，提高企业运行周期的土地产出，稳定增长预期。

B.11
山东省开发区土地节约集约利用状况、问题及政策建议

张 勇　刘炳良　张 涛*

摘　要： 以2013~2018年山东省开发区土地节约集约利用评价数据为基础，通过对开发区依法批准范围内土地利用现状及变化状况、节约集约利用现状水平和动态变化趋势以及区域分异特征进行深入分析，明确用地中存在的问题，针对存在的问题提出相应的对策建议，进一步推进开发区节约集约用地，促进高质量发展。

关键词： 开发区　土地节约集约利用　山东省

一　基本情况

作为中国经济发达省份之一，山东省首批开发区是1984年经国务院批准设立的青岛经济技术开发区和烟台经济技术开发区，之后陆续增加。截至2020年，纳入《中国开发区审核公告目录（2018年版）》的开发区共有174个，数量居全国前三位，其中国家级38个，主要分布在东部沿海区域，平均规模为9平方公里；省级开发区136个，基本上均匀分布于全省各个县（市、

* 张勇，山东省土地调查规划院副院长、研究员，研究方向为土地利用管理与评价、土地价格评估、土地规划等；刘炳良，山东省土地调查规划院工程师，研究方向为土地利用管理与评价、土地规划等；张涛，山东省土地调查规划院工程师，研究方向为土地利用管理与评价、土地规划等。

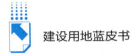
区），平均规模为 4 平方公里。

开发区建设是我国改革开放的成功实践，山东省开发区设立 30 多年来，发挥了显著的示范引领作用，为全省经济社会发展做出了重要贡献，在土地资源的优化配置和有效利用方面积累了丰富经验。2018 年底，全省开发区累计固定资产投资额达到 22755.01 亿元，较 2013 年增长了 52.17%；实现工业（物流）企业税收总额 1226.10 亿元，较 2013 年增长了 4.97%。各项经济指标逐年向好。山东省在开发区节约集约用地管理方面主要做了以下几方面工作。一是切实加强和改进开发区用地管理工作。把开发区用地管理和利用放在自然资源全局工作的优先位置，作为建立国土空间规划体系的先行区、土地制度改革的试验区、节约集约用地的示范区，山东省开发区不断健全管理服务机构，配备精干专业人员，提供优质、高效、精准的服务。二是强化规划引领，优化开发布局。充分利用这次机构改革后中央统一部署的建立国土空间规划体系、实现"多规合一"的契机，科学编制国土空间规划，调整优化开发区规划布局，其既作为开发建设的基本依据，又为开发区扩区、升级创造条件。三是大力提高开发区节约集约用地水平。自 2008 年以来，持续开展开发区土地节约集约利用评价工作，以评价结果为参考，全力推进开发区闲置低效用地盘活利用，鼓励企业使用存量建设用地投资建设或对现有用地追加投资、升级改造等。四是探索建立开发区土地节约集约利用的奖惩机制。根据开发区土地节约集约利用评价成果排名，对排名靠前的开发区在新增用地空间和增减挂钩项目方面优先安排，对用地粗放的开发区扣减计划指标。五是积极探索推进开发区用地政策创新。为贯彻落实省委、省政府关于推动开发区体制机制改革创新促进高质量发展的决策部署，山东省自然资源厅会同省发改委、省科技厅、省财政厅等 9 部门联合出台了《关于推进开发区节约集约用地促进高质量发展的若干措施的通知》（鲁自然资发〔2020〕1 号），文件从规划管控、工业项目进区入园、土地混合利用立体开发、项目优选联审、"标准地"制度改革、高标准厂房建设、新型产业用地发展、存量土地资源盘活利用等方面提出了政策措施。六是进一步下放开发区用地管理权限。与赋予国家级开发区省级管理权限试点相衔接，在提高报批、供地效率，降低企业用地成本等方面多措并举，选择一批国家级开发区下放（委托）建设用地、增减挂钩项目、确权发证等审批权限。

但随着经济社会发展进入新常态，全省开发区仍然存在功能定位不准、动力和活力不足、用地效率和效益不高等问题。面对新形势、新要求，要加快推进全省以改革创新推动开发区转型升级，进一步增强开发区集约集聚、引领示范作用，把开发区打造成产业集聚发展的主战场。

二　开发区土地利用评价回顾

（一）土地利用现状及变化状况

2018 年末，全省已达到供地条件的土地面积为 6.37 万公顷，其中国家级开发区 2.58 万公顷，省级开发区 3.80 万公顷；已供应国有建设用地面积为 5.80 万公顷，其中国家级开发区 2.35 万公顷，省级开发区 3.45 万公顷；已建成城镇建设用地面积为 5.56 万公顷，其中国家级开发区 2.23 万公顷，省级开发区 3.33 万公顷；不可建设用地面积为 0.18 万公顷，占开发区土地总面积的 2.11%。全省开发区已建成城镇建设用地中工矿仓储用地面积为 3.14 万公顷，住宅用地面积为 0.78 万公顷。

从 2013~2018 年变化来看，已达到供地条件的土地占开发区土地总面积的比例由 67.89% 提高到 76.23%；已供应国有建设用地面积占已达到供地条件土地面积的比例由 92.03% 下降为 91.03%；已建成城镇建设用地面积占已供应国有建设用地面积的比例由 95.56% 增加到 95.79%；不可建设用地面积减少了 213 公顷，下降了 10.74%。

（二）土地节约集约利用状况

1. 土地利用程度

（1）土地供应率。2018 年末，山东省的国家级开发区土地供应率为 91.29%，低于全国国家级开发区的 92.74%，省级开发区为 90.84%。其中，滨州市最高，为 97.59%；枣庄市最低，为 73.58%。

从 2013~2018 年动态变化来看，山东省的国家级开发区土地供应率下降了 1.3 个百分点，但从 2015~2018 年来看，土地供应率总体呈上升趋势，在此期间提高了 0.3 个百分点；2013~2018 年，省级开发区土地供应率由 92.98% 降低到 90.84%，总体呈下降趋势。

（2）土地建成率。2018 年末，山东省的国家级开发区土地建成率为 94.73%，高于全国的 93.30%，高于东部地区的 92.71%；省级开发区为 96.51%。其中，德州市最高，为 99.56%；菏泽市最低，为 89.98%。

2018 年，山东省的国家级开发区土地建成率比 2013 年提高了 0.9 个百分点，总体呈稳中上升态势；省级开发区土地建成率总体变化平稳，均保持在 96% 左右。

（3）土地开发率。2018 年末，山东省的国家级开发区土地开发率为 84.44%，低于全国的 88.53%；省级开发区为 73.97%。其中，东营市最高，为 93.49%；枣庄市最低，为 55.13%。

从 2013~2018 年动态变化来看，山东省的国家级开发区土地开发率提高了 0.81 个百分点，省级开发区提高了 10.14 个百分点。

开发区类型差异、所处区域不同，土地开发利用的程度有所不同。设立较早的开发区开发程度相对较高，高新技术产业开发区土地开发程度相对较高，总体上呈现加快开发的趋势。

2. 土地利用强度

（1）综合容积率。2018 年末，山东省的国家级开发区综合容积率为 0.84，低于全国的 0.96，低于东部地区的 0.95；省级开发区为 0.75。其中，潍坊市最高，为 0.98；东营市最低，为 0.61。

从 2013~2018 年动态变化来看，山东省的国家级开发区综合容积率提高了 0.10，省级开发区提高了 0.13，呈逐年上升趋势。

（2）建筑密度。2018 年末，山东省的国家级开发区建筑密度为 29.23%，低于全国的 32.30%，低于东部地区的 33.30%；省级开发区为 33.56%。其中，枣庄市最高，为 38.39%；青岛市最低，为 26.33%。

从 2013~2018 年动态变化来看，山东省的国家级开发区建筑密度提高了

2.86 个百分点，省级开发区提高了 3.7 个百分点，呈逐年上升趋势。

（3）工业用地综合容积率。2018 年末，山东省的国家级开发区工业用地综合容积率为 0.82，低于全国的 0.91，低于东部地区的 0.97；省级开发区为 0.78。其中，滨州市最高，为 0.90；威海市最低，为 0.69。

从 2013~2018 年动态变化来看，山东省的国家级开发区工业用地综合容积率提高了 0.06，省级开发区提高了 0.10，呈逐年上升趋势。

（4）工业用地建筑系数。2018 年末，山东省的国家级开发区工业用地建筑系数为 53.10%，高于全国的 51.37%，高于东部地区的 52.52%；省级开发区为 55.21%。其中，菏泽市最高，为 60.85%；烟台市最低，为 48.46%。

从 2013~2018 年动态变化来看，山东省的国家级开发区工业用地建筑系数提高了 5.26 个百分点，省级开发区提高了 6.16 个百分点，呈逐年上升趋势。

（5）工业用地率。2018 年末，山东省的国家级开发区工业用地率为 51.79%，高于全国的 48.65%，低于东部地区的 52.67%；省级开发区为 59.82%。其中，泰安市最高，为 72.74%；菏泽市最低，为 30.95%。

从 2013~2018 年动态变化来看，山东省的国家级开发区工业用地率下降了 0.36 个百分点，省级开发区提高了 0.97 个百分点。

由于供需缺口加大和日益严格的土地管理，开发区和工业企业都注重提升土地利用强度，土地利用强度总体有所提升。

3. 投入产出效益

（1）工业用地固定资产投入强度。2018 年末，山东省的国家级开发区工业用地固定资产投入强度为 9382.14 万元／公顷，高于全国的 8589.12 万元／公顷，低于东部地区的 9659.55 万元／公顷；省级开发区为 6013.17 万元／公顷。其中，济南市最高，为 16369.40 万元／公顷；莱芜市最低，为 3658.60 万元／公顷。

从 2013~2018 年动态变化来看，山东省的国家级开发区工业用地固定资产投入强度提高了 49.28%，省级开发区提高了 50.40%，呈逐年上升趋势。

（2）工业用地地均税收。2018 年末，山东省的国家级开发区工业用地地均税收为 554.69 万元／公顷，低于全国的 656.64 万元／公顷，低于东部地区的 828.80 万元／公顷；省级开发区为 293.05 万元／公顷。其中，济南市最高，

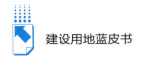

为 607.89 万元 / 公顷；莱芜市最低，为 198.33 万元 / 公顷。

从 2013~2018 年动态变化来看，山东省的国家级开发区工业用地地均税收降低了 1.62%，省级开发区降低了 5.01%，呈下降趋势。

（3）综合地均税收。2018 年末，山东省的国家级开发区综合地均税收为 394.31 万元 / 公顷，低于全国的 561.67 万元 / 公顷，低于东部地区的 727.67 万元 / 公顷；省级开发区为 359.75 万元 / 公顷。其中，枣庄市最高，为 1387.15 万元 / 公顷；威海市最低，为 132.01 万元 / 公顷。

从 2013~2018 年动态变化来看，山东省的国家级开发区综合地均税收降低了 88.42%，呈下降趋势。

三　存在的问题

（一）开发区用地效率和效益有待进一步提升

受宏观经济形势等多方面因素影响，山东省的国家级开发区经济、人口数据总体与全国国家级开发区的平均水平有差距，更与东部地区的平均水平差距明显，如山东省的国家级开发区工业用地地均税收仅为 554.69 万元 / 公顷，最高的济南市为 607.89 万元 / 公顷，均低于全国平均水平；山东省的国家级开发区综合地均税收为 394.31 万元 / 公顷，也远低于全国的 561.67 万元 / 公顷和东部地区的 727.67 万元 / 公顷。

（二）开发区功能定位模糊，高新技术产业不突出

在产业分布方面，山东省的国家级开发区中典型企业 596 家，分布于 43 类行业，其中制造业有 31 类计 571 家典型企业，排名前十位的行业的企业数共占所有典型企业的 65.77%。省级开发区中典型企业 2084 家，分布于 60 类行业，其中制造业有 21 类计 2014 家典型企业，排名前十位的行业的企业数占所有典型企业的 61.88%。

从行业类别看，山东省开发区中的典型企业涉及的行业还是相对比较集中的，各开发区产业结构雷同，在项目布局上还不够科学，部分项目用地规

模、结构、布局和功能定位需进一步完善，用地功能需分区完善，各类企业混杂在一起，与科学发展观的要求存在一定差距。如区内生态环境和生产安全存在一定隐患，部分企业间的关联并不密切，没有形成区域产业链等问题。这说明还有部分开发区的功能定位模糊，企业对开发区的支撑能力还不够，需加大招商引资力度，积极引进工业项目。

（三）开发区土地供应布局不合理，产业集聚效应差

一是部分开发区由于历史原因，在建设的初期产业布局缺乏规划，总体呈现"散、乱"现象。有的开发区未经很好的科学论证，在编制开发区详细规划时，没有注意与土地利用总体规划和城乡规划衔接，造成了开发区规划的随意性和盲目性。有的开发区在规模上过分追求"大而全"，在用地上存在扩张心态，至于开发区设置是否得当、规模是否合理、发展前景如何，同级政府也未经过科学论证，浪费了大量财力和土地资源，造成了部分经济开发区规模过大、总量失控。

二是部分工业用地供应相对分散，土地供应没有为大规模工业区集聚创造条件。从布局来看，部分开发区内部布局分散、功能分区不明显，产业结构不合理，城市功能与空间结构、布局不协调。各类建设用地混杂在一起，工业、行政、商业、居住、仓储等各类用地相互影响，特别是化工企业混杂在农副食品加工企业间，造成污染严重和影响食品安全。部分开发区存在违规违法用地情况，特别是一些基础设施用地不符合规划，未批先建，形成违法用地。

（四）开发区批而未供和闲置低效用地盘活利用难度大

一是建设用地二次开发周期长、成本高、难度大，土地节约集约利用没有与土地指标分配挂钩，多数开发区不愿意存量挖潜，习惯于"摊大饼式"外延扩张。二是因土地增值期望高，受利益驱动，有的擅自改变土地用途，原土地使用权人不愿土地仍以工业用地价格被回购，而当前又缺乏强有力的土地使用权退出机制的约束，所以对存量或低效工业土地盘活利用难。三是

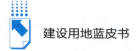
工业用地供地方式单一，均采用出让方式，且出让年限均为50年，导致退出机制难以实施。据相关调查，中小企业正常成长周期为8~12年，大型企业成长周期可能长些，由于产业结构调整关停并转、产业转型升级等原因，工业闲置低效用地难以盘活利用。

四　对策建议

（一）加强规划管控、促进产业集聚

按照布局集中、产业集聚、用地集约的原则，加强产业规划和国土空间规划的衔接，优化开发区空间布局，突出生产功能，明确主导产业，统筹产业集聚区与生活区、商务区、办公区等城市功能建设，引导综合设施合理设置、开放共享。坚持以产业发展为主，加强规划引领，发展以产业链为纽带的多层次、多样化产业空间载体，提高产业发展集聚度和土地投入产出率。

（二）多措并举推进存量土地资源盘活利用

对批而未供、闲置低效用地等存量土地调查摸底，绘制存量土地资源空间分布"一张图"。招商引资、项目选址应优先使用存量土地。推进低效用地再开发，加大财税金融支持力度，除由政府按照有关规定统一开发改造外，鼓励原土地使用权人通过自主、联营、入股、出租、转让（含分割转让）等方式进行盘活。加快建设土地二级市场，促进土地循环和节约集约利用。

（三）建立节约集约用地评价激励机制

对开发区节约集约用地情况定期开展评价和年度监测统计，评价结果与开发区扩区、升级和新增计划指标奖励等挂钩。适时开展节约集约示范区创建评选活动，评选一批实践特色鲜明、资源利用高效、生态环境良好、示范作用显著的开发区，总结推广先进经验，提升资源节约集约利用整体水平。

（四）建立健全开发区节约集约发展的土地制度体系

严格控制在开发区外安排新增工业用地，确需在开发区外安排重大或有特殊工艺要求的工业项目，须加强科学论证。对"退二进三"转型升级或开发区外"散、乱、污"整治搬迁改造企业，优先在开发区内安排建设用地或鼓励租赁标准厂房。在开发区范围内，围绕事先评估、事前定标、事中承诺、事后监管等环节建立"标准地"制度体系。

B.12
广东省建设用地节约集约利用实践探索

—— "三旧"改造实践发展及特征

孙伟杰　徐晓绵[*]

摘　要：　梳理广东省"三旧"改造探索发展历程及阶段特征，分析广东省
"三旧"改造推进现状，总结广东省"三旧"改造现状特征，提
炼广东省"三旧"改造模式特征，结合现行政策体系，提出广东
省建设用地节约集约利用的对策建议。

关键词：　节约集约利用　"三旧"改造　广东省

改革开放 40 多年来，广东省工业化和城镇化快速发展，土地利用出现建
设用地增长快、部分地区土地开发强度偏高、新增建设用地空间受限，以及
用地浪费、低效和结构性矛盾突出等一系列问题。为缓解用地供需矛盾、解
决用地粗放问题、提升土地利用效率，自 2008 年以来，广东省以节约集约用
地试点示范省建设为抓手，开展了以旧城镇、旧厂房、旧村庄改造为主要对
象的"三旧"改造工作。"三旧"改造工作进行的一系列改革探索与制度创
新，极大地释放了存量建设用地潜力，实现了土地资源的节约集约利用。随
着广东省"三旧"改造的深入推进，一些机制体制问题逐步显现。本报告通

---

* 孙伟杰，广东省土地调查规划院高级工程师，研究方向为土地调查与利用评价、土地政策
实施评估、土地利用相关政策研究；徐晓绵，广东省土地调查规划院总工，教授级高级工
程师，研究方向为国土空间规划、全民所有自然资源权益管理、土地利用评价及相关政策
研究。

过总结广东省"三旧"改造的探索历程、特征和成效，提出了进一步深化"三旧"改造的工作建议。

一 广东省"三旧"改造探索历程及阶段性特征

以 2008 年广东省人民政府与国土资源部合作开展节约集约用地试点示范省建设为标志，广东省的"三旧"改造开始步入规范化和系统化的探索历程。经过 10 多年的发展，随着"三旧"改造对象的结构性变化、改造重点区域的转变、改造理念的不断创新，广东省"三旧"改造历程呈现显著的阶段性特征。以政府推动工作的重要政策和措施为显著标识，可以将广东省"三旧"改造发展历程划分为四个阶段。

（一）2009 年之前：以个案方式为主，尚未形成系统的改造

2009 年以前，广东省"三旧"改造中以政府为主导的危破房改造、旧城改造等个案项目缓慢推进，重点停留在城市面貌改善层面，以政府资金投入为主，严格限制市场等多元主体参与，也没有系统性政策文件的指导。以个案改造方式为主在广州、深圳、佛山等城市进行了初步探索。

（二）2009~2013 年：规模化、系统化改造开始，侧重于物质空间的美化建设

2008 年国土资源部与广东省人民政府合作，签署了《共同建设节约集约用地试点示范省合作协议》，共同推进广东省建设节约集约用地试点示范省。广东省以此为契机，于 2009 年出台《广东省人民政府关于推进"三旧"改造促进节约集约用地的若干意见》（以下简称"78 号文"），开展"三旧"改造工作的先试先行。按照 78 号文要求，"三旧"改造规划以基于国土用地的改造图斑为主要对象，将符合条件的地块纳入"三旧"标图建库。此阶段出台的相关政策主要涉及"三旧"改造工作实施意见、标图建库、规划编制等技术性探索，对保障配套设施建设的相关政策研究不足；改造对象以单个项目

推进为主，侧重于硬件设施的建设，对综合环境整治涉及较少；更新主体以开发商为主导，改造项目集中在权属清晰、审批程序明确的中心城区，外围地区推进相对缓慢。

在这一阶段，广东省设立佛山市为第一个"三旧"改造试点示范市，组织编制《佛山市"三旧"改造专项规划（2010—2015）》，这是广东省最早编制、最早批准、最早实施的"三旧"改造规划。广州市、深圳市等各地市也均编制完成了第一轮"三旧"改造规划，全省"三旧"改造工作取得实质性进展，例如深圳市2009年颁布第一部城市更新办法，构建了系统性政策框架，至2012年全市存量用地供应超过了新增用地出让，存量用地商品房供应占一半以上，并配套了一批学校、医院、文化设施。2013年6月，国土资源部批复《广东省深入推进节约集约用地示范省建设工作方案》，指出广东省以"三旧"改造为重点的节约集约用地示范省建设已取得显著进展，积累了重要经验。

（三）2014-2017年：逐步转向经济、社会、文化和环境结合的综合更新模式改造

"三旧"改造在取得实质性进展的同时，也暴露出对社会、文化、环境等考虑不足的问题。为应对上一阶段"三旧"改造工作遇到的问题，2014年，广东省相关部门先后出台《关于开展"三旧"改造用地范围内历史文化遗产普查的通知》《关于开展"三旧"改造规划修编工作的通知》等文件，指导新一阶段的"三旧"改造工作。

随着政策体系的不断完善，本阶段"三旧"改造以基于权属地块的更新单元为对象，考虑道路、河流及产权边界等因素的影响，划定改造单元；涉及"三旧"改造项目报批程序等配套保障政策文件逐步出台，广州市形成了"三旧"改造项目报批政策体系，深圳市出台了城市更新文件近50个；从硬件设施改造向综合更新转变，并制订专项行动计划；根据土地权属差异，开发主体走向多元化，多方社会资本开始导入"三旧"改造实践。

本阶段的更新工作取得了实质性进展，肇庆市、惠州市等地区第二

轮"三旧"改造规划修编工作有效推进。此外,《珠海市城市更新专项规划（2014—2020年）》中引入了"更新单元"的概念,动态更新控规成果；深圳市按照城市更新单元实现了大量旧区更新,实现了城市存量空间的"二次开发"。

（四）2018年起：走向城市全面的有机更新

2018年4月8日,《广东省国土资源厅关于印发深入推进"三旧"改造工作实施意见的通知》（粤国土资规字〔2018〕3号）文件出台,从标图建库、规划保障、项目申请、用地审批、实施监管等方面进行了细致规定,城市更新政策得到改革性的优化调整。

依据新政策要求,"三旧"改造工作基于权属地块的标图建库标准和要求更加明晰,以城市更新单元为单位的小规模渐进式更新将成为主导,更新改造方式更具综合性,不再是一味地拆除重建,而是更注重城市品质和内涵提升；同时,也将推动"三旧"改造规划及管理工作日益精细化,例如对数据库、改造主体、土地规划保障、用地审批等内容进行更加明确的规定,进一步促进了"三旧"改造提速增量、提质增效。

二 广东省"三旧"改造状况分析

（一）总体成效分析

数据统计显示,2008~2018年,广东省累计完成改造项目7007个,完成改造面积27707.50公顷,投入资金1.42万亿元,实现节约集约用地12331.70公顷。从改造结构看,以旧厂房为主要改造对象,改造项目数量占全省总量的一半,改造面积占全省的比重为40%；旧村庄改造项目数量最少,占全省总量的17%；旧城镇改造面积最少,占全省改造总面积的27%（见图1）。

从空间分布看,完成改造项目的地区主要分布在珠三角区域,改造项目数量占全省的59%,改造面积占全省的72%（见图2）。其中,改造面积排名前五的地市分别为佛山市、广州市、东莞市、中山市、深圳市,完成改造面积

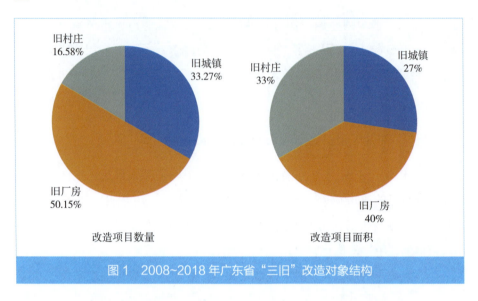

图1　2008~2018年广东省"三旧"改造对象结构

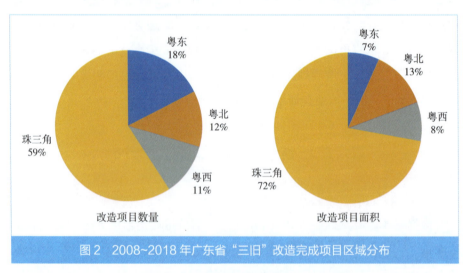

图2　2008~2018年广东省"三旧"改造完成项目区域分布

均在2000公顷以上（见图3），5市完成改造面积总计占全省的57.88%。

从年度变化来看，2008~2018年广东省已完成改造面积变化趋势总体可分为两个阶段：2008~2013年呈现波动变化，并于2010年达到阶段性高峰（当年完成改造面积超过4000公顷），2013年达到阶段性谷底；2014~2018年则总体呈现上升趋势，于2018年达到新的阶段性高峰（见图4）。

图3 2008~2018年广东省各地市"三旧"改造完成项目用地面积

图4 2008~2018年广东省"三旧"改造年度变化

（二）改造用地的用途结构分析

根据统计类型数据，本部分主要对改造用于住宅建设项目、城市基础设施项目、城市公益事业项目、文化建设项目和复垦为农用地项目5类的用地面积进行分析。2008~2018年，广东省"三旧"改造用于住宅建设项目的用地

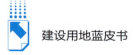

面积最大（近 1 万公顷），是其他四类用地面积总和的 1.6 倍；其次是用于城市基础设施项目，面积为 2715 公顷；用于文化设施、创意产业等文化建设的项目用地面积最少，仅有 320 公顷（见图 5）。

图 5　2008~2018 年广东省"三旧"改造用于各类项目用地面积

从空间分布看，2008~2018 年用于各类型建设项目用地主要集中在珠三角地区，在全省该类型中的占比为 66%~85%（除复垦为农用地项目）；复垦为农用地项目用地面积主要集中在粤北地区和珠三角地区，分别占全省该类用地总面积的 43%、44%（见表 1）。从各区域内部改造项目用地用途比例看，住宅建设项目用地比例均为最高（见图 6）。

表 1　2008~2018 年广东省"三旧"改造用于各类项目用地面积比例

单位：%

区域	改造用于各类项目用地面积全省占比				
	住宅建设	文化设施、创意产业等文化建设	城市基础设施	城市公益事业	复垦为农用地
粤东	6.44	22.58	2.18	3.45	0.03
粤北	14.71	5.93	6.16	22.92	42.98
粤西	8.85	4.97	7.19	6.19	13.25
珠三角	70.01	66.52	84.48	67.45	43.75

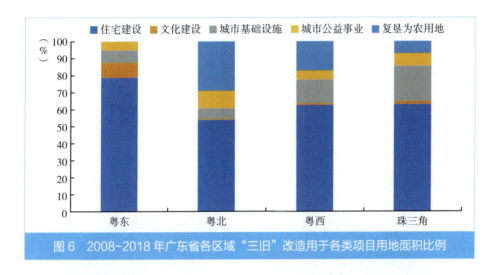

图 6　2008~2018 年广东省各区域"三旧"改造用于各类项目用地面积比例

从年度变化看，2008~2013 年，改造用于住宅建设、城市基础设施、城市公益事业的项目用地面积年度变化趋势基本一致，均在 2010 年达到高峰后急剧减少；改造用于文化建设和复垦为农用地的项目用地面积则相对稳定。2014~2018年，改造用于各类型项目用地面积变化趋势出现分化，用于住宅建设项目的用地面积逐年增加，且增幅逐年增大；复垦为农用地项目用地面积超过城市基础设施、城市公益事业项目用地面积，保持在相对高位变化（见图 7）。

图 7　2008~2018 年广东省"三旧"改造用于各类项目用地面积年度变化

421

（三）改造用地的产业结构调整分析

本部分分析对象为涉及产业转型升级的改造项目，包括第二产业升级改造（以下简称二产升级）、第三产业升级改造（以下简称三产升级）、第二产业向第三产业转型改造（以下简称二产转三产）三种类型。从涉及的项目数量上看，2008~2018年，二产升级项目累计数量最多，占总数的42%；三产升级项目数量相对较少，占总数的27%。从涉及的项目改造面积上看，三种类型面积基本相当（见图8）。

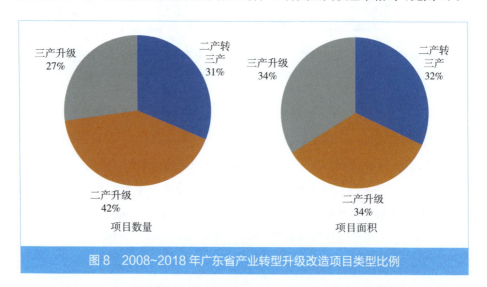

图8　2008~2018年广东省产业转型升级改造项目类型比例

从空间分布看，产业转型升级改造项目主要集中在珠三角地区，珠三角地区二产转三产项目用地占全省该类项目用地的82%，二产升级、三产升级项目用地占全省同类项目用地的比例均为62%。从区域内部来看，粤东、粤西改造项目以二产升级项目为主；粤北以三产升级项目为主；珠三角三种类型项目用地面积基本相当，但二产转三产比例稍高（见图9）。

从年度变化看，2008~2010年，二产转三产和三产升级项目用地面积大于二产升级项目；2011~2013年，产业转型升级项目用地面积整体减少幅度较大，到2013年均达到相对谷底；2014~2018年整体上呈现回升趋势，其中二产升级和三产升级项目用地面积回升趋势明显，二产转三产项目用地面积回升趋势相对较缓（见图10）。

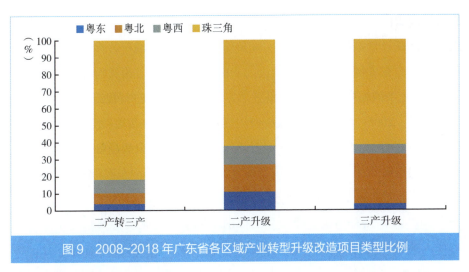

图9 2008~2018年广东省各区域产业转型升级改造项目类型比例

图10 2008~2018年广东省产业转型升级改造项目类型用地面积年度变化

三 "三旧"改造现状综合特征分析

（一）政策性因素主导，改造推进呈波动变化

从广东省"三旧"改造2008~2018年10年的发展趋势来看，其呈现明显的波动变化。其中虽有改造项目周期、改造从易到难的客观因素影响，但

政策性因素的主导特征更为明显。2009 年，国务院批复了《广东省建设节约集约用地试点示范省工作方案》，明确至 2012 年底完成阶段性工作。基于工作方案，广东省制定了《关于推进"三旧"改造促进节约集约用地的若干意见》，意见中的相应措施也是根据工作方案的时间安排进行规定的。反映在改造成效上，2008~2010 年改造完成面积逐年增加，并在 2010 年达到第一个高峰，之后在 2011~2013 年改造完成面积则处于逐年减少的趋势中。从中可以看出，试点政策失效和新的政策发布期间，由于政策不明朗，各方产生观望态度，从而对改造工作造成影响。

2013 年，在总结试点经验和工作的基础上，国土资源部批复了《广东省深入推进节约集约用地示范省建设工作方案》。该工作方案目标年为 2020 年，主要政策适用期为 2013~2017 年；2017 年在做好中期评估的基础上，调整完善下一阶段示范省建设的具体内容。受此影响，2014~2017 年，广东省年度完成改造用地面积大幅增加，稳定在年均改造完成 4 万亩以上的水平，且呈逐年增加趋势。2016 年，广东省人民政府印发《关于提升"三旧"改造水平促进节约集约用地的通知》；同年，国土资源部印发了《关于深入推进城镇低效用地再开发的指导意见（试行）》，进一步深化"三旧"改造工作，释放政策红利。2018 年完成改造用地面积高位拉升，达到 10 年来的最高水平。10 年来广东省"三旧"改造的发展变化反映出以市场主体和市场方式为主的"改造"模式需要成熟稳定的法律政策体系来稳定市场预期，同时也需要随着"三旧"改造工作的深入推进，针对实践中的问题，不断创新政策措施。

（二）基于经济发展基础差异，"三旧"改造区域性差异明显

广东省以市场方式开展"三旧"改造，决定了改造推进快慢和规模是以市场需求和经济效益为基础的。从"三旧"改造的区域分布看，"三旧"改造完成面积主要集中在珠三角区域，改造完成面积的全省占比超过七成，粤东、粤西、粤北地区均不足全省一成，区域集中特征明显。这与广东省区域经济发展现状是一致的。2018 年，珠三角 GDP 占全省的 83.32%，建设用地规模为 101.80 万公顷，土地开发强度达到 18.59%，是广东省经济发展的核心区。

珠三角是广东改革开放的前沿，改革开放起步早、发展快，工业化和城镇化发展迅速。城镇规模的快速扩张和人口的大规模聚集，形成了城中村，出现了城市功能退化等问题。随着产业发展更新，产业转型升级的问题也尤为突出。在建设用地规模扩展受限的情况下，城市存量建设用地的更新改造需求更加强烈。同时，珠三角地区经济基础好、土地利用价值高、市场利益大，形成了市场方式下"三旧"改造的强劲驱动力。而粤东、粤西、粤北地区受限于经济基础，以市场方式进行改造的空间受限。

（三）改造市场利益驱动下，不同类型的改造项目比例失衡

广东省"三旧"改造工作遵循"政府引导、市场运作"的原则，通过利益调节充分调动市场主体的积极性，但市场主体具有明显的逐利特性，商业、商住类改造项目投资周期短、回报快，能带来更高收益，市场主体对其更为青睐，对于一些涉及权利人较多、拆迁安置任务较重的改造项目，如城中村、城郊村改造项目，只有改造为商住用地才可能获得社会投资；而产业升级类、民生类改造项目的投资周期较长、回报慢，社会资本的投资意愿总体不强。在经济下行的大环境压力下，产业升级类项目的投资利润率低，资金回收时间长，开发商的投资信心进一步下滑，突出表现为商住类改造项目占比过高、产业升级类改造项目占比较低，以及旧厂房改造多、旧村庄改造少。截至 2018 年底，在广东全省累计已完成的改造项目中，二产转三产与三产升级项目用地面积占比为 32.69%，住宅项目与现代服务业项目用地面积占比为 40.55%，而二产升级项目用地面积占比仅为 23.33%。从改造类型看，全省完成改造的旧厂房项目数占完成改造总量的比重达到 50.15%，旧村庄完成改造项目数最少，占比仅为 16.58%。

四 "三旧"改造模式特征

（一）规划统筹的协同发展

广东省"三旧"改造着眼于城乡布局优化、产业转型升级、城市功能提

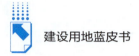

升，强化规划统领作用。在"三旧"改造专项规划编制中，充分预留产业发展用地、生态建设用地和公益事业用地；涉及历史街区、不可移动文物或历史建筑的，则制定相应保护管理措施；结合城乡增减挂钩措施，探索异地改造与异地转移补偿；结合农村土地制度改革、乡村振兴战略，下放征收手续及改造方案审批权限，加大旧村庄改造力度；结合土地利用总体规划调整，建立"三旧"改造项目退出机制；建立与年度计划指标分配挂钩等考核激励机制，充分调动地方政府推进"三旧"改造工作的积极性。

（二）多元主体参与的市场运行

广东省改造充分尊重了土地权利人对改造地块进行再开发利用的自主权，积极引入市场改造力量，促进形成社会各方共同推进"三旧"改造的局面。按照多元化推进的工作思路，各类改造主体都可以适当的形式参与改造工作。如对于拥有土地所有权的农村集体经济组织，可主动申请将其所有土地转为国有建设用地，经批准后可由其自行组织改造或与有关单位合作开发建设；对于有意参与的市场主体，可采取收购相邻地块的方式，将分散的地块合并归宗后集中实施改造；对于历史上与农村集体经济组织或农民签订征地协议，但未办理土地征收手续的土地实际使用人，也可以按照用地行为发生时的法律政策，补办土地征收和供地手续；土地权利人自身无力或不愿实施改造的，也可将土地交由政府组织实施改造，获取相关补偿安置。

（三）多方共享的利益分配

对改造带来的发展性利益和增值收益的分配，广东突出尊重权益、利益共享的原则，根据改造模式实行不同的增值收益共享模式。在地价计收标准和计收方式上，根据改造对象不同因地制宜地采取以市场评估价、区片地价、标定地价等体系为基础的地价计收标准；根据发展导向分类制定地价计收和返还比例，允许以建筑物分成或收取公益性用地等方式替代收缴土地价款的多种缴交地价方式，大力扶持旧村旧城与改工项目。在补偿返还方式方面，采取货币补偿、建筑面积补偿、土地补偿等多种补偿返还方式。对于提供公益性设施或城市公共空间、保障性住房、历史文物保护的改造项目，可实行容积率奖励或异地转移补偿，安排一定比例的出让收入用于统筹平衡"三旧"改造项目间的利益。

五 进一步深化"三旧"改造工作的建议

（一）加强顶层法律体系制定，稳定市场预期和防范社会风险

现行土地管理制度、管理模式主要针对新增建设用地，广东还没有对存量建设用地再开发这种新生事物提供有力的法律法规依据。广东开展"三旧"改造的主要依据是省政府及原国土资源部出台的规范性文件，法律效力层级相对较低。对于提出的一些创新政策措施，由于缺少充分的上位法支撑，其难以经受住来自审计、纪检、司法等方面的审查和考验，会影响到地方政府实践探索的积极性和市场预期。从低效用地再开发利用工作的深入推进和持续更新上看，在国家法律层面应明确开发行为的定性问题、规划管控问题、用地供应方式问题、收益分配问题、公益配套问题、历史遗留用地手续完善问题等低效用地再开发的关键问题。同时，在国家法律层面应明确低效用地再开发涉及的税收和费用征缴、拆迁纠纷涉及的司法裁决等相关问题，更好地指导各地开展实际工作。

（二）推进成片连片开发，统筹平衡开发综合利益

改造单元过小形成的用地零散、碎片化，无法有效统筹改造单元之间、单元与区片之间的利益平衡，一方面导致由市场逐利形成的改造类型失衡，另一方面导致大型公共配套设施难以落实，造成配套设施供应与需求的失衡。从优化城市空间功能、提升土地利用价值上看，应进一步推动成片连片改造。一是以政府为主导推进土地整备，采用房屋征收、土地置换、土地收购等多种方式进行，结合规划实施要求进行土地边界重划，统一规划，整体开发，实现土地综合效益的最大化。二是以市场为主导推进连片开发，增加连片改造规划、税收、奖励扶持的优惠政策，统筹不同权属、不同参与主体、不同

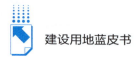
区块项目的利益分配平衡，明确公益性用地配套保障，强调整体规划与公共用地空间预留。

（三）构建产业用地改造升级体系，促进产业高质量发展

针对"三旧"改造中改造类型比例失衡的问题，建议从规划管控和利益平衡上加大工业升级改造的力度，构建工业用地改造升级体系。在规划管控方面，应进一步加强产业规划、空间总体规划、"三旧"改造专项规划的衔接，从规划上优先保障各类现代产业项目的发展空间，划定产业发展保护区，储备连片产业用地，为引入大型产业项目做好充分准备；在利益平衡方面，探索"以房促产"的联动机制，并将房地产改造规模与产业项目改造规模挂钩，促进房地产业反哺产业发展。积极探索"混合开发"，如产业用地与住宅用地的混合（产业＋住宅），国有出让形式与集体出让、出租形式的混合（出让＋出租）等，通过"混合开发"实现第三产业反哺第二产业发展。同时，加大财政支持力度，鼓励有条件的地区从土地出让收入中拿出一定比例用于支持产业类改造项目。

（四）强化节约集约利用评价的应用转化，夯实改造更新基础

为推进改造更新的可持续发展，建议完善丰富建设用地节约集约利用调查评价体系，推进基于改造更新的专项评价工作，为实现动态可持续的改造更新提供基础支撑。一方面，完善建设用地节约集约利用状况调查与评价体系，在专项评价中针对各地建设用地改造更新的需要，构建存量建设用地节约集约利用调查评价体系，有序组织推进基于建设用地改造更新的专项评价工作，为各地开展建设用地再利用提供基础数据支撑；另一方面，制定出台评价成果的应用配套政策措施，引导鼓励地方开展以评价成果为基础的建设用地改造更新利用工作。同时，收集各地土地节约集约利用的典型案例，系统总结实践相对成熟的技术和模式，制定基于评价应用的节地模式和技术推广应用目录，并构建节地技术及模式的档案库，鼓励各地根据自身实际情况，有意识地选取节地技术与模式进行土地利用与开发。

B.13
新时代西部大开发背景下陕西省提升建设用地节约集约利用水平的管理困境和政策举措

柯为民　陈俊华　武泽江　李冠*

摘　要：　强化举措推进西部大开发形成新格局，是党中央、国务院从全局出发，顺应中国特色社会主义进入新时代、区域协调发展进入新阶段的新要求，统筹国内国际两个大局做出的重大决策部署。在新时代西部大开发背景下，陕西省迎来追赶超越的重要窗口期。如何通过精细化管理手段和政策工具倒逼发展方式转变、提升建设用地节约集约利用水平，是现阶段建设用地管理亟须解决的核心问题，对增强防范化解各类风险能力、促进区域协调发展、决胜全面建成小康社会具有重要现实意义和深远历史意义。为此，本报告全面总结陕西省建设用地变化情况，对比建设用地节约集约利用变化趋势，总结提炼区域差异、空间分布特征，梳理近年来全省建设用地节约集约利用的实践经验以及存在的突出问题，结合国内外先进经验和改革实践，提出面向新发展理念、高质量发展阶段提升建设用地节约集约利用水平的政策建议。

*　柯为民，陕西华地勘察设计咨询有限公司资源评价中心主任、高级工程师、土地估价师，研究方向为土地调查与评价、国土空间规划；陈俊华，陕西华地勘察设计咨询有限公司副总经理、高级工程师、土地估价师、房地产估价师，研究方向为土地调查与评价、国土空间规划；武泽江，陕西华地勘察设计咨询有限公司总经理、资深土地估价师，研究方向为国土空间规划、土地调查与评价、土地利用研究；李冠，宁波大学法学院讲师，研究方向为国土空间规划、土地利用。

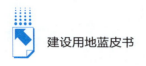
关键词：　西部大开发　建设用地　节约集约利用

一　引言

土地是人类赖以生存的基础，是城市发展的基本条件。近年来，随着我国工业化、城镇化进程的快速推进，各地土地利用面临着越来越大的空间及环境压力，自然资源被占用现象严重，土地供需矛盾日益突出。与此同时，一些城市发展仍在无序扩张，建设用地利用结构失衡，功能配置不合理，导致利用效率低下，影响着城市自然资源的可持续利用。因此，坚持建设用地节约集约利用是我国目前发展的必然选择，是缓解土地资源供需矛盾、促进城市土地利用、推进供给侧结构性改革、引导城市可持续发展的必由之路，也是当前各地努力探索和亟须解决的问题。

2019 年，中央深改委第七次会议审议通过了《关于新时代推进西部大开发形成新格局的指导意见》。新时代西部大开发战略的提出，使陕西迎来了抓重点、补短板、强弱项，形成大保护、大开放、高质量发展的新格局，实现更高质量、更有效率、更加公平、更可持续发展的重要窗口期。在落实生态文明理念的前提下建设"一带一路"枢纽门户、承接东部产业转移、推动本土产业基础高级化、产业链现代化的过程中，陕西省建设用地的供给与管理将迎来更多维度的复合挑战。如何精准施策、倒逼发展方式转变、提升建设用地节约集约利用水平，是现阶段建设用地管理亟须解决的核心问题，对增强防范化解各类风险能力、促进区域协调发展、决胜全面建成小康社会具有重要现实意义和深远历史意义。

二　建设用地利用的动态特征

（一）虽然节约集约利用势头总体向好，但是人地均衡矛盾依旧突出

从常住总人口与城乡建设用地增长关系上看，西安市、咸阳市人口增长

幅度大于城乡建设用地增长幅度，自 2010 年以来，陕西省土地利用趋势首次出现集约趋势型，表明全省城乡建设用地不断向集约化迈进。但除这两市之外，铜川市、渭南市和汉中市近三年人口减少，但城乡建设用地仍不断增长，其余 5 个地级市 2015~2018 年常住总人口与城乡建设用地总面积总体呈现同步增长态势，常住人口增长速度总体慢于城乡建设用地增长速度，全省常住总人口与城乡建设用地增长弹性系数上升为 0.60。但是，陕西省整体单位人口增长消耗新增城乡建设用地量仍然高达 338.19 米^2/人，远高于《全国土地利用总体规划纲要（2006—2020 年）》里提出的到 2020 年全国人均建设用地控制在 127 米^2/人，致使近几年城乡建设用地人口承载力总体趋于下降态势，人均城乡建设用地面积反而从 2015 年的 205.53 平方米，增加到 2018 年的 209.96 平方米，3 年增加了 4.43 平方米，新增建设用地总体上仍然呈现外延扩张态势。

（二）土地投入依赖程度下降明显，土地经济承载力趋于提升

陕西省 10 个地级市经济发展建设用地消耗量总体下降，单位地区生产总值耗地下降率为 6.28%，高于依据《关于落实"十三五"单位国内生产总值建设用地使用面积下降目标的指导意见》（国土资发〔2016〕120 号）要求陕西省"十三五"期间单位国内生产总值建设用地下降 20% 的目标推算的年均耗地下降率不低于 4.0% 的水平要求。从 2016~2019 年度变化来看，陕西省单位地区生产总值耗地下降率由 2016 年度的 6.17% 上升为 2019 年度的 6.28%，提升了 0.11 个百分点。从城市间比较来看，2019 年，单位地区生产总值耗地下降率较高的是安康市、汉中市和榆林市，分别为 7.94%、7.44% 和 7.19%；最低的是咸阳市。

从不同地域对比来看，2019 年，陕南山地单位地区生产总值耗地下降率最高，为 7.26%，陕北高原次之，为 7.15%，关中平原最低，仅为 5.78%。从 2016~2019 年度变化可以看出，关中平原单位地区生产总值耗地下降率总体呈现降低的趋势，从 7.31% 降为 5.78%，降低幅度较大；陕北高原单位地区生产总值耗地下降率 4 个年度逐年上升且上升幅度较大，由 1.63% 上升为 7.15%；陕南山地 2016~2019 年度单位地区生产总值耗地下降率变化呈现波浪

形，总体有所下降，由 8.73% 下降为 7.26%。陕西省整体、分地域及各地市 2016~2019 年度单位地区生产总值耗地下降率对比如图 1 所示。

图 1 陕西省 2016~2019 年度单位地区生产总值耗地下降率对比

一是在单位地区生产总值增长消耗新增建设用地量方面，2019 年度陕西省单位地区生产总值增长消耗新增建设用地量为 7.11 米²/万元，较 2016 年度下降 2.17 米²/万元，仍是关中平原最小、陕北高原次之、陕南山地最大。从横向对比来看，西安最小，宝鸡、榆林次之，渭南、咸阳、安康较高；从纵向对比来看，各城市变化趋势不一，西安、铜川、延安、榆林和汉中有所降低，其余市均有所上升。总体上陕西省经济增长消耗新增建设用地量呈现下降的趋势，说明各区域的土地利用不断向集约化迈进。陕西省 2016~2019 年度单位地区生产总值增长消耗新增建设用地量对比如图 2 所示。

二是在单位固定资产投资消耗新增建设用地量方面，2019 年度陕西省单位固定资产投资消耗新增建设用地量为 0.51 米²/万元，较 2016 年的 0.69 米²/万元减少了 0.18 米²/万元。从横向对比来看，宝鸡最小，为 0.25 米²/万元，西安次之，榆林、咸阳、延安较高。从纵向对比来看，除西安、铜川、汉中和榆林外，其余六市的单位固定资产投资消耗新增建设用地量均整体呈现上升

图2　陕西省2016~2019年度单位地区生产总值增长消耗新增建设用地量对比

的趋势。在不同地域中，关中平原的单位固定资产投资消耗新增建设用地量变化趋势与全省变化相一致，均为逐年递减的趋势，陕北高原和陕南山地变化趋势呈倒"U"形。陕西省整体、10个地级市及三个地域2016~2019年度单位固定资产投资消耗新增建设用地量对比如图3所示。

图3　陕西省2016~2019年度单位固定资产投资消耗新增建设用地量对比

三是在经济发展与建设用地增长匹配协调程度方面,陕西省 10 个地级市 2016~2019 年度在单位地区生产总值较快增长的同时建设用地均出现不同程度的扩张,2019 年度生产总值与建设用地增长弹性系数为 6.22,高于前三个年度的指标值,表明 2016~2019 年度陕西省经济发展与建设用地增长比较协调,建设用地在扩张的同时趋于集约化发展。从城市间比较来看,2019 年,铜川、安康和汉中最为显著,弹性系数均超过 8;宝鸡、渭南、商洛、咸阳、榆林和西安次之,弹性系数在 5 和 8 之间;延安市最低,仅为 4.51。在三个区域中,陕南山地增长弹性系数最高,达到 8.05;关中平原次之,弹性系数为 6.21;陕北高原较低,弹性系数仅为 5.20。综观四个年度评价结果,2016~2019 年度,陕西省及关中平原生产总值与建设用地增长弹性系数呈波浪形变化,陕北高原呈现先降后升的“V”字形变化,陕南山地则持续下降。陕西省 2016~2019 年度地区生产总值与建设用地增长弹性系数对比如图 4 所示。

图 4　陕西省 2016~2019 年度地区生产总值与建设用地增长弹性系数对比

（三）建设用地节约集约利用水平区域间不平衡态势显著

对比分析陕西省 10 个地级市建设用地节约集约利用现状水平利用强度指

数、增长耗地和用地弹性动态变化趋势指数分布，可以看出，前者与后两者存在较为明显的互补关系。如渭南、铜川等建设用地节约集约利用现状水平总体排名靠后的城市，建设用地节约集约利用动态发展良好，节约集约利用增长耗地和用地弹性动态变化趋势指数排名比较靠前；而建设用地节约集约利用现状水平总体排名靠前的西安、咸阳，节约集约利用动态变化趋势指数排名则比较靠后，进一步提升建设用地节约集约利用水平的难度相对较大，总体符合土地利用强度高、用地弹性指数低的节约集约用地一般规律。

但对于陕南山地的安康和商洛来说，在土地利用强度具备相当优势的情况下，由于受地形影响以及经济发展也较快，建设用地增长获得的经济、人口增长快，呈现土地利用强度、增长耗地和用地弹性指数均较高，土地内涵节约集约利用呈现良好的发展态势。而榆林和延安则呈现节约集约利用土地的强度、增长耗地和用地弹性指数均较低的态势，节约集约用地仍有较大提升空间。

三 提升建设用地节约集约利用水平的管理瓶颈

（一）建设用地投入强度的提升受到自然资源禀赋的客观限制

随着人口和产业不断向城镇集聚，资源紧缺、环境污染、灾害频发等影响城镇安全、开发效益的问题日益凸显。其中，关中平原地区由于城镇、人口、产业经济高度集聚，城镇规模在一定时期仍旧需要扩张，自然资源、生态环境保护压力进一步增大，尤其是城市用地紧张、交通拥堵、环境污染等一系列问题凸显出来；陕北高原地区水土流失、土地沙化、水资源破坏和污染、地表塌陷等次生环境问题突出，资源性缺水和生态承载超限等对加强建设用地投入产出有较大的限制；陕南山地地区城镇发展与生态环境保护之间的矛盾较为突出，城镇建设用地缺乏，且受地形地质条件影响，客观上对城镇建设用地进一步拓展造成了较大的制约。

（二）节约集约利用水平的提升受到经济发展阶段的必然影响

建设用地节约集约利用水平的提升，是产业结构转型升级的历史选择，是社会经济发展由低阶向高阶跨越的必然结果。陕西省正处于城镇化、工业化快速发展阶段，而且乘着新时代西部大开发的东风，未来一段时期内，陕西省经济社会发展对土地资源的需求十分强烈，粗放型利用的增长惯性直接导致经济发展目标与土地节约集约利用之间的矛盾和冲突。当下，在建设用地管理上仍存在不同维度的"不平衡不充分"问题，严重制约了陕西省迈向高质量发展阶段的步伐，如城乡建设用地比例失衡、区域建设用地节约集约利用水平不平衡、产业用地规模结构失衡、建设用地扩张与生态保护不平衡等。而新时代赋予节约集约用地的时代使命，便是通过提高土地要素的供给质量，把优质土地配置到促进高质量发展的环节上，解决围绕建设用地的"不平衡不充分"问题。

（三）推进低效闲置土地盘活利用任务艰巨

城镇低效用地再开发涉及个人、企业、国家机关等多方利益主体，原土地使用权人可通过划拨、招拍挂出让、协议出让、租赁等多种方式获取土地，多种权利人提出了就地还经营房、自主开发、现金补偿、房屋安置、土地补偿等多种诉求。城镇用地拆迁成本高，加上基础设施建设投入，资金难以平衡，财政压力大。解决这些难题目前比较好的方法较少。结合《关于构建更加完善的要素市场化配置体制机制的意见》提出的"研究完善促进盘活存量建设用地的税费制度。以多种方式推进国有企业存量用地盘活利用"。需要借鉴先进城市经验，发挥群体力量，通过推进地方试点等方式，研究更多运用市场机制来盘活存量土地和低效用地的引导性、鼓励性政策，全面提升市场主体参与存量用地盘活利用的积极性，鼓励自主开发、联合开发，建立多渠道盘活利用机制。需要进一步研究完善存量用地盘活利用的收益分配机制，实现地方政府、原土地使用权人、开发单位等主体间利益合理分配。此外，还要强化监督管理，避免权力寻租。需要加强供后监管，通过税费调节，提高企业低效闲置用地成本。

四 提升建设用地节约集约利用水平的政策举措

（一）面向全省的宏观政策举措

1. 响应自然资源管理新格局，提高土地利用政策站位，将节约集约利用深入全部自然资源

随着自然资源部的组建，新部门重塑了自然资源管理的新格局，实现了期盼已久的自然资源管理的"四统一"，即统一行使全民所有自然资源资产管理，统一行使所有国土空间用途管制和生态保护修复，统一行使所有自然资源的调查和登记，统一行使所有国土空间的"多规合一"。针对自然资源管理新格局，陕西省也应提高土地利用政策站位，不仅土地资源建设用地需要节约集约利用，各项自然资源也应纳入节约集约利用、高效利用的"盘子"中来，才能实现节约集约利用的真正目标，也才能实现自然资源的有效利用。

2. 深入贯彻实施乡村振兴战略，紧密结合"精准扶贫"移民搬迁，盘活农村宅基地用地

在本次区域更新评价中，除商洛市外，陕西省9个地级市均出现农村人口减少、村庄建设用地增长的现象，农村人口与村庄建设用地匹配度较低，暴露出村庄用地粗放利用的问题，这就要求陕西省全面贯彻实行乡村振兴战略，引导宅基地资源合理利用，既保证村民"居有所住"，又要赋予农民更多的土地财产权利，激活宅基地的生产经营功能。紧密结合"精准扶贫"移民搬迁，加快"空心化"和贫困地区的集中安置搬迁。一是加快地质灾害易发区等自然条件恶劣地区农民的住房搬迁，提高农村居民住房安全保障；二是对于"空心化"的贫困地区，应当积极引导其村民进行集中安置搬迁，降低公共服务设施配套成本，提高农村居住质量；三是有效盘活低效宅基地，"空心化"地区有大量宅基地资源闲置浪费，通过集中安置搬迁和复垦，可以有效盘活宅基地发展权价值，提高农户财产性收益。

3. 积极开展城镇低效用地再开发，挖掘存量建设用地潜力

《关于深入推进城镇低效用地再开发的指导意见（试行）》已于2016年

11 月 14 日施行，陕西省自然资源厅结合陕西省实际接连印发了《关于促进城镇低效产业用地再开发的实施意见》及《城镇低效用地再开发工作推进方案》两个文件，部署推进全省城镇低效用地再开发工作，通过此项工作，摸清全省城镇低效用地的分布情况，通过鼓励原土地所有权人进行改造开发、积极引导城中村集体建设用地改造开发、鼓励产业转型升级优化用地结构、对零星城镇低效用地鼓励成片开发等措施提高城镇低效用地土地利用强度，挖掘存量建设用地潜力，提高全省土地节约集约利用水平。

4. 以关中城市群为主体形态推进特大城市、大中小城市土地节约集约利用的协同发展

当前陕西省城市首位度过大，中小城市发展不足，要充分发挥中小城市在用地弹性、增长耗地和管理绩效等方面土地节约集约利用的优越性。积极探索关中城市群中心城市"飞地"经济模式，出台"关于建设用地跨区域配置的指导意见"，加强区域经济合作和土地跨区域配置，积极缓解城市群内部土地节约集约利用水平差异的"两极分化"问题。

（二）面向不同区域的差异化对策

1. 着力推进关中平原地区建设用地立体开发空间拓展

第一，针对关中地区节约集约利用水平相对较高的 5 个城市而言，关中城市群核心区作为引领西北地区发展的先头兵，省委省政府要求强化核心区的引领带动作用，提高核心区尤其是西咸新区的人口吸纳承载能力和融合发展水平，势必要强化推动"海绵城市"建设等领域的先行先试。"海绵城市"是一种形象表述，主要是指城市能像海绵一样，在环境变化和应对雨水带来的自然灾害等方面具有良好"弹性"，下雨时吸水、蓄水、渗水、净水，需要时将蓄存的水"释放"并加以利用。近年来，西咸新区通过建筑与小区对雨水的应收尽收、道路与绿地的自然收集、中央雨洪系统的调蓄，构建了三级雨水综合利用体系，初步形成了海绵城市体系。在此背景下，陕西省借助西咸新区这一样本之力，在全省范围内掀起海绵城市建设浪潮，确定宝鸡市、铜川市为陕西省海绵城市建设省级试点城市。在产业经济快速发展的同时，

应注重环境保护以及能源的综合利用，降低开发控制目标纳入绿色建筑的评价标准，不仅在自建项目中实施海绵城市建设标准，还应在各地方城市进行全面推广，在出让土地时的规划设计条件中提出严格控制地下建筑密度、地面透水率等要求，确保每个小地块形成"小海绵"。实施城市地下管网改造工程；加快城市综合交通网络建设，推进充电站、充电桩等新能源汽车充电设施建设；推动新型城市建设，构建多层次开放空间，使水源得以涵养，使生态得以循环；改善人居环境，缓解水资源供需矛盾，提高土地节约集约利用的增值效益。

第二，应大力引导商业综合体、产业综合体和城市综合体建设，结合土地开发强度合理确定出让地价，引导土地立体开发和复合利用，提升城市土地综合承载能力，逐步形成城市整体节约集约、功能结构完整、利用疏密有致、建筑形态各具特点的土地利用新格局。鼓励充分利用广场、道路、绿地、公园、学校操场等地下空间，在符合建设要求、不影响质量安全和生态环境的基础上，因地制宜地推动城市交通、商业、娱乐、人防、绿化等多功能、一体化、综合型公共空间立体开发建设。对于企业新建厂房在二层以上的，可以减半收取基础设施配套费，鼓励企业开发利用地上地下空间；对于现有工业用地，在符合规划、不改变用途的前提下，提高土地利用率和容积率，不再增收土地价款。

2. 提高陕北高原能源基地土地利用综合效率

第一，陕北地区作为陕西省重要的煤炭基地，在提高节约集约利用水平方面，更多地应在矿产资源的节约集约上下功夫。鼓励矿山企业积极推广先进技术，高效利用矿产资源。加大对重大采选冶技术、矿产综合利用技术、循环利用技术等的研究与开发力度，针对陕北地区丰富的煤炭资源，以提高"三率"水平为重点，加快煤炭资源洁净利用技术以及煤炭洁净加工、转化与利用等关键工艺和产业化技术研究，鼓励行业骨干龙头企业与高等院校和科研院所合作，建设一批各具特色的产学研一体化平台，充分发挥行业协会的桥梁纽带和服务作用，加强对先进成熟技术和装备的交流与推广。另外，对于重点开采规划区，要严格按照规划和矿业权设置方案，推进规划区内的矿

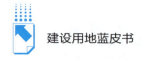

产资源开发整合，提高规模开采和节约集约利用水平。

第二，大力推行工矿废弃地复垦，释放土地应有功能。工矿废弃地复垦利用，是在新形势下大力推进节约集约用地的重大举措。以保障重点项目用地、优化矿区生态环境为出发点，陕北地区应积极开展废弃矿山治理，各地区可以通过实地调查，全面建立包括工矿废弃地的现状、权属、类型、规模、分布等相关资料的数据库，编制《工矿废弃地复垦利用专项规划》，并根据专项规划确定的复垦方向，宜耕则耕、宜林则林、宜路则路，切实与当地实际相统一。同时，严把质量关，将土层厚度、平整度、地力等作为硬性条件，通过积极推进工矿废弃地复垦利用，将复垦量与新增建设用地量挂钩，有利于盘活存量用地，进一步调整和优化建设用地布局，拓展建设用地新空间，增加土地有效供给，改善农业生产条件和生态环境，实现土地资源的集约高效和可持续利用，确保建设用地总量不增加、耕地面积不减少、质量有提高、土地资源配置和空间布局更合理，为经济社会发展提供用地保障。

3. 探索创新陕南山地土地节约集约利用新模式

第一，针对汉中、安康、商洛所处的陕南秦巴山区山多地少、土层瘠薄，针对工业企业项目可以实行"向山要地"，建设"工业梯田"，推进土地节约集约利用，按照"布局集中、项目集约、用地集约、产业集群"的原则，在做好地质灾害防治和生态环境保护的基础上，将未利用荒地较多的陡坡区域规划布局为工业园区，大胆探索节约集约用地新模式，引导和鼓励企业"向山要地"，充分利用其他农用地和未利用地，做到少占或不占耕地以建设"工业梯田"，提高坡地利用率。

第二，全面开展城镇存量低效用地普查和开发潜力评价，坚持规划统筹、政府引导、市场运作、公众参与、利益共享、严格监管的原则，制定城镇低效用地再开发激励约束政策，运用市场手段，灵活采取协商收回、收购储备、自主开发、联合开发、收购开发等模式，鼓励各方资本积极参与城镇低效用地再开发，提高土地要素市场周转率和利用效率，合力推进城镇低效用地再开发节约集约高效利用。对于纳入再开发利用范围的低效用地，且规划调整为科研和公共租赁住房等用地的，可以通过协议方式办理出让手续，按市场价补缴土地出让金；调整为经营性房地产用地的，依法收储后公开出让。创新试行低效用地预收储和预出让制度，在明确各方权责的情况下，同步实施收购储备与公开出让，促进土地资源和社会资本的"无缝对接"。完善利益共享机制，土地出让收益可按不高于60%的比例，依照相关规定专项用于对原土地权利人的收储补偿，充分调动原土地权利人的积极性，让社会各方共享再开发土地的升值利润。

附　　录

Appendices

B.14

指标及评价体系

中国国土勘测规划院

一　建设用地节约集约利用评价技术框架

建设用地节约集约利用状况整体评价工作以国家对城镇化发展和城市开发建设的总体要求为基础，以建设用地节约集约利用目标为导向，以基础调查数据为根据，综合利用定性分析与定量评价的方法，通过选取建设用地在利用强度、产出效益、管理绩效、增长消耗、用地弹性等方面的评价指标，全面分析建设用地节约集约利用水平。

建设用地节约集约利用是指在符合有关法规、政策、规划的前提下，通过增加对土地的投入，不断提升土地承载经济社会活动的能力、不断提高城市土地利用效率和经济效益的一种开发经营模式。建设用地节约集约利用评

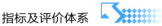

价，旨在全面掌握建设用地节约集约利用状况、潜力规模、空间分布及变化趋势，提出建设用地规模挖潜、结构调整、布局优化的途径和措施，为科学用地、管地提供重要依据，促进建设用地利用效率和效益提高，从而实现节约集约用地，为国家和各级政府制定土地政策和调控措施，为土地利用规划、计划及其他相关规划的制定提供科学依据。

为了揭示城市行政辖区整体建设用地同人口、经济社会发展的协调与匹配程度，并为用地的宏观管理调控以及政策的制定提供必要支持，本报告主要侧重于梳理、分析建设用地节约集约利用水平。

建设用地节约集约利用评价技术框架如图1所示。

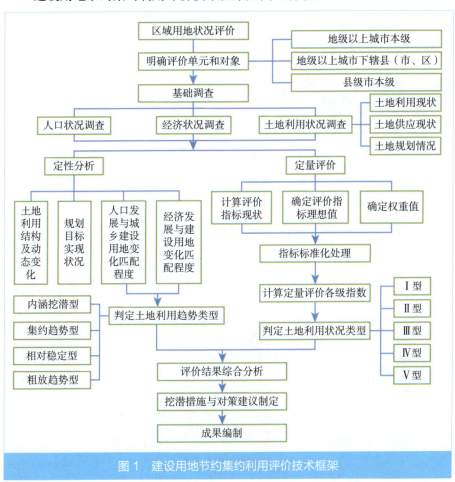

图1　建设用地节约集约利用评价技术框架

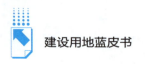

二 建设用地节约集约利用评价指标体系

本报告以《建设用地节约集约利用评价规程》（TD/T 1018—2008）和《城市建设用地节约集约利用评价操作手册》为理论基础，运用多因素综合评价法对全国评价成果数据进行综合分析。

从建设用地节约集约利用现状水平、动态变化趋势入手，测算全国的建设用地节约集约利用综合指数（见表1）。通过设定指标理想值和权重值，对各城市的各项指数值进行标准化处理，进而对全国城市建设用地节约集约利用状况进行排名分析，揭示全国城市建设用地节约集约利用水平的区域分异格局及动态变化特征。

表 1　全国建设用地节约集约利用状况整体评价指标体系					
	指数	指标 （代码）	指标定义	计量单位	指标 属性
建设用地节约集约利用综合指数	节约集约利用现状水平指数	城乡建设用地人口密度（PUII1）	指基准年的常住总人口规模与城乡建设用地总面积的比值，反映评价时点土地承载人口总量的能力	人／公里^2	正向相关指标
		建设用地地均地区生产总值（EUII2）	指基准年的地区生产总值与建设用地总面积的比值，反映评价时点土地产出效益状况和土地承载经济总量的能力	万元／公里^2	正向相关指标
	节约集约利用动态变化趋势指数	单位人口增长消耗新增城乡建设用地量（PGCI1）	指基准年的新增城乡建设用地量与人口增长量比值，反映人口增长消耗的新增城乡建设用地状况	米^2／人	反向相关指标
		单位地区生产总值耗地下降率（EGCI1）	指基准年前一年的单位地区生产总值耗地与基准年的单位地区生产总值耗地的差值占基准年前一年单位地区生产总值耗地的比例，反映经济增长耗地下降的速率	％	正向相关指标

续表

	指数	指标 （代码）	指标定义	计量单位	指标 属性
建设用地节约集约利用综合指数	节约集约利用动态变化趋势指数	单位地区生产总值增长消耗新增建设用地量（*EGCI*2）	指基准年的新增建设用地量与同期地区生产总值增长量的比值，反映经济增长消耗的新增建设用地状况	米²/万元	反向相关指标
		人口与城乡建设用地增长弹性系数（*PEI*1）	指基准年之前3年（含基准年）的人口增长幅度与同期城乡建设用地增长幅度的比值，反映建设用地消耗与自身社会发展的协调程度	无量纲	正向相关指标
		地区生产总值与建设用地增长弹性系数（*EEI*1）	指基准年之前3年（含基准年）的地区生产总值增长幅度与同期建设用地总面积增长幅度的比值，反映建设用地消耗与自身经济发展的协调程度	无量纲	正向相关指标

三　评价方法

（一）指标标准化方法

建设用地节约集约利用状况整体评价各项指数单位不同，本报告主要采用理想值标准化法。通过结合国家节约集约用地管理目标，设定理想值，以理想值为基础，对各个城市相关指数值进行标准化处理。

首先，按式（1）进行指标标准化初始值计算：

$$X_{i0}=\frac{x_i}{y_i} \tag{1}$$

其中，X_{i0}表示第i项指标标准化值的初始值；x_i表示第i项指标的实际值；y_i表示第i项指标的理想值。

其次，根据不同指标属性和对应理想值的特征差异，对指标标准化的初始值按照以下原则进行处理，以确定各项指标标准化值X_i。X_i数值越大，建设用地节约集约用地状况越佳，具体原则如下。

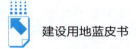

（1）对于正向相关指标，$X_i=X_{i0}$；对于反向相关指标，$X_i=1/X_{i0}$。

（2）$X_i \in [0，1]$。

（3）对于现状水平指数涉及的指标（$PUII1$、$EUII2$），若 $X_i > 1$，则 X_i 直接赋值为1，表示指标实际值为理想状态。

（4）对于增长耗地、用地弹性指数涉及的指标（$PGCI1$、$EGCI1$、$EGCI2$、$PEI1$、$EEI1$），具体根据以下不同情形加以确定：

①当人口、经济为正增长，用地减少或不变时，X_i 直接赋值为1；

②当人口、经济为负增长或零增长，用地为正增长或不变时，X_i 直接赋值为0；

③其他情形下对于正向相关指标，若 $X_i \geqslant 1$ 时，直接赋值为1，对于反向相关指标，若 $1/X_i \geqslant 1$ 时，直接赋值为1。

（二）指数计算方法

1. 指数计算方法

建设用地节约集约利用现状水平指数、动态变化趋势指数按照式（2）计算：

$$A_j= \sum_{i=1}^{n} （ \omega_{ji} \times X_{ji} ） \times 100 \qquad （2）$$

其中，A_j 表示第 j 项指数的值；ω_{ji} 表示第 j 项指数下第 i 个指标的权重；X_{ji} 表示第 j 项指数下第 i 个指标的标准化值；n 表示第 j 项指数下的指标个数。

2. 综合指数计算方法

建设用地节约集约利用综合指数按式（3）计算：

$$综合指数 = \sum_{k=1}^{m} （ W_k \times A_k ） \qquad （3）$$

其中，W_k 表示第 k 项指数的权重；A_k 表示第 k 项指数的值；m 表示综合指数下的指标个数。

（三）分区域指标值和指数值计算方法

本报告将全国城市分别按城市群、行政级别和城市等级规模等进行了归类，各类别中某一指标值的计算是对该区域该项指标计算的基础数据加总后按指标定义计算得到的。对评价指数、综合指数的计算采用加权平均或计算简单平均数等方式。

四 基础资料来源与口径

本报告涉及的建设用地节约集约利用相关基础资料来源于各评价对象行政辖区统计数据，其中，人口、经济相关资料来源于相关统计年鉴；土地利用现状资料来源于自然资源部土地利用变更调查成果数据。

B.15
2018 年全国地级以上城市建设用地节约集约利用状况

中国国土勘测规划院

城市	节约集约利用现状水平指数	排名	节约集约利用动态变化趋势指数	排名	节约集约利用综合指数	排名	所属省（区、市）
			表 1		2018 年全国 296 个地级以上城市建设用地节约集约利用状况		
深圳市	100.00	1	95.23	1	97.61	1	广东省
厦门市	99.42	3	95.00	2	97.21	2	福建省
上海市	97.84	4	70.09	7	83.97	3	上海市
广州市	100.00	1	66.87	8	83.44	4	广东省
北京市	93.49	5	66.75	9	80.12	5	北京市
东莞市	89.47	6	64.06	15	76.77	6	广东省
西安市	79.93	18	72.24	5	76.09	7	陕西省
武汉市	88.66	8	61.97	21	75.32	8	湖北省
大连市	63.97	138	82.87	3	73.42	9	辽宁省
福州市	87.46	9	58.65	54	73.06	10	福建省
佛山市	84.29	11	60.48	30	72.38	11	广东省
成都市	81.69	15	62.88	16	72.29	12	四川省
南京市	82.84	13	61.37	24	72.10	13	江苏省
无锡市	84.11	12	59.68	39	71.90	14	江苏省
杭州市	81.13	17	62.52	19	71.83	15	浙江省
长沙市	77.50	26	65.66	12	71.58	16	湖南省
苏州市	82.42	14	60.58	29	71.50	17	江苏省

448

续表

城市	节约集约利用现状水平指数	排名	节约集约利用动态变化趋势指数	排名	节约集约利用综合指数	排名	所属省（区、市）
汕头市	85.21	10	57.77	65	71.49	18	广东省
温州市	89.01	7	53.91	150	71.46	19	浙江省
铜陵市	62.14	178	79.07	4	70.60	20	安徽省
中山市	76.31	29	64.52	14	70.41	21	广东省
泉州市	78.80	19	60.82	27	69.81	22	福建省
贵阳市	78.42	21	59.63	40	69.03	23	贵州省
太原市	77.67	23	58.66	53	68.16	24	山西省
宁波市	77.66	24	58.11	62	67.89	25	浙江省
海口市	72.68	42	62.63	18	67.65	26	海南省
济南市	78.57	20	56.46	87	67.51	27	山东省
珠海市	75.42	31	59.29	45	67.35	28	广东省
襄阳市	64.10	135	70.44	6	67.27	29	湖北省
南昌市	74.15	34	60.26	33	67.21	30	江西省
莆田市	74.90	33	59.10	48	67.00	31	福建省
常州市	78.12	22	55.87	96	67.00	32	江苏省
宁德市	77.63	25	55.14	115	66.38	33	福建省
揭阳市	81.43	16	50.46	258	65.95	34	广东省
合肥市	69.73	55	61.83	23	65.78	35	安徽省
郑州市	73.82	36	57.15	76	65.49	36	河南省
攀枝花市	68.10	75	62.81	17	65.46	37	四川省
西宁市	70.38	50	59.24	46	64.81	38	青海省
绍兴市	73.98	35	55.59	105	64.79	39	浙江省
青岛市	73.13	39	56.44	88	64.78	40	山东省
昆明市	69.64	57	59.42	42	64.53	41	云南省
昭通市	75.45	30	53.28	175	64.37	42	云南省

续表

城市	节约集约利用现状水平指数	排名	节约集约利用动态变化趋势指数	排名	节约集约利用综合指数	排名	所属省（区、市）
台州市	75.40	32	53.22	177	64.31	43	浙江省
漳州市	73.06	40	55.19	114	64.13	44	福建省
芜湖市	66.05	110	62.00	20	64.02	45	安徽省
岳阳市	68.58	66	59.14	47	63.86	46	湖南省
潮州市	76.83	27	50.70	255	63.77	47	广东省
内江市	68.07	76	59.40	43	63.73	48	四川省
洛阳市	66.70	98	60.47	31	63.59	49	河南省
湘潭市	65.89	113	61.19	25	63.54	50	湖南省
柳州市	73.33	38	53.63	161	63.48	51	广西壮族自治区
哈尔滨市	65.12	123	61.84	22	63.48	52	黑龙江省
泰州市	72.27	44	54.65	129	63.46	53	江苏省
烟台市	68.53	67	58.33	59	63.43	54	山东省
汕尾市	76.69	28	50.17	261	63.43	55	广东省
沈阳市	66.13	109	60.61	28	63.37	56	辽宁省
临沧市	66.69	99	60.02	38	63.35	57	云南省
天津市	73.03	41	53.52	167	63.28	58	天津市
石家庄市	68.51	68	57.70	67	63.10	59	河北省
淄博市	71.01	47	55.04	118	63.03	60	山东省
安康市	71.28	45	54.70	127	62.99	61	陕西省
扬州市	70.59	49	55.24	112	62.92	62	江苏省
毕节市	73.69	37	51.86	222	62.77	63	贵州省
茂名市	68.84	61	56.65	82	62.75	64	广东省
通化市	60.36	214	65.13	13	62.74	65	吉林省
重庆市	69.76	54	55.61	104	62.69	66	重庆市

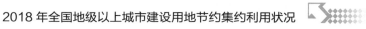

城市	节约集约利用现状水平指数	排名	节约集约利用动态变化趋势指数	排名	节约集约利用综合指数	排名	所属省（区、市）
娄底市	64.25	133	60.98	26	62.62	67	湖南省
益阳市	68.50	69	56.70	81	62.60	68	湖南省
三明市	68.18	73	57.02	78	62.60	69	福建省
嘉兴市	71.13	46	53.67	158	62.40	70	浙江省
达州市	68.28	70	56.51	84	62.40	71	四川省
乌海市	58.35	238	66.10	10	62.22	72	内蒙古自治区
六盘水市	70.68	48	53.76	154	62.22	73	贵州省
马鞍山市	65.45	118	58.97	50	62.21	74	安徽省
漯河市	67.76	81	56.50	85	62.13	75	河南省
焦作市	66.66	101	57.48	71	62.07	76	河南省
郴州市	67.21	89	56.90	79	62.06	77	湖南省
南充市	67.64	82	56.46	86	62.05	78	四川省
钦州市	65.56	117	58.42	58	61.99	79	广西壮族自治区
玉林市	65.70	115	58.24	61	61.97	80	广西壮族自治区
许昌市	66.73	97	57.10	77	61.92	81	河南省
衡阳市	66.22	107	57.54	68	61.88	82	湖南省
惠州市	72.30	43	51.38	237	61.84	83	广东省
黄石市	66.36	104	57.28	75	61.82	84	湖北省
自贡市	68.21	72	55.30	109	61.75	85	四川省
新余市	64.81	129	58.68	52	61.74	86	江西省
遵义市	69.07	59	54.29	140	61.68	87	贵州省
三亚市	68.27	71	54.95	120	61.61	88	海南省
乌鲁木齐市	70.18	51	52.98	183	61.58	89	新疆维吾尔自治区

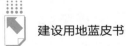
							续表
城市	节约集约利用现状水平指数	排名	节约集约利用动态变化趋势指数	排名	节约集约利用综合指数	排名	所属省（区、市）
南宁市	67.81	79	55.27	110	61.54	90	广西壮族自治区
贵港市	64.39	132	58.62	55	61.50	91	广西壮族自治区
遂宁市	65.25	122	57.47	72	61.36	92	四川省
兰州市	70.09	52	52.51	202	61.30	93	甘肃省
梧州市	69.30	58	53.20	178	61.25	94	广西壮族自治区
怀化市	67.17	90	55.26	111	61.21	95	湖南省
三门峡市	62.99	156	59.42	41	61.21	96	河南省
南通市	68.67	65	53.58	165	61.13	97	江苏省
威海市	67.85	78	54.30	139	61.07	98	山东省
宜宾市	67.01	93	55.11	116	61.06	99	四川省
萍乡市	66.21	108	55.81	100	61.01	100	江西省
蚌埠市	62.92	161	59.08	49	61.00	101	安徽省
包头市	63.50	148	58.26	60	60.88	102	内蒙古自治区
晋城市	65.26	121	56.34	91	60.80	103	山西省
乐山市	66.91	94	54.63	130	60.77	104	四川省
北海市	61.17	202	60.20	34	60.69	105	广西壮族自治区
金华市	69.87	53	51.44	235	60.65	106	浙江省
泰安市	68.06	77	53.20	179	60.63	107	山东省
阳泉市	66.35	105	54.86	124	60.61	108	山西省
江门市	67.58	84	53.52	168	60.55	109	广东省
龙岩市	66.66	100	54.39	136	60.53	110	福建省
邵阳市	67.40	85	53.60	164	60.50	111	湖南省

续表

城市	节约集约利用现状水平指数	排名	节约集约利用动态变化趋势指数	排名	节约集约利用综合指数	排名	所属省（区、市）
宝鸡市	67.63	83	53.34	173	60.49	112	陕西省
巴中市	65.84	114	55.09	117	60.47	113	四川省
湛江市	64.78	131	56.12	93	60.45	114	广东省
汉中市	66.33	106	54.56	132	60.44	115	陕西省
株洲市	64.80	130	56.00	95	60.40	116	湖南省
玉溪市	68.76	63	51.99	218	60.38	117	云南省
鄂州市	67.32	88	53.41	171	60.37	118	湖北省
商洛市	67.78	80	52.92	189	60.35	119	陕西省
丽水市	67.04	91	53.64	160	60.34	120	浙江省
安顺市	69.70	56	50.89	250	60.30	121	贵州省
绵阳市	62.28	175	58.07	63	60.18	122	四川省
河池市	63.92	139	56.43	89	60.18	123	广西壮族自治区
鞍山市	60.11	216	60.12	36	60.11	124	辽宁省
景德镇市	67.02	92	53.15	180	60.08	125	江西省
舟山市	68.81	62	51.30	240	60.06	126	浙江省
黄山市	62.37	171	57.46	73	59.91	127	安徽省
运城市	59.77	220	60.06	37	59.91	128	山西省
枣庄市	68.74	64	50.98	247	59.86	129	山东省
大庆市	53.97	279	65.75	11	59.86	130	黑龙江省
张家界市	65.30	120	54.32	138	59.81	131	湖南省
雅安市	65.08	126	54.37	137	59.72	132	四川省
广元市	61.37	197	58.04	64	59.71	133	四川省
肇庆市	67.36	87	52.04	216	59.70	134	广东省
崇左市	63.53	147	55.77	102	59.65	135	广西壮族自治区

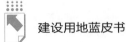
续表

城市	节约集约利用现状水平指数	排名	节约集约利用动态变化趋势指数	排名	节约集约利用综合指数	排名	所属省（区、市）
桂林市	65.96	112	53.28	176	59.62	136	广西壮族自治区
济宁市	68.17	74	51.01	245	59.59	137	山东省
淮安市	62.19	177	56.85	80	59.52	138	江苏省
曲靖市	66.53	102	52.44	206	59.48	139	云南省
南平市	66.79	96	52.13	212	59.46	140	福建省
宜昌市	66.79	95	51.80	223	59.30	141	湖北省
长春市	62.43	170	56.11	94	59.27	142	吉林省
孝感市	63.82	144	54.71	126	59.26	143	湖北省
平顶山市	64.19	134	54.22	144	59.21	144	河南省
贺州市	62.34	173	55.82	99	59.08	145	广西壮族自治区
安庆市	59.53	224	58.53	57	59.03	146	安徽省
廊坊市	61.86	185	56.19	92	59.02	147	河北省
随州市	59.06	230	58.83	51	58.95	148	湖北省
鹰潭市	62.99	157	54.89	122	58.94	149	江西省
镇江市	68.95	60	48.93	282	58.94	150	江苏省
秦皇岛市	62.03	181	55.80	101	58.92	151	河北省
日照市	64.95	128	52.72	196	58.83	152	山东省
湖州市	64.96	127	52.64	197	58.80	153	浙江省
阜阳市	60.07	217	57.51	69	58.79	154	安徽省
长治市	61.93	182	55.64	103	58.78	155	山西省
百色市	63.87	142	53.62	162	58.75	156	广西壮族自治区
淮北市	62.45	169	55.03	119	58.74	157	安徽省
六安市	57.15	248	60.34	32	58.74	158	安徽省

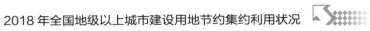

续表

城市	节约集约利用现状水平指数	排名	节约集约利用动态变化趋势指数	排名	节约集约利用综合指数	排名	所属省（区、市）
常德市	62.10	179	55.34	108	58.72	159	湖南省
邯郸市	65.38	119	51.93	220	58.66	160	河北省
辽阳市	57.09	249	60.19	35	58.64	161	辽宁省
赣州市	62.33	174	54.87	123	58.60	162	江西省
永州市	63.21	153	53.97	148	58.59	163	湖南省
安阳市	63.41	149	53.73	157	58.57	164	河南省
咸宁市	62.57	168	54.53	133	58.55	165	湖北省
泸州市	66.51	103	50.54	257	58.52	166	四川省
吉林市	59.59	223	57.43	74	58.51	167	吉林省
衢州市	62.76	163	54.26	141	58.51	168	浙江省
银川市	61.62	193	55.38	107	58.50	169	宁夏回族自治区
徐州市	66.00	111	50.99	246	58.50	170	江苏省
鹤壁市	65.70	116	51.17	242	58.43	171	河南省
咸阳市	65.10	124	51.75	226	58.42	172	陕西省
河源市	67.38	86	49.38	276	58.38	173	广东省
亳州市	59.23	228	57.48	70	58.36	174	安徽省
营口市	57.25	247	59.39	44	58.32	175	辽宁省
九江市	61.88	184	54.62	131	58.25	176	江西省
临沂市	62.63	166	53.75	156	58.19	177	山东省
保山市	62.72	164	53.51	169	58.11	178	云南省
周口市	61.79	189	54.42	135	58.10	179	河南省
上饶市	63.06	155	53.07	182	58.06	180	江西省
铜仁市	63.91	140	52.12	213	58.01	181	贵州省
十堰市	64.06	136	51.93	221	57.99	182	湖北省

续表

城市	节约集约利用现状水平指数	排名	节约集约利用动态变化趋势指数	排名	节约集约利用综合指数	排名	所属省（区、市）
广安市	61.83	187	53.81	153	57.82	183	四川省
眉山市	62.95	160	52.63	198	57.79	184	四川省
德州市	61.12	203	54.43	134	57.78	185	山东省
抚州市	62.86	162	52.61	199	57.74	186	江西省
唐山市	59.60	222	55.83	98	57.71	187	河北省
呼和浩特市	63.19	154	52.05	215	57.62	188	内蒙古自治区
宜春市	61.66	192	53.56	166	57.61	189	江西省
菏泽市	61.84	186	53.11	181	57.48	190	山东省
开封市	62.95	159	51.97	219	57.46	191	河南省
榆林市	59.98	218	54.84	125	57.41	192	陕西省
吉安市	61.03	205	53.76	155	57.39	193	江西省
新乡市	62.61	167	52.07	214	57.34	194	河南省
黄冈市	60.94	206	53.65	159	57.29	195	湖北省
来宾市	62.10	180	52.30	210	57.20	196	广西壮族自治区
天水市	63.29	152	50.82	251	57.05	197	甘肃省
聊城市	63.33	151	50.75	253	57.04	198	山东省
潍坊市	61.67	191	52.38	207	57.03	199	山东省
铜川市	61.92	183	52.03	217	56.98	200	陕西省
丽江市	61.18	201	52.77	193	56.98	201	云南省
晋中市	61.39	195	52.54	201	56.96	202	山西省
淮南市	62.97	158	50.92	249	56.94	203	安徽省
普洱市	61.22	198	52.55	200	56.89	204	云南省
荆州市	59.41	227	54.24	143	56.82	205	湖北省

续表

城市	节约集约利用现状水平指数	排名	节约集约利用动态变化趋势指数	排名	节约集约利用综合指数	排名	所属省（区、市）
石嘴山市	55.06	270	58.58	56	56.82	206	宁夏回族自治区
东营市	61.09	204	52.35	209	56.72	207	山东省
大同市	62.25	176	51.10	243	56.68	208	山西省
商丘市	59.44	226	53.88	151	56.66	209	河南省
南阳市	60.78	208	52.47	205	56.62	210	河南省
濮阳市	63.40	150	49.85	270	56.62	211	河南省
渭南市	61.73	190	51.49	234	56.61	212	陕西省
阳江市	63.90	141	48.99	280	56.45	213	广东省
宣城市	57.56	243	55.22	113	56.39	214	安徽省
宿州市	58.91	232	53.83	152	56.37	215	安徽省
本溪市	62.65	165	50.08	264	56.37	216	辽宁省
邢台市	61.41	194	51.33	239	56.37	217	河北省
韶关市	63.61	146	49.03	279	56.32	218	广东省
衡水市	58.41	237	54.19	145	56.30	219	河北省
延安市	61.18	200	51.35	238	56.27	220	陕西省
池州市	57.50	244	54.92	121	56.21	221	安徽省
绥化市	56.56	255	55.85	97	56.21	222	黑龙江省
承德市	59.45	225	52.94	188	56.20	223	河北省
云浮市	63.66	145	48.61	285	56.14	224	广东省
白山市	59.71	221	52.47	204	56.09	225	吉林省
昌都市	58.81	234	53.33	174	56.07	226	西藏自治区
防城港市	60.93	207	51.21	241	56.07	227	广西壮族自治区
盐城市	60.40	213	51.68	229	56.04	228	江苏省
鸡西市	54.19	277	57.73	66	55.96	229	黑龙江省

城市	节约集约利用现状水平指数	排名	节约集约利用动态变化趋势指数	排名	节约集约利用综合指数	排名	所属省（区、市）
儋州市	61.81	188	49.86	269	55.84	230	海南省
临汾市	59.89	219	51.72	228	55.80	231	山西省
吕梁市	60.46	212	51.08	244	55.77	232	山西省
荆门市	57.32	246	54.07	147	55.69	233	湖北省
滁州市	55.83	262	55.46	106	55.64	234	安徽省
陇南市	61.21	199	50.02	268	55.62	235	甘肃省
保定市	60.78	209	50.45	259	55.61	236	河北省
嘉峪关市	56.95	251	54.25	142	55.60	237	甘肃省
清远市	62.35	172	48.74	284	55.54	238	广东省
海东市	60.15	215	50.80	252	55.48	239	青海省
鹤岗市	56.96	250	53.93	149	55.45	240	黑龙江省
那曲市	58.57	235	52.28	211	55.42	241	西藏自治区
齐齐哈尔市	53.94	280	56.64	83	55.29	242	黑龙江省
抚顺市	61.38	196	49.05	278	55.21	243	辽宁省
锦州市	56.14	260	54.11	146	55.13	244	辽宁省
伊春市	56.52	257	53.61	163	55.07	245	黑龙江省
梅州市	64.03	137	46.10	290	55.06	246	广东省
德阳市	65.08	125	45.00	294	55.04	247	四川省
连云港市	59.07	229	50.74	254	54.91	248	江苏省
驻马店市	57.41	245	52.36	208	54.88	249	河南省
信阳市	56.33	258	53.38	172	54.85	250	河南省
宿迁市	63.84	143	45.59	292	54.72	251	江苏省
辽源市	60.49	211	48.89	283	54.69	252	吉林省
忻州市	59.00	231	50.28	260	54.64	253	山西省
盘锦市	58.24	239	50.98	248	54.61	254	辽宁省
定西市	56.54	256	52.49	203	54.52	255	甘肃省

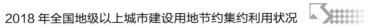

续表

城市	节约集约利用现状水平指数	排名	节约集约利用动态变化趋势指数	排名	节约集约利用综合指数	排名	所属省（区、市）
日喀则市	55.78	263	52.96	186	54.37	256	西藏自治区
牡丹江市	60.72	210	47.88	288	54.30	257	黑龙江省
沧州市	58.47	236	50.04	265	54.25	258	河北省
资阳市	56.82	253	51.66	230	54.24	259	四川省
佳木斯市	55.56	264	52.81	191	54.19	260	黑龙江省
葫芦岛市	56.92	252	51.41	236	54.16	261	辽宁省
鄂尔多斯市	56.62	254	51.51	233	54.07	262	内蒙古自治区
七台河市	56.27	259	51.80	224	54.04	263	黑龙江省
双鸭山市	54.50	275	53.50	170	54.00	264	黑龙江省
拉萨市	55.02	272	52.97	184	53.99	265	西藏自治区
黑河市	53.05	283	54.67	128	53.86	266	黑龙江省
金昌市	54.51	274	52.95	187	53.73	267	甘肃省
张家口市	57.64	242	49.70	271	53.67	268	河北省
林芝市	50.78	294	56.43	90	53.60	269	西藏自治区
固原市	54.13	278	52.96	185	53.55	270	宁夏回族自治区
朔州市	58.89	233	48.06	287	53.48	271	山西省
朝阳市	55.15	269	51.52	232	53.33	272	辽宁省
吴忠市	53.69	281	52.72	195	53.20	273	宁夏回族自治区
中卫市	54.22	276	51.79	225	53.00	274	宁夏回族自治区
白银市	55.49	266	50.15	262	52.82	275	甘肃省
山南市	52.63	286	52.91	190	52.77	276	西藏自治区
武威市	55.19	267	50.09	263	52.64	277	甘肃省

459

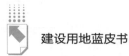

续表

城市	节约集约利用现状水平指数	排名	节约集约利用动态变化趋势指数	排名	节约集约利用综合指数	排名	所属省（区、市）
白城市	52.36	289	52.80	192	52.58	278	吉林省
阜新市	52.59	287	51.60	231	52.09	279	辽宁省
松原市	56.02	261	48.13	286	52.07	280	吉林省
张掖市	55.05	271	48.94	281	51.99	281	甘肃省
巴彦淖尔市	51.87	290	51.74	227	51.80	282	内蒙古自治区
滨州市	57.76	241	45.83	291	51.79	283	山东省
丹东市	57.77	240	45.52	293	51.64	284	辽宁省
赤峰市	52.96	285	50.03	266	51.49	285	内蒙古自治区
平凉市	55.51	265	47.24	289	51.38	286	甘肃省
克拉玛依市	49.88	296	52.77	194	51.32	287	新疆维吾尔自治区
庆阳市	53.05	282	49.38	275	51.22	288	甘肃省
酒泉市	53.03	284	49.16	277	51.10	289	甘肃省
乌兰察布市	52.50	288	49.56	273	51.03	290	内蒙古自治区
吐鲁番市	50.98	293	50.55	256	50.77	291	新疆维吾尔自治区
通辽市	51.18	291	50.03	267	50.60	292	内蒙古自治区
呼伦贝尔市	51.12	292	49.69	272	50.41	293	内蒙古自治区
哈密市	50.63	295	49.52	274	50.08	294	新疆维吾尔自治区
四平市	55.15	268	45.00	294	50.08	295	吉林省
铁岭市	54.71	273	45.00	294	49.85	296	辽宁省

注：表中指数值经四舍五入得到，故存在不同城市的指数值相同而排名不同的情况。

B.16
2018年全国县级市建设用地节约集约利用状况

中国国土勘测规划院

表1　2018年全国368个县级市建设用地节约集约利用状况

城市	节约集约利用现状水平指数	排名	节约集约利用动态变化趋势指数	排名	节约集约利用综合指数	排名	所属省（区、市）
石狮市	94.30	1	67.98	47	81.14	1	福建省
尚志市	57.76	284	100.00	1	78.88	2	黑龙江省
乐清市	89.08	4	68.26	45	78.67	3	浙江省
瑞安市	91.75	2	64.04	72	77.89	4	浙江省
仁怀市	90.23	3	64.47	67	77.35	5	贵州省
霍州市	62.05	203	92.43	3	77.24	6	山西省
晋江市	84.65	8	69.52	40	77.08	7	福建省
古交市	55.84	314	97.02	2	76.43	8	山西省
冷水江市	75.38	20	73.93	21	74.66	9	湖南省
铁力市	56.77	302	90.20	4	73.49	10	黑龙江省
福鼎市	87.44	5	59.22	130	73.33	11	福建省
福安市	81.65	13	62.66	90	72.16	12	福建省
义乌市	81.58	14	62.45	93	72.01	13	浙江省
榆树市	58.64	270	84.93	6	71.78	14	吉林省
西昌市	75.10	21	68.38	44	71.74	15	四川省
涿州市	62.92	181	80.39	9	71.65	16	河北省
普宁市	82.97	10	60.25	114	71.61	17	广东省
禹城市	60.24	242	82.02	8	71.13	18	山东省

续表

城市	节约集约利用现状水平指数	排名	节约集约利用动态变化趋势指数	排名	节约集约利用综合指数	排名	所属省（区、市）
五大连池市	52.83	341	89.18	5	71.01	19	黑龙江省
都江堰市	64.54	146	76.82	12	70.68	20	四川省
津市市	63.52	167	77.76	11	70.64	21	湖南省
肥城市	72.54	33	68.53	42	70.54	22	山东省
东宁市	57.39	292	83.54	7	70.47	23	黑龙江省
永济市	62.75	187	78.09	10	70.42	24	山西省
水富市	73.25	27	67.43	53	70.34	25	云南省
温岭市	82.70	12	57.14	164	69.92	26	浙江省
资兴市	64.61	145	74.94	17	69.78	27	湖南省
什邡市	66.46	105	72.49	29	69.48	28	四川省
龙口市	74.06	23	64.25	69	69.16	29	山东省
江阴市	85.71	7	52.56	249	69.14	30	江苏省
嵊州市	70.67	47	66.66	57	68.66	31	浙江省
扬中市	73.53	26	63.74	79	68.64	32	江苏省
宜兴市	69.21	62	68.05	46	68.63	33	江苏省
喀什市	61.62	214	75.55	16	68.58	34	新疆维吾尔自治区
海门市	69.63	55	67.53	52	68.58	35	江苏省
临湘市	67.97	75	68.52	43	68.24	36	湖南省
湘乡市	61.74	209	74.43	18	68.08	37	湖南省
诸暨市	70.70	46	65.36	62	68.03	38	浙江省
临夏市	76.57	17	59.23	129	67.90	39	甘肃省
岑溪市	71.99	37	63.78	77	67.89	40	广西壮族自治区
永康市	72.26	35	63.09	84	67.67	41	浙江省
昆山市	86.58	6	48.60	304	67.59	42	江苏省

续表

城市	节约集约利用现状水平指数	排名	节约集约利用动态变化趋势指数	排名	节约集约利用综合指数	排名	所属省（区、市）
凭祥市	63.38	171	71.60	31	67.49	43	广西壮族自治区
广水市	58.77	264	76.18	14	67.48	44	湖北省
玉环市	82.90	11	51.84	260	67.37	45	浙江省
邛崃市	62.34	197	72.24	30	67.29	46	四川省
德惠市	57.55	289	76.77	13	67.16	47	吉林省
浏阳市	63.27	176	70.49	35	66.88	48	湖南省
老河口市	63.43	169	70.25	37	66.84	49	湖北省
隆昌市	68.98	64	64.34	68	66.66	50	四川省
楚雄市	66.27	109	67.05	54	66.66	51	云南省
慈溪市	74.03	24	59.10	131	66.57	52	浙江省
大理市	68.11	73	64.73	64	66.42	53	云南省
汨罗市	64.98	131	67.66	50	66.32	54	湖南省
安陆市	59.05	260	72.87	22	65.96	55	湖北省
福清市	73.11	28	58.42	142	65.77	56	福建省
吉首市	69.89	52	61.58	101	65.73	57	湖南省
陆丰市	78.43	15	53.01	240	65.72	58	广东省
阆中市	66.32	107	65.11	63	65.71	59	四川省
安达市	57.32	294	74.01	20	65.66	60	黑龙江省
靖江市	75.59	18	55.42	196	65.51	61	江苏省
弥勒市	64.68	140	66.18	58	65.43	62	云南省
三河市	63.96	157	66.86	55	65.41	63	河北省
华蓥市	66.54	102	63.97	74	65.25	64	四川省
沁阳市	68.27	70	62.21	96	65.24	65	河南省
洪江市	67.92	76	62.39	95	65.15	66	湖南省

续表

城市	节约集约利用现状水平指数	排名	节约集约利用动态变化趋势指数	排名	节约集约利用综合指数	排名	所属省（区、市）
溧阳市	66.58	101	63.57	81	65.07	67	江苏省
宜都市	72.93	29	57.02	168	64.98	68	湖北省
泰兴市	71.77	38	58.17	144	64.97	69	江苏省
庄河市	57.13	297	72.50	25	64.82	70	辽宁省
扶余市	56.94	300	72.58	23	64.76	71	吉林省
漳平市	67.63	81	61.75	98	64.69	72	福建省
余姚市	71.25	41	57.98	146	64.61	73	浙江省
满洲里市	58.04	281	71.14	32	64.59	74	内蒙古自治区
启东市	68.95	65	60.13	118	64.54	75	江苏省
永安市	69.53	57	59.43	125	64.48	76	福建省
张家港市	83.25	9	45.37	350	64.31	77	江苏省
连州市	66.05	116	62.53	91	64.29	78	广东省
建瓯市	71.01	43	57.56	159	64.29	79	福建省
石河子市	65.13	128	63.38	82	64.26	80	新疆维吾尔自治区
双辽市	52.17	350	76.08	15	64.12	81	吉林省
个旧市	62.19	199	65.90	59	64.05	82	云南省
南安市	66.94	96	61.09	107	64.02	83	福建省
海伦市	55.50	318	72.50	25	64.00	84	黑龙江省
海林市	57.45	291	70.47	36	63.96	85	黑龙江省
韶山市	63.37	172	64.50	66	63.93	86	湖南省
任丘市	65.64	120	62.17	97	63.91	87	河北省
枣阳市	61.02	228	66.79	56	63.90	88	湖北省
新郑市	69.83	53	57.86	148	63.84	89	河南省
安丘市	63.92	159	63.76	78	63.84	90	山东省

续表

城市	节约集约利用现状水平指数	排名	节约集约利用动态变化趋势指数	排名	节约集约利用综合指数	排名	所属省（区、市）
栖霞市	64.28	152	63.20	83	63.74	91	山东省
廉江市	63.43	168	64.00	73	63.72	92	广东省
偃师市	71.02	42	56.33	183	63.68	93	河南省
丹阳市	73.76	25	53.21	236	63.49	94	江苏省
北安市	56.03	312	70.91	33	63.47	95	黑龙江省
沅江市	72.66	32	54.23	213	63.44	96	湖南省
靖西市	69.23	61	57.61	157	63.42	97	广西壮族自治区
邳州市	63.94	158	62.82	87	63.38	98	江苏省
汉川市	67.28	88	59.41	126	63.35	99	湖北省
密山市	52.31	347	74.33	19	63.32	100	黑龙江省
孟州市	67.19	93	59.35	127	63.27	101	河南省
四会市	66.97	95	59.55	123	63.26	102	广东省
大石桥市	58.74	266	67.73	49	63.24	103	辽宁省
盘州市	66.74	99	59.73	122	63.24	104	贵州省
五常市	57.73	287	68.72	41	63.23	105	黑龙江省
宁安市	58.74	267	67.63	51	63.18	106	黑龙江省
玉树市	58.32	277	67.87	48	63.10	107	青海省
龙井市	53.63	334	72.50	25	63.07	108	吉林省
潜江市	67.21	91	58.89	134	63.05	109	湖北省
海宁市	69.65	54	56.44	179	63.05	110	浙江省
招远市	70.17	51	55.87	189	63.02	111	山东省
蛟河市	56.28	311	69.74	39	63.01	112	吉林省
丰城市	68.07	74	57.81	153	62.94	113	江西省
万源市	61.66	212	64.20	70	62.93	114	四川省

城市	节约集约利用现状水平指数	排名	节约集约利用动态变化趋势指数	排名	节约集约利用综合指数	排名	所属省（区、市）
滕州市	72.91	30	52.88	244	62.90	115	山东省
瑞金市	62.69	188	63.07	85	62.88	116	江西省
赤壁市	64.17	154	61.46	103	62.82	117	湖北省
北流市	68.55	68	57.00	169	62.77	118	广西壮族自治区
高邮市	64.90	132	60.50	110	62.70	119	江苏省
凯里市	66.31	108	59.01	132	62.66	120	贵州省
鹤山市	63.98	156	61.23	106	62.60	121	广东省
梅河口市	61.04	227	64.09	71	62.57	122	吉林省
北票市	52.58	343	72.50	25	62.54	123	辽宁省
龙海市	70.99	44	54.09	216	62.54	124	福建省
都匀市	68.24	71	56.60	178	62.42	125	贵州省
瓦房店市	54.33	330	70.25	38	62.29	126	辽宁省
海阳市	60.90	230	63.61	80	62.25	127	山东省
阳春市	60.47	236	63.91	76	62.19	128	广东省
临清市	66.18	112	58.13	145	62.15	129	山东省
赤水市	66.92	97	57.34	161	62.13	130	贵州省
临海市	70.32	49	53.87	222	62.09	131	浙江省
高州市	69.33	60	54.81	204	62.07	132	广东省
宁国市	61.67	211	62.47	92	62.07	133	安徽省
应城市	63.91	160	59.96	120	61.94	134	湖北省
乐陵市	62.19	198	61.66	99	61.92	135	山东省
罗定市	63.57	166	60.20	115	61.88	136	广东省
乐平市	67.36	85	56.35	181	61.85	137	江西省
桂平市	64.76	137	58.90	133	61.83	138	广西壮族自治区

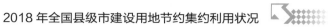

续表

城市	节约集约利用现状水平指数	排名	节约集约利用动态变化趋势指数	排名	节约集约利用综合指数	排名	所属省（区、市）
乳山市	66.53	103	57.09	165	61.81	139	山东省
肇东市	57.75	286	65.84	60	61.79	140	黑龙江省
峨眉山市	67.59	83	55.99	187	61.79	141	四川省
延吉市	70.48	48	53.06	239	61.77	142	吉林省
东阳市	67.22	90	56.24	185	61.73	143	浙江省
巩义市	69.11	63	54.18	214	61.64	144	河南省
兴平市	70.26	50	53.00	241	61.63	145	陕西省
荣成市	71.30	40	51.95	255	61.63	146	山东省
大冶市	62.77	186	60.49	111	61.63	147	湖北省
耒阳市	66.98	94	56.26	184	61.62	148	湖南省
开远市	64.31	150	58.88	135	61.60	149	云南省
漠河市	50.64	360	72.51	24	61.57	150	黑龙江省
江油市	62.49	192	60.60	109	61.55	151	四川省
桐乡市	72.15	36	50.92	272	61.53	152	浙江省
高密市	65.22	127	57.80	154	61.51	153	山东省
介休市	62.42	195	60.46	112	61.44	154	山西省
宜城市	61.44	217	61.42	104	61.43	155	湖北省
泸水市	75.39	19	47.35	321	61.37	156	云南省
绥芬河市	68.77	67	53.80	225	61.28	157	黑龙江省
麻城市	61.05	226	61.49	102	61.27	158	湖北省
绵竹市	61.57	215	60.96	108	61.26	159	四川省
瑞昌市	64.65	142	57.82	152	61.23	160	江西省
清镇市	66.03	117	56.40	180	61.22	161	贵州省
龙泉市	63.63	165	58.66	138	61.15	162	浙江省
景洪市	62.12	201	60.15	117	61.13	163	云南省

续表

城市	节约集约利用现状水平指数	排名	节约集约利用动态变化趋势指数	排名	节约集约利用综合指数	排名	所属省（区、市）
常熟市	77.23	16	45.00	353	61.12	164	江苏省
长葛市	69.58	56	52.30	253	60.94	165	河南省
济源市	63.10	178	58.76	136	60.93	166	河南省
莱阳市	64.33	149	57.29	162	60.81	167	山东省
武夷山市	66.20	110	55.38	197	60.79	168	福建省
江山市	62.02	204	59.52	124	60.77	169	浙江省
洪湖市	61.43	218	60.07	119	60.75	170	湖北省
侯马市	64.01	155	57.48	160	60.75	171	山西省
兴化市	68.11	72	53.33	235	60.72	172	江苏省
文山市	66.81	98	54.57	208	60.69	173	云南省
贵溪市	62.90	182	58.48	141	60.69	174	江西省
平湖市	71.77	39	49.61	292	60.69	175	浙江省
高平市	65.94	118	55.27	200	60.61	176	山西省
同江市	50.60	361	70.55	34	60.57	177	黑龙江省
青铜峡市	57.17	296	63.93	75	60.55	178	宁夏回族自治区
邹城市	72.78	31	48.32	307	60.55	179	山东省
诸城市	70.88	45	50.18	285	60.53	180	山东省
台山市	65.49	122	55.45	195	60.47	181	广东省
建德市	63.88	162	56.95	170	60.41	182	浙江省
兴义市	67.19	92	53.58	229	60.38	183	贵州省
神木市	66.15	114	54.43	210	60.29	184	陕西省
义马市	75.01	22	45.49	345	60.25	185	河南省
阿尔山市	54.69	327	65.78	61	60.23	186	内蒙古自治区
彭州市	68.28	69	51.94	257	60.11	187	四川省

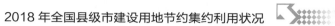

续表

城市	节约集约利用现状水平指数	排名	节约集约利用动态变化趋势指数	排名	节约集约利用综合指数	排名	所属省（区、市）
孝义市	63.05	179	57.06	167	60.06	188	山西省
广汉市	69.52	58	50.59	280	60.05	189	四川省
武冈市	67.72	80	52.18	254	59.95	190	湖南省
滦州市	62.00	206	57.73	155	59.86	191	河北省
辛集市	66.67	100	52.93	243	59.80	192	河北省
青州市	67.36	86	51.92	258	59.64	193	山东省
仙桃市	63.29	175	55.94	188	59.62	194	湖北省
钟祥市	56.49	306	62.71	88	59.60	195	湖北省
磐石市	57.39	293	61.63	100	59.51	196	吉林省
兴仁市	67.84	78	51.16	268	59.50	197	贵州省
井冈山市	60.25	241	58.55	140	59.40	198	江西省
禹州市	65.93	119	52.66	246	59.29	199	河南省
太仓市	72.38	34	46.01	335	59.20	200	江苏省
天门市	61.41	219	56.72	174	59.07	201	湖北省
崇州市	63.33	173	54.79	205	59.06	202	四川省
信宜市	67.24	89	50.87	273	59.05	203	广东省
项城市	66.44	106	51.66	263	59.05	204	河南省
石首市	58.82	263	59.28	128	59.05	205	湖北省
恩施市	62.49	193	55.56	193	59.02	206	湖北省
安宁市	62.15	200	55.82	190	58.99	207	云南省
如皋市	64.52	147	53.41	233	58.96	208	江苏省
平泉市	61.24	224	56.67	176	58.96	209	河北省
潜山市	59.26	259	58.62	139	58.94	210	安徽省
泊头市	61.39	220	56.35	182	58.87	211	河北省
蒙自市	63.39	170	54.29	212	58.84	212	云南省

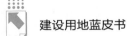

续表

城市	节约集约利用现状水平指数	排名	节约集约利用动态变化趋势指数	排名	节约集约利用综合指数	排名	所属省（区、市）
舞钢市	59.76	247	57.84	151	58.80	213	河南省
雷州市	62.77	185	54.76	206	58.76	214	广东省
林州市	64.86	134	52.57	248	58.71	215	河南省
巢湖市	59.70	248	57.66	156	58.68	216	安徽省
恩平市	61.77	207	55.57	192	58.67	217	广东省
乐昌市	64.29	151	52.97	242	58.63	218	广东省
寿光市	60.45	237	56.74	173	58.60	219	山东省
吴川市	68.89	66	48.30	308	58.59	220	广东省
天长市	55.64	316	61.39	105	58.51	221	安徽省
珲春市	54.42	329	62.43	94	58.42	222	吉林省
武安市	61.50	216	55.27	199	58.38	223	河北省
福泉市	62.81	183	53.96	221	58.38	224	贵州省
沙河市	59.85	245	56.90	172	58.38	225	河北省
高碑店市	58.51	274	58.21	143	58.36	226	河北省
康定市	66.17	113	50.37	283	58.27	227	四川省
东方市	59.57	254	56.91	171	58.24	228	海南省
樟树市	64.69	138	51.77	262	58.23	229	江西省
简阳市	64.64	144	51.79	261	58.22	230	四川省
南宫市	59.68	249	56.69	175	58.19	231	河北省
当阳市	61.01	229	55.29	198	58.15	232	湖北省
汝州市	65.02	129	51.06	270	58.04	233	河南省
文昌市	59.39	256	56.64	177	58.01	234	海南省
邵武市	65.60	121	50.27	284	57.94	235	福建省
界首市	61.67	210	54.09	217	57.88	236	安徽省
常宁市	64.89	133	50.84	274	57.87	237	湖南省

续表

城市	节约集约利用现状水平指数	排名	节约集约利用动态变化趋势指数	排名	节约集约利用综合指数	排名	所属省（区、市）
琼海市	57.75	285	57.86	149	57.80	238	海南省
武穴市	66.19	111	49.22	296	57.70	239	湖北省
东台市	61.30	223	54.08	218	57.69	240	江苏省
迁安市	62.67	189	52.64	247	57.65	241	河北省
兴宁市	64.68	139	50.49	282	57.59	242	广东省
宣威市	67.90	77	47.17	324	57.54	243	云南省
邹平市	69.46	59	45.54	343	57.50	244	山东省
荥阳市	65.42	124	49.58	293	57.50	245	河南省
黄骅市	52.29	348	62.67	89	57.48	246	河北省
汾阳市	58.76	265	56.16	186	57.46	247	山西省
晋州市	64.85	136	50.06	287	57.45	248	河北省
马尔康市	67.77	79	47.14	325	57.45	249	四川省
合山市	60.66	231	54.06	219	57.36	250	广西壮族自治区
仪征市	63.86	163	50.81	275	57.33	251	江苏省
乌苏市	49.93	362	64.59	65	57.26	252	新疆维吾尔自治区
图木舒克市	51.60	355	62.88	86	57.24	253	新疆维吾尔自治区
韩城市	64.85	135	49.56	294	57.21	254	陕西省
怀仁市	60.53	232	53.85	224	57.19	255	山西省
昌吉市	56.80	301	57.56	158	57.18	256	新疆维吾尔自治区
华亭市	59.32	257	55.01	202	57.16	257	甘肃省
化州市	65.02	130	49.17	298	57.09	258	广东省
蓬莱市	65.47	123	48.71	302	57.09	259	山东省

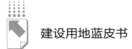

续表

城市	节约集约利用现状水平指数	排名	节约集约利用动态变化趋势指数	排名	节约集约利用综合指数	排名	所属省（区、市）
开平市	64.64	143	49.51	295	57.07	260	广东省
胶州市	64.25	153	49.90	288	57.07	261	山东省
灯塔市	53.84	333	60.16	116	57.00	262	辽宁省
丹江口市	58.14	278	55.78	191	56.96	263	湖北省
邓州市	60.17	243	53.53	231	56.85	264	河南省
图们市	56.46	307	57.16	163	56.81	265	吉林省
腾冲市	59.66	251	53.87	223	56.77	266	云南省
凤城市	55.52	317	57.85	150	56.69	267	辽宁省
芒市	60.25	240	53.08	238	56.67	268	云南省
桐城市	59.57	253	53.72	226	56.65	269	安徽省
宁乡市	65.29	126	48.01	311	56.65	270	湖南省
南雄市	59.55	255	53.67	227	56.61	271	广东省
合作市	62.47	194	50.74	276	56.60	272	甘肃省
登封市	64.65	141	48.54	305	56.60	273	河南省
利川市	58.03	282	55.05	201	56.54	274	湖北省
瑞丽市	58.42	276	54.60	207	56.51	275	云南省
伊宁市	61.12	225	51.85	259	56.49	276	新疆维吾尔自治区
讷河市	52.37	346	60.27	113	56.32	277	黑龙江省
定州市	63.90	161	48.73	301	56.31	278	河北省
曲阜市	67.63	82	45.00	353	56.31	279	山东省
海安市	67.45	84	45.00	353	56.23	280	江苏省
京山市	57.99	283	54.37	211	56.18	281	湖北省
新乐市	67.29	87	45.00	353	56.15	282	河北省
莱西市	62.39	196	49.78	290	56.09	283	山东省

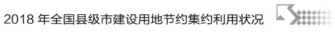

续表

城市	节约集约利用现状水平指数	排名	节约集约利用动态变化趋势指数	排名	节约集约利用综合指数	排名	所属省（区、市）
玉门市	54.97	325	57.09	166	56.03	284	甘肃省
醴陵市	64.51	148	47.49	317	56.00	285	湖南省
新沂市	63.30	174	48.61	303	55.95	286	江苏省
华阴市	66.50	104	45.39	349	55.95	287	陕西省
永城市	59.97	244	51.63	264	55.80	288	河南省
穆棱市	58.73	268	52.54	250	55.63	289	黑龙江省
乌兰浩特市	57.06	298	54.16	215	55.61	290	内蒙古自治区
新泰市	66.14	115	45.00	353	55.57	291	山东省
涟源市	60.35	239	50.73	277	55.54	292	湖南省
明光市	56.51	305	54.56	209	55.54	293	安徽省
兰溪市	65.35	125	45.70	341	55.53	294	浙江省
平度市	62.66	190	48.38	306	55.52	295	山东省
塔城市	51.12	358	59.88	121	55.50	296	新疆维吾尔自治区
香格里拉市	57.56	288	53.33	234	55.45	297	云南省
松滋市	58.45	275	52.39	252	55.42	298	湖北省
大安市	52.85	340	57.89	147	55.37	299	吉林省
昌邑市	56.58	303	53.97	220	55.27	300	山东省
根河市	51.41	356	58.67	137	55.04	301	内蒙古自治区
敦化市	55.05	324	54.87	203	54.96	302	吉林省
高安市	59.29	258	50.51	281	54.90	303	江西省
库尔勒市	58.55	273	51.17	267	54.86	304	新疆维吾尔自治区
辉县市	62.81	184	46.87	328	54.84	305	河南省

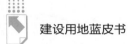
续表

城市	节约集约利用现状水平指数	排名	节约集约利用动态变化趋势指数	排名	节约集约利用综合指数	排名	所属省（区、市）
荔浦市	62.63	191	47.04	326	54.83	306	广西壮族自治区
灵宝市	63.69	164	45.96	338	54.83	307	河南省
临江市	62.01	205	47.46	318	54.73	308	吉林省
遵化市	62.07	202	47.33	323	54.70	309	河北省
彬州市	63.14	177	46.00	336	54.57	310	陕西省
抚远市	53.52	336	55.53	194	54.52	311	黑龙江省
五指山市	61.34	222	47.68	313	54.51	312	海南省
新密市	62.99	180	46.02	334	54.50	313	河南省
东兴市	60.41	238	47.57	314	53.99	314	广西壮族自治区
河间市	61.38	221	46.58	329	53.98	315	河北省
霸州市	60.51	235	47.41	319	53.96	316	河北省
河津市	59.79	246	48.09	310	53.94	317	山西省
富锦市	54.27	331	53.52	232	53.89	318	黑龙江省
集安市	61.65	213	45.98	337	53.81	319	吉林省
枝江市	59.65	252	47.56	315	53.60	320	湖北省
万宁市	59.66	250	47.54	316	53.60	321	海南省
北镇市	55.44	319	51.50	265	53.47	322	辽宁省
安国市	60.52	234	46.25	332	53.38	323	河北省
调兵山市	61.76	208	45.00	353	53.38	324	辽宁省
卫辉市	60.53	233	45.91	340	53.22	325	河南省
新民市	52.68	342	53.61	228	53.14	326	辽宁省
庐山市	56.55	304	49.73	291	53.14	327	江西省
开原市	56.29	310	49.87	289	53.08	328	辽宁省
兴城市	54.95	326	51.08	269	53.02	329	辽宁省

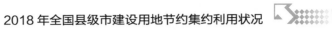

续表

城市	节约集约利用现状水平指数	排名	节约集约利用动态变化趋势指数	排名	节约集约利用综合指数	排名	所属省（区、市）
英德市	58.60	272	47.35	322	52.97	330	广东省
阿克苏市	53.98	332	51.95	256	52.96	331	新疆维吾尔自治区
虎林市	52.37	345	53.56	230	52.96	332	黑龙江省
阿图什市	55.14	322	50.68	279	52.91	333	新疆维吾尔自治区
和田市	58.67	269	46.88	327	52.77	334	新疆维吾尔自治区
五家渠市	52.94	339	52.49	251	52.71	335	新疆维吾尔自治区
海城市	57.52	290	47.79	312	52.65	336	辽宁省
原平市	58.84	262	46.32	331	52.58	337	山西省
盖州市	56.34	309	48.26	309	52.30	338	辽宁省
莱州市	59.04	261	45.43	347	52.23	339	山东省
丰镇市	53.00	338	51.00	271	52.00	340	内蒙古自治区
共青城市	56.41	308	47.41	320	51.91	341	江西省
句容市	58.60	271	45.14	352	51.87	342	江苏省
灵武市	54.63	328	48.74	300	51.68	343	宁夏回族自治区
凌源市	58.13	279	45.00	353	51.57	344	辽宁省
桦甸市	58.04	280	45.00	353	51.52	345	吉林省
扎兰屯市	52.57	344	50.08	286	51.32	346	内蒙古自治区
二连浩特市	51.92	352	50.71	278	51.32	347	内蒙古自治区
深州市	57.22	295	45.00	353	51.11	348	河北省
舒兰市	56.95	299	45.00	353	50.98	349	吉林省

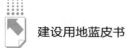

续表

城市	节约集约利用现状水平指数	排名	节约集约利用动态变化趋势指数	排名	节约集约利用综合指数	排名	所属省（区、市）
格尔木市	49.04	365	52.86	245	50.95	350	青海省
额尔古纳市	48.64	367	53.10	237	50.87	351	内蒙古自治区
德兴市	55.42	320	46.11	333	50.76	352	江西省
公主岭市	55.09	323	46.42	330	50.75	353	吉林省
敦煌市	51.84	353	49.21	297	50.53	354	甘肃省
和龙市	55.83	315	45.15	351	50.49	355	吉林省
东港市	55.90	313	45.00	353	50.45	356	辽宁省
阿勒泰市	51.81	354	48.93	299	50.37	357	新疆维吾尔自治区
锡林浩特市	55.19	321	45.40	348	50.30	358	内蒙古自治区
德令哈市	49.24	364	51.30	266	50.27	359	青海省
奎屯市	53.10	337	45.54	342	49.32	360	新疆维吾尔自治区
牙克石市	53.63	335	45.00	353	49.31	361	内蒙古自治区
博乐市	52.29	349	45.00	353	48.64	362	新疆维吾尔自治区
洮南市	52.13	351	45.00	353	48.56	363	吉林省
凌海市	51.16	357	45.93	339	48.55	364	辽宁省
霍林郭勒市	50.71	359	45.45	346	48.08	365	内蒙古自治区
阜康市	49.58	363	45.00	353	47.29	366	新疆维吾尔自治区
阿拉尔市	48.52	368	45.54	344	47.03	367	新疆维吾尔自治区
茫崖市	49.02	366	45.00	353	47.01	368	青海省

注：表中指数值经四舍五入得到，故存在不同城市的指数值相同而排名不同的情况。

Abstract

Annual Report on the Saving and Intensive Use of the Urban Construction Land in China (*No.2*), mainly relying on the evaluation of the Economical and Intensive Use of Urban Construction Land nationwide deployed by the Ministry of Natural Resources and based on the data of 664 cities participating in the evaluation of their economic and social development and construction land use, summarizes the current level, dynamic changes, regional patterns and overall characteristics of the Economical and Intensive Use of Urban Construction Land in 2015-2018 from several dimensions such as the whole country, four major regions and all provinces (autonomous regions and municipalities directly under the Central Government), and studies and puts forward relevant policy suggestions on further optimizing the current situation of Economical and Intensive Use of Land in combination with the actual conditions of all regions and cities.The book consists of general report, regions, cities, exploration and practice, and appendices.

The general report, mainly from the aspects of the current situation of land use, intensity of and changes in the use of construction land, consumption of construction land by economic and social development, and matching between economic and social development and changes in construction land, makes a comprehensive analysis of the status of economical and intensive use of construction land in cities participating in the national assessment from 2015 to 2018, reveals the current level, dynamic changes, regional differences and overall characteristics of the economical and intensive use of

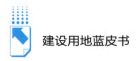
urban construction land nationwide, and, in light of the actual situation, studies and puts forward relevant policy suggestions on promoting the economical and intensive use of land at the national macro level.

In the regions section, the land use status quo, intensity and changes of construction land use, consumption of construction land for economic and social development, matching of economic and social development and changes of construction land in the eastern region, central region, western region, northeastern region and all provinces (autonomous regions and municipalities directly under the Central Government) from 2015 to 2018 shall be comprehensively analyzed respectively, and the current level, dynamic changes, spatial differentiation and overall characteristics of economical and intensive use of construction land in the four major regions and all provinces (autonomous regions and municipalities directly under the Central Government) shall be revealed.

In the cities chapter, taking the municipalities directly under the Central Government, sub-provincial cities, general provincial capitals, other prefecture-level cities, county-level cities and other cities of different administrative levels, 36 key cities and 19 urban agglomerations as the evaluation objects, the overall characteristics and differentiation rules of the economical and intensive use of construction land in different administrative levels, key cities and urban agglomerations from 2015 to 2018 are analyzed, with focus on the evaluation and analysis of the situation and characteristics of the economical and intensive use of construction land in the cities participating in the evaluation such as Beijing-Tianjin-Hebei, Yangtze River Delta, Pearl River Delta, the middle reaches of the Yangtze River and Chengdu-Chongqing as the evaluation objects, and study and put forward the relevant policy suggestions on the economical and intensive use of land in different levels of cities and key urban agglomerations.

In the exploration and practice section, typical models and advanced experience that can be demonstrated, promoted and used for reference in Jiangsu,

Zhejiang, Shandong, Guangdong and Shaanxi provinces since the deployment and implementation of the evaluation of the economical and intensive use of construction land nationwide.

The appendices specify the system and indicators for the economical and intensive use of urban construction land; based on the level of the economical and intensive use of construction land in 2018, cities above the prefecture level and cities at the county level are ranked respectively.

Keywords: Urban; Construction Land; Saving and Intensive Utilization; Land Saving Evaluation; Regional Pattern

Contents

I   General Report

Abstract: Based on the basic data of the overall evaluation of the saving and
intensive use of construction land in 309 cities from 2015 to 2018, analyze the land
use structure, the intensity and changes of construction land use, the consumption
of construction land for economic and social development, the matching between
economic and social development and changes of construction land, reveal the current
level, dynamic change trend, regional differences and overall characteristics of the
saving and intensive use of urban construction land nationwide, and put forward
relevant countermeasures and suggestions for promoting the economical and intensive
use of urban land.

Keywords: Urban; Construction Land; Saving and Intensive Utilization; Land
Saving Evaluation

II Regions

Abstract: Based on the basic data of the overall evaluation of the saving and intensive use of construction land in 92 cities in "the Three Municipalities", and "the Seven Provinces" of the eastern region, analyze the status quo of land use, intensity and change of construction land use, consumption of construction land for economic and social development, matching of economic and social development and change of construction land in the eastern region, and disclose the current level, trend, regional differences and overall characteristics of the saving and intensive use of urban construction land in the eastern region.

Keywords: Construction Land; Saving and Intensive Utilization; The Eastern Region

Abstract: Based on the basic data of the overall evaluation of the saving and intensive use of construction land in 84 cities in "the Six Provinces" of the central region, analyze the status quo of land use, intensity and change of construction land use, consumption of construction land for economic and social development, matching of economic and social development and change of construction land in the central region, and disclose the current level, trend, regional differences and overall characteristics of the saving and intensive use of urban construction land in the central

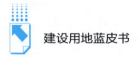
region.

Keywords: Construction Land; Saving and Intensive Utilization; The Central Region

B.4 Analysis of Western Regional Saving and Intensive Utilization of Urban Construction Land During the Year of 2015-2018 / 151

Abstract: Based on the basic data of the overall evaluation of the saving and intensive use of construction land in 99 cities in "the One Municipalities", "the Five Districts" and "the Six Provinces" of the western region, analyze the status quo of land use, intensity and change of construction land use, consumption of construction land for economic and social development, matching of economic and social development and change of construction land in the western region, and disclose the current level, trend, regional differences and overall characteristics of the saving and intensive use of urban construction land in the western region.

Keywords: Construction Land; Saving and Intensive Utilization; The Western Region

B.5 Analysis of Northeastern Regional Saving and Intensive Utilization of Urban Construction Land During the Year of 2015-2018 / 224

Abstract: Based on the basic data of the overall evaluation of the saving and intensive use of construction land in 34 cities in "the Three Provinces" of the northeastern region, analyze the status quo of land use, intensity and change of construction land use, consumption of construction land for economic and social development, matching of economic and social development and change of

construction land in the northeastern region, and disclose the current level, trend, regional differences and overall characteristics of the saving and intensive use of urban construction land in the northeastern region.

Keywords: Construction Land; Saving and Intensive Utilization; The Northeastern Region

III Cities

Abstract: Based on the theoretical framework, technical system and basic data of "Evaluation of Saving and Intensive Utilization of National Urban Construction Land", this paper analyzes the overall pattern and distribution characteristics of the saving and intensive use of urban construction land in the whole country from three levels of the current level, dynamic trend and comprehensive level.

Keywords: Construction Land; Saving and Intensive Utilization; Urban

Abstract: Based on primary data from "Evaluation of Saving and Intensive Utilization of National Urban Construction Land" , according to five administrative levels: municipalities, sub-provincial cities, provincial capital cities, prefecture-level cities, and county-level cities, the general characteristics and the differential regularity of saving and intensive utilization of urban construction land at different administrative

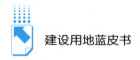

levels During the Year of 2015-2018 have been analyzed and revealed; the status of saving and intensive utilization of urban construction land in provincial capital cities and specifically designated cities have been compared and analyzed, and policy advice on saving and intensive land utilization has been proposed accordingly.

Keywords: Construction Land; Saving and Intensive Utilization; Urban

B.8   Analysis Report of Saving and Intensive Utilization of Urban Construction Land of Key Cities and City Groups During the Year of 2015-2018 / 317

Abstract: Based on primary data from "Evaluation of Saving and Intensive Utilization of National Urban Construction Land" , general characteristics and differential regularity of saving and intensive utilization of urban construction land in 31 municipalities and provincial capital cities including Beijing, Tianjin and Separate-Planning Cities including Shenzhen, Xiamen, Ningbo, Dalian, Qingdao total of 36 key cities and 19 city groups including Jing-jin-ji, Yangtze River Delta and Pearl River Delta During the Year of 2015-2018 have been objectively analyzed; Further analysis on the characteristics of saving and intensive utilization of urban construction land in five national key city groups including Jing-jin-ji, Yangtze River Delta, Pearl River Delta, the middle reaches of Yangtze River and Cheng-yu has been carried out, policy advice on saving and intensive land utilization has been proposed accordingly.

Keywords: Construction Land; Saving and Intensive Utilization; Key Cities; Key City Groups

Ⅳ Exploration and Practice

Abstract: The whole life cycle management of industrial land is an important way to optimize the allocation of land resources and enhance the degree of intensive use. This report measures the entire life cycle of industrial land from two dimensions: enterprise life cycle and industrial land management cycle. The nonlinear regression model is used to identify the life cycle stage. The practical experience and practical contradictions in the whole process management of industrial land supply access stage, benefit evaluation stage and equity exit stage are analyzed. We explored the evaluation method of industrial land intensive use level based on life cycle. The results show that 66.1% of the enterprises in the study area have a life cycle of less than 5 years and 99.6% have a life cycle of less than 30 years; the level of intensive use of industrial land shows an upward and then downward trend with the evolution of the life cycle of enterprises, and the efficiency of industrial land use is low in the decline stage. There are prominent practical contradictions between the enterprise life cycle and the land supply period in the study area, such as the difficulty in the main body of post-supply supervision implementing, and the difficulty in promoting the revitalized exit mechanism. Therefore, flexible land supply and differentiated management policies should be implemented in accordance with the characteristics of the enterprise life cycle stage.

Keywords: Whole Life Cycle Management; Industrial Land;Intensive Use Management Mode; Jiangsu Province

B.10   Zhejiang Practice of "The Quality of Development rather than Just the Quantity"

—*Take the "Standard Land" Reform as an Example*   / 393

Abstract: Since the 21st century, Zhejiang Province has actively promoted the reform of "the quality of development rather than just the quantity" and established a comprehensive evaluation mechanism of "Per-mu Effectiveness" to improve the quality and efficiency of economic development. In terms of promoting the economical and intensive use of land resources, the reform of "the quality of development rather than just the quantity" directly gave birth to the reform of "standard land" in the land transfer process, and promoted institutional innovation in the field of land management. This report takes "standard land" reform as an example, introduces the implementation of the reform, summarizes the achievements and problems, and puts forward countermeasures and suggestions.

Keywords: The Quality of Development rather than Just the Quantity; "Standard Land" Reform; Land Supply Management; Zhejiang Practice

B.11   The Status, Problems and Policy Suggestions of Land Saving and Intensive Use in Shandong Development Zones   / 405

Abstract: Based on the evaluation data of land conservation and intensive of development zone in Shandong Province from 2013 to 2018, through the in-depth analysis of the current situation and changes in land use within the legally approved scope of development zones, the current level and dynamic trends of conservation and intensive use, and the characteristics of regional differentiation, clarifies the problems existing in land use, and puts forward corresponding countermeasures and suggestions for the existing problems, so as to further promote the economic and intensive land

486

use of development zones and promote high-quality development.

Keywords: Development Zones; Land Saving and Intensive Use; Shandong Province

Abstract: Combing the development process and characteristics of different stages of "three old" reforming in GuangDong province, analyzing the current progress and the current situation of "three old" reforming in GuangDong province, summarizing the current characteristics of "three old" reforming in GuangDong province, refining the characteristics of "three old" reforming mode in GuangDong province, and combining with the current policy system, puts forward some countermeasures and suggestions for the economical and intensive use of construction land in GuangDong province.

Keywords: Saving and Intensive Use; "Three Old" Reforming; GuangDong Province

Abstract: Strengthen initiatives to promote the formation of a new pattern of western development, is the new requirement from the overall situation of the Central

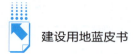
Committee of the Party and the state council, in line with socialism with Chinese characteristics into a new era, regional coordinated development into a new phase of new requirements, the overall domestic and international situation to make major decisions and deployments. Shaanxi Province ushers in an important period to catch up and surpass in the context of western development in the new era. How to force the transformation of development mode and enhance the level of economical and intensive use of construction land through refined management and policy tools is the core issue that needs to be solved at this stage of construction land management. It is the core problem of construction land management that needs to be solved urgently at this stage, which has important practical significance and far-reaching historical significance for enhancing the ability to prevent and resolve various risks, promoting regional coordinated development and winning the comprehensive well-off society. Therefore, this report comprehensively summarizes the changes of construction land in Shaanxi Province, compares the variation trend of construction land saving and intensive use, summarizes and refines the regional differences and spatial distribution characteristics, sorting out the practical experience of construction land saving and intensive use in the province in recent years as well as the outstanding problems, combines advanced experience and reform practices at China and foreign countries, and puts forward the policy recommendations to enhance the construction land saving and intensive use at the stage of new development concept and high-quality development. The policy suggestions to improve the level of economical and intensive use of construction land in the stage of new development concept and high-quality development.

Keywords: Western Development; Construction Land; Saving and Intensive Use

V   Appendices

社会科学文献出版社

皮 书

智库报告的主要形式
同一主题智库报告的聚合

❖ 皮书定义 ❖

皮书是对中国与世界发展状况和热点问题进行年度监测，以专业的角度、专家的视野和实证研究方法，针对某一领域或区域现状与发展态势展开分析和预测，具备前沿性、原创性、实证性、连续性、时效性等特点的公开出版物，由一系列权威研究报告组成。

❖ 皮书作者 ❖

皮书系列报告作者以国内外一流研究机构、知名高校等重点智库的研究人员为主，多为相关领域一流专家学者，他们的观点代表了当下学界对中国与世界的现实和未来最高水平的解读与分析。截至2021年，皮书研创机构有近千家，报告作者累计超过7万人。

❖ 皮书荣誉 ❖

皮书系列已成为社会科学文献出版社的著名图书品牌和中国社会科学院的知名学术品牌。2016年皮书系列正式列入"十三五"国家重点出版规划项目；2013~2021年，重点皮书列入中国社会科学院承担的国家哲学社会科学创新工程项目。

权威报告·一手数据·特色资源

皮书数据库
ANNUAL REPORT(YEARBOOK)
DATABASE

分析解读当下中国发展变迁的高端智库平台

所获荣誉

- 2019年，入围国家新闻出版署数字出版精品遴选推荐计划项目
- 2016年，入选"'十三五'国家重点电子出版物出版规划骨干工程"
- 2015年，荣获"搜索中国正能量 点赞2015""创新中国科技创新奖"
- 2013年，荣获"中国出版政府奖·网络出版物奖"提名奖
- 连续多年荣获中国数字出版博览会"数字出版·优秀品牌"奖

成为会员

通过网址www.pishu.com.cn访问皮书数据库网站或下载皮书数据库APP，进行手机号码验证或邮箱验证即可成为皮书数据库会员。

会员福利

- 已注册用户购书后可免费获赠100元皮书数据库充值卡。刮开充值卡涂层获取充值密码，登录并进入"会员中心"—"在线充值"—"充值卡充值"，充值成功即可购买和查看数据库内容。
- 会员福利最终解释权归社会科学文献出版社所有。

数据库服务热线：400-008-6695
数据库服务QQ：2475522410
数据库服务邮箱：database@ssap.cn
图书销售热线：010-59367070/7028
图书服务QQ：1265056568
图书服务邮箱：duzhe@ssap.cn

社会科学文献出版社 皮书系列
SOCIAL SCIENCES ACADEMIC PRESS(CHINA)
卡号：977863685442
密码：

中国社会发展数据库（下设 12 个子库）

整合国内外中国社会发展研究成果，汇聚独家统计数据、深度分析报告，涉及社会、人口、政治、教育、法律等 12 个领域，为了解中国社会发展动态、跟踪社会核心热点、分析社会发展趋势提供一站式资源搜索和数据服务。

中国经济发展数据库（下设 12 个子库）

围绕国内外中国经济发展主题研究报告、学术资讯、基础数据等资料构建，内容涵盖宏观经济、农业经济、工业经济、产业经济等 12 个重点经济领域，为实时掌控经济运行态势、把握经济发展规律、洞察经济形势、进行经济决策提供参考和依据。

中国行业发展数据库（下设 17 个子库）

以中国国民经济行业分类为依据，覆盖金融业、旅游、医疗卫生、交通运输、能源矿产等 100 多个行业，跟踪分析国民经济相关行业市场运行状况和政策导向，汇集行业发展前沿资讯，为投资、从业及各种经济决策提供理论基础和实践指导。

中国区域发展数据库（下设 6 个子库）

对中国特定区域内的经济、社会、文化等领域现状与发展情况进行深度分析和预测，研究层级至县及县以下行政区，涉及省份、区域经济体、城市、农村等不同维度，为地方经济社会宏观态势研究、发展经验研究、案例分析提供数据服务。

中国文化传媒数据库（下设 18 个子库）

汇聚文化传媒领域专家观点、热点资讯，梳理国内外中国文化发展相关学术研究成果、一手统计数据，涵盖文化产业、新闻传播、电影娱乐、文学艺术、群众文化等 18 个重点研究领域。为文化传媒研究提供相关数据、研究报告和综合分析服务。

世界经济与国际关系数据库（下设 6 个子库）

立足"皮书系列"世界经济、国际关系相关学术资源，整合世界经济、国际政治、世界文化与科技、全球性问题、国际组织与国际法、区域研究 6 大领域研究成果，为世界经济与国际关系研究提供全方位数据分析，为决策和形势研判提供参考。

法律声明